二月河评传

鲁钊 著

郑州大学出版社

图书在版编目(CIP)数据

二月河评传／鲁钊著. — 郑州：郑州大学出版社,2022.10
ISBN 978-7-5645-8933-2

Ⅰ. ①二…　Ⅱ. ①鲁…　Ⅲ. ①二月河(1945—2018) - 评传
Ⅳ. ①K825.6

中国版本图书馆 CIP 数据核字(2022)第 133452 号

二月河评传

ERYUEHE PINGZHUAN

策划编辑	李勇军	封面设计	孙文恒	
责任编辑	暴晓楠	版式设计	孙文恒	
责任校对	王晓鸽	责任监制	凌　青　李瑞卿	

出版发行	郑州大学出版社	地　　址	郑州市大学路40号(450052)
出版人	孙保营	网　　址	http://www.zzup.cn
经　销	全国新华书店	发行电话	0371-66966070
印　刷	河南瑞之光印刷股份有限公司		
开　本	710 mm × 1 010 mm　1 / 16		
彩　页	1		
印　张	26.25	字　　数	409 千字
版　次	2022 年 10 月第 1 版	印　　次	2022 年 10 月第 1 次印刷

书　号	ISBN 978-7-5645-8933-2	定　　价	68.00 元

本书如有印装质量问题,请与本社联系调换。

本书作者与二月河先生合影

目　　录

引　言

　　他已经离去。但，他何曾离去？

　　他的文字仍然在奔流，从中流淌出不息的歌声，温润着华文文学，生动了历史筋脉，嘹亮了生命本色，在滔滔喷涌着自己独有的激越澎湃。

　　这不息的歌声，总会缭绕在我们耳边，掀开扑朔迷离的尘封史页，吟叹着世情冷暖人心哀怨，葆有着南阳楚风汉韵奔放不羁的浪漫，从中流露康乾盛世磅礴华彩的气象，穿越时光，飞得很高很高，飞得很远很远，飞得很久很久。

　　我把他看作了一条大河。亿万读者也早把他认定为一条大河。

　　因为，他是二月河，一条小说之河，一条人文大河。

　　是以，他不会枯竭，没有倒下，不曾离去，他永在。

　　他驾驭文字，随心所欲，纵横捭阖，一个个文字浪花跳跃，你呼我应，浩浩汤汤，汇聚成河。这些神秘绮丽的汉字，闪现智慧、风采、魅力和思想，成文学洪流，一路呼啸着滔天巨浪，水波连天，由昨至今，奔腾向远。

　　二月河，无疑是大河洪流，若黄河汤汤，千折百回，沧流无际，可此河又非河。其实，这两河又何曾能分离、能扯断、能厘清呢。

　　这条浩荡二月河，与九曲黄河，俨然一对母子河。他的双手曾抚摸过黄河的辽阔苍茫，思想里有黄河的千载沉淀，血脉里有黄河的滔天奔涌，声音里有黄河的绵长啸吟，人生里有黄河的深沉情感，笔触下有黄河的不老故事，二月河时刻与黄河氤氲交汇一起。

这条大河波浪宽。如同黄河发源于青藏高原，出昆仑，劈秦晋，收壶口，决龙门，择细流，聚千川，破万岭，跋万里，方成浩荡之势。二月河这条名流，喷珠吐玉的源泉是中华民族五千年文明史所孕育的优秀传统文化，融汇的溪流是近代革命和建设中创造形成的先进思想，饱含着太行的雄浑血脉，贯通伏牛的灵秀风采，就这样，收拢经典文化千峰万壑的点滴，由南阳盆地发轫，流经中原大地，淌出神州沃野，冲向五洲寰宇，漫卷历史风云，饱含民族气韵，富于史美探索，追求中国气派，在华语世界文学创作的版图上，画上了一道蜿蜒绵长又雄浑壮观的大河的丰美曲线。

南阳有幸，养育了凌解放。中原有幸，拥有了二月河。华文文学有幸，他把心血喷薄而出，化成一片炫彩的"落霞"，三部曲展示风流，耀灿文史。皇皇巨著《康熙大帝》《雍正皇帝》《乾隆皇帝》成为传世经典，以其广博深邃的历史社会内蕴，生动鲜明的人物形象，磅礴大气的叙事布局，波谲云诡的宫廷争斗，典雅灵性的文学语言，独具一格的艺术魅力，深受读者喜爱，集中体现了他的史学根基、生活积累、理论素养和艺术经验，在历史科学与汉语艺术的结合，长篇小说美学特别是结构美学的探索，现实主义方法在历史小说中的运用，古典文学和西方文学的借鉴，悲剧艺术的认识与把握，向世界阐释展现更多具有中国风范、体现中国气派的优秀文化等诸多方面做出的成功的探索，被公认是改革开放以来长篇历史小说的重要收获、巅峰之作，在历史文学发展史上具有里程碑意义。

二月河，无疑是拓展文学、影响文化、炫耀世界的名流。

作为中原文化名片、南阳形象大使，"皇帝作家"二月河无论怎样深居简出和低调生活，都从未离开过人们的视野和新闻界的目光，直到先生仙逝，仍不乏话题追逐。20世纪90年代以来，先生曾以多次登中国作家富豪榜，在全国"两会"呼吁取消农业税、为作家减税、雾霾污染治理、反腐新语、倡导全民读书、促进文化繁荣等，"深受欢迎的仗义执言作家代表"的嘉言懿行，引发社会高度关注。

"凡有柳井处，皆读二月河。"一代大师二月河底蕴深厚，观照天下，联通古今，传承民族基因，彰显文化自信，影响深窅且久远。"河风"（二月河粉丝）需要，文学需要，社会需要，历史需要，作为弟子，多年工作生活在先生身边，我有理由、有义务，更有条件、有优势，也有信心、有能力，把读者尊仰热爱的先生的背后故事、传奇人生讲述出来。我义无反顾，责无旁贷，机缘天成，无上荣光。

"逝去的二月河，永飑的大河风。"我荡漾在先生波澜壮阔的人生之河，"扁舟惯听浪淘声"，努力把大河的初源、浩流、曲折、风雨、激荡、浪花、贝壳等采撷搜集，奉献出来。

于是，二月河的故事，就由此开始了。

在溯源、纵览和赏析大河之前，先容我简要介绍情况。

二月河，本名凌解放，当代著名作家，历史小说大师。诞于1945年11月，卒于2018年12月，享年73周岁。他生于山西省昔阳县，幼年随参加革命的父母南下，定居河南省南阳市。1968年入伍，隐在太行山深处，建设国防保密工程，后到塞外挖煤，继而随部队换防到东北，1978年由辽宁省凌源市转业回乡，在原南阳市（今卧龙区）委宣传部工作。1980年研究《红楼梦》受启迪，1982年始创作清代帝王小说，一举成名天下知。

代表作"落霞三部曲"家喻户晓，蜚声海内外。散文随笔集有《二月河语》《密云不雨》《佛像前的沉吟》《随性随缘》《人间世》《二月河说反腐》《旧事儿》等。合著有《胡雪岩》。生前任中国作协主席团委员，河南省文联及作协名誉主席。第十届至十二届全国人大代表，党的十五大至十九大代表，作家中唯一的"双料代表"。受邀列席十七届六中全会等党和国家重要会议，建言献策，共商国是。

其著作代表中国长篇历史小说创作的高度和成就，成为难以逾越的高峰，为河南和中国文坛做出了杰出的贡献。先后获国内外奖40多项，主要有全国优秀长篇小说奖、姚雪垠长篇历史小说奖、国家优秀图书奖、全国优秀畅销书奖等，多年稳居畅销书排行榜，作品被改编成电视剧，连创央视收视率纪录，在海内外长播不衰。在台港澳以繁体字出版。被日本、美国等十余国家译文发行。《雍正皇帝》更是被评论界誉为"百年不遇佳构""思想艺术精湛，可谓直追《红楼梦》"，入选"20世纪中文小说100强""60年中国最具影响力的 600 本书""改革开放 40 年 40 部重要长篇小说""新中国 70 年 70 部长篇小说典藏"等。有评论认为，新时期历史小说的创作成绩是继以《三国演义》为标志的明代中叶首次高潮后，五百多年间中国历史小说仅见的又一次高潮，二月河小说就是其中的重要收获与代表性作品。

其人被评为"香港中学生最爱作家""60 位新中国成立以来感动中原人物""中国当代文坛八大家"等，被美国中国书刊、音像制品展览会授予"最受海外读者欢迎的中国作家"奖。

作为盛名世界的华文作家，他爱国爱家乡，利用自身影响宣传推介河南，反响较大的有马来西亚"二月河·三月天"、"中原文化宝岛行"等活动，应邀在中央电视台《百家讲坛》《走遍中国》《焦点访谈》《开讲啦》等多个栏目讲座访谈。先后有山西省委、省政府，河南省委、省政府，全国数十个城市宣传部、文联或大型企业邀请其做专题讲座。

二月河的辞世，可谓中原文化残缺名片，华文文坛失去一极。

因为先生是一位奇人，一位仁人，一位巨人，一位达人，一位贤人。

他创作的经典巨著，跨越浩瀚空间，让大洋东西、让不同国度的华文读者，同看一本书，享受阅读，为著中人物命运的跌宕起伏，或欢欣鼓舞，或落泪悲伤。

他的作品跨越时间，接续不同时代的读者，俘获其心灵，去感受中华悠久璀璨的历史文化内蕴，魅力常在，收获常新。

他的作品已成为牢固的情感纽带，消弭满汉的局限，地域的局限，时代的局限，不同发展水平的局限，超越不同民族、不同文化、不同年龄和不同环境，在求同存异的前提下，形成中华一家共建美好的最大公约数，认识何为"大"，正视何为"国"，黏合筑牢"中华民族共同体"意识，有容乃大，休休有容，同体共生，携手同心，走向伟大复兴。

他的作品符合中华传统文化的精神审美，指导我们"志于道，据于德，依于仁，游于艺"，明白"人心惟危，道心惟微，惟精惟一，允执厥中"，教诲"修身齐家治国平天下"，激励不负初心、砥砺前行，追求"为天地立心，为生民立命，为往圣继绝学，为万世开太平"，明白中华民族和谐辩证的社会认知、朴素适用的哲学思想。

"年寿有时而尽，荣乐止乎其身，二者必至之常期，未若文章之无穷……而声名自传于后。"

二月河的生命戛然断流，名字却闪耀光亮了中国文坛。

二月河的创作历程不长，巨著却灿烂了世界华文文学。

第一章

凌解放这里诞生　二月河由此发源

即使是兵荒马乱国难当头，普通人家总要把艰难岁月挨下去，强撑着过，他们会把期待的目光看向明天。这样，在无数人家的平凡日子里，古老的苦难的中华民族，总是滋长顽强的生命力，拥有希望和未来。

这不，太行西麓的一户凌氏人家，凄苦的日子终有了喜色。

"呜哇呜哇……苦啊苦啊……"一腔接一腔富有冲击力的婴儿啼哭，清晰有劲地穿透厢房，和煦的阳光顷刻间布满院落，使得屋内外都煦暖起来：这新生的啼音太让人心醉和受用。

"古老爷爷（昔阳话，老年男子通称），恭喜哩，好的不行行（极好），啊呀，可费老劲了，一个'侯小小'（男孩），看咱家媳妇不赖，光眯俊眼儿（看着可机灵），真待见哩。"

门帘布掀开，如同乍翅老母鸡似的接生婆喜滋滋的，人尚未扭晃着走出，就把声音传播到门楼。她顺手把净手水泼到院中的漫地方砖上，望了一眼条石铺陈青砖券顶贵气流溢却又显得沉敛低调斑驳古香的大院，赶快迎向门楼洞正殷切等待的老人，笑呵呵打了声招呼，第一个报了喜讯，言语间埋伏着生了个胖小子，她拥有很大的功劳的意思。

老人大名凌从古，已坐立不宁徘徊了数十趟，这时正佝偻着腰身，缩手缩脚圪蹴在门楼下。风裹着强劲和寒冷，吹着口哨从山口扑面而来，时不时有几片树叶旁若无人地从空中打旋，显示着最后的倔强，有所不甘地飘荡在院里。

已是深秋，朝着冬天迈进，院内似乎已然春天，人心犹是。老人心突突狂跳，忘记了冷，赶快冲过门楼，与落叶赛跑，先行一步站到院中，激动得难以抑制，语无伦次。

"是吗？是吗？不赖……不赖呀……心里可舒妥（满意）了。"老人词不达意，不知说啥好，唯能报以嘿嘿嘿嘿一串笑。

"咱老凌家祖上有德，后继有人哪，就像这阁台台（台阶），把日子过得一台台高。"接生婆满脸堆笑，恭维了一句。

"受劳了，老娘娘（老年妇女通称），可要歇歇哇，吃上口糕点，垫垫肚。"凌从古稍有恢复，赶紧表达了感激之情。

"可不是嘛，累倒不怕，为的咱凌氏人口兴旺哩。"接生婆子扭耸着腰，话语间显摆了认识的"高尚"。

"那是，说得可是哩。"老人满脸盛开着灿烂的山野菊。想了想，又咕哝了一句："生得可是好，不单咱凌家，那是咱中国也后继有人哩。"

心花明艳艳开放，老人情不自禁文绉绉引用一句《道德经》原话："绵绵若存，用之不勤。"

"即使是天才，在生下来的时候的第一声啼哭，也和平常的儿童的一样，绝不会就是一首好诗。"话虽如此，但这个婴儿生在风雨如晦的年代，给经久缭绕着痛心担忧沮丧氛围的家庭，带来了超越一切"好诗"的珍贵的期冀和希望。

此时老人的心里，定然如飓风掠过，河滩上一具具血肉模糊的壮士的遗体，还有被屠村灭族的天底下残酷的血腥杀戮，这一幕幕成为风中的树叶，在眼前不停地回旋。他明白，有抗争就有牺牲，有人方能继续奋斗，有人才可以葆有一切。

大儿子牺牲，他觉得已失去了一切。今天，孙子的降生，让他觉得重新拥有了希望。

炮火连天的岁月，中国为着抗战胜利，已奋争了十四年，失去了多少志士的生命，村里凌氏一门先后有几位献身报国，自己的大儿子凌尔寿就牺牲在抗日前线，至今葬骨异乡，女婿也为国捐躯。他当年被日伪抓去，差点被活埋在县城外的西河滩，幸而亲友托人花钱疏通关系，才被放回，身体饱受摧残。现在二儿子凌尔文战斗在烽火硝烟里，战事正紧。

想到值得骄傲的两个儿子，老人有些失神，浮想联翩，一时间思绪飘得更远。虽然是太行山中一个普通平凡的老人，但家风熏陶使然，他饱读诗书，深明大义，有一般乡下人难以具备的浓郁坚定的民族气节和家国情怀。

老人心痛了一会儿，收回思绪，想到眼前的大事，又转为欢欣，麻利地把大烟袋锅子在鞋底板上啪啪磕了，站起来往内院走，想想又折返原地，踮脚往贴满纸花的窗棂瞄一眼，其实也看不到啥，就羞惭着缩回了目光，继续着满心的栖惶，不知道该咋办。那是儿媳妇生孩子，人家要等待五七日，不抱出来，再怎么盼望，公爹咋能往儿媳妇的室内闯呢！满脸太行山的沟沟壑壑抽搐了几下，即便是这样的年月，兴奋的心宛如院外坡上的山野菊和风毛菊，无不开得轰轰烈烈。

若论世界史及中国史的一个重要时间节点，1945 年无疑就是其一，后人写史总会一次次提及。这年，人类社会最大规模、最具破坏性的第二次世界大战终于偃旗息鼓，以轴心国德意日投降、中美苏等同盟国胜利结束，世界人民的正义力量战胜了法西斯。联合国宣告成立。对于中国政局、抗战大业，对于全体国人来说，同样是一个历史的转折点。是年 8 月 15 日正午，日本宣布无条件投降，9 月 9 日，中国战区受降仪式在南京中央陆军军官学校大礼堂举行，侵华日军总司令冈村宁次正式向代表中国政府的陆军总司令何应钦呈交《投降书》。10 月 25 日，中国战区台湾省受降仪式在台北市中山堂举行，台湾及澎湖列岛等正式重归中国版图，回到母亲怀抱。抗日战争我们取得了最终胜利，噩梦结束，迎来民族解放……喜事要事一件接一件，让人目不暇接，眼花缭乱。这一年的深秋，无疑也是多事之秋。因为国民党政府始终不愿意承认中国共产党及武装力量的合法地位和政治要求，经常发生战斗和摩擦。仅农历九月，全国政治军事形势一天一个样子，重庆谈判唇枪舌剑，双方代表签署了《双十协定》。刘邓大军在太行山获得"上党大捷"，中原、东北各战区相继发生了更频繁的摩擦斗争。

命运多舛的国家奔进新前程，小家庭的添丁进口，都是莫大的欢乐、安慰和希望。

农历九月二十九这天，红通通的柿子挂在枝头，给阴寒渐冽的深秋涂上一抹喜人的亮色。表里山河的太行腹地，山西省晋中地区昔阳县，群山环抱的一个叫南庄的偏僻山村，呱呱落地了一个男婴，生得天庭饱满地阁方圆，透着聪明，大眼耸鼻，俊气茁壮，爷奶喜出望外，满意得合不拢嘴。山外的天地一日三事，山村的人们可能不知道，他们也不必知道这些，朴素的理念告诉他们，这是二儿子家的长子，他们的第二个孙子，农村注重开枝散叶，值得隆重庆贺。虽然战争年代物资匮乏，他们总会想出办法——扯上几尺花布，做身新衣服，取几瓢细面，和匀饧好，巧手做成面猪、面牛、面狗、面羊、面人儿，嵌入红枣、枸杞，涂上颜料，放锅笼蒸上，一屉又一屉，这喜面最能表达欢喜不尽的心。到集镇上割几斤肉，沽几坛米酒，再宰几只鸡鸭，自家田里的青菜，储备的干菜腊腌，还有邻里近支送来的礼物，足够摆设几席饭菜，可以热热闹闹招待前来捧场贺喜的亲朋旧眷。

国难呈祚起宏业，地瘠转灵育人杰。山欢水笑，举杯庆祝，为这个被风雨洗劫的小家终于迎来这难逢的喜事而欢欣动容。

"中国既板荡。"社会在巨变中翻腾、动荡和撕裂，山民们活得卑微贫贱，却没有堕落，他们坚守着生活，活出坚韧、庄严和透彻。

太行山小家庭诞生麟儿的喜事，以后却成为晋、豫两省数城文人津津乐道的逸闻。

思想开明、做事磊落的破落人家掌事者凌从古，虽说家族逐渐衰败，人生际遇坎坷，但自幼家风使然，晴耕雨读，知书达理，有风骨，怀大义，舍天伦，为家国，有强烈的爱国心，在国破山河碎的岁月，时时义愤填膺，"野夫怒见不平处，磨损胸中万古刀"，他也曾磨刀霍霍，奈何年事已高，有心杀贼，无力提刀，把一腔报国心灌输给儿女，不求他们跟前尽孝，但愿战场杀敌，毅然支持两个儿子、一个儿媳妇、一个女婿都早早舍家参加革命。最终大儿子和女婿为国捐躯。羸弱的老先生，不说豪言壮语，擦干泪，老虽老矣，力所能及做些事，克服难以想象的悲痛和艰辛，努力支撑起小家的日月。这样的老人，让人敬佩慨叹。这样的父子，委实中国的脊梁。

回头看过去，这个家庭分外不一般，可谓"红色家族"。据了解，凌氏一门，先后有十数位参加了抗日战争、解放战争和抗美援朝战争，有红军及抗日的烈士四位（含一位外戚），真正一门忠烈。他们也是"书香世家"，祖上曾"一门三秀才"，光耀门楣，诗书传家。

那年代的消息传播太慢，月余时光才传给几百里外在长治（古称上党郡）战斗后休整的孩子父亲，凌尔文后来才知道，取得完胜的是解放战争的首仗——上党战役。"烽火连三月，家书抵万金。"日本人投降，这次战役获胜，收到家书，自己有了儿子，喜事接二连三，兴奋得一蹦老高。同生共死的战友们，都分享这战争时期珍贵的快乐，一同开心，一道庆祝，如同排兵布阵那样精心研究，七嘴八舌，激烈讨论，经过"合议"，取得"决议"：日本已经向我们投降，中华民族取得了解放；我们在战斗中赢得大捷，全国的解放指日可待，那就叫解放吧，咱姓凌，孩子就叫"凌解放"，谐音"临解放"，读音铿锵，吉祥如意，表达了小家和大家的愿望，多好。

凌解放由此而得名。这个小婴儿，就是日后如一匹黑马闯入并震撼文坛，让华文小说创作愈加绚丽多姿的当代著名作家二月河。

这里还有个小插曲。在族谱登记时，凌解放曾有"官讳"。他的曾祖一代大多弃世后，庄上辈分最高的凌环徵老先生，被大家尊为一族之长。老先生虽然文化程度不高，但正式场合，满口的"之乎者也"，接连的"中正和贵""知行合一"类古语，显示出文采斐然，村里凡有婚嫁丧葬大事，均由其一手主持操办，以为职责不容推卸不遗余力。在 20 世纪 60 年代再续家谱时，这位令人敬畏的长者，为庄里大多数幼儿定下"官讳"。轮到凌解放时，其不加思索脱口而出："解放，解放，势不可当，跨河渡江，将来必有大出息，按家谱承续的'振'字排，就叫'振江'吧。"

后来，凌解放出书，感觉写的是历史小说，而本名"解放"过于现代，由原名引申，取了"二月河"的笔名。从家谱中的"振江"到"二月河"，皆是大河滔滔，是一个应验。凌解放随母过黄河，作品在长江文艺出版社出版，"打过长江"，影响全国，还跨越海峡，红遍两岸，甚至漂洋过海，影响扩大到海外，深受美国、加拿大、日本读者的喜爱。"势不可当，跨河渡江"

之说竟然实现了。老族长的戏谑之语，数十年后真的灵验，倒不是其真有鬼谷之识，诸葛之才，能掐会算通天彻地，这是有趣的巧合。

从凌解放的祖父凌从古这一世系看，该家族人烟算不上兴旺，只是平常。三代相衍是这样的：凌从古，妻李小妮，有两子两女，长子凌尔寿，次子凌尔文，长女凌尔英，次女凌尔琬（早夭）。凌尔寿媳王同荣，有女振杰，子振祥；凌尔文媳马翠兰，继室安红军，大儿子解放（二月河），女建华、卫平、玉萍，小儿子皆兵。

山野村夫凌从古朴实无华，是当地有名的开明爱国人士，恪守的是"国家兴亡，匹夫有责"这么一个简单的公理，常说"国家，国家，有国才有家"。他一生务农，重视家学，课子读书，有坚定的信念，顽强的毅力，不顾年老体衰，千斤重担自己承担，在国家危亡时刻，支持儿女们走上卫国战场，他在后方勤劳耕作，捐款捐物，赶着毛驴送军粮。因为是"抗属"，被日伪抓去险些活埋在县城外的西河滩。他从来没有奢望社会或老天爷能给什么报偿，只是年复一年、日复一日地忍耐，期盼着战争的胜利，全国的解放，儿女安然回来，能享一些凡夫俗子该有的天伦之乐。老先生粗通文墨，知道穷变通达，追求日新其德，平素以钻研《道德经》为乐，常潜心抄写赠送亲友，有的章节背得滚瓜烂熟，素以经典名句指导行事做人。他的家国情怀和处世风格，深刻影响了子女后人。

凌解放的伯父凌尔寿，是晋中地区乃至晋东南的革命先行者，早在1924年，凌尔寿就在昔阳县立高小带领学生罢课请愿，争取民主自由。1931年，其于太原国民师范毕业，任教于该校附属实验小学。1933年，在共产党员李一清的影响下，昔阳籍同学成立了"留并学生会"，组成一个进步青年战斗集体。凌尔寿和赵武成、李蔚、乔增录等人进而创办了他们据以战斗的刊物。凌尔寿亲为刊物取名《朝易》。据李蔚回忆，"朝易"这个刊名不俗，它是尔寿深思熟虑的创举，既反映了他们对光明的追求与渴望，也寄寓着他们的锋芒所向。"易"字的书法效果形如古阳，因此可以避开反动派的"文字狱"。《朝易》发表了许多针砭时弊的犀利文章。段若宗等国民师范的进步学生纷纷为刊物撰稿。凌尔寿思维敏捷，文笔泼辣，撰写的文章更具有强烈的火药味，深得同伴的赞誉。1937 年 11 月，八路军抗战部队阻击日军进驻昔阳，成立了抗日县政府，带领昔阳人民开展斗争。凌尔寿在革命政府中负责宣传工作。后来，政府筹办"抗日救国民族革命高等小学"，他受遣欣然赴校任教，培养了一大批抗日骨干。1941 年夏，他奉调晋冀鲁豫边区政府教育厅任督学，主持编辑抗日学校教材及报刊。1943 年 5 月，日本鬼子进行残酷的"扫荡"，凌尔寿不幸以身殉国，年仅 35 岁。

凌解放的父亲凌尔文，生于 1919 年 9 月，1938 年 9 月参加革命，1941 年 1 月加入中国共产党，历任山西太行军分区三专特务连战士、昔西区武委会政委、昔西县一区区委书记、昔阳县武委会主任、太行军分区 38 团 3 营教导员、河南省军区陕州军分区政治部军法处处长兼保卫科科长、栾川县大队政委、洛阳军分区政工科长、邓县县委书记处书记兼人武部政委等职务。凌尔文的革命生涯中，与日本侵略者战斗，与土匪激战，与国民党军队打仗，与地方割据势力周旋，十余年经历大小战斗近百次，锻炼出了机智勇敢随机应变的能力，面对强敌环伺的错综复杂局面，他敢于迎难而上。他曾带七八人进山，一年后拉出千余人的队伍，是位具有大智大勇的革命者。他荣立一等功两次，三等功一次，被授予独立自由勋章和解放勋章。1964 年以副师级离休，2001 年 6 月 21 日因病医治无效逝世，享年 82 岁。

颇有传奇色彩的公安局副局长，腰佩手枪英姿飒爽，秀眉大眼不怒而威，日夜战斗在安全保卫一线，这是电影电视剧中的女革命者的模样，其实也正是凌解放的母亲马翠兰工作中的真实形象。她于 1922 年生于昔阳县李家庄乡王家庄村。其父马润体，有较高的学识和技艺，在昔阳县城繁华街道开设一个有三间门面的银匠铺，以此职业为掩护，担任共产党领导的昔阳县商会的地下工会主席，为党筹集经费，运用各种手段营救被捕党员和爱国人士，因为出城向八路军输送鬼子"扫荡"的消息，被日本宪兵队抓到，遭残酷杀害。其大哥马付兰，1938 年参加八路军，刺探日军情报，不幸遭遇敌人，战斗中壮烈牺牲。其二妹夫 1945 年参加解放军，次年作为刘邓大军中的一员挺进中原，在大别山战役中英勇牺牲。

1937 年 10 月，日本侵略军占领了昔阳县城，数年间杀人放火，奸淫掳掠，凶恶残暴，毫无人性，在西峪一次屠村中杀害三百多人。王家庄距县城只有五华里，处在交通要道，日寇以"强化治安"为名，三天两头来村里骚扰。年轻的姑娘媳妇们钻山林、下地窖、宿青纱帐，到处躲避，惶惶不可终日。为防不测，许多人家赶快让女儿出嫁。马家也是这样，经人介绍，凌家当时经济尚可，祖上是大户人家，主要看中这一家都是朴实勤劳人品为人称道的好人，催促之下，马翠兰不得不提前出嫁，与凌尔文草草完婚。这对互敬互爱亲密无间的夫妻、同志和战友，在与家国一样苦难的青年时代中，幸运地结合在一起了。

1943 年初，马翠兰离家参加革命，与丈夫在一起并肩战斗。1944 年 6 月，马翠兰被分配到昔西一区当妇救会主席，1945 年 1 月调任昔阳县妇救会主席。她战日本侵略者，打敌伪顽军，斗土匪强盗，破庙藏身，丛林匿迹，晓宿夜行，转战敌后，逐渐成长起来，由一个平常家庭妇女，转变为优秀的党员和战士。她由妇女工作转到公安战线，成长为机敏的公安侦察员。1948 年是栾川县公安局侦察股股长，后调任陕州公安局锄奸科长，次年已成副局长。她是新中国诞生前的人民警察。

二月河说："我见过她枪毙犯人，犯人一枪毙命，母亲泰然自若。她的性格刚烈，说打就打，说骂就骂。骑马打枪，敢于单枪匹马地干。除了她天性使然，与她的家族史也隐然有关。她竟是一位正牌子的烈士子弟！父亲死于日本人之手，大哥亦是烈士。她的二姨夫亦是烈士。"

1946 年夏，凌尔文离开前线回到南庄探亲，说服父母把田地分给群众。那时中共中央还没有颁布《中国土地法大纲》，作为坚定的革命者，他跳出了家族的局限，走在时代的前列。为此，边区的剧团还编排了大戏演出，戏名就叫《凌尔文献田》。1962 年，凌尔文再次回乡探亲时，动员家人将属于自己的凌家大院的房子，无偿赠送分配给村中无房缺屋的贫困户。凌尔文在 1944 年对敌斗争中站岗，查路条时有人仓皇而跑扔下一卷粗布，他就让裁缝给战友们做了几双鞋，自己也穿了一双，多年后仍念念不忘，认为是不廉洁的行为，多次在自查材料中提及。20 世纪 60 年代初，马翠兰的朋友下乡后回来看她，提了七八个鸡蛋，凌尔文认为不妥，催促着让她赶快送还。父亲的这种大公无私克己奉公的品质，深刻教育了孩子们。

凌解放在南庄前后生活不到两个月，母亲要上战场，无奈把他抱到王家庄，觅请了一位奶母喂养。凌解放2岁时，才被母亲接走，后随陈谢兵团南下，他们一家从此成为河南人。

虽然在南庄生活的时间不长，但是凌解放的祖籍在昔阳，先祖坟茔在南庄，他的身上承继绵延着凌氏"品高行洁，昌族为国"的先进文化气息。

凌尔文心细谨慎，考虑事情唯周唯全。马翠兰敢作敢当，敢做决断。父母的基因百分之百地传承在凌解放和妹妹们的身上，他们的行事作风，也潜移默化地影响着儿女们。

凌解放秉承了父母的性格，刚强又柔弱、粗犷且细致、豪迈也拘束、乐观中有消极、宽容亦小气等气质的矛盾，在他身上得以体现，类似"拿起笔老子天下第一"，在小说的帝王世界里，他指点江山，唯我独尊，然而，在现实世界里，他依然选择"放下笔夹起尾巴做人"。这种人生哲学，使他时刻保持理智，给了他看待事物、审视历史的独特角度。

无论是创作中还是生活中，他都有自己的态度。《雍正皇帝》参加第四届"茅盾文学奖"评审时，该书的责任编辑周百义从中国作协一位领导处得到消息，有评委认为情节和人物不符合历史，比如雍正的死因、李卫的出身，还有乔引娣与雍正有"乱伦"嫌疑，还有人认为小说的诗词歌赋不合格律。针对评委提出的意见，周百义表示可略作删改，但是二月河明确拒绝了，"一个字也不改动"，他认为小说就是小说，不可能大小琐碎都要与历史相符。他就是这么"刚"。但他把读者当老师，甚至视为上帝和情人，他直率地说，写作的心理准备是"像追求情人一般，讨读者欢心"。

即使红遍海内外，他仍不事张扬，力戒浮华，"其实啰唆来啰唆去还不就那几本书？一个人总吹牛也会觉得累，没劲"。他始终要"将自己看小一点，放低一点"。

2000年，他荣获美国中国书刊、音像制品展览会授予的"最受海外读者欢迎的中国作家"奖，很是高兴，但他认为并非自己的作品真的那么棒，可能是他书中的中国，尤其是传统文化上的东西比别的作家多一点，勾起了海外读者的乡情离愁。

上级领导来找他，他说，只能在我家15分钟。转头，却与文友们悠闲谈笑半天。

他豪气干云，心直口快，常顶撞得领导下不来台，却因香港报纸花絮，说台湾地区当年某领导人采取"戒急用忍"策略来自二月河作品——毕竟几十年来在部队和地方都是从事党委宣传工作，葆有政治敏锐性——陡然汗毛竖起。这个词是自己发明创造，还是历史资料原有，记不大准确了，于是赶快查阅。当时居住条件很差，资料都成捆成捆塞在床底下。魁伟胖汉，摊纸作席，屈身趴地，在床底下细细检索，神经高度紧张，双目炯炯放光，如猫暗中搜鼠，一脸尘灰一脸汗，辛苦若探矿挖煤，实为厘清一个词，那个狼狈模样，分外有趣。最后找到确切资料，康熙曾给胤禛写过"戒急用忍"，这才松了一口气。

这一切，都体现了他深受父母的影响，有着与生俱来的矛盾性格。他说："入过世，才想着出世。"

让他自己总结，他认为受母亲的影响更巨更多，极富主见，善于抉择，能够吃苦，认准目标就不管不顾去努力，矢志不渝。

凌解放特别像母亲，连最后生的病都基本一样：马翠兰1965年9月因中风之后心肌梗死而去世。凌解放同样如此，多次中风之后，糖尿病诱发心肌梗死及多器官衰竭而去世。

参天之木必有其根，怀山之水必有其源。古人语，江有头，河有源，长江的源头是各拉丹冬雪山西南侧的沱沱河，黄河的源头是巴颜喀拉山北麓的卡日曲。那么，"二月河"的"河之源"在哪里？当然了，这条大河的"根源"，就是太行山余脉凤凰山下、昔阳县李家庄乡的南庄村，他诞生在凌家大院"福"字院的一所窑洞式住房。这条纤纤清溪，从这里开始，淙淙向前，一路上不择细流，汇拢万千，终成一条穿山破崖的大河，带着祖先的期望，携着凌家的文化基因，随着革命家的父母南下，涌出太行，越过黄河，流过伏牛，来到南阳，求学花洲书院，乐居卧龙岗下，留恋独山淯水，汲取盆地的山川灵气，好古嗜学，潜心典籍，遨游史海，卓苦读写，成为一代大家。

二月河爆红后，接受记者采访，总是深情地说："我是吃昔阳的奶水，吃南阳的米面长大的。""我是河南人，但我的根在山西昔阳。一听到山西话，就感到亲切，一看到山西饭就流口水，我至今还吃山西老家的酸菜，每年秋天腌一大缸，到第二年就吃完了。我对山西的情缘可以概括成十六个字：不离不弃，若即若离，心向往之，情永萦之。这就是我的山西梦。"

他在为祖籍地乡亲题词时，不假思索，一挥而就："山西人文是绝世之风华，山西人是绝顶之聪慧善良，山西风光是无限美佳之情韵。"一笔一画，一言一行，透露出浓浓的乡韵乡情。

二月河受邀到全国各地的大中专院校和中小学校为学生们做报告，他情深意长，其言谆谆，教育学子："要做一个有爱心的人。在海外，要爱祖国；在外地，要爱家乡；在家乡，要爱父母。一个人即使走到天涯海角，最终都要认祖归宗，都不能丢掉故乡那份真情，这正是我们中华民族战胜外敌，自立于世界民族之林的一大法宝。只有做到这三爱——爱祖国，爱家乡，爱父母，才是一个完备的人，值得尊重的人，才是一个能成大器的人。"

第二章

贞亮死节报家国　南庄地灵育人杰

凌解放诞生的凌家大院，就在这山环水绕的南庄。

南庄在李家庄乡是个大村，历史上曾属著名的大寨公社，在昔阳县城北稍偏东，倚浮山襟神山，傍莲花山，迎凤凰山。这山并不十分崔嵬，却也透着雄浑壮观，深壑密林，有飞瀑流泉，峰峦如簇。当地传说，女娲补天时，遗落一块通灵宝玉在此，遍山云雾缭绕，远观如飘若浮，能够保佑当地风调雨顺，五谷丰登。不知何年何月，有一条巨蟒修炼，妄图霸占宝玉，在此守护的凤凰至南海观音菩萨处，衔来神符宝莲花，镇住蟒妖。于是，这山就叫莲花山、凤凰山、神山、浮山了。

昔阳地处太行山中脊西麓，四周群山拥抱，林木丰茂牧坡广阔，土地肥沃，东瞰邢赵，西屏汾晋，南通辽沁，北控平定，地理位置重要。千百年来，凤凰衔莲救民的故事被人们口口相传，延续着古城丰沛持久的历史人文魅力，也将独特的文化基因流淌到血脉里。昔阳山灵水秀，藏龙卧虎，古往今来有灿若群星的杰出人才。近代大寨小山村，以自力更生、艰苦奋斗的精神让世人敬仰，毛泽东号召"农业学大寨"，涌现了"白毛巾农民副总理"陈永贵、劳动模范宋立英和贾进财、"铁姑娘"郭凤莲等名人，成为红透神州的名村，促进了中国农业农村发展，影响了一代代人。离南庄不远的邻村，有著名的农民作曲家史掌元，创作出《唱得幸福落满坡》等脍炙人口的民歌，唱响全国。

南庄在山间谷地，后有山踞，前有案供，两侧有峻峭山峦可倚，村前还有一条河，这正是古代堪舆学所称的上佳风水。南庄所处，有数条山冈，逶迤而来，汇聚于此，凝聚地气，形若龙爪，颇具气势。

正如民歌所说的，青山绿水一道道沟，好方位营建咱魁星楼。南庄凌家有老宅，称为凌家大院，周身洋溢着古老文化气息。大宅院始建于清代乾隆朝中期，可谓历史久远。凌家先祖在昔阳、榆次、祁县、太原、包头等地经商，在本地开办煤矿，置起铁匠铺、骡马铺等，进军多种行业经营，积聚了巨额财富，成为昔阳当地有名的大户人家，发达后就在村中大肆置地，建高屋华堂。经过断续数十年的精心营建，宅第园囿，逶迤数进，颇显规模威仪，既有名门望族的宏伟气势，又具有南方家舍的绮丽灵秀，还有书香门第的清俊淡雅。大院设计巧妙，雕饰精美，古色古香，颇显文化厚重，分为"囍""福"两组院落，均按汉字繁体笔画布局建筑，新颖别致，各有特色，一院是保存完整的"囍"字院，方方正正，宏阔壮观，颇具官宦气派，精致雅观的挑檐牌楼，精雕细琢的影壁花墙，精良工艺的石雕砖雕木雕，图案包含各类吉祥题材，恢宏多彩，在众多低矮的民居中，如鹤立鸡群驼在羊丛。另院顺应地势修筑成"福"字形，依地就形建成两层，下面是砖券窑洞，洞上建房，属晋中山区民居式样，现已比较破败，但屋梁、栏杆、立柱、窗户、门檐上的各种描金彩绘，房脊、飞檐、挑角上的吻兽和琉璃护脊等，布设之美，用料之好，建筑之精，确非一般人家所拥有。时过境迁，经历岁月的风雨淘洗，各种战乱造成的破损，大院幸而保持基本，风韵尚存。

凌家大院充盈着神秘的民俗文化。据当地人传说，凌家祖上在建筑大院之前，堪舆师遍阅山水形胜，详审脉络方位，观察所处的物理地脉甚佳，"地势之聚，文运兴盛"，经过独到设计，选一黄道吉日，先行在地基深层接脉气处嵌埋了一支玉管为杆、镶红宝石作毫的玉笔，还加进了以金元宝、朱砂和稻黍稷麦菽五谷配成的七祥圣物，作为镇宅发家的祥瑞。"福"字院横陈如案，"囍"字院方正如书，最奇特的是，所建构的这两组院落又互相串联，与周围地形构成一个巨大的墨水瓶状，而宅院前曾有一株参天古树，恰如一支巨笔正洇润在墨水瓶中，预示保佑凌家要出圣手巨擘。这番设计运筹意味深长，足显其先祖的良苦用心。他们这一世系的祖坟，在村南一公里处，为两河夹角，中间隆起一道山冈，直视对面的凤凰山。所迎对山的中部，有三个等距离、高度和角度的山峰，形成一个"W"形，酷似古时候公堂或书桌上的笔架，民俗文化里，人们称为"蛇盘兔"地势，这就是所谓的"好风水"了吧。如此高远的寓意，冥冥之中倾注了先贤的智慧和期望，如果他们知道在子孙中出了一个二月河，真该含笑九泉了。

民间的说辞，总会给人一种绮丽诱人的文艺色彩，没有任何科学依据，但我们常常不自觉陶醉其间，这大概就是民俗文化特有的魅力吧。

关于凌氏家族探源，其堂兄凌振祥先生，曾撰写一篇《二月河源》的长文，上溯久远，据典忆祖，方大致明了凌氏家族的历史概貌。开基之祖是兄弟二人：凌德环、凌德源。明代末叶迁来开荒，商定兄居岗上，弟居沟底，繁衍生息继以世代，而子孙继继绳绳，既庶既繁，遂成一乡巨族。凌氏散居数县乡，现仅南庄就有人丁七百余人。比凌德环再早，已不可考。二月河后来游山西，到洪洞县，忽有感怀：是否来自大槐树下？但仅是设想而已，无任何资料可供查证。

太行敞怀迎赤子，铺河笑语接亲人。2006 年 8 月，我陪同二月河回到他四十年来梦萦魂牵的南庄，先生故地重游，拜谒祖宗，自是情感汹涌，难以自抑。我更带着朝觐者的崇拜眼光来看待。天空通透明澈，山水怀抱中的村庄宁静闲适，石榴开得红火，凌霄怒放热烈，田园风光如诗如画，古朴厚重的建筑，饱经沧桑默看岁月流转。"囍"字院大气完整，方正如书待人阅读，"福"字院别有洞天，深藏岁月。这些院落层层串联，有前后正副，讲究主次有别，深蕴传统文化本质。虽经风雨侵蚀，但精神犹在，高堂院落仍透露着当年的气派。

一切的缥缈，现实在心头，一切的遥远，又近在眼前。二月河在那一栋栋古建、一幅幅嵌字、一面面雕刻前，驻足细看，深情抚摸，既是在寻找追忆儿时的印迹，又仿佛在品味祖居的文化蕴涵。渐渐地他变得神色凝重，是否想起了自己颠沛的童年，艰苦的军营生活，苦中作乐的写作生涯，以及眼前这似有若无的文脉流动，他的思绪随着远处的山峦延绵开来……

在曲折幽深的回廊走道间，也多刻有对联题咏，教诲韵味浓郁。如联络两进厅堂的一处过道门楼，里外分别嵌着"退一步想""夫然后行"的砖雕，保持了那种泰然古朴而又鲜活圆润的感觉，保存得非常完好，充满哲思，发人深省。那天，先生兴致颇高，站在门楼下给我讲，说这是凌氏家训，告诫子孙处世准则：涵养心性，缜密稳重，凡事不能鲁莽冲动，应三思而行。我认为这与他个人的座右铭"务外非君子，守中是丈夫"有异曲同工之妙，是一种朴素的辩证法，缘于对生活的深刻领悟，大道至简的人生智慧，俱是儒家中庸思想文化的精髓体现。

在他当年出生的"福"字院屋子里，至今仍有乡亲们居住，他促步入室，细细抚摸，定格察看，格外仔细，搜寻记忆深处的留痕，还到炕上坐坐，"撇"着只有三分味的昔阳话与主人说收成，话家常，论当前，抚今追昔，盘桓良久，迟迟不愿离去。人生倏忽逾一甲，这次再返距往已是四十春秋，真如白驹过隙，自是别有一番滋味在心头。在众人多次催促下，终于要走了，先生还特意让我为他拍摄了许多照片留念，并辅以录像，端详徘徊仍意犹未尽，别样的情怀，自然是外人难以体会。

这座精心设计、气势恢宏、括美藏胜的民居瑰宝凌家大院，到底荫庇后人多少福分，凌氏一族最是懂得。

古往今来，兴家之本在于育人，凌家代代督学，课子苦读，家学渊源，人才辈出。据了解，到二月河曾祖父一代时，就已经"文兴"昔阳，兄弟四人三秀才，伯凌朝徽是食廪秀才，仲凌瑞徽是贡生，叔凌杞徽为庠生——二月河的曾祖父是凌朝徽。一门三秀才，这在江南极平常，在北方，山左山右一带，是十分了得的，方圆百里提起来，都是称先生而不名，"大先生、二先生、三先生"如何怎样。以至于影响今日，到南庄去，庄里庄外，人们称道："二月河你们知道是谁？是大先生的曾孙！人家那叫祖上有德……"

其二祖父凌从先，是清末举人，又参加前清大学预科学习，学校是洋务运动时期的"洋学堂"，所以人称"洋举人"，名扬四乡。当时府县的官员经常请他吃饭议事。清亡，中华民国建立，他在晋中、阳泉等城市以教书和行医维持生计，其文笔在昔阳、平定、寿阳、和顺数县享有盛名，多年后仍有人撰文回忆。

凌解放的伯父凌尔寿在太原曾创办刊物，启蒙教育了一批先进青年，颇有影响，任晋冀鲁豫边区政府高级督学，牺牲在抗日前线。凌解放之父凌尔文是河南省邓县人武部政委，副师级离休，他外圆内方，恪守德行，写文章做报告是好手，文武全才。母亲马翠兰秀外慧中，自学成才，先后任主持工作的邓县公安局副局长、邓县法院副院长，也写得一手秀丽的字和文采飞扬的文章。凌解放的堂哥凌振祥退休前任南阳市文化局局长，是位音乐家，两个儿子分别是农学家、音乐家。凌解放的弟弟凌皆兵现任南阳张仲景博物院院长，凌家后人在当地个个都名闻遐迩，有数十位博学多才的学者、研究员、教授、博导、高级工程师、高级法院的庭长、书画名家等，其中多位享受国务院政府特殊津贴。这些凌家后人皆从这个遮风挡雨充满文化气息的院落出发，成长为一颗颗闪烁的星星，散落大江南北，熠熠生辉，在不同岗位竭力为社会奉献智慧。

这大院，更有红色光辉，蕴藏革命的气节。来此奠基的先祖兄弟二人，曾打虎缚豹，精彩故事让后人时时传颂。在民族危亡之际，凌氏一族更敢于迎虎豹而上，舍身报国。大家族有十几位参加了第一次国内革命战争、抗日战争、解放战争和抗美援朝战争，有数位红军、八路军和国民革命军烈士。凌从公是中国工农红军时期的烈士；凌从本是国民革命军团长，在忻口战役中英勇杀敌，不幸牺牲；凌尔寿系晋中及晋东南革命先行者，为"柏草坪五烈士"之一。其直系亲眷中亦有数位烈士。

抗战期间，族人们在大院设伏，配合区政府副区长耿明远，巧施妙计，在无人伤亡的情况下，活捉了两个日本兵，押送至抗日区政府。1946年冬，解放军太行军区二分区42团的一个营驻扎南庄，营部设在"囍"字院，连部入驻"福"字院，南庄群众以最大热情，奉献物力财力人力支持自己的军队。

正如凌氏宗祠碑记所言："瞻顾南庄凌族……出类拔萃俊彩星驰。为民者，居黎庶而固基守业，勤劳作、谨持家、善耕耘、巧经营，日月康实；且长于精诚互助，均富济贫，修身齐家无不以立德为本也。为仕者，处衙堂而克己尊礼，秉清廉、持公正、操职守、惠百姓，务政贤达；且尚于宽厚仁爱智信取民，治国理事无不以宣义为铭也。为武者，行军旅而报国保家，舍天伦、弃亲眷、擎战旗、执刀戈，义无反顾；尤笃于血洒疆场忠魂归里，贞亮死节无不以明志为念也。为文者，置学坛而传道授业，守清雅、览经卷、诲子弟、树风范，治愚解顽，更兼有立言百万腾蛟起凤者，甘苦挥毫无不以励人为愿也。"

"大院有灵气，护佑后辈出文人。"

"二月河就生在这里，咱凌家出文化人，沾了大院的光哩。"

"文运昌盛，宅好人旺，祖屋有文化，风水好，咱就天天在文化里。"

这流传当地十里八乡的说法，我们对此姑妄听之。其实风水之说哪儿有科学论据？可能凌家祖上诚信"文昌"高论，更加注重对后人的教育培养，倡兴家学，以文化之；子孙者熏陶所致，也乐学求进，坚信自己成才，不然愧对先祖。两相呼应，这就促使了凌家成功者居多。这也可能是精神鼓励法、内心暗示法等现代心理疗法的综合效应吧。姑妄说之。

二月河说："这是曾有过的辉煌，晚霞的绚丽，似乎至今还放着毫彩之光。"

这"毫彩之光"，却耀灿了文坛。

凌家大院的古朴神秘、秀美珍奇，陶醉着院内住户，诱惑着远方游子，也吸引着外乡探幽寻奇的人们。但是有一段时间，居住大院中的村民们，为了扩大住房面积，在旧院中又增建不少不伦不类的新房，甚至扒旧建新，还随心所欲对古舍进行改建，翻修得面目全非，有的墙头支着卫星天线锅，房顶搭塑钢棚，院内开垦种菜，砖雕石雕被砌下水道……

像这样年代久远、保存较为完整、颇具文化含量的清朝早期建筑，在昔阳和晋中亦属罕见，无论在经济还是在文化上，都具有很高的保护价值，所以修复开发凌家大院的呼声很高。近年来昔阳县重视传统文化，发展旅游事业，基于二月河的巨大声望和文化影响力，县委、县政府启动凌家大院修缮工程，把院子从实际居住人手中回购，经过查找档案、搜集资料、整理归类、循旧修复、布置设展，凌家大院恢复了昔日的模样，成为以影视为魂、田园为体、文化为脉的二月河故居文旅综合体。在"囍"字院内设立了二月河作品展列馆，展示二月河不同时期、不同版本的著作，书法绘画作品，与祖籍地乡亲来往的书信资料，有关二月河研究的书籍报刊，等等，吸引了游人竞相参观，学习启迪，感悟大师的风采。

环南庄有山数座，有山就有沟，聚水就成河。南庄的前后左右都是沟，当然也形成一条条河，大的有名叫铺沟河，也称界都河，小的溪流无名，就依地形方位，称东沟、北沟、后沟之类。二月河曾在文章中写道："我曾经见过这条河，是满沟的石头蛋子，大的犹如卧牛，小的鸡蛋许大，干得几乎见不到水。以至于我在后来写书，起笔名时根本就想不到它。我想的是'二月的黄河'。"

铺沟河虽不算大，水流很小，潺潺环流南庄，也养育了一方百姓。打开全国或山西的行政区划图、地形图，根本看不到这条河。但是，在卫星图面上，可以搜索寻觅到它如丝如带的影子。再查方志等资料，了解到铺沟河属海河流域子牙河水系，是海河的一条毛细血管，从太行山脉一个叫作晋川山的余脉发源，像一位娴静秀气的少女，迈着轻盈欢快的步子，一路袅袅婷婷，弯弯曲曲，绵延南去再东，走向子牙河汇入海河，最后东归渤海。

但铺沟河毕竟是河，是穿行在太行山峡谷中的精灵，也有着自己的情绪和风采。

前些年，铺沟河每到夏秋汛季，那也是汹涌澎湃，气势非凡。南庄居于铺沟河上游，涓涓细流从山中走出，顺着山谷，绕过丘陵，依着岗地，张开怀抱汇拢聚收两面沟坡的流水，到了村前就已经浃浃泻泻，浩浩荡荡，尤其是到了夏天汛期下暴雨的时候，娴静的少女霎时翻脸，变成了怒目的蛮汉，恶浪翻滚，洪水怒吼，水势激荡，很有一种小黄河的气势。河道中有乡亲们修的一条浅浅的石坝，发大水的时候洪水从上面溢流，水势小的时候，就存留部分水。旱季时人们都来挑水浇苗，水边一排青溜溜的石板和一块块硕大的圆石，两岸有沙棘、酸枣、白杨、弯柳、老柿等杂树斑驳，不同季节显示相异景象。尤其棘刺茂密，无人敢惹，秋来酸溜溜一条条黄，柿子枝头艳艳地红。这时候，是一年四季中铺沟河风情最美的时候，树枝映波，水鸟翔掠，鱼游浅底，鸭嬉鹅欢，村妇浣衣，一幅恬静的太行山乡古村河畔水墨画。浅处的藻草长得茂盛如织，在水流中左右摇摆，鱼儿虾蟹游历其间，倒也有"参差荇菜，左右流之"的意味。

河水流过南庄，也把这一首首悲伤中有欢欣、大胆也直白、狂放而野性、充满着生活酸甜苦辣的歌儿流进人们的心头，流得人心颤悠悠的。有了这或喜或悲的一个个故事，这一首首民歌，把这湾河水，流成了一条文化之河，把一座山村，流成了一座文化之乡。

山沟里封闭落后，但人们并未减弱对生活的热爱。吼出粗犷悠长的歌，向沉重的日子宣战，把爱与恨宣泄出来，表达生命的拼搏、执着和活力，使疲惫的身体轻松起来，让苦难的生活过出甜蜜的滋味，让灰暗的人生显现亮丽的光彩。

山西各地都有民歌，曲调优美，歌词朴实，感情真挚，易于传唱，具有独特的艺术风格和鲜明的地方特色。尤其是歌词，来源于生活，直接表述生活本真，生动形象，富有浓郁的乡土气息。例如青年男女吟唱的情歌《天天见面天天想》：

> 天天刮风天天凉，
> 天天见面天天想。

> 天天刮风不下雨，
> 天天见你还想你。

> 你还说妹妹不想你，
> 半碗捞饭泪泡起。

> 你还说妹妹不想你，
> 泪蛋蛋好比连阴雨。

> 天天见面天天想，

三天不见病一场。

昔阳更是民歌之乡，涌现出了许多民歌文化传承人。农民作曲家、山西省音乐家协会名誉主席史掌元搜集整理 2000 多首民歌，其中《唱得幸福落满坡》《请到我们山庄来》《我给周总理扎花圈》等脍炙人口，享誉全国，"南山岭上南山坡，南山岭上唱山歌，唱得红花朵朵开……唱得幸福落满坡……"成为一代代人不灭的记忆。

南庄，就是一个孕育风雅、人杰地灵的好地方。

第三章

窒息险夭风陵渡　辗转客居栾川城

激情燃烧的岁月里，战斗的脚步总是在铿锵前进。

1946 年开春，马翠兰奉调到太行军区三专署干部培训学校学习，之后调 129 师留守部队，并再次进入随军学校培训，这迅速充实提升了她的文化水平和组织指挥能力。

因为打仗紧张和敌我形势危险，还未满月的凌解放，就被留在爷奶身边，后又被寄养到王家庄的奶妈家。1947 年冬，随着战略进攻的发展形势，部队要南下，凌解放才被接回母亲身边，享受到至亲的母爱，他随着母亲，跟着部队，一路南下，过屯留县，到长治市，从高平，西去沁水、翼城、侯马，继续南下，经闻喜、运城、永济，山水逶迤，到了黄河古渡。

出乡关走向未知的征程，古往今来一般都是凄凄惨惨戚戚。果不其然，这是很冷的一天，黄河中游名津风陵渡，河水咆哮着万年不变的歌谣，夹杂着从千山万壑逼仄下来的寒流，水流寒流相拥前进，把冷播撒向大地万物。

风陵渡自古有名，偎晋揽秦望豫地，是三省交界处。在我们的传统文化里，水似乎可以涵盖一切，是无孔不入最显文化情怀的事物。上善若水，水性柔而至刚，水处下而至大。黄河尽显其韵，劈开千里秦晋大峡谷，携风裹雷，奔流至此。一河浑浊的洪流，滚滚南下，因崤山华岳所阻，决绝掉头毅然大步东去。这就是黄河，就是母亲河，养育中华民族的大河。"一水分南北，中原气自全，云山连晋壤，烟树入秦川。"说明了此地的咽喉扼险之要，古往今来，皆是兵家必争、商旅须经之地，早在战国时期，秦魏争战于此，两千年来重要战事不断。抗日战争期间，著名的中条山防战数年，日军始终望河兴叹，未能西进半步，拱卫了中国半壁江山。风陵渡充满着历史沧桑和文学的神秘美好，似乎满河流着历史，泻着怒吼，峡谷充满正气风骨，让人心向往之。

就在此处，凌解放被母亲抱着，狂雪风陵渡，踏浪劈波，涛声中东去古都洛阳，从此一个山西人成为河南人，这是一个有意义的地理和人生的坐标点。

马翠兰两个月前预备随部队南下，其小弟马文兰当时在河北省武安县。马翠兰可能觉得这是入伍的好机会，就写信给他，把大约日程和路线说了，嘱他"赶上部队，跟我过河"。

凌解放的舅舅马文兰接到信，计算时间，已来不及到姐姐所说的出发地会合，他毅然决定由武安入太行，插路直奔黄河，漫无边际地寻找姐姐。那年马文兰才15岁，事实上他什么也不懂，他是那么年幼。陈赓兵团挥师南下，侦察（数支）、前锋、主力、前指、基指、辎重、侧翼、学校、医院、家属、收容……各部队很多，都要过河，部队征用的多是胶皮轮大车，他也不问路，昼夜不停地赶，就顺着这种车辙印迹直向前摸去。路途迢迢，他就这样傻乎乎地循着辙印，跟到了风陵渡。

马文兰就这样混在辚辚车流里，嘈杂人群中，在这千年古渡似无头蜂一样乱飞乱撞，他唯知道从这儿搭船过河，也只有这一条路，他焦急张望，在码头上一遍遍地找人们询问。

"首长，从武乡（县）来的过河的某某部队，听说了吗？"

"伯，哪些人是过河往洛阳去的？"

"姐，认识马翠兰吗？她在的部队是……"

他在人群中穿插，望眼欲穿地寻找，看能否找到姐姐所说的那支部队，或愿望找着同伴能够指路，因为人生地陌，没有任何联系方式，他唯能扯着嗓子问人。

"文兰，是你吗？"即刻就要登船的马翠兰，听到了熟悉至极的声音，不敢相信自己的耳朵，颤着声音赶快追喊那个满身是雪的幼小单薄身影。

"姐——？姐——真的是你吗？"马文兰大喜若狂，眼泪夺眶而出。

姐弟乍遇之下，简直不敢相信自己的眼睛，居然有这样的巧合，惊喜地拥抱在一起。

马翠兰生前多次精彩描述，感叹那种惊喜奇遇，因为太让人意外了，就是这样巧合，大致的时间，大概的方向，不确定的地点，一点也不明确的事情，竟然就如此精准地发生了，姐弟恰到好处地相遇在黄河边，相逢在渡口，概率恐怕比一个人抛石块砸中航天飞机大不了多少。是姐弟情深，冥冥中的缘分使然吧。

云层若铅，承载不了雪的重量，就扑簌簌泻下来，漫天裹地，大地被鹅毛大雪覆盖。长久未见，他乡相逢，那种狂喜真个不能形容，能够一起过河南下，从此以后共同参加革命的激动，使姐弟俩在雪地里拥着跳着，喊着笑着，还不停地抹着眼泪。

纾解了兴奋，马文兰问："外甥呢，让我看看是不是长得猪崽子一样壮？"马翠兰忙打开重重严密包裹的棉大衣、被子、小褥子，马文兰急慌慌凑前一看："解放这是咋了？"马翠兰笑着说："解放，你看谁来了？还睡，你小舅……"话未说完，她愣住了。原来马翠兰担心河上天冷风急，吹坏了儿子，用层层包裹紧紧将儿子环抱，但是由于被裹得过紧，凌解放竟然被捂昏了过去，已经不省人事，脸色发青，呼吸也没有了。马翠兰慌得又揉又晃，有人赶快喊来随队的卫生员，大家一起对着孩子施救，施人工呼吸，掐人中，揉搓胸口。一阵手忙脚乱，凌解放"哇"地哭出声来，众人这才放下心，解除难耐的心悸。马翠兰竟然虚脱，站立不稳，瘫坐在了地上。

又是一阵悲喜交集，这是凌解放随母初度人生的难忘经历。

在风陵渡漫天舞蹈的飞雪中，舅舅马文兰成为凌解放生命中的一位贵人。

风雪飘摇风陵渡，让凌解放的人生显得尤为曲折、悲壮，也昭示着他像黄河那样，艰难、开拓、前进、英雄而大气。

天寒雪大，风急浪高，渡船在波峰浪谷中颠簸。中条山与崤山夹峙，满河都是风，都是雪花，打在船帆上，将帆撕扯了一道道口子，击在桅杆上，让粗壮的杉杆摇头摆脑，嗡嗡叫疼。涛声、风声、船工的号子声、水拍船舷的哗哗声、夹杂着天籁声、人们扯着嗓子吼的谈话声，这混沌而繁杂的世界，显示生活的不易、多面和沉重。

马翠兰在严冬中东渡黄河，怀抱着儿子，身边跟着亲弟弟，心中百感交集。漫天的飞雪从天上，从太行崤山的峡谷中疯狂地飘落直坠，或成团，或片片絮絮，像亿万只白蝴蝶投向苍茫幽深的河面。她的心情自然如大河那样澎湃着，虽然此时笼罩在头顶上的是漫天狂雪，心头上是家庭出身成分那片驱赶不散的阴霾，但马翠兰认为以后的前途光明远大，是以心中怀着真诚的革命热情。

过三门峡，到了洛阳，马翠兰与丈夫凌尔文联系上。相聚不久，即为马文兰办理了入伍手续，马翠兰入留守部队随军学校。接着，他们一家三口又按战斗任务，到了栾川县。这是 1948 年，伏牛山中艰巨频繁的剿匪任务，使马翠兰在战斗中成长，她骑马射击，分析研判，成为优秀的人民警察，担任了县公安局侦察股股长。

一个女同志，在新中国成立前，能够担任剿匪时的侦察股股长，分外少见，那代表她有着过人的实力、让人叹服的战斗力及指挥能力。

栾川是山城，山掩之城。出门是山，走路上百里，仍然是层峦叠嶂。从此，凌解放就随母亲生活在山里。

任务繁忙，孩子幼小，由公安局内熟悉当地"社情"的同志出面，找了一位知根知底、通过了层层政审的可靠妇女，作为凌解放的保姆。虽说吃住在机关，幼小的凌解放逐渐懂事了，很快就习惯了栾川的环境，也适应了母亲的工作和生活节奏。

县公安局设在一个很大的四合院内，不止一进，院落很深，是一户大财主家的宅院。母亲带着小解放就住在最后一进院的西厢房里，前面庭院有几株梧桐，还有一丛竹和桂树。出大门一片空场大约是打麦场，场西北是几棵高大的梨树——西厢背靠院墙外，是大山，全是枝叶森森的丛林。

不能随便吃外面的东西，没有大人陪伴不能外出，这让幼小的凌解放也明白了"形势很紧"，"大人们都在打仗"。他清楚地记得，天天都紧张，保持战斗状态，和野战军无甚区别。无论开会、集合，公安人员都执枪列队，有事外出要请销假，不能单独行动，三人以上才能成行。

枪不离身，尤其是吃饭时架枪，有人站岗，避免被敌人偷袭。开会时佩枪，外出时一定要荷枪实弹。但叔叔们似乎司空见惯，神态很轻松，集合就唱歌，《八路军进行曲》《三大纪律八项注意》，铿锵有力雄壮豪迈，其他孩子可能新奇，凌解放已司空见惯。战士们闲了就擦枪，一边擦一边哼曲儿，枪就是大家最好的陪伴，枪是他们亲爱的无言战友。战士们擦枪，他就在那里扒着石头凳子瞪着眼睛呆看，把上油组装好的枪抱怀里玩。回到家里，母亲也擦枪，也是边擦枪边唱歌，母亲唱部队的歌，有时也哼几句晋中的民歌。母亲不做女红，而是噼里啪啦流利地拆卸枪支，擦拭干净，涂上机油，熟练装配好。母亲是伏牛山版的"神枪女侠"。

后来长大，凌解放学习成绩不好，母亲批评他时，会说："我的孩儿，学习没啥可怕，熟能生巧，就像我拆枪，我蒙着眼，能麻利把枪拆卸了，再组装上，靠的啥？用心，多练，吃苦，多重复几遍就是了。"

幼时，凌解放没有受到"文"的熏陶，与文学艺术丝毫不沾，最初的影响熏染，是"武"。

后来，凌解放在创作中感到分外辛苦时，联想到母亲当年的话，"用心，多练，吃苦"，身上无形增添动力，仍然精神抖擞，坐下来砚田耕耘了。

那时节乱，有日伪遗留人员、国民党官兵、溃散兵痞、各种特务，伏牛山中大大小小数十股土匪、地主护院武装、地下人员，各色人等争地盘，拉人员，抢枪劫物，有枪就能胡作非为，乱糟糟错综复杂，明争暗斗极为频繁和残酷。

凌解放曾回忆，那时节在栾川很少见过父亲，"进山了"，行踪极其神秘。小解放跟母亲也不是形影不离，那是剿匪最紧张的年月。由于父母都忙极了，除了保姆，经常是"叔叔们"照料小解放的。

在父亲晚年，有一次凌解放问父亲："你平生最凶险的时期，是不是在昔西无人区？"他听说父亲在昔西时，敌我犬牙交织，经常为躲避敌人，在古墓中一藏就是几天。打安阳时，听着吱啾一声，凭意识卧倒，把头低下，一颗子弹嗖一声由后脑处划过，把棉袄撕得一分为二，极为凶险，听的人都出一身冷汗。

父亲笑了，没有丝毫迟疑，轻悠悠地说："和日本人打交道，很简单，他在明处，我们在暗处，不要被他捉到就是胜利。和国民党打仗也简单，他们的兵根本不能拼刺刀，手榴弹一响，说明战斗要结束了。栾川剿匪复杂凶险，打入我们内部的土匪，假投降的，收编之后又反水的，在我们内部搞投毒，暗杀的……得时刻警惕……"

如此形势，公安局所有人员全都做到了枕戈待旦，基本上枪不离身，身不离枪。炊事班买菜，由专人采购，到指定的可靠地点，从可靠的菜农处购买。炊事员是自己人，久经战斗历练的老兵。开饭前，为值班站岗的人员留几份饭菜，要额外留一份饭菜备检，坚决做到不放心的人不交，不可靠的饭菜不吃。

因为吃东西，凌解放还挨了一顿好打。

公安局门外空场边的梨熟了。这应是将到中秋，树主来收梨了。

梨树又高又大，摘梨的人站在高处树杈上，下边人几乎看不见他们。他们在树杈上捆一个长口袋——比人还长——口袋不粗，但却很长，摘下的梨就放进口袋。时不时有人失手掉下梨来，尽管地下是土场，但那梨很酥脆，有的摔成两半，有的破掉一半……完好的梨一个没有。凌解放和街上的几个小朋友就站在场边轮着去取——这是不用抢的，有点轮个儿排队的意思，这一个你要，那一个肯定是我的，这么着约定俗成——捡过来放在自己身边的石凳上：这就是我的了。收梨的人根本不要这些残货……捡到傍黑，他把梨吃饱了，用小布衫把捡的那一堆兜回去，放进抽屉里。小解放很有成就感，预备着晚上母亲回来，就说："妈，你猜，我给你买了什么？"然后母亲说："你能买个屁！"然后再说……

凌解放后来回忆：

这么想得美，迷糊着就睡了。

半夜里，她回来了，我醒来看见她，下午想的词忘得干干净净，张口就说："妈，你看抽屉里，梨！"

母亲打开抽屉，一看脸色就变了："哪来的？"

"门口那几棵梨树"，我说，"他们摘梨掉的，我捡的！"

"掉了你就敢捡？"

"他们（别的小孩）都捡，谁捡是谁的！"

"你还犟嘴！"母亲一把就拉起了我，照屁股就一巴掌，"给人家送回去！"

"我不！"我也梗起了脖子，"我没有偷，他们都捡。"

"那也不行！"她"啪"地又是一巴掌，重重落在屁股上。

我"哇"的一声号啕大哭……巴掌像雨点一样急促，一掌又一掌击在我的屁股上……

上房的局长，满院的公安叔叔全都被我杀猪一样的号哭惊动了，有几个叔叔跑进来护住了我问："马股长，孩子怎么啦？这样打！"母亲向他们介绍了解放的行为："该不该打？"

这事如果放在任何时候，叔叔们理应责怪母亲："这么点小事，孩子有什么过错？"但当时叔叔们不是这话，只说，"他小孩子，还不懂事，不要打……"又对我说，"娃儿，不要随便吃别人的东西……"

我是后来才听说，敌人当时活动猖獗，有买通我们的伙夫，往食堂大锅里下"红信"（砒霜）的，被发现了，枪毙了好几个投毒的人。公安局大院的主人，就是逃亡在外的大地主，有通敌的可能——栾川的"社情"实在是太复杂，太血腥了。

第四章

懵懂小儿伴狼眠　灵警母亲急开枪

凶险若斯，懵懂无知的顽童凌解放浑然不知，每天只是吃、睡和撒欢玩耍。偶然之间，他会觉得很久未见"老凌"了。

"老凌"是父亲，是母亲口中的称呼。凌解放对老凌没啥印象，只觉得他是这个家庭的匆匆过客，一个月或数月才现一下身，倏忽，又没了踪影，且又是数月音信俱无。

是以，凌解放那时只觉得老凌这个人，对于家庭可有可无。偶然见到父亲出现在家中，对他很温和，每次都提着好吃的、好喝的、好玩的。到了晚上，就撵老凌走。"但我觉得他是'外人'，坚决不允许他'上我们的床'——这事直到他年老，提起来还笑不可遏。"这是凌解放后来对父亲的回忆。真正"确认"父亲，且认为父亲非常重要，于家里不可或缺，是到洛阳之后。

老凌在从事非常神秘凶险的工作，秘密进了山。

栾川城本就在山中，"进了山"，说明是在更加偏僻险恶、人迹罕至的深山老林、古寨洞窟处。

母亲不是普通家庭妇女，身边带着孩子，却从没误工作。虽然不能时时照料孩子，但她实际"看"得很紧，虽然有时察觉不到，其实总有"叔叔"在凌解放身边的。凌解放出外，若有若无，总有一双双眼睛盯着，保护着他的安全。

母亲总随身带枪，有时她还骑马挎枪下乡。那时全国尚未解放，但大形势胜利已成定局。他看母亲总是英姿勃勃的，一副我们胜利了的气势。因为没有什么女同志，所以她很"抢眼"。带凌解放的小战士经常指着他向人介绍："马股长的儿子，调皮捣蛋极了。"然而怎样"调皮捣蛋"凌解放已全无记忆，父亲后来告诉凌解放："你那时胆子大，部队集合开大会，你就在战士队伍里钻来钻去，从这一列钻到另一列，人们都问'这谁家的孩子'？"因为随军的小孩也就他一个，很受战士们的喜爱。伙房里改善生活宰猪，猪尾巴总是留给凌解放，他手提如蛇长尾，满院跑着啃。有一次肚子疼，一个老兵把一颗子弹头卸下来，倒出里头的弹药给他喝，并说："喝下去肚子就不疼了。"——真的，这东西能治肚子疼且立竿见影，凌解放至今不明其理。

当时不仅敌特匪顽多，"社情"复杂，单栾川的自然环境，就分外恶劣，让人难以想象。

栾川因传说远古时期鸾鸟群栖于此而得名。位于河南省西部，伏牛山腹地，素有"四河三山两道川、九山半水半分田"之称。县境内最高点有中原顶峰龙峪湾鸡角尖，海拔2212.5米，最低点伊河出境处海拔450米，相差1762.5米。县城海拔750米，是河南海拔最高的县城。栾川森林覆盖率全省第一，有"中原肺叶"之称。现在可以开发生态旅游，是国家级园林县城、旅游强县、生态县、全国休闲农业与乡村游示范县、十大乡村度假胜地，被命名为"绿水青山就是金山银山"实践创新基地。可在数十年前，这里意味着大山深处，交通不便，信息闭塞，经济迟滞。那年代野生动物种类繁多，有老虎、金钱豹、野猪、蟒蛇、狼、豺、鹿、獾、金猫、林麝等，其中野猪、狼、豹等猛兽经常下山，甚至误打误撞进宅入屋，吞噬家禽家畜。

古宅墙头，常有黄亮亮的玉斑锦蛇挂下，或沿墙根游走。老宅的墙梁间，偶然露出粗壮瘆人的乌梢蛇，吞吃老鼠，消灭一些蝎子等昆虫。虽然它们遇人就赶快溜走，但总是感觉厌恶惊骇。

对人危害较大的野兽，是狼和野猪，凶险的是常有狼患。凌解放差点丧命于野狼的口腹。

确切时间，是1948年秋，3岁的凌解放随着母亲住在公安局家属院的西厢房，是两明一暗三间房，卧室在最北边，南边两间亮房是平常的木大门，里边的住室是两重门。现在栾川不知是否还有这样的设计：外头是一个单扇的竹门，门下半截密编，上半是两寸许一个一个的小方格，用纸糊起，这叫风门；竹门内又一重是木门，才是防护所用——这应是大户人家的讲究，如果天太热，就在里边把木门打开，只留下竹门，既安全又凉爽。母亲通常回来，是把外房的门闩起来，里边两重门全部打开，然后在灯下擦枪写字。但这一夜情况有点不同，她回来后又被人叫了出去，到北正房开会——肯定是领导们召集临时会议，因为同在一个院子，她没有锁门，只在内门挂了钌铞，把风门关上，把外门又掩上，就去开会了。

母亲常常这样的，幼年的凌解放已经习惯了，独自躺在床上，看着桌上幽幽忽忽跳动闪烁的油灯，听外边撕帛裂布一样的风声。伏牛山留在耳畔的这天籁，永远都不会在记忆里消逝——有时候像翻江倒海，又听中间夹着"日日……"的啸声，有时候也徐徐而来，舒适怡人。但是今晚的声音，让他感到害怕。那是一阵接一阵唰唰簌簌的声音，如急风暴雨洒落在满山的荆树之上，又像有人在撕一匹长长的不到头的布，夹杂在淆乱的风声中，细听似乎还有人打鼾的声音，这些乱嘈嘈的声音无休止地交响缠绕着，不断地灌进来。尚未从恐怕中走出，忽然又猛地呼啸起来——连房梁屋檐似乎都经受不得，发出咯吱咯吱的呻吟。睡在这样的房子里，会使人觉得外边的大山在摇晃，所有的树都在疯狂地旋扫天穹，这房子像惊涛骇浪中漂移旋转的小舟。这样吓人的天气是他离开栾川到了洛阳，住进高堂静室之后翻忆的感觉，那是太令人惊心动魄的风，后来再也没有经历过。但在栾川时这样的夜晚却很平常……忽然，外间一阵细碎的声响，凌解放以为母亲回来了，仰脸喊了一声"妈"！

凌解放抬起头看，因为风的摇撼，钌铞儿已经自行打开，里边的木门已被吹开一扇，但风门还是好好的，从破格处扑扇的窗纸间，能看到一只淡灰色的大大的眼睛，正向屋里窥探。这眼睛不是哪位公安叔叔锐利的眸子，因为叔叔们给好吃的，眼里常流着笑。这眼，也不是对门院养的大黄狗的，要是大黄的眼睛，早就低哼撒欢了，这眼睛很好奇，冷漠，锐利，充满戒备。

屋子里的灯还亮着，只是因为外间门已大开，只隔一个风门，屋里已能进风，那油灯忽悠忽悠扑闪着，摇曳着，将要熄灭，风小一点，它又亮了——这样的情景如果凌解放已懂事，会吓得浑身汗毛乍起，大呼小叫地喊妈妈的。但那时他太小，还不知道什么叫危险，一片瞌睡虫袭来，竟然昏昏睡去。

"啪!"一声清脆的枪响，在沉寂的夜里分外响亮，刺激耳膜，霎时惊醒了呼呼熟睡的凌解放。屋子里一片漆黑，只能听到外边喊："来人，马股长这里出事了!"接着一阵急促的脚步声，一群人都拥了进来，凌解放惊怔间，母亲已点亮了灯，对着门外说："不要紧，不是敌人。是只狼，想吃解放，闯进来了……"

事情的全过程是母亲和叔叔们讲给凌解放听的。那只狼是只老狼，公安局正门它进不来，它是从破仓库那边一个水道口钻进来的，大约饿极了想找点食吃。它进院的"第一站"便是凌解放住的西厢北屋——山里的老狼是非常狠，也非常"能"的。它在院里已观察了地理形势：人都在北房正间闭门开会，其他地方没人，又趴在西厢窗台上舔破纸看，见小孩独自躺在床上，就从虚掩的正门钻进外面亮房，扒着风门观察——这就是小解放见到的那只浅灰色的大眼了。狼是怕火光的，屋里有灯，它就不敢进来。大概是风将灯吹熄，它就进来了。但接着，上房的会议结束了，满院都是人，惊恐之下，这只倒霉的老狼只好钻进床底下。

"我从北屋出来，见我屋里没了灯，大门也开着，心里就是一惊。"母亲如是说，"进屋用手电筒照了照，没有见什么情况，解放已经睡着，这才放心。天已经半夜过了，我就没再点灯，也没脱衣服就睡下……我迷糊着没有睡熟，听见床下有动静，好像有人在大喘气，呼哧呼哧声音很粗，再听一会儿，我断定不是人，是畜牲，不是狼就是豹子钻进来了……我反手向床下开了一枪，那畜牲一拱就钻到外间，从亮窗上跳出去跑了……"

这件事真的极端凶险，倘若母亲散会迟一点，甚至，如果那灯熄灭早一点，或者母亲大意，回来很快就入睡，至少是没有了凌解放，也许母子同丧狼口。那样的话，世界上肯定少了一个二月河。

马翠兰刀丛枪林经过，历练的事多了，具有了泰山崩于前而色不变的涵养，但这次不然，虽然表面上无动于衷泰然自若，因为涉及自己的孩子，她实际上很紧张，尤其是后怕。凌解放曾回忆，第二夜睡醒发现自己在母亲怀里，母亲正紧紧搂着自己，这是从没有的事，她在哭，凌解放睡眼惺忪地问妈妈，妈妈哭得直呜咽，简直说不成话："我孩儿好好……你要是有个什么好歹，我怎么跟你爸交代？你爸还不知道在哪里……"

母亲担心宝贝儿子，这是世间母亲永恒不变的柔情，尽管她平时打起仗来铁血刚硬，斗起匪顽智勇双全。

凌解放母子在栾川的日子危险且短暂，紧张也充实，组织把他们照顾得很好，因为"社情"分外复杂，还有老凌做的极其危险的秘密工作，更得保护好凌解放母子，让深入狼窟打进敌人内部的同志放心。老凌"进了山"——在一年后，拉出千余人的队伍，工作能力和成果得到上级充分肯定，随之工作调动，到陕州专区（陕县，今三门峡市陕州区），再到洛阳军分区工作。

小候鸟一样的凌解放，就跟随父母迁徙至陕县上学和生活。因为母亲到洛阳比父亲迟，工作、住房这些事务没有安排好，凌解放虽然不情不愿，只好跟随陌生的父亲，先在洛阳军分区生活一年多。父亲性格和善，不提过多要求，不追求学习成绩，不训斥人，没有啥压力，凌解放可以无忧无虑地玩耍，慢慢地就乐意跟父亲在一起。"老凌"在他心目中的地位开始提升起来，有了相当大的变化："有时候，比妈还重要。"

老凌是个讲吃不讲穿的人，和儿子的谈话浅显易懂，没有空洞的大道理，就是家常的生活，就是现实必需。他和凌解放第一次谈话就是说吃的问题："孩子，只有吃进肚子里的东西，才真正是你的，别的一切都要扔掉。你要学薛仁贵，顿餐斗米，才会有力气做事。""我们不要奢侈，其实我们也奢侈不起来。不管好歹，一定要吃饱，人的高下不在衣装上比。""你将来可能会遇到各种场合，见到各种人物。不管是谁，再大的官，一道吃饭不要空着肚子忍。"

父母对吃喝不加讲究，有口吃的就行，他们是从战争中走出来的人，行军打仗，食宿无定，有顿饭填饱肚子就满足，有个屋有张床板能宿营就行。

但他们认为吃饭是件幸福的事。早年在八路军队伍，与日本侵略者作战，风餐露宿，随时行动，经常转战深山野林，藏身古墓荒沟，居无定所，三两天吃不上饭是常事，吃上顿不知下顿在哪儿，脑袋拎在手里，随时会"光荣"，今天吃一顿不知明天还能否安然再吃上，故只要有饭，就大吃海喝，争取一次吃个够，最好能管上三两天。

凌解放的母亲回忆一件吃饭的窘事：

　　1944 年，我刚参加工作头一年年三十，在区妇救会，我们几个女同志一起。上头分配来二斤肉，都高兴得不得了，商量着吃饺子。

　　刚把面和好，肉还没剁，正切葱，外头一阵狗咬（叫），接着听见三四声枪响。我回头赶紧一口吹熄了灯。

　　几个人黑地里紧收拾，面、菜、肉一包，噌噌地都跑出来上山。

　　我们到山上一个破庙里，接着过年，把庙门摘下来当面板，揉面、剁馅，也不敢点灯，怕下头敌人照见动静。

　　刚支起锅点着火，山底下又是几声枪响，接着听见下头敌人嚷嚷："在上头！女八路在上头！在庙里——冲上去，抓活的呀！"

　　我们几个又是一个"紧收拾"，抬腿就跑。跑到天快明，到北界都玉皇庙，才算安定住，支锅包饺子，吃完饭天已经大亮。虽然一夜紧张，我们总算吃上了饺子，大家心里很高兴，只是异样，饺子馅怎么剁得那么粗？第二天返回头一个小庙里看，剁馅的门板上厚厚一层牛粪，只剁馅那一小块凹下去了露出木头。

战争中过年一顿饺子，吃得险象环生惊心动魄，却充满乐观和希望，这就是共产党八路军的精神和作风，是得以胜利的保障。

父母认为：能吃，吃好，才有基础干，才能保障干好。父母重视孩子的吃饭，作为大事，分外认真，即便孩子犯了错，要挨打，这时尚未开饭，那就没事。因为挨批评影响心情就会影响吃饭效果，即便挨打，也得耐心等到放下饭碗后才祭"家法"。

在吃穿上，父母不注重奢华，穿着干净就行，吃饭追求清淡。即便后来工作生活稳定了，他们职级上成"长"了，工资收入很高，可以提升一家人的生活水平了，也不讲究吃好东西。但他们努力让孩子吃好、吃美、吃多。

幼时的凌解放好吃、善吃、能吃，在众亲朋处是有名的。母亲曾不止一次笑说："解放是个吃僧""是个吃谷堆嘴"。母亲是正话反说，贬中有着浓浓的褒义和对儿子的嘉许。他比同龄人饭量要大些，母亲每次做菜，一做就是一大盆，他一个人比个大人还能吃。"半大小子，吃穷老子。"他并没有吃穷老子，还因能吃而得到父母夸奖。父母是革命者，名利看淡，所以，对凌解放的学业一年年下来，一年年降低要求，失望之余，只希望儿子能健康长成大小伙子就中。那时家中情形经常这样：解放一碗刚了，接着又是一碗，母亲还要看着，把自己碗里的饭菜再拨一些到他碗里。发工资了，手头宽绰，改善生活，到机关食堂去打肉菜，常常要端个大脸盆——凌解放太能吃了。能吃与能干确有联系，十来岁的凌解放，就能当成个劳力帮父母干活儿，父亲种树浇菜或母亲洗衣用水，他一手一桶，提着两桶水行走自如，健步如飞，震得地皮乱颤。母亲高兴地说："看，解放真有劲，拎两桶水像拎棉花包。"

母亲是从不带孩子下馆子的，那时没条件，要赡养远在山西的老人，接济经济贫困的几家亲戚，另外也担心，怕给孩子养成生活奢华的不良习气。她最大的奢侈就是晚上让儿子"跑腿"买个饼子，"打打饥荒"，就已经是不错的生活待遇了。母亲加班时吃个火烧或肉夹馍，能夹三毛钱的卤猪头肉，她总是很细心地把烧饼里的肉用筷子剔出来给儿子，然后用开水冲一个"鸡蛋茶"——这就是她的夜餐了。有时没有烧饼，但街头还有一种小吃：很软很薄的面饼，卷上豆芽、豆腐干条、葱，还有酱——这种饼夜深还有。无论哪样，凌解放总得吃两个。

星期天或者假日，还有哪天马翠兰不忙时，会抽空给儿子"做口吃的"，也补偿自己久违的乡味。这乡味，一般是山西特色的面点，经常是"剔尖"，也叫"拨鱼儿"，是山西传统面食中特别具有代表性的一种。取面粉放入小瓷盆，加入少许盐末，分次加入水，用筷子顺时针搅拌，逐渐形成面絮，搅拌均匀后再揉制，成匀实的面团，盖上布简单饧一下，饧好的面团光滑且有弹性，能用筷子挑起来。取一个头削尖的筷子，代替剔筷。没有剔板，用菜铲背面代替。待锅内水烧得翻滚后，将一小块面团置铲背上，用剔筷摊平面团前端，快速剔入锅中，大火煮开，中间可再次蓄水，面熟后捞出，将葱花、鸡蛋、辣椒依次伴入小炒，一盘劲道、凝滑、口感好、香辣爽口的"剔尖"就好了。常常是母亲一小盘，凌解放一大盘，大快朵颐，吃得满头冒汗，舒畅极了。

凌解放特别爱吃母亲做的"头脑饺子"，馅是这样的：炒三两个鸡蛋剁碎，豆腐切得米粒一样大，加上碎葱、姜末、碎韭菜，拌起来作料，再加上香油。母亲自己擀皮儿自己包，绝对不要别人插手。母亲包的饺子像是机器做的，个个一模一样，都是拇指大小，一排排像士兵一样"站"在她的写字桌上。接着再炒"头脑"，细葱、姜用油煸一煸，加上豆腐、胡萝卜、一小把粉条，加水，滚了再加糖，端下来放在一边，再下锅煮饺子。这个饭很少做，因为太费周折。母亲工作忙，不想浪费时间，多是带着凌解放在机关灶上吃饭。即便做，从来很少在夏天做，一般都是冬天。这一炒一煮，满屋都是雾一样的白气，加着扑鼻的饺子香、菜香。屋子里通红的煤火，暖融融的，真有说不上来的温馨。星期天，值班的都在前院，后宅这个厢房里充满的是山西母子情味。母亲做的"头脑饺子"，凌解放每次都是吃冒尖儿三大碗。多年后回想起来，依然是氤氲不尽的香味。

还有母亲做的"猫耳朵"：和一小团面，里面稍微放一点盐，这样的面筋道，吃起来口感好，把面揉好，搓成细细的一条条，取一条，掐那么丁点，右手大拇指与食指掌握好力道，一碾，成月牙的弧形，厚薄适宜，状如猫的耳朵，煤火炉上支个小铁锅，翻滚煮两三分钟，熟透，即用笊篱捞出来。把肉、豆腐或红萝卜切成丁，炒熟时放点菠菜或白菜，添水，加一点淀粉，煨成汤水的臊子，最后用筷子蘸一点香油，也就那么几滴，立刻满屋子鲜香四溢。把这卤浇到"猫耳朵"上，吃起来那叫个美，嚼起来满口生香，吃一碗一晌不饿的感觉，特别满足。凌解放揣起碗就不忍放下，狼吞虎咽，肚儿溜圆。

其实，在凌解放的心里，更觉得美的是那过程，是母亲穿着偏口棉鞋，双脚蹬在铁炉子沿上，小心地往锅里"剔尖"的形象，是她在白气中下"头脑饺子"的影子，是她碾"猫耳朵"时的专注，是她一边剁馅一边看着孩子的眼神……随着岁月逝去，我们都能够穿过时光的迷雾，去复原和想象，那是多么美好的《温馨母爱图》。

母子二人吃饱喝足，难得的工作之余轻闲时光，母亲满心欢喜地看着凌解放，会逗趣凌解放：

"花喜鹊，尾巴长，娶了媳妇忘了娘。娘说话，如放屁，媳妇说话一台戏。媳妇想吃酥糖梨，他一天赶了两个集。他娘想吃甜烧饼，儿子说：'吃不成，你没看今年啥光景？'"

看着儿子懵懵懂懂呆呆萌萌的样子，母亲开心，继续打趣凌解放：

"宝哇，妈到老了，不能动了，你会孝敬妈吗？"

"会。"凌解放干脆地说。

"那你媳妇不让咋办？你得围着媳妇转呢！"

"我不要媳妇，我就要妈，我就对妈好。"

母亲异常开心地在儿子宽大的额头上亲了一口。

"中，就这么说定了，俺宝不要媳妇，只要亲妈。"

凌解放幼时能吃，还吃出"事故"来。有一次母亲开会，将他托付给公安局的一位叔叔管照，叔叔就带他玩儿，到食堂吃饭。那次吃的是拉面，正合爱吃面的凌解放胃口，那些天在家都是萝卜白菜，李逵语"口里都淡出个鸟来"，这次口味新鲜，还有肉卤，油炝肉末那个香啊，他就放开了吃，一碗、两碗、三碗……那个年轻的警察叔叔没有带孩子的经验，想不到小孩子这么能吃，也有了好奇心，想看小家伙到底能吃多少。"解放，还吃不？""嗯，要。""解放，再盛一碗？""嗯，再添一碗。"只要凌解放说要，就再添一碗，不停地添，结果小解放就吃坏了。放下饭碗不久，就肚疼得厉害，叫苦连天，赶快送医院，一检查——急性胃扩张，就是吃撑了，吃药化食，输水消炎，踏踏实实住了三天院才作罢。

"吃饭撑坏了"成了公安局家属院流传经年不衰的笑话。

事实上，终其一生，凌解放都身体力行，遵循父母讲吃不讲穿这一指示。

第五章

蛤蟆塔欢快童年　闹狼患恐怖心间

凌解放的童年，多数在迁徙。

由太行间、伏牛山、黄河畔，直到翻山越水到南阳盆地，才安定下来。

那时，凌解放的父亲在陕州军分区，母亲在公安局。父母同在一座小城，工作单位距离不到他上学路程的一半，但每星期也可能只见一次面，他从小不怎么记得父母在一处生活，吃住都不在一起，各干各的工作，这在今天似乎有点不可思议，但却是那时的普遍现象。后来，陕州军分区撤销，并入洛阳军分区。凌尔文就到了洛阳。凌解放说，他真正"认得"父亲，是在1952年左右，是在到陕县生活，尤其到洛阳之后的事了。

陕县现为"四面环山三面水"的"天鹅之城"三门峡市陕州区。秦置陕县，明入陕州，1913年复改陕县。1960年废入三门峡市。1962年复置。2015年改设陕州区。

陕县是一座建在崤山、熊耳山余脉与黄河干道间的古城，青砖黛瓦，透着岁月肌理的古城墙，无言述说着历史记忆和过去的辉煌。县城踞崤山下，却是典型的邙山地貌，全部是起伏不平的黄土丘陵，穹似龟背，曲似长蛇，东西逶迤绵绵。宁静的山脉伸向远方，静谧的城巷幽深曲折，陪伴身边万古流淌的黄河。新中国刚成立时，整个县城只有几千人，城势北高南低。火车站自然像瓜一样结在陇海线上，地处县城南端，每天吞吐旅客和货物，小城日子安宁祥和。地势缓缓由南向北起伏渐高，直到北城门是最高地，冈风飒然衰草连天的土城墙下，突然直削而落，是一带黄土悬崖。下有葱葱郁郁的树木，幽深恬静，内里却是蛇蛙鸟类的蓬勃世界。土壁上长满了酸枣、荆条、何首乌、知母草和白茅、艾蒿类植被，只有一条"之"字形黄土牛车道"贴"在悬崖上蜿蜒而下。下边是河滩地，还有几个小村庄，沙土地上长着的庄稼也很简单，除了几片高粱、玉米、红薯，其余都是花生，再往前几百步，便是黄河。

军分区设在关帝庙内，对门是个小城楼，二三米宽，一边一个铁人，有一米五高的样子，模样狰狞。门口向东有一条南北街，向北走到尽头有一里地吧，就是陕县公安局，建在土城墙下，不大的院子，三五排房子。不远处，临深沟，在土塬下挖，掘出一个院子，就作为监狱（看守所），全国少有的设置。后来，他在《乾隆皇帝·风华初露》其中一章《越牢狱县令作人质　平暴乱阿桂巧用兵》，巧妙地置入陕县的监狱，书中的表述和他当年的印象基本一致，不过把"公安局局长"换成了"阿桂"，设计了阿桂平息陕州狱变的故事：

> 监狱设在陕州城西北角。与其他监狱不同，这是一座地下监狱——在厚厚的黄土层上挖出豆腐块一样齐整的院落，只有一条通道可以进入天井，沿天井四壁掏出一孔孔的窑洞，这便是牢房。上面四周都是围墙，四角设着守望楼——是河南，也是全国封得最严实的牢狱。豫西捕获的盗案要犯、待决死囚历来都送这里囚禁，从来也没出过逃逸人犯的事。唯其如此，牢卒们都懈怠了，整月也不下监房巡查。新来的州令米孝祖没见过这种式样的狱房，突发异想地下去巡视，想不到被暴乱的囚犯一拥而上，擒住当了人质，连随从下去的吏员、狱卒也一概没能幸免。

从东绕过公安局再钻一个土隧道，一条"之"字形的黄土道下去约200米就是黄河，一条窄窄的路，有砖护栏，砖铺地或石片砌路，直通山顶，道两边都是近90度的土悬崖，很有点"华山一条路"的味道，形状极似一只孤立挺出西指的羊角，它的名字也真就叫"羊角山"。

在山的顶峰，有一座寺院，大名"宝轮寺"，始建于唐朝，距今已有八九百年的历史。寺在多番战乱中早毁，唯塔独存，官称叫"宝轮寺塔"，呈四方锥形，共分13层，塔内有塔心室和梯道，可以登高远眺，观赏"黄河远上白云间"和"旌旆夹两山，黄河当中流"的壮美景观。

凌解放所上小学在附近，他常逃学到寺里去玩。令人称奇的是，在塔的周围十几米到数十米处，他与小伙伴跺足、拍手，或敲击石头，塔会咕哇咕哇发出回音，而且叩石或击掌越响、节奏越快，这种蛤蟆叫的声音也越逼真洪亮，人们叫它"蛤蟆塔"，是我国四大回音建筑之一，且是其中历史最久远的，比其他三个都要早数百年，可谓珍贵，现为全国重点文物保护单位，至今故姿依然。你要看河南电视台《天气预报》，那塔身影穿云，壮观秀挺，成为三门峡的著名地理坐标。

古寺虽毁，和尚们虔诚，在附近盖起了不大不小的几间矮房，权做僧寮，见了来玩耍的小学生，态度甚是和善，常与这些孩子攀谈，赠送一些供果吃。塔下跺脚拍手或击石，能传来咕哇咕哇声，传说是因为造塔的大师在下面埋了一只口含宝珠的金蛤蟆镇塔，当有大的声音刺激，它会以为有人来抢宝珠，马上大叫着示警。凌解放很感兴趣，他到处观察、寻觅，四周挖挖、翻翻，简直是一位称职的地质队员，在勘探地下宝藏。是的，他想挖掘出那只金蛤蟆。寻摸了几天，只翻拣出一堆废砖烂瓦，不知啥年代的瓦当，可能打仗遗留下的泛着绿锈的铜箭镞、半支断剑、半片残玉佩，别的啥也没见着。倒是真从草地下挖出了硕大的癞蛤蟆，满身毒液的疙瘩，很是恶心人，它咕哇着表达不满，不急不慌蹦跶走了，让他一脸扫兴。

犹如当年鲁迅在百草园里尽兴，这是凌解放撒欢的花果山。羊角山上沟岔多，密林野树，可以采摘野山楂、野柿子、野葡萄、野枣、沙棘、野山梨……春来抽茅芽，黄花苗（蒲公英）的花及蕾，摘下就可丢嘴里吃，除了草香没啥味，清热祛火。蛇莓果，酸酸甜甜，味道好像草莓。夏天的桑葚，吃得满嘴、脸和手都被汁液染得鲜红。灌木丛，崖边，多的是羊奶头，又叫地梢瓜，学名萝藦，好吃的野生浆果，撕开吃，囫囵吞，满口清香，流着乳汁一样的浸液，后来才知道，这小野果营养很丰富，有生津止渴、消炎止痛之功效。秋天是野果成熟的季节，漫野遍地，有各种可吃的。野枣、山里红、野柿子，低处的早都被人采光了，高处的还闪耀着金灿灿红彤彤的光泽，招人喜爱。沙棘、酸枣随便都是，用手一抓，不小心就被刺扎流血。尤其沙棘又叫酸溜溜，吃几颗，满嘴尽是口水。那些零零散散的棠梨树，沧桑树干上的叶子已经变黄，暗红或黄褐色的棠梨挂满枝头，像晶亮的"满天星"，摘一个棠梨送进嘴里，一股淡淡的涩酸伴着甜直钻肺腑，让人口水直流，这东西吃多了也不伤胃，可熬糖或泡酒。野石榴长不大，不甜，但总算是一种水果。又红又黄的柿子亲密相间，果实累累，如一盏火红火红的灯笼随风摇摆。一片片柿树叶，在秋风中摇曳舞动，映红了整个山岭。树皮皱皱，宛若寿星老人的皮肤，枝干被风雨摧残得弯腰扭曲。野柿子都是硬邦邦的，要么经霜，要么回到家用黄蒿盖着，或与苹果放一起，捂上几天，等软了就能吃了。啥原理呢，凌解放始终不明所以，但他人小机灵，发现枝头向阳的，被小鸟叨过的，爬上树摇下来，肯定甜丝丝，因小鸟聪明，尽挑成熟的吃。还有不知大名的"毛楂"，紫红色，不是正经山楂，似枣非枣，酸涩中有甜，可以穿成手串、项链。黑色的洋茄子，一吃一口黑红色的浆，籽太多，味道甜腻而怪，吃几口，就不愿吃了。冬天，万物萧瑟，一片凋零，没啥吃的，偶尔树梢有遗下的野柿子和枣，或刨茅根嚼，味道很好。

在山坡上、树林里，可供凌解放与小伙伴玩耍的方式很多，逮满身金黄或黑盔甲上点缀白星星的天牛，放在一起咬架，或在其腿上绑了细绳，放风筝一样让它飞。石缝里，石块下，也是一方世界，里面有蝎子、蜥蜴、刺猬，不知名的鸟窝，有斑蝥等各种甲虫，还有蛇。在岩石下翻蝎子，小伙们可以拿到中药铺卖钱，或干脆火烤了吃。一次凌解放和伙伴们合力掀一块石头，听得石头下有呼哧的声响，一看之下，顿时骇得要魂飞魄散，猛地跳起来，赶快退后很远。这时，一条乌黑发亮且又粗又长的蛇，正从石头下面爬出来，耸腰扭身另选休息地点。

小伙伴们是本地庄上人，见识多，知道要打草惊蛇，捉蛇要扣七寸，凌解放认为掌握了诀窍，胆子便豪横起来，专门选择茂密的草丛而入，拿着棍子四处乱拨，要把蛇惹出来，有一次还真的轰出了一条蛇，红黄相间，颜色鲜艳，他却迟迟疑疑，恐惧还是压倒勇气，终于不敢徒手去捉。

遇蛇多次，带来的是巨大的莫名的恐怖心理，有一次也有一点温情的感觉。他们在一方池塘边，有荷叶，有水草，就在这极为清澈的水中，竟然看见有一条小蛇，很是美丽，上有蜻蜓盘旋，不远处荷叶亭亭，这小蛇半身直立，举头露出水面，一动不动地看着一帮孩子们，恐怕是它的细尾在水下摇摆，泛出涟漪，画出圆圈荡漾开去，身边有小鱼或小虾，游来跳去，蜻蜓在它身边缭绕，它不管不顾，愈加显得小蛇的神态那么从容、宁静和安详。有人要抛石去砸，被凌解放轻言制止了，他有一点感动，他不愿破坏这难得的恬静和谐……

多年以后，凌解放成了二月河，扬名海外华人界，成了一座城市的"名片"和"形象"，为了城市的"面子"，领导给他安排了相对宽敞、安全和舒适的住宅，还有个不大亦不小的院子，有近百平方米的土地，他很是高兴，不肯将院子里的地面硬化，放下笔，花费宝贵时间，成了躬耕的农夫，首先是深翻，把土中的石头瓦块碎砖仔细拣出，把扫来的树叶与沤好的大粪，进行搅拌混合，再在土里一层一层铺好。这么用心做了，种什么？花草可以有，但不是主要，种菜，几畦韭菜，割了可以包饺子、贴菜盒，种几垄小白菜，可以下面条锅。余下的地，种花草树木，莘荑、蔷薇、凌霄、竹子、蜡梅、月季、白蜡、石榴、枸树、合欢、花椒、五角枫……乔木与灌木伴生，树林中花草娇艳，高低错落，形成一个微型树种部落群。恐怕是羊角山留下太多太美好的回忆，他在家中复制了一片小树林，以满足寻觅童年的愿望。

凌解放依稀记得，他数十年前经常逃学玩耍的地方，叫太阳渡。陕县是这样的地理形势，整个城都在崤山上，黄河直西而来，逼冲县城，绕崤山，形成一个大弯，被余脉羊角山挡住，拐了一个90度的直弯向北，又被中条山挡住，再折90度向东直奔而去。这两折弯，形成了三段渡口名叫"太阳渡"，西边上游的叫"下太阳渡"（因太阳从这边落下），东边下游的叫"上太阳渡"，中间直南直北的那段叫"中太阳渡"，不远处叫"茅津渡"。河的北岸是山西的平陆县，中条山临河的一段，万丈高崖，峰尖如同锯齿一样向天插去，满山都是大树。下太阳渡一带山势相当缓，一隆一起，一鼓一包，形似长蛇绕龟，上太阳渡也两岸皆险。崤山余脉是邙山、是"鸿沟"那样的土柱如削，和中条山夹着大河。只是上、下太阳渡都有沙滩，可以走纤夫，中太阳渡似乎是虚应名目，你登羊角山可以通眺三渡，上、下太阳渡帆樯穿度，中太阳渡只有漂浮船只，少见有人乘船携物过河。

凌解放一家先在县公安局附近那条街，租了一户人家房屋暂住，后来迁到了城西羊角山下。这儿亲近黄河，推窗可见下太阳渡。

那年夏秋总是下雨，一下就是连着几天。有突如其来的大雨，猛扑猛灌，有淅淅沥沥的小雨，一天到晚不见太阳。黄河好像更丰满了，连滩上的大石也淹没了许多。

多年后凌解放回忆：如果说，在伏牛山，我经受的"风"，在陕县则是雨、雪。陕县的雨，真的是凄美、沁凉彻心。陕县的雪片片如掌，它没有"零星小雪"的过渡，是"一下子"飘逸摇落，俄顷之间就能覆盖视觉中的一切，把整座城"泡"进琼花雾中。

听说陕西就是因为在陕县之西而得名。陕县虽在河南，崤山之下，地形如同邙山，地貌与郑州、新密诸县相衡，地气大有异样。这里既有若"鸿沟"雄伟险峻挺拔耸峭的山势，也有陕北黄土高原的逶迤逼仄苍凉寂寥的情味。在凌解放的印象里，除了山坡上，似乎城里只有三种树，城里和东郊是白杨与夜合，城郊的黄土道边几乎是清一色的"棘"——不是沙棘，就是酸枣树。

这里的白杨树不似南阳的那样纤弱，一株株笔直钻天，挺拔伟岸，即使广袤大地上孤零零的一株，它也绝不横生枝蔓，如同地里突然生出一指，稳稳地指向蔚蓝的天穹。夜里又像人在欢笑，南阳的杨树叶片正反两面颜色差不多，陕县杨树叶片正面墨绿，背面雪白，倘若风吹来，阳光洒落，你会觉得树上有无数银色小镜子在闪烁光芒。它的树皮如同一层终年不化的厚霜，白中微微泛青——二月河从没去过陕北，在读了《白杨礼赞》之后，陕县的白杨一下子就跳出脑海。

白杨和夜合，都是非常干净的树，陕县城一街两行就这两种，一高一低，一粗壮一纤秀，错错落落不大规则地排列道旁。那时人口少，很少见到三五成群的闲人在大街上晃悠，只有卖油茶的，卖针线的，剃头的，"货郎担儿"摇响拨浪鼓偶尔在街头吆喝而过。除了城南火车站一带，陕县没有"熙熙攘攘"的景致，很安静，静得冷清。

这是晴天，雨天就更是——应该用"凄寒"二字。整条北关街上宽宽的街道，全是沙土路，几乎不见人影，两边也没什么店铺，几家卖酱油醋的小门市，门扉严实紧关，因为有风，会把雨滴进店里打湿货物，所以有人敲窗户店主才会打开天窗做买卖。走在街上，两只赤脚都浸泡在潦水湿泥中，但绝不黏糊，土中含沙较多。两边的夜合，人们叫它绒花树。树影枝柯交错低垂着在风中婆娑起舞，几乎能拂扫到人的脸。那时没有"雨衣"这个概念，同学们都穿蓑衣上学。夏天这个时分遇上这样的雨，下边是随风婀娜的绒花树，抬头仰望，是雨色中朦胧的白杨树尖顶绰约影子，往前看，出了军分区过城洞穿广场，一路没人，回头看，浓绿得黯黑的树压着街道，湿漉漉的树枝全部垂弯了摇摆，脚下的地和水是那样冷，从脚底涌泉穴似乎直冲到全身头顶，而头顶的雨笠遮雨的能力也极有限，雨水，还有树叶上的积水哗地一下子顺脖灌下来，醍醐灌顶，透心地凉，不管平日积了多少暑气，全被扫荡殆尽。丝毫无诗人"夜合花开香满庭，夜深微雨醉初醒"的意境，冰冷的雨让人烦恼。

雨雪天气，母亲会格外地关照一下："和黑喜、四喜、香疙瘩（一小女孩名）这些同学一块走（去上学），不要一个人。看（有）狼！"

栾川有狼，陕县同样多狼。狼的生命力顽强，适应性极强，生活环境宽广，似乎中国从南到北，中原到边陲，都有狼在出没，在恐吓人们的神经。20世纪50年代初，狼袭人是陕县的"县情"，凌解放没有直接见到，但老师放学时要交代"同学们结伴走，有狼"。家长在上学时会多嘱咐，同学们中间也互为传闻："谁谁让狼咬断脖子，肠子肚子（胃）都流出来，死了。""谁谁家的孩子被狼扑住了肩，幸亏大人们看见了，吆喝着吓跑了。""谁谁的庄上，有个'半脸人'，那半拉脸，就是让狼撕扯下来吞吃了。"一件件煞有其事，让人不寒而栗。

到陕县第二年，发生了一次大规模群狼入城的事。听房东说这叫"闹狼",他说:"又闹狼了。""闹"而且"又",可见是常发生的事。那是深秋,他们已迁城西,傍晚,听见街上的人一边走路一边说:"掏了个狼窝,抓了五个狼崽子。"凌解放正吃饭,丢下碗就跑出去看热闹,果然见街头一棵杨树下聚着一群人,这在陕县极罕见,除了"拉洋片"(一种游戏箱,里边装一张张彩色图片,外装透视放大镜,一分钱一看,买卖人一边用手拉换图片,一边唱词招徕生意)、"耍把戏"(杂技耍猴或施展武术卖膏药),绝无"聚人"之理——他气喘吁吁挤到跟前看,人圈子里是个土坑,里面有几只小狼,正惊恐地仰着脸看人,挤挤搡搡在一起。这就是狼?有点惊异,更多是失望,不就是土狗崽吗,毛茸茸的没啥恐怖,倒是有些可爱。看了一会儿,觉得没什么意思,就回去玩泥巴了。

不承想,就因为这五只小狼被捉,引得邙山大批群狼入城,"闹狼"了。

"闹狼"什么样?提前放学,大龄学生护送,点名字,清人数,保证悉数送到家,下次送前点评,表扬做得好的。房东尿盆忘了提前拿屋里,天黑想起来不敢去取。公安局、部队组织在县内捕杀。

到处流言汹涌,传说东山已被吃掉三人,西寨又有说谁谁被狼拽走了,至今不见人不见尸骨。说打死的五只小狼,它们的母亲是狼王,集合开会进陕县报复,邙山的狼不够,从中条山用船摆渡过河进城,狼尾巴在河里当桨作舵,还有的说狼开会,找到一个老头子借灯……邪乎得很,凌解放在栾川曾几乎被狼吃掉,但他那时太小,没有留下啥记忆,都是事后听大人说的,远没有这番"闹狼"印象深刻。凌解放是"逃学大王",但在此期间消弭了劣迹,因为这时他已经懂得"狼扒肩掏喉""狼撕扯脸""狼吃了你"是什么概念。"闹狼"这件事平息之后,就再也没见过,也不再听说过"闹狼"了。

"抓特务"却是实情,县公安局如临大敌,留下值班的,全员出动,且是荷枪实弹。很快抓到了,过程似乎很轻松。凌解放在特务被押回时看了,没想到,很白皙秀气的脸,看着很单薄的身材,没啥恐怖的,却当了特务。

那时候母亲对凌解放的一件"要事",是洗脸。只要看到脸不是肮脏得"实在受不了",问一句"洗脸了吗",得到肯定答复,母亲就会说:"我孩儿好，还行。"

父母是"牧羊式"教育，放心地"散养"，不大"管理"孩子。凌解放就这样原生态纯天然地生活着。

凌解放幼年时的真实情况就这样，父母工作忙，松懈了管教，他从小养成了生活邋遢野性难驯的性格。

这是先生自己回忆的，认可的：

> 从小就野习惯了。在栾川、陕县，我的那些小朋友，无论男孩女孩，没听见他们有"洗脸"这一说，我也就从不主动洗脸，更遑论"洗衣服"。我这个坏毛病一直维持至今，现在偶尔地也还仍不洗脸。我的"标准"就是"（别人）看不出来就行"……就这么稀里糊涂混了出来。

但是，母亲是个干净利落人，什么时候都是英姿飒爽，从不给人留下一丝一毫的埋汰邋遢形象，她每天忙得不落屋，除了脱换衣服，基本上照料不到别的，她也不知怎样办的，三下五除二就把自己收拾得整洁干净，清清爽爽，大步出门而去。凌解放的衣服有保姆洗，但他的脸得自己洗，他就像常常逃学一样"逃洗"。母亲常常一回头就能发现："解放，又没洗脸？"

凌解放心虚地摸了摸脸："洗了。"

"真的？"

"洗了！"

母亲一把拖过凌解放，用指头摸摸眼角，说："恶心人，这是什么？眼屎！"再拉起手，"你看看你这双爪子！吃僧（光吃饭不念经，意懒惰）！还说假话——洗！"

不由分说，热水瓶里倒出水兑温了，按下就洗，打肥皂用手搓头发，头几乎都泡在盆子里，肥皂泡弄得出气都吹泡，眼中进了肥皂水，蜇得眼泪直往外渗，她还要边洗边说："看看你这样——铜勺铁把（脸是黄的，脖子黑的），肥皂沫都不起，多少天不洗脸了——混蛋！"

她没骂完，凌解放就吭哧吭哧哭了，在她面前，小解放就这一招——她根本就不管，顺手在屁股上啪啪两下："你还有理了！"

　　凌解放不喜欢理发，不喜欢洗澡，不喜欢洗脸，觉得这都是"很受罪"的事，母亲管了他多少年，没有从根本上改变他的这些坏习惯。母亲也很无奈，她真的很忙，孩子是工作之外的事物，顾不了。后来母子达成"协议"，哪天晚上洗澡，第二天早晨可以不洗脸——要是父亲能带出去洗澡，那就理由更充分了。

　　有一次父亲出了个谜语："一个月没洗脸，洗一次脸还没有湿手。"母亲左思右想答不上来，凌解放在旁说："理发了。"母亲看了他一眼，忽然一笑："俺宝，不信（傻），脑袋（智商）还可以。"

　　凌解放就不理会干净与否，每天到处疯跑着玩，回家来倒头就睡，只要父母不说衣服脏了，脱下来换一下，那就继续穿。

　　即便到了部队上，衣服脏了换件穿，几件穿得实在自己也"不可原谅"了，才拢一堆洗涮一次。

　　结婚成家后，夫人取代了母亲的位置，催促着他换衣服，他总是不耐烦："还能穿，再穿几天。""你累不累呀，咋一天到晚就盯着我的衣服。"

　　邋遢惯了，以至于啥都不在乎。有一次他应邀到某高校讲学，中午吃饭时，席间领导们轮番敬酒，又有几位学生代表前来"表达崇敬之情"，盛情难却，他来之不拒，喝得有些过量，再加上大概是饭菜比较对口味，吃得过于豪爽，把衣服前襟沾了一些油渍，看着很不雅观。下午要做报告，这可咋办？他灵机一动，把衣服前后调换，径直走上讲台。听报告的师生摩肩接踵济济一堂，竟然谁也没看出来，有的还以为是大作家穿着新式服装呢。

　　回去后他把这件事讲给家人听，大家笑得直不起腰，他还得意扬扬地说："怎么样？我的聪明才智我的随机应变无人可比吧？"正是：美酒入豪肠，微醺调服装。观者谓时髦，谁知是原样。

　　除了"闹狼"的恐怖和逃学挨打，还有不洗脸挨揍，陕县没有给凌解放留下多少回忆。让他一生念念不忘的，留存不散始终清晰的记忆，还是壮观大气、明媚神秘、日夜不息的浩荡黄河。

第六章

大河流金太阳渡　野性难驯逃学生

一条大河，以从天上来的姿态，挂在中华文化的主册，绘在诗词歌赋的穹顶，流淌在华夏民族的心头。这河，就是黄河。

凌解放以二十年文字的洪流，使自己流成了大河。

他是黄河之子。他对黄河的情愫有多深多厚多重，他用作品、用人生作答。

在我的书桌前，恭挂一幅条屏，抬头即见，是二月河先生题写予我的："黄河之水天上来，奔流到海不复还。"他还多次写有"览百川之洪壮兮，莫尚美于黄河"等内容。

成为"二月河"后，出外讲学、旅游、省亲、开会等场合，有人求墨宝，有兴了，出手了，留字了，其中内容多是唐诗宋词集句，颂黄河的。

人们对于黄河，无不满心崇敬，抚今追昔，胸怀感慨。这条大河，多么神奇瑰丽，河图洛书，中华文化渊源。大禹在此奋斗过，秦皇颂扬而推为德水，汉武沉白马玉璧诚祭。这条河，历代文人为之痴迷，李白、杜甫以及无数诗家词人字字如玑作辞献赋。这条河，让二月河向往歌颂甘愿化为她的一体。

这是一条什么河？

这是一条文明之河，象征之河。一路向前进，向前进，百折不复回，透出无与伦比的坚韧。黄河之水天上来，是天上的雨，是云霄的雪，那么，天有多高，黄河就有多高。天把一滴雨一片雪倾注在高峰，浩浩黄河水，起初仅是雪山和冰原上的滴沥，始源在高山冰川下的一个细微泉眼，当涌出地表的一刹那，从洪荒的那个时间里，她就迈开奔跑的脚步，保持前进的姿态。"黄河西来决昆仑，咆哮万里触龙门。"劈开高山，越过高原，走过千山万峰，经历千难万险，始终不忘初心奔流向前。该柔顺时她柔顺，细沙清流，两岸良田万顷，慈爱地哺育着万千子民；该奋争时即奋争，在引吭高歌澎湃激昂中壶口的毅然一跳，那么势不可当，她把自己的行程走出了哲学的况味。当黄土高原的风沙携裹着她，染黄她的身心，她平静地接受，仍然奔腾不息，使自己成为一条金黄的河流，她以自己的肤色为荣，把这种肤色给予了怀抱中的中华儿女，哺育了灿烂的中华文明。黄皮肤的儿女，就在大河的哺育下，宁静的日子居安思危，艰难的岁月昂扬乐观，活出了勤劳智慧，活出了坚韧不拔。

这是一条神秘的大河，一条富有魅力的大河。没有一条河，能把家国的历史来概括。没有一条河，流淌着民族的悲欢离合。没有一条河，能让人们的心这么凝聚团结。没有一条河，能深刻融进中华的血脉。毛泽东同志曾指出，没有黄河，就没有我们这个民族。他殷切希望把黄河的事情办好。即便到了晚年，他仍对黄河情有独钟，希望再次视察黄河时，一定不要坐车，浪漫畅想，要骑马走黄河，好好感受黄河的魅力风采。毛泽东坐在黄河岸边凝视黄河的身姿，永远留在历史的深处。他的伟岸挺拔的身躯，成了一道巍巍难撼的堤坝，护佑中华民族的堤坝。

善治国者必重治水，人民领袖亲近关注黄河。习近平总书记多次实地考察黄河流域生态保护和发展情况，从黄河源头处，上游的兰州段，中游吴忠段，下游郑州段，东营的入海口，每到一地考察调研，总会特意来到黄河身边，凭栏而望，久久伫立，远眺滔滔河水奔腾而去，思索着，默默勾画治山理水方略。"黄河落天走东海，万里写入胸怀间"，总书记多次到沿黄河省区考察，步履所至，心之所向，为母亲河的明天、为民族复兴操心费神。他充分肯定中华民族在同黄河水患的斗争中展现出的不屈不挠、顽强拼搏的奋斗精神，黄河塑造了中华民族自强不息、刚毅不屈的鲜明气质。保护母亲河是事关中华民族伟大复兴和永续发展的千秋大计。黄河文化是中华文明的重要组成部分，是中华民族的根和魂。总书记站在黄河边浑厚魁伟的背影，成了一座博大沉雄的雕塑，一心为人民服务的领袖与公仆的雕塑。

阳光以金线的质地，照耀在黄河上，装扮黄河成为金色的河。黄河在东方大陆上蜿蜒流淌，在高原山地平原上浩荡前行，她把金黄的颜色洒向流经之处，她已不仅仅是一条大河。《汉书·沟洫志》曰："中国川原以百数，莫著于四渎，而河为宗。"我们从高空俯瞰，它非常像一个巨大的"几"字，又隐约像是我们那独一无二的民族图腾——龙。黄土地、黄帝、黄皮肤以及传说中的中国龙，这一切黄色的表征，黄河更是中华民族至高无上的母亲河，心中无比高尚的"圣河"。"黄河浩荡贯长虹，浪泻涛奔气势雄；石障山屏难阻挡，千回百转总流东。"黄河以百折不挠的气魄，接纳百川的风度，蓬勃进取的精神，厚德载物的性格，养育芸芸众生，丰富历史文明，培植民族禀性，流出了金灿灿的、不竭不枯的精神，内化为我们的血脉，外显于我们的行动，指导着中华民族披荆斩棘自强不息，就这么砥砺前行总是愈挫愈勇，就这么履险不惧总能绝境重生。

这条金色的大河，我们可亲可敬的母亲河，她从奔流千古的磅礴，描金了东方大地，成为一个民族的最美图腾。流传不尽的金色，深刻浸润东方文化。讲好"黄河故事"，唱响"黄河涛声"，延续历史文脉，坚定文化自信，我们喝着黄河水，滋养着黄河精神，在黄河的光芒里，砥砺愈坚，行稳致远，活出金色的未来。

随母亲暂住陕县，小城临着黄河，黄河的各种色彩，大气雄壮，河上的纤夫，流泻的天籁，这一切都给凌解放留下了最直观最深刻的印象。后来，他多次在小说中详细描写黄河。

这是陕县太阳渡的黄河。站在羊角山上看去，黄河就像一条很唯美的黄色缎带，缠绕着绿棘丛生的崤山和青幽碧森的中条山，河水纯黄，如流着一河黄金，拍岸激岩，映着霞光，殷红绚丽，溅起层层无垠的金红色波浪。从早晨开始，阳光洒在河面上，半是阴黑，半是金黄。中午时，整个河面都是灼灼的金。尤其是太阳快要落下去时，半天云霞，洒在河上，金波流溢。只一会儿，太阳就沐浴在黄河里，整个大河金涛闪烁，一个硕大的金饼在金波上跃动，水浸而不湿，水火相融，非常神奇，无法言表，震撼人心。此时的黄河分外璀璨绚丽，魅力无穷，深深地刻印在凌解放心里。

后来，凌解放走了很多地方，看了很多江河，看了著名景区的瀑布，有色，很美的，有声，激响震耳，但皆不比黄河的"有声有色"，若不亲践其地，不可感受她的撼魂震魄的"色"，永远不能受用到那振聋发聩的"声"，可以洗欲，可以洗心，可以把你所有的荣辱忧患，洗得干干净净，大自然所蕴含的巨大能量，让人们不得不臣服，诚心接受天地的训诲。黄河的啸声，白天在城里是不太能够听到的，夜里能彻夜听到她的声音：不间断，闷声的滚动，不改变韵律，犹地在震动，如无数人在呼唤，又像一声声无尽的长吟和叹息——这是黄河的"天籁"，她是冲刷式地不停洗浴着大地。

但到黄河岸边，你就立时明白：夜里远远听到它的啸声，那是大河的诉说，滔滔激流在咆哮，一浪接一浪，河中心在翻涌旋转，河心到岸，则是一排跟着一排，长线似的与河平行，不停地向岸边推过来，倘站在岸边久了，你会觉得整个沙滩在向河心前进。泛着白沫、卷动着水草的黄浪拍击出的水雾，扑面而来，微带一点清心的腥味——这就是凌解放真正意义第一次见到黄河的心缘。心中全是茫然，唯有震撼，只是觉得自己太小，黄河太大了，河面宽得好像有些渺茫，对岸山上的树、山下的房屋都朦朦胧胧的，模糊一片，让人看呆了，傻了，痴了，醉了。

那时，黄河上还有拉活儿的纤夫。太阳渡水流湍急，波涛汹涌，纤夫得使出全力拖船行进，一根一根的纤绳系在总纤绳上，绷得紧紧的，所有的人身子都向前倾斜到三四十度，几乎伸手触地，他们都赤脚，脚的前半掌使劲蹬那河滩沙地，他们过去后，河滩中留的不是脚印，是一个个牛蹄印般的脚趾印，可以想象到他们的用力和艰辛。"嗨哟……嗨哟……"那纤歌伴着黄河滔滔，回响在两岸，如重锤闷击的震撼，缭绕在耳边，悠远在岁月深处。若到了夜里，满城满耳都可以清晰地听到黄河在低吟，在闷啸。黄河不是一条开朗的河，她的啸声不是哗哗那样地响，而是"嚯——"那样的长啸，无休无止无间，但并不单调，中间微微夹着山风掠岗那样的呜呜的哨声，也有一点轰鸣之声配搭着拍节，你听着，可以感受到天的力量和自然的体力无穷无尽，滔滔不绝而来，又滚滚不息而去……但到二月，冰雪初融，黄河上就会突然涌出大批大块的冰，布满河床，互相拥挤着，撞击着，徘徊着，顺流滚滚东去，倾泻而下，你会看到冰的队伍从中条山和崤山下迟缓但毫不犹豫地"向东进军"的壮观流冰场面，带着寒意也带着冰冷的肃杀之意。多年后，凌解放仍说："这个印象深极了。"

后来，"落霞三部曲"的创作让他声名鹊起，红透海内外，常有人奇怪地问："为什么叫二月河？"

除了书的内容与姓名的协调的原因之外，从根本上说，是二月河爱这条黄河。所以在回答这一问时，往往要加上一句"二月河特指黄河"。他想到在陕县看的二月黄河解冻景象，天机云锦，"二月河"的笔名由此而来。再多的解释，无非就是"该，就是这条河"。因为，"（黄河）震撼之极"，"我走遍了千山万水，看过了无数的落日辉煌，即使是'最美的'，也无法稍与太阳渡齐肩"。他有他"心中的黄河"。

太阳渡的落日，是他脑海中永存的圣景，他永远是黄河边那个痴看落日的小孩。

"二月河"是黄河忠诚的儿子，与黄河心心相印，神灵相系，融会贯通，从此难舍难分，须臾不离。

后来，凌解放离家别乡到山西当兵，到塞外挖煤，黄河在他的心上流淌，黄河在他的记忆里咆哮，他利用各种时机搜集整理了诸多黄河歌谣。如《什么人留下个走西口》：

　　　　黄龙湾湾河曲县，
　　　　三亲六眷漫绥远。

　　　　二姑舅啊三姥爷，
　　　　八百里河套葬祖先。

　　　　千年的黄河水不清，

跑口外跑了几代人？

千年的黄河滚泥沙，
走了大人走娃娃。

娃娃走成朽老汉，
走来走去穷光蛋。

走一辈子西口守一辈子寡，
死活难到一搭搭。

辈辈坟里不埋男，
穷骨头撒在河套川。

…………

寡妇上坟泪长流，
什么人留下个走西口？

这是对黄河的倾诉，充满着泪的呜咽和人生苦难的悲叹。还有表现黄河儿女悲惨命运的《扳船汉吃饭拿命换》：

西北风顶住上水船，
破衣烂衫跑河滩。

河曲起程上河套，
步步走的鬼门道。

上水船困在浅水滩，
穷日子难住扳船汉。

黄河水深浪滔天，
扳船汉吃饭拿命换。

手扳棹杆脚蹬船，
船碰岩头命交天。

吃饭的人走鬼路，
甚么人留下个跑河路？
…………

黄河及黄河岸边产生的如泣如诉的民歌，给凌解放以极大的人生苦难教育和丰厚的艺术感染，令他牢系心头，经年不忘。

有一句民谚：不到黄河心不死。可是，到了黄河，凌解放说，他的心更是，而且永远是崇敬、感慨、郁闷、迷惘、惆怅。

究其理，这是一种发自内心深处的对黄河的崇拜。

这崇拜，是对母亲的崇拜，对祖宗的感恩，对河山自然的热爱，对皇天后土的景仰，对煌煌文化的敬畏与臣服。

黄河，是一条曲折多难、悲怆沉重、兼容并蓄的河。

当然，黄河更是一条开拓拼搏、英雄大气、与时俱进的河。

凌解放亦然。凌解放后来采用笔名二月河，就是指二月的黄河，取黄河的气质和精神。

大河万象，这黄河生发的天籁，明快的、沉郁的、平淡的，那色、那味、那声，养育了二月河与众不同的形象思维，大气胸怀，拼搏精神，二月河与黄河一样，百折不挠，势不可当，执着坚韧地走向自己的目标。

黄河给予他的，不只是一个名字，更是涤荡一生、取之不竭的财富。

后来成为著名作家的他，笔下纵横描绘黄河故事：康熙皇帝非常重视黄河，亲理河务，总以黄河安澜、天下咸宁来警示自己，他多次南下巡河，慎重用人，知人善任，大力支持能臣靳辅、水利专家陈潢，在治河方法受到非议攻击时，慎待争议，正确决策。二月河浓墨重彩，以河水倒悬的激情文采，展示大河上下滋生的英雄豪情，把治理黄河的经过、人心的向背收拢不易写得荡气回肠，引人入胜，读来不忍释卷。他笔下的黄河人文故事，黄河浇灌出的大国政局，揭秘大河上下的发展历史，他让黄河的金色光芒映照读者，光亮黄河儿女的心地。

巴尔扎克说：小说被认为是一个民族的秘史。"落霞三部曲"何尝不是中华民族的幽深厚重的秘史！

黄河一直保持着"有声有色"：璀璨的落日，大河流金，阵阵盘旋的昏鸦，河水拍击沙岸和旋涡浪花翻滚的干脆激荡，河上的行船与艄公，飘荡过来的歌声，这是原本生活下的呻吟和婉唱……只是这声色，永远缺了二月河这位最忠实最虔诚最深情最用心的观众。

凌解放是典型的北方人性格，豪爽，粗犷，大大咧咧，不拘小节，如同那一棵棵随处可见的杨树，随便挖穴种下，浇一点水，就可以不管不问，任其自生自灭，任尔东西南北风，没几年，就是一棵挺拔入云的钻天杨。

父母是优秀的革命者，当年可是脑袋别在腰上干革命，经历过太多的生死，是以就特别容易满足，特别能够吃苦，特别热情于事业——干不好工作，对不起牺牲的战友们，就容易疏忽家庭，忽略孩子。在他们的心里，只要有吃有穿，饿不着，冻不着，就是最好。教育？你若如那棵杨树似的，不用管，仍然可以长成大树。

凌解放的童年记忆，几乎没有父亲的存在，几个月见不着踪影，回来了看到孩子，也只是问一句：

"老师又收拾你了没有？老师来家告你状了吗？"

父亲的意识里，只要老师不到家"告状"，或没有挨"收拾"，就会大大放心，认为"功课还行"。

故凌解放的童年记忆，似乎只有母亲，而实际上，和母亲处在一起的时间，也极为有限。母亲全身心扑在工作上，早晨天未亮就起来去办公室，晚上踩着星星回家，少有节假日，哪儿有精力操心孩子的学业。

现在评价二月河，天才式的作家，才高八斗、学富五车，腹有诗书气自华，横空出世在华语文坛，其作品是百科全书式的叙述，当代长篇历史小说创作的巅峰，改革开放以来文学的重要收获，百年不遇的佳构，直追《红楼梦》的小说巨作，等等，不吝美辞，也不虚所评。但读者朋友可能不知，让人大跌眼镜的是，凌解放幼时不爱学习，经常逃学，自由散漫，是到处疯玩野游的小混虫，是桀骜不驯不折不扣的逃学生。

鲁迅先生曾经说过："游戏是儿童最正当的行为。"似乎凌解放的童年时代，就是为阐释这句话的。他小学阶段的主题词，就是旷课、逃学、山冈野地里疯玩。

逃学是常态，倘若有一星期能在课堂"出满勤"，才是偶尔和罕见。他的逃学纪录，是一个半月。若不是老师家访，恐怕还要创造新纪录。

众论、共论、定论凌解放幼时不是个好学生。为啥凌解放如此不爱学习，能够屡屡逃学无人知晓？原因诸多。首先是父母工作频繁调动，常搬迁，不停转校，由此校到彼校，这里上几天课，那个校园里游几晌，教学节奏不一样，跟不上。其次是父亲不在身边，母亲带着他，但母亲已是陕县公安局副局长，主持工作，常忙于事务，疏于管理和教育。再次是父母文化程度一般，关照不到孩子的功课。父亲只有高小文化，他的文史功底够得上大学水准，但数学不行。母亲更不行，她一天学也没上过。她那手漂亮的字和不错的工作总结之类，都是父亲教的。还有原因，父母转战太行伏牛，中华人民共和国刚成立，百废待兴，他们都是领导干部，工作为要，根本顾不了孩子的功课。再加上凌解放调皮捣乱，乱说好动，不下功夫，功课肯定不好，越是不好，越不想学，就更学不好，恶性循环，于是就逃学。

他逃学那是"逃"出了本领，吃完饭，嘴一抹，背起书包，跟母亲说一声"妈，我上学了"，就大步腾腾走了。到学校，对老师撂一句："我妈执行任务到某县，家里没人，我也跟着去了。"老师当然也深信不疑，而且公安局执行任务，那是秘密，既不能问，也不能说。得，老师还得为凌解放逃学保密呢。

就这样，他就美美地畅游在黄河边，钻田野，爬山坡，天地任我行，钓鱼虾，烤蚂蚱，网鸟，捉田鼠，上杆爬树，下河摸鳖，凡是小孩子玩的，他都玩，其他小孩子不玩的，他照样玩。黄河边的山岭成了他最爱去的地方，倘逃学，十有八九是在那条"之"字大道旁的山上荆丛中挥洒时光，春来可以抽毛芽、掐黄花苗蕊吃，夏秋采羊奶果，摘野酸枣、棠梨等。偷花生——趋到地边，在秧根上猛踹一脚，拔起秧子，就溜到树丛里，那东西能吃得人两嘴白沫，或换口味烤熟了吃，分外香。采桑葚吃，弄得手指黑嘴圈子红，滑稽极了，砍下桑权还能做弹弓。还有野草莓，大的蚕豆大，小的比黄豆略强，和桑葚味道相似，比较好吃。顺几个青苹果、西红柿，或偷摘一个半生不熟的西瓜、甜瓜之类，有时捉迷藏、打野仗，漫山遍野乱跑。到寺庙里偷香梨，听诵经，到黄河里洗澡，双手扒着沙滩河床扑腾，呆望着纤夫们拖船，听他们吼歌，看那一汪清水处的银鱼，"皆若空游无所依"的恬静与美妙。踩"晃滩"，在滩涂用脚踩出稀软的一片泥地——逃学有无尽的快乐，有滋有味。约莫放学时，背上书包回家。日子久了，母亲再忙也觉察了他的这点秘密——她很容易便能判断儿子是否"到黄河里洗澡了"——用手指在他胳膊上一划，出来一道白痕，必是洗澡无疑——接下来的事让他很熟悉，母亲把他拉过来，一顿噼里啪啦——打屁股。唉，又被"抓现"了。

挨一顿打，管用几天，田野的快乐，压过课堂的乏味，他就又毅然逃学了。当然也有恐慌：逃上半天，怕上学受批评，下半天就更不敢去，第二天越发不敢去，第三天……最后下了"决心"：反正这批评或一顿打是挨定了，那就放开玩吧，等着被发现吧！直到有一天，被同学告了老师。

二月河后来曾美美地回忆逃学的美妙：

逃学真妙不可言，算是人生一大幸福。我居然想，一个人要乖乖地从小学升到大学，直至毕业，居然不曾有过逃学史，那简直可以说是无可挽回的遗憾与悲哀……痛痛快快地吃，钻天入地地玩。待到那传得很远、悠扬而又沉重的放学钟响，怅怅地背起书包，随众入俗下学"还家"了——想想吧，一个混沌未凿的顽童，天不拘兮地不束……那紧张、兴奋、快乐的忘乎所以和惧怕暴露的愚蠢的天真、率性的淋漓酣畅都交织在一颗并不邪恶的童心里，仅此足够已过中年的人回味无穷了。

被同学"揭发""上告"的老师，姓牛。二月河多年后回想起仍然惦念的牛转娣老师，成名后还经辗转打听，联系了并亲去看望。其实牛老师当时也是个十六七岁或再大点的女孩子，缠过足的……她走路高视阔步，红红的脸蛋高仰着，她不算很漂亮，但在孩子们心中是白雪公主那样的高贵。

凌解放心"怦怦"激烈地跳着，看着牛老师，她就这么从街南头走过来，他躲在大树后，知道大事不好了，牛老师要到家告状！苦思冥想，毫无办法。

牛老师家访了母亲，两个人情况一汇集，才知凌解放的真实逃学招数。

知道这个上午是"逃"不出好儿了。到了中午，所有街巷人家炊烟尽散，饭香逸出，凌解放吸溜着鼻涕，三步一哀叹，五步一徘徊，走走停停，转着脑筋，却了无主意，虽然很饿，但不敢径直回家，只能试探着往家磨蹭，慢慢腾腾忸怩着走。终于到家，看到了母亲，偷偷打量，母亲不动声色，喊惴惴不安的他吃饭。饭菜挺好，还有肉末。凌解放如吃"鸿门宴"，他从小生活在公安局大院，对监狱的情况了如指掌，知道杀头之前也要让吃好吃饱，这叫"送行饭"，以免犯人到阴间做个"饿死鬼"。于是更加心惊肉跳，吃得慢慢吞吞，寡然无味。终于吃饱了，放下碗，来不及擦嘴，妈就变了脸："解放，今天上午学的什么？"

情知牛老师来过，说假话只会多挨几巴掌，凌解放在公安局大院里长大，深知"坦白从宽，抗拒从严"的道理，就木着脸，低着头，用脚尖不停地跐地。

"嗯?!"

"我……我没去。"

"干什么去了？"

"和黑喜，香疙瘩他们河边玩去了。"

"昨天呢？你旷了几天课？"

"一……一个星期吧！"

"一个星期？"母亲早已勃然大怒，"半个月你都没去了！"

凌解放心中飓风扫过，忐忑激荡，局促不安，无言以对，只能鼻尖额头汗出如浆。

"妈没条件上学，长大后用石片子在石壁上画来画去，也学习得如今写材料做报告，你小小年龄，一年之计在于春，人生就在于青春，现在正是上学的好时候，却不学好，整天逃学，你——贪吃贪玩不干活儿，你——真是个不成器的吃僧，你——"妈气得铁青着脸，说不下去了。

母亲按捺不住，不再慈爱可亲，不再看他的可怜相，那双战日本人斗土匪顽军打枪百步穿杨的巧手，一把将凌解放拖过来，把他的头搂在怀里，一阵噼噼啪啪，甚是紧凑……汉贾谊说"执敲扑而鞭笞天下"，母亲的"敲扑"让凌解放的屁股火烧火燎，杀猪般痛号，夹着眼泪鼻涕横甩，咳嗽连声还打喷嚏……凑得齐毕，挺热闹的。

母亲的责骂、痛打，母亲那恨铁不成钢的神态，加深了印象，强化了教育效果，深深地震撼了凌解放幼小的心灵。他老老实实地背着书包上学去了，安安静静地听讲了。

但过不了多久，仍然是父亲长期在洛阳——工作忙，交通不便，长期不回家，母亲也是一心扑在工作上——公务紧张，重担压身，早出晚归，一星期照不了几次面，家中只有保姆，来给洗衣做饭——当然没有能力去管教，凌解放鱼入江湖，重返自由，他故伎重演——继续逃学，一天到晚跑得不见个人影。

凌解放的父母，都是参加过抗日战争、解放战争的人，冲锋陷阵，眼见着一个个战友在身边倒下，血与火中，能够活下来，已然属人生幸运，是以在对待孩子上，就宽松太多，"健康成长"就行，"快快乐乐"就好。

俗语说得好，"三岁看大，七岁看老"，尤其是凌解放这种逃学成瘾不爱学习的样子，让父母从此失望大于希望，对待孩子的态度，也就"不过如此"。虽然在他们心里，当然也盼孩子"有出息"，但确实不奢望"成龙成凤"啥的，不敢期盼孩子在仕途上要"怎样怎样，如何如何"——至少是不做严厉督促。对于这样的逃学成瘾的学生，他们真的不能奢望多少。

是以，二月河出书后，父亲如此点评：

"你一个常年逃学生，现在能够出书，实属不易。

"好。你说将来要当作家，我还以为你吹牛。

"你小时候不知上进，长大后吃了苦头，能够自学成才。亡羊补牢，犹未晚也。

"我当年听过冯牧的报告，没想到你当了作家。

"咱凌家先人追求文运兴盛，没想到灵光一现，你还能走上文路。

"世无英雄，遂使竖子成名。"

第七章

屋塌犹如噩梦撵　数埋扒出毫未伤

居陕县期间，凌解放成了"铁道游击队"的一员。

大约两年的光景，应该是 1951 年、1952 年间，因为凌解放父母两地工作的特殊原因，他就在陕县和洛阳之间游荡。真的是"游荡"，随便来去。母亲一句话："宝，上你爸爸那里去，妈要出差。"他就什么也不用带，玩耍一会儿，想着某些车到点了，小跑到火车站，径直去往洛阳。早晚无所谓，反正车次还挺多，主要不用花钱买票。

在洛阳父亲处，住上一个月或更长时间，父亲说："儿子，你妈在家，你回去陪妈妈吧。"他就拎一兜父亲买的苹果、梨、橘之类的水果，吃着玩着，自己坐上火车，回了陕县。

洛阳军分区当时由一个基督大教堂改建而成，距洛阳火车站三百米左右，上下车很是方便，陕县与洛阳距离不远，父母敢于放手，让他独自坐火车两地往来，开始嘱咐一下检票员、列车员，后来就不管不顾了。凌解放年纪小，也不用买车票，陇海线上的车多，随时都能乘车。上了火车，不是"坐"，而是"玩"，在车厢里穿梭来去，连列车员都熟悉了。

"这是军分区首长的孩子，回陕县他妈妈处。"

"这是红色子弟，我们的接班人哪，看多可爱，虎头虎脑。"

时间长了，次数一多，再说时，就不是夸奖，成了同情：

"唉，首长家的生活，也不容易。"

"这孩子，多可怜，两头顾不上，这么小就颠来跑去。"

"孩子的父母也真放心，让这样小的孩子单独坐车……"

回顾凌解放幼年时的生活，让人心酸，分析起来也格外有意思。

起始，父母全不沾边。他刚满月，因为父母打仗，居无定所，为了安全，把他送回老家给爷奶，又送给奶妈养，这是那个年代许多革命者家庭的写照。

中华人民共和国成立初期万事伊始，太多的工作要做，人们有着不疲的激情，是以，他跟随母亲，在栾川，在陕县。父亲转战伏牛各地，黄河两岸，打仗剿匪，他累月成年见不着影儿。

接着，父母忙，他在两地之间奔波，一个六七岁的儿童，竟然就能坐火车在两个城市间来去，让现在的父母感觉匪夷所思，但这也是那个时代的寻常。

再接着，父母因工作调动，到了南阳市邓县（今邓州市），因为上学，又留他一个人在洛阳生活。这时候，父母又不沾边了。

后来，他被接到邓县父母身边生活。没多久，父母两人因病因工作，到了南阳市，又把凌解放一人撂到了邓县。

再接着，凌解放被父母接到南阳生活。很快，他就上高中，独立住校生活了。再后来，母亲因身心交瘁，操劳过度，心肌梗死英年早逝，离世时年仅43岁，"子欲养而亲不待"，成为他一生心中深深的痛。

后来，凌解放到了部队，基本脱离了家庭。

凌解放的这种革命家庭里放养式成长，潜移默化培养了他独立自我、无拘无束、天马行空、放任自由的个性。但……也让幼年的凌解放感觉到缺乏爱——尤其缺乏母爱，他多么渴望投入母亲的怀抱，让母亲好好地抱一抱，感受温暖和温馨。

凌解放说："母亲很少对我温存亲热。她发起脾气声色俱厉，但她平常无事从不发无名火，摔摔打打找人出气的事没有，她不无缘无故'打事'。"

凌解放深情回忆：

母亲多数时间脾气平和，但对子女不像一般妇女那样母性十足亲热弥密。我很忌妒我的小朋友和同学，到他们家有一种我家没有的"气"，热乎亲情的氛围。在栾川，有一个和我同样大的小伙伴，当着我的面要"吃奶"，他妈也就解扣子开怀，搂着他拍头让他吃——我知道这样子也就是当我面撒娇，气气我就是。我也真的很眼气，回家就闹，也要"吃奶"，母亲那天看去心情不错，她凝神看了我一会儿，坐在床边框上说："俺孩没吃过我的奶。吃哇！"说着慢慢解开扣子，我就依样一头拱进她怀里使劲吮咂……但也就一分钟的样子，她就拍我的肩头："行了孩，这窗都是破的，看人照（瞧）见了笑话咱娘儿们……"我其实也就要求我也"有"，当时也就心满意足了。

可见，幼时的凌解放，因为久不在父母身边，多么"眼气"别人有母爱，羡慕"别人家的妈"。

多年后，论起在陕县和洛阳两地的生活，各有好处，各有异趣。

在陕县，可以到处跑着玩，天宽地大，漫山遍野，任意撒欢。

在洛阳，大人不管教。父亲和母亲不同的，他除了吃饭、晚上睡觉的事，别的一概不问。母亲一向管着的事，比如洗澡、理发、换衣服、上学、功课，一向"烦死人的事"，一下子全蒸发掉了，突然没有了。

最妙的是军分区还有个图书室，这实在是在栾川、在陕县都梦想不到的好事，也不知道世界上还有专门让人读书的地方。他当时在洛阳铁路小学读书，"正经功课"做完，业余时间几乎全部都在这个小图书馆里。父亲给他讲唐僧、孙悟空的故事，与同学起争执，孙悟空咋来的，最初师父是谁……他在图书室里找到了答案，这里有《西游记》画册，有原著，从而引发他读书的兴味，他觉得比所有的"玩"都有意思，但他的"水平"也还只能以看连环画为主，《大闹天宫》《孙悟空三盗芭蕉扇》《真假美猴王》《哪吒闹海》《薛仁贵征西》《五鼠闹东京》《闪闪的红星》《青春之歌》《太阳照在桑干河上》《白洋淀》《创业史》……囫囵吞枣读了，也寻阅了一些严肃名著来，却都忆不出名字来了。记得一些片段句子："她闭着眼向他开了一枪……"谁打的谁，好像是情人生死之恨？什么书呢？记不得了。另一些书比如镇压反革命的宣传册子，还有反胡风的小画册，也都没有漏过他的眼睛，还有一些是宣传共产主义的画册，说得极其美好，有一次吃饭时他问父亲："爸爸，共产主义到底是什么样子？"父亲指了指碗："你看，我们有米，还有鸡蛋，这就是共产主义。"

倘若论童年岁月几个较深刻的印象，凌解放许多年后回忆起来，就是房倒屋塌，触目惊心，甚至被埋进去，生死一瞬，幸亏老天有眼，次次都能逢凶化吉。

在陕县的那年秋天，从早到晚阴雨绵绵淅淅沥沥，整月不见的父亲好不容易回来了，还未能亲亲热热吃顿饭，唠会儿话，父亲看看门外的天，冒雨出门，院里院外，房梁根基，周围仔细察看了一番，不容置疑和分辩，让立即搬家。在邻居疑惑不解的目光里，一家人雨中一番收拾，匆匆"乔迁"。一夜无话。第二天回去准备收拾余下的东西，结果看到，原来住的房子梁倒屋塌，成了一堆泥浆烂瓦。房东是位卖馒头咸菜的小生意人，一见面就哆嗦着说："老凌，你不是个人，你是神仙！"

后来二月河说："我总有一个感觉，我做事的胆气和豪劲是母亲给的，而脑力和智慧则受赐于父亲。他的虑事之细，洞察世情之密，审时之精，度势之明——回忆起来，我这一生见到的高人多了去，很少有人能在这上头比到他的。"

凌解放回忆父亲：

1942年，反扫荡最艰苦残酷的时期。他是昔西一区政委，也就是区委书记。但说来令人难以置信，昔西一区彼时是"无人区"，日本人的"三光政策"在这里完全彻底地执行了。没死的也逃向洛平榆次这些地方投亲靠友。但我对"无人区"这概念，也许领会有误，因为父亲写了一份回忆录《1941—1945年太行二分区第一区——网格子的对敌斗争大事记》，人还是有的，而且不少。不然就不会有"网格子"（人居的网格子）这一观念。无人区大约指的是扫荡后一个极短暂的真空时期，而且可能特指的抗日根据地。父亲说他们当时人最少时仅有三人。在与敌周旋数年之后，重建了根据地，反将日寇伪皇协军围在马场，直到1945年形势已经翻转，当然有分区、有县委，也有群众共同的领导参与，但父亲在这样的形势下与敌周旋，没有智慧恐怕不行。

　　1947年随刘邓大军南下，父亲留在河南栾川县做对敌工作，收编散落武装——说白了就是剿匪，收编残匪，支援大军南下。父亲告诉我："形势极其恶劣凶险。土匪不但在城外有大批武装，城内的奸细也多如牛毛，战斗力也很强。"就这样，他在进驻时仅有七人，"整整拉出一个团来。经过忆苦诉恶，建立党组织，清除内奸，这支队伍打到广西，无一人离队逃亡。我为此受过黄镇的表扬"。这当然也是各方综合力量的工作结果，但父亲是主要人物之一。有一年，栾川他的一位老部下到南阳来探望，说起当时队伍中内奸密谋暗杀我父亲、反水投匪的事，历历如在目前。我问父亲："有没有这回事？"他说："这种事多了。这一伙原本就是土匪，他们投共，土匪也是不容他的。他们商量杀我之后，用血衣为证，回归土匪队伍。"在这样的环境中，能全身出入，工作成就斐然，我以为脑筋必须绝对够用。

　　那几年，"房子坍塌"似乎一直在追撵着凌解放，还有两次一模一样，房子漏雨，从炕上挪到床上，炕上那边房顶不久就塌掉了。或者床上方漏雨，把床移到屋子中间，屋顶却"窸窸窣窣"，水与土直灌而下，把床弄得一塌糊涂，仍是有惊无险。但在13岁那年，在洛阳，房子终于彻底捂住了他，好像说"这回你可没跑掉"。但奇迹又发生了，他迷迷糊糊从废墟中被救出来，毫发无损——命大福大造化大？

　　那是1958年，凌解放小学毕业，父母齐调邓县，因为考中学的结果没下来，他们也许是出于"洛阳是个大城市，总比邓县要好"的观念吧，将孩子暂留洛阳。想着没人管了，可以自由自在了，凌解放高兴地与父母分别，单独留下。因为父母已把家搬走，他理所当然搬出了原住的梧桐遮天蔽日的内院正房，和公安局的门卫小李叔叔一起，住进了门房旁的耳房。

那年"大跃进"，洛阳城也一样，到处都是"超英赶美压苏联""钢铁元帅升帐""鼓足干劲力争上游，多快好省地建设社会主义"。男女老少都兴奋，男的甚至打赤膊，或穿"苏联花布衫"，拉着胶皮轮子大车，大呼大喝着，满街乱跑……还有除"四害"——苍蝇、蚊子、老鼠、麻雀。把麻雀列入"四害"，现在看来是冤枉了的，麻雀益处大于害处，是生物生态链上不可或缺的一环，现在有地方还把麻雀列入保护范畴。但在那个年代，人们认知有限，民以食为天，麻雀没吃物时，有时在地里啄谷，就被列入老鼠同党，属于被剿之列。此后，"四害"的定义遭到动物学家的反对，1960 年后被重新划类，将"四害"定为老鼠、蟑螂、苍蝇、蚊子。

那时学校有硬性规定，所有师生都有"革命任务"，每人每天交 20 个蝇蛹，或打死 20 个苍蝇上交作证据。蚊子不说，见即消灭。老鼠是要见一个打一个，鼠尾上交报功。麻雀则是"公敌"，发动全民战争，务必"坚决、彻底、干净、全部地歼灭之"。所有的制高点——屋顶都有人举着小红旗，敲锣打鼓大声呼叫，惊吓得麻雀分毫时间不能驻足。

"灭雀战"如火如荼，征战正酣，只只麻雀被袭扰得惊慌万分，个个被赶得走投无路，想落地休息一下，就有瞭望哨看见，高音喇叭喊：

"×胡同××号注意，×胡同××号注意——有一只麻雀落下去了，立刻捕捉，立刻捕捉报指挥部！"

"报告，好消息，我们第 × 分队又捉到 5 只，又捉到 5 只……"如此，麻雀被赶得几年绝迹天下。

但房上天天上人，有时还是三五个人一起上房，腾挪奔跑，他们住的那门房承受不得，终于坍塌了。

这是凌解放幼年时所遇到的最危险的一次房塌遭遇。屋旧梁朽，不堪承重，毫无征兆，哗啦一下垮了，这一次连人带蚊帐，像裹在网里的鱼一样，被严严实实地焖在了里头。他睡得死死的，觉得身上猛地一沉，醒来一摸，手脚被什么缠住了，身体被结结实实压住了，嘴里喊不出来，定一定神，不一会儿，就听见外头乱喊"快救人"！知道是房塌了，用手摸索一下，思量形势，是这样的——那横梁落下，被残存的山墙抑或床头的桌子挡了一下，没有全部砸下来，为他留下一片生存的罅隙。命虽保住了，但滋味实在不好受——那房子有个竹篾糊棚，这玩意儿学名叫"承尘"，也有叫"天棚"的，顺墙擦下，正起到缓冲保护作用，并在墙角留了个三角口小洞，也留下呼吸的机会，却被呛得生不如死。他的第一感觉是那灰尘，百年老尘，还夹杂有老鼠屎，蛇蜕的皮屑，蟑螂、蜘蛛、蚰蜒、壁虎、蝎子、米象、蚂蚁及不知名小虫的朽壳，带着说不清的刺鼻腐霉臭味直呛入脑，呼吸也很困难。然而他心思却十分清晰，知道外头人正在寻找抢救，就好一会儿咳嗽，才能吐出话来，紧咳带喊："叔叔，我在这里！"外面人也是大喜若狂，喊着："解放活着，快！"——他昏头晕脑、不知所措被救出，被一帮见惯生死却为此惊心的伯伯叔叔们连蚊帐带人、连挖带刨后拽了出来。凌解放从陈灰蛛网里爬起来后，大家检视一番，虽然灰头灰脸，呛得睁不开眼，却一根汗毛也没伤着。"他八辈的，命硬！中！"大家啧啧称奇。

这件事让公安局的人吃惊后怕，就把电话打到邓县。母亲马翠兰闻讯，不敢耽误，匆匆赶赴洛阳。

"马局长，好久不见，忙公务，也得关心关心孩子。"洛阳公安局的领导见问。

"是啊，这次就接孩子，孩子一个人在这里，不放心，接到南阳去。"

"嗬，难得马局长平常忙革命，终于为自己的家事操起心了。"

了解险情的同志说："你儿子命大福厚，房塌时，那么粗一根檩条砸下来，离脑门只有三指，挡住了，不然，砸到头上直接开瓢，哪儿能活得了？马局长，你和凌政委也放心？把孩子一个人扔恁远。"

这一番话，说得马翠兰格外悲伤、心悸和庆幸。

马翠兰年轻时不但自觉情愿，而且在日本侵略者猖獗、伪军横行、土匪出没、国民党军盘踞、八路军艰难生存的境地中，冲破种种阻难，夜半破门，独闯太行去奔赴她的理想之地。"不愧为刚烈的巾帼英雄，优秀的共产党员。"梁山好汉108将，自愿上梁山的唯李逵一人，何况马翠兰是个少妇！这该有多大的意志和毅力。在刀尖上舔血，见惯了生死的革命家，却少有地体现了儿女柔情，她当机立断，第一时间把儿子的转学手续办好，接到了自己身边，每天看着才安心。

经过几次死里逃生，尤显生命珍贵，父母对凌解放不再有成才方面的过多奢望，看着他晒得像一条黑不溜秋的泥鳅，父母都悲中求乐，哈哈笑了：

"俺孩儿自理能力强，到哪儿都能生活下去。

"行！比在家还结实。健康就好！

"大难不死，必有后福。假以时日，福必来到。"

第八章

潮起潮落《公开信》　"吾师吾母"感恩心

从洛阳到南阳的邓县，凌解放的人生掀开新的一页。虽然是从大城市到小县城，但这里的千里沃野连畴接垄，足够让他大开眼界，惊叹不已。他曾回过祖籍地昔阳南庄，那是在群山环抱压抑下的山村；栾川更是出门一线天，山峰嵯峨矗立城里，县城就在峰岭簇拥下；陕县蜷曲在崤山、熊耳山下的黄河畔，巴掌大的地方，黄河涨水就淹没半城；洛阳很好，也是两山夹峙，三河环绕。到了邓县，一下子感觉咋就那么天高地广，沃野平畴，山河远阔，别说大山，连岗丘都看不到，到处都是平平展展，宽宽绰绰，你站一个地方四野环顾，一望无垠，坦荡如砥，张扬着那种无边的舒畅和大气，他爱上了这个美丽富饶的地方。

1958 年至 1962 年，他在邓县四中学习，1962 年至 1963 年就读于邓县一高中。

这个时候，凌解放的父母因为到南阳养病、家中成分原因受到政治审查，安家南阳，又把他一个人扔在了邓县。

无人管教，凌解放肆意玩耍无拘无束的天性，展现得痛痛快快淋漓尽致。

学校门前两列守护卫士样的土城墙，坡下有不大的河沟，清澈见底，水草左右摇摆，颇有"参差荇菜"的意蕴，据说这是古老的护城河。邓县坐落在平坦如砥一马平川的平原上，毫无天险可据，聪明的古人就挖土为沟，引来湍水灌之，成为护城河，所挖出的土堆砌高大城墙，在其上修建附属设施，筑哨楼、值班室、女儿墙供以瞭望，以巡逻、守卫，固若金汤。解放战争时我军攻城，邓州故城为"回"字形城防结构，墙高水深，明碉暗堡，又有敌军民团一万三千余人驻守，易守难攻，留下"打七州、攻八县，没有邓县恁捣蛋"的说法。数十年荒废，雉堞圮毁，上面丛树葳蕤，遮天蔽日。凌解放多年后清晰回忆："水塘中还有一座压水亭子，已是破烂不堪。但那植被是很好的，满城墙的土坡都是绿，百花洲是绿，水塘的水映着柳色与城上茂密的灌木与衰草也是绿。范公祠的许多碑刻都嵌在厚厚的砖墙上，院中几株古柏与乌柏，将祠堂映衬得深邃、幽静和安谧。我没有更多的历史感悟，只是觉得这地方神秘，内涵不能透窥。"

墙圮河平，只有浅浅的流水了，但其中鱼虾鳖蟹不少，削一根树枝，绑上一段细线，在街面上两分钱就可买一个倒刺鱼钩，市场副食品公司门口的垃圾堆里，莫嫌脏，捡一星点抛撒的鸡鸭的肚肠类，挂上，在护城河稍深的回水处草丛中，就能钓上来这些小东西，弄个玻璃瓶子养起来。一次凌解放钓了只小鳖，塞在书包兜里，用书本盖住，但书本不是五行山，没能镇压得住，小鳖优哉游哉爬了出来，竟然歇息到前排女生的脚背上，女生被骇得跳跃大叫，凌解放被老师狠狠训斥了一顿。

苇子荡留下了他逃学玩耍的欢乐足迹。学校东南处，今天花洲书院里面的小湖，当时是一片低洼的积水处，与护城河有联系，一年到头水汪汪的，自然而然，就长满了茂密的芦苇，人们就以物指名，称作苇子荡。乍暖还寒的初春，苇子荡中的冰碴悄悄化掉，芦苇早就迫不及待冒出了嫩芽，相伴而生的还有芦荻，当地称为水竹子。穷人的孩子会顾家，每天傍晚放学后，有的孩子顺便挎一个苇条筐，踩着暄软的泥土，在苇子荡里采荠荠菜、蒲公英、苦菜、灰灰菜、水芹、茵陈等，剜一筐，就够一家人吃几顿。凌解放不用剜野菜，他在丛丛翠绿的芦苇中寻找另一样神秘的东西——荻芽。他轻轻地拔出嫩芽，小心翼翼剥开娇嫩的外皮，便会露出白嫩柔弱的荻芽，放进嘴里细细咀嚼，软软绵绵的，还带着丝丝甜意，滋味很好。一边美滋滋吃着，填充着肚肠，一边继续弯腰耐心寻着。到太阳快要落山的时候，每个小伙伴的手里都会攥着满满的一把荻芽。在那个缺少美食的年代，那个无处张扬童年活力的年代，初春采摘茅芽、荻芽便成了最向往的美事之一。夏秋时节，荡子里的芦苇长大，有人来采梃子，割一些芦苇，回去制作锅盖、簸箕、筐篓、劈篾编芦席等生活用具。凌解放看得很钦佩，劳动人民有神奇的手，草木什么都能制作出无与伦比的东西，他从中看到生活的艰辛，学习到了一些人生哲理。"菀彼柳斯……萑苇淠淠""蒹葭苍苍，白露为霜……"后来学习古诗词，明白这美丽的意境身边时刻就有，所谓诗情画意，需要自己去采撷感悟。

淯河滩，成了凌解放流连忘返挥洒时光的广阔天地。淯河，古称淯水，《水经注》称淯水，因上游穿峡切割而下，水流湍急，故得"淯"之名。淯河绕外城而流，岸畔有高大古老的柳林杂树，河滩上长满密密麻麻的芭茅，茅秆齐刷刷直指晴空，有挤挤挨挨的芦苇，摇曳着从《诗经》流溢出的风情。在春天的柳絮、夏秋的苇梢中，经常有凌解放与同学游荡的身影。轻絮飞扬，漫野一份诗情画意。苇丛中有野鸭、翠鸟、麻雀、老鸹、野雉，还有不知大名、老乡们称为苇莺的机灵的小鸟，叫声特别轻盈好听。这是多么和谐优美的河畔美景。阳光柔柔照射，他们在河滩里逮蚂蚱，捡鸟蛋，在沙滩上生了火，烤了，那香味，多少天也不忘。五月天，下河水，水清以后，就能洗野澡了。家长和老师都不让。只能偷着去，多趁中午放学的间隙。洗澡，肚子容易受凉。若受凉了，不是肚子疼，就是拉肚子。不知多少辈传下来的办法，下水前，撒泡尿抹肚脐，据说这样就能"解"了。中午时间短，下午得上学，总会有人报告老师。检查时，老师用指甲在学生胳膊上一划，说："站起来！"这就是洗过澡的，站一排挨罚。不知谁想出的主意，往身上抹泥。澡洗完了，将泥巴抹到身上，一会儿就干了，用手一搓，泥巴脱落。老师再划的时候，就没有白印了。一试，效果显著，对策实在聪明。河水脾气好的时候，温顺得像小姑娘。但淯河得名淯，年年总有发脾气的时候。一场大水，摧桥毁地，冲走了洗澡蹚河的人。虽常淹死人，被吓住了几天，仍要往河滩跑，河滩是吸引孩子的最美乐园。这儿有六门堰旧址，老乡们称为"大堤头"，张衡《南都赋》有句"于其陂泽，则有钳卢、玉池"，留有大石条，上面有图案，有文字，是极珍贵的汉画像石。凌解放与同学们努力在乱草丛中翻抬一块，没想到石下是蛇窝，只见数蛇缠结一起，骇得夺路便逃。

　　常在河边走，哪儿能不湿鞋？有一次突然河里涨起"干发水"，极其危险。就是下游晴空丽日，但上游伏牛山中突降大雨形成山洪，结果下游河道突然间涨水，让人猝不及防。这天晴朗酷热，一群玩伴们正一如往常在河道中扑腾着玩水，一阵"呼隆隆"闷雷声压抑耳膜，感觉河道在颤抖，本来无风，枝叶平静，但河道如飓风疾扫，抬头一看，从上游突显一道黄色水墙，若万马奔腾，铺天盖地，排山倒海，携风裹雷，迎头突袭而来，这就是传说中的"干发水"。小伙伴们大惊失色，急忙往岸上冲，但心慌气短，措手不及，跑不过迅猛的"干发水"，虽然躲过浪头，仍然被余浪挟倒，被冲下数十米，喝了几口水，"扑腾腾"挣扎着抓住岸边伸向河中的老树根，才终于摆脱险境上岸，惊魂丧胆了许久。孩子们回到家里，细说原委，大人都后怕不已。

　　一帮孩子还在河滩里练"飞檐走壁"，梦想成为"武林高手"。岸边有杨柳、枸桑、乌桕，杂树丛生，树壮拥挤，枝杈紧连，孩子们爬上一棵树，翩然翻身如高台跳水跃入深潭，或者攀到树腰，抓住旁逸斜出伸展过来的枝条，瞅准时机，从这树攀缘到那树上。灵巧的小孩子如猴猿，在树上攀来荡去。大家就以谁能游荡的树棵数多取胜。这是一项极具挑战和危险性的游戏，有伙伴就不慎从树上掉下，幸亏他眼疾手快反应敏捷，加上身瘦灵巧，挣扎去抓一层层树枝，延缓了坠落速度，而树下又是松软的沙地，虽然摔下，满身是枝条抽划的伤痕，终归没受重伤，虚惊一场，但从此以后，他们汲取教训，杜绝这种游戏了。

　　岁月是一条不会停歇永不干涸的河，许多生活中的琐碎一次次被冲刷，留下的或许是一两件刻骨铭心的事，或许是一处在脑海里抹不掉的伤疤，但随着时间的久远，有些会渐渐淡漠，有的因一点线索就勾引起诸多回味。凌解放说，童年的那段神秘的老城墙，那片时而绿茸茸时而白花花的河滩，那懵懂少年的快乐在人生趋老中越发令人怀念。对第二故乡的留念，对流逝岁月的怅惘，因为那片河滩那块苇子荡那段城墙而总是清晰如昨。

　　经常整个暑假，凌解放就住在同学家，不回自己的家。这让人感觉到不可思议，但他幼年时就这样，因为自立自强，从小就野惯了，在洛阳如此，在邓县犹如此。

父母不会因为"跑不见影儿了"而着急去寻找——回来吃饭或回来睡觉——这是他们的原则。如果说"去找同学玩"，父亲会高兴地微笑点头，母亲会满意地摆手，"俺孩儿去哇，晚饭前回来就行"。说"做功课"云云，不让人信服，"玩"才是说实话，他们是认可的，没有必要撒谎。

凌解放盼着放假，寒假可以吃好的，有迎接过年的兴奋。暑假则更高兴，因为假期长，天热好玩的地方多，无拘无束。可以向父母请长假，下乡去和同学一道度暑假，给同学家交上"伙食费"，一个假期，都在外野着。父母开始因工作，后来是养病，都在南阳，南阳与邓县不远，但在那个时候，交通不便，总是两个城市。

凌解放回忆：

> 父母不大在意我在家还是在外。冬天关注我"冻着了"，夏天连这也不操心，"只要注意安全，去哇。"就这口昔阳话，批准了。但去同学家长住，母亲还有关照："带上粮票——四十斤吧——还有二十块钱，在人家家住，要交粮交钱。"她从不交代我要怎样敬人家老人，她知道我对任何老人都尊敬。"解放不狂，有规矩。"这是母亲表扬我的常用词。我在邓县所有的暑假都是在同学家过的。也许父母都是"县里领导"的原因，但我认为即使"有"成分也很少。我每次下乡，母亲还要割二斤肉给我带上，在同学家交钱交粮票——比下乡干部交得还多。就从"实惠"这条上说，同学家长也是高兴的。也许我不应该这样说，因为这些同学确实都是我的好朋友。我说的是我的父母的观念：最好的朋友来往，经济上要分明。1966 年"文革"运动大起，我因是"拥军派"失势，逃到邯郸姑父家暂住，照样每月二十元钱三十斤粮票——在他们自己制定的原则里，父母对谁都一样。

凌解放在父母的"放任自流"下，就"这么"地上学，学习成绩肯定

"就那样"了。他回忆，母亲看到他的成绩单，也会发怒："你爸在小学上过四年，年年都是头名，我一天学也没上过，也比你强，你是个吃僧（生）。"

为了不挨收拾，他就耍小聪明，经常成绩单"丢了"，或"老师没发"。有一年，舅舅从广西来到南阳，长年没见，很是高兴，关心地问起他的成绩，他就搪塞"老师忙，还没有顾得上发"，舅舅在他屋里转了一圈，顺手在书本里一翻，成绩单就从那本书里掉了出来，舅舅脸色凝滞，对马翠兰说："姐，解放的成绩实在差劲，这可怎么办？"他如遭雷击，无颜面对亲人，脸红耳赤，直盼地上有个缝隙好能藏身。

上学时三次留级，不是成绩好的学生，又经十年军旅归来，四十岁才开始创作，他是大器晚成，虽远必至。

作为一只小候鸟，迁徙多个城市，辗转多所学校，父母长期不在身边，无暇管教，甚至自己坐火车来往，逃学成习，心思多半没用在学业上，势必影响了成绩。数理化课程中，知识的连续性不容中断，缺少一个章节，就会成为"盲人摸象""丈二和尚摸不着头脑"，凌解放就无意识地走入了"盲区"，跌入"迷阵"，听不懂就学不进，学不进就无兴趣，无兴趣就更学不好。即便作文稍好那么一点点，但他的字支楞八叉，似螃蟹横行，也惹人不待见。

哪位老师不爱成绩好的学生？不喜欢爱学习且听话的学生？于是，对待凌解放这种罕见的"差生"，老师发怒了，轻视这个眼里的废物，用尽了文明人的刻薄话打击：

"你的智商，就是外太空的空气，稀罕得很。

"你就简直是个造粪机器，百无一用。

"废物，大粪还能上（施肥）到地里，你就是个真正的废物。

"你的智商很危险，很稀罕，很无用。

"我十分怀疑你就是个脑残货，或者你的脑袋里根本没有脑子。

"凌解放，你能成才，我把眼珠子抠了，扔到校门楼上……"

看来，老师深谙伍子胥的故事。

同学们哄堂大笑，老师因"收拾""戏谑"凌解放金句迭出……

每一次挨"骂"，凌解放羞愧难当，无地自容，心灵上深受伤害，多年积郁在心。"你们那一双焦灼、期待、喜悦，有时有点憎恶的目光，还总在我的脑海里闪过。"

是以，在南阳师范学院毕业典礼上，学校邀请已然成名的凌解放做报告，给学生们提要求，勉励一番，他恳切地说：

> 我当年不是一个好学生，再以成绩为标准的"框"一套，我就是个典型的"差生"，你们看，现在我也算是小有成功了，可见，成才的路千万条，每个人，都有各种各样的人生，有着不同路子的成功。你们今天毕业了，多数要去当老师了，天下哪个老师不爱优秀学生？谁不喜欢老实听话的学生？这是人之常情，可以理解。但是，有的学生可能与众不同，或者理解接受能力弱一些，可能有这样那样的毛病，成绩总是上不去，你们作为老师，做不到孔子的"因材施教，有教无类"，也要包容，担当，多施加帮助，不能打击，尤其不能说"过天话"，以免以后师生不好相见，见面尴尬。因为，你不知道哪片云朵能下雨，你不知班里的哪个学生能成才……

那几年，总有高考的考场显现个性学生，偏科生，交白卷，或写一些什么话，最后成绩作废，耽误人生，引起社会关注，并引发教育体制改革的舆论。南阳也曾有女孩高考交白卷，写下数千字"控诉"留言。凌解放是"差生"，心理受过"创伤"，看了这些新闻，记者采访，有所思考，写了《致老师的一封信》，结果引起轩然大波，很多人（包括老师）愤然而起，怒而指责：

"二月河成名了，牛了，狂了，尾巴翘起来了。"

"二月河要'翻案'了。"

"二月河真不知道天高地厚！"

"二月河怎么能这样不敬师，竟然对老师'下毒手'了。"

其实，攻击的人，要么没理解意思，要么断章取义，故意歪曲，以图混淆视听。

二月河在《致老师的一封信》中申明：

"国有诤臣不亡其国，家有诤子不败其家"。我相信有"诤生"然后才能师道昌明。

…………

我自入学到离校，始终都觉得是在仰视您：在小学，如同僧侣注目佛院；在中学，又似基督徒面对上帝。但在写这封信时，暂时平视一下，像正常朋友那样，可否？

二月河提出了自己心中的愿望：

老师，我半点也不怀疑您的用心，知道您耗尽心血地想教好学生。但我不明白，您为什么那么喜欢临摹而不喜欢创造，爱"范性"而不爱"弹性"，愉心温柔的灯光而讨厌野性的爝火。您对好坏的标准就是听话与否和分数的高低，不太枯燥了点？您能不能更豁达、清新、宽容一点呢？

大家可以看到并理解，二月河对老师的敬重，流溢字里行间。他对一些老师的做派，虽有不认可，却是循循善诱逐步提出，并明白晓畅地说出了自己的建议和愿望，这完全是正常的对教育发展的探讨。他用自己的切身体会告诉教育界，倾诉给社会，提高学生学习兴趣应是老师教书的重要任务，千万不要扼杀孩子的天性，保障每一个孩子都能够享受教育，成长成才，这有什么不对的？

国家设置了教师节，全社会尊师重教的氛围愈加浓厚，耳边听到、案头书报看到的赞美之文有许多。这当然没有什么不好。捷克教育家夸美纽斯早就说过："太阳底下再没有比教师这个职业更高尚的了。"然而，当你读完二月河的《致老师的一封信》之后，则会更多地想到教师的使命和观念，想到如何"以人为本"，保护孩子的天性，让他们健康、快乐地成长。这封信是二月河近二十年前写下的。可以看出，信中尽管有不少尖锐的语言，但却丝毫遮掩不住他对老师的爱戴之情。

不知为何，攻击的声音，时有时起，潮升潮落，还有许多人专门写信来指责。心地无私天地辽阔，二月河不愿意多作解释。

生活中，二月河发自肺腑地尊师重教，多年如一日，一直践行着。

他当年的学校旧址修复为花洲书院，他积极捐款，题词，在《人民日报》（海外版）、《读者》上撰文宣传。

花洲书院是当年邓县一中校舍，为北宋政治家范仲淹知邓时创建，千古名篇《岳阳楼记》诞生于此。文中倡导的"先忧后乐"精神，穿越时空，滋养了一代又一代华夏子孙。

他回到了思念已久的母校，走进春风堂，徜徉百花洲，抚今追昔，感慨万千，如烟往事在脑海中翻卷，澎湃诗情在胸中激荡。后来还写了一首长短句《谒花洲书院有感》：

> 蹊径老塘犹存，残城草树相抚。春风阁前明月清新，百花洲上斜阳迟暮。四十载烟尘如昨，八百年游子归路。指点少小新学生，知否，知否？此是范子情断处。

二月河平常不愿题词，却濡墨挥毫，为母校题写"吾师吾母"等巨幅墨宝，以志对母校的尊崇和眷恋之情。

作家周同宾《4月6日去邓州小记》起始大惑不解："文学界集会，二月河很少参加，即便省城、京城的作家代表大会，他也缺席。说他狂，傲，架子大，他都不在乎。这次，豫西南一隅的邓州举办'花洲之春'文学座谈会，倒欣欣然应邀前去了，甚至有点急切切的，仿佛冥冥中有一条绳硬把他往那里拽。"二月河参观花洲书院时，"紧紧跟随导游，洗耳恭听解说，酷似一个戴红领巾的小学生"。"中午吃饭，二月河特意让东道主请来他的三位老师。进餐厅，他说:'朋友们，委屈了，今天我要待老师。'硬把老师拉上主宾位置，官员和作家都替他陪客。席间，只和老师叙谈，问身体，问家庭，恂恂然执弟子礼甚恭，怡怡然如对长者的慈颜。听说某位老师已经故去，不禁唏嘘不已，黯然久之。每道菜上桌，必先用筷子的另一端——为老师夹进餐盘。向老师敬酒，满满斟了，双手捧杯，躬身奉上……饭后，不顾疲劳，又张罗笔墨宣纸，为老师写字。写的是唐诗集句，有'蹉跎冠冕谁相念，寂寞烟霞公自知''已被秋风教忆脍，更携书剑到天涯'等多幅。他似乎要拿出自己的全部本事，献给师道的尊崇。"直到在春风堂前看见"二月河读书处"的石刻时，才忽地明白了，此处是二月河求学的地方。于是感悟:"二月河终于横空出世，与范仲淹，与花洲书院，总有点关系吧。多次改朝换代，书院几经兴衰，范公留下的一缕文脉应未中断吧。这篇铭文，情真意切，有深沉的慨叹，悠远的寄托，挚切的希冀，以及别人无法体味的今昔之感，也透露出几许隐秘的传承消息。"

二月河尊重自己的老师，发乎于心，践之于行。那年，他受邀到洛阳参加活动，托人打听小学时的牛转娣老师，听说老师身体还好，欣喜若狂，辞了领导聚会，赶快到家拜访。牛老师听说自己的学生竟然是扬名海内外的大家二月河，非常高兴和激动。

初高中时的老师，二月河从同学处打听到联系方式，总要想方设法一聚，每年春节，要寄贺卡祝福。听说老师身体有恙，寄钱寄物慰问。有位老师的女儿在南阳上大学，二月河尽心照顾数年。

二月河没上大学，冯友兰没教授过他，但他对这位南阳乡贤、全国名师很是尊重。1999年，当《世纪哲人冯友兰》画册出版遭遇经费问题时，他主动解囊十万元义助。

还有，二月河与恩师冯其庸先生的数十年情谊，知名而曲折，为人所称道，早已成为文坛流传广远的佳话。

第九章

小家院天伦之乐　孝父母扇枕温席

　　在南阳，自从离晋南下后，辗转数个城市的凌氏一家人，终于过上了难得的团圆日子。

　　在凌尔文与马翠兰看来，南阳是个好地方，"春前有雨花开早，秋后无霜叶落迟"，四季分明气候适宜，人心厚道日子安逸，还有几位硝烟中走出的战友，互相照应着，决定安居南阳。1962年初，把凌解放接了回来。后来，又把侄子凌振祥的工作调动过来。一家人这才团圆，其乐融融，过了几年幸福美满的日子。

　　吃的方面，父母很是大方和放得开，因为"有钱"。

　　凌尔文在部队，马翠兰在地方工作。他们两个人长期吃"供给制"——每人每月，老凌六元，母亲是四元多吧，这个数，今天看是有点不可思议，但其实在革命队伍中长时间全面执行这个制度。细论起来，个别方面很舒服的，有点像初入伍时的义务兵——现在的新兵，也大致还是这个待遇，吃的、穿的、住的、用的都是公家管。那时连牙膏、肥皂、毛巾都是供给，什么都不用操心，到时候就会有人给你发。坏处是没有积蓄，攒不住钱。就那几个零用票，很是拮据，想改善伙食都窘困。但"革命事业的接班人"——部队子弟——不享受"供给"，每人每月另有二十元的生活补贴。

　　凌尔文出身成分是富农，很不体面，但在部队，他又是堂堂正正的"地主"——他有四个孩子，每月全家可以拿到九十元。这个数字，在中华人民共和国成立初期，可说是笔巨款了。

曾经有一段时间，地方上已经实行薪金制，但部队仍在供给。母亲的收入一下子涨到近百元，而父亲还是六元。这样，父亲就必须吃他们兄妹的津贴，吃母亲的工资。但是很快在军队的父亲实行了工资制。他还另有军龄补贴，他的军龄，从1938年算起，那叫一个"牛"。每个月能拿到二百一十六元工资，加上母亲的钱，每个月就是三百多元了。

　　父母他们总受排斥。后来凌解放分析有两个原因，一是家庭成分高，好比软柿子，好捏；二是"工资"冒尖，收入丰厚。凌解放认为，可怜的父母，他们第一个原因记牢了，第二个原因是忽略了——他们认为是当时的风气不好，换一换地方就成，到了另一个地方，才知道这里的日子也难过。因为好人坏人、正常人偏执人，"三个人就是江湖"，只要是社会人，妒忌——很平常的。一个思维方式："他们收入三百多，凭什么？"——人们这时不大会想两位都是"老革命"，打游击在荒野古墓中住过多少年。别人只有几十元，只会如此想："他们收入三百多哪。"

　　凌家收入高，不讲究穿，但吃的绝对是军分区头一份，每天凌解放和妹妹到机关食堂打菜，专拣爱吃的红烧肉、木樨肉、红烧鱼、烧肚片……用塑胶大盆——直径有一尺，打得冒高——南阳话说叫"岗尖"一大盆，招招摇摇穿过大院端回家，所有的人都看见了，走过去都嗅见了。所以后来父母"挨整"，凌解放就认为：是嗅到了心里头——这种"味道"也是会生根发芽开花结果的。

　　但即使是这样吃，以那年头的物价水准，他们的钱也是远远花不尽的。然而母亲马翠兰逝世后，父亲有一天向凌解放兄妹交代"账目"：我家仅余一千余元。父亲把情况详细介绍后，认真地说："我就要给你们续娶母亲，有句俗话说——有了后娘就会有后爹。但现在我还不是后爹。把经济情况告诉你们，把余钱也大家分了……"父亲生恐自己"变心"，在"变心"之前把不变的原则交代清楚。

　　这时凌解放才知道父母过去不但要赡养邯郸大姑家的祖母，资助大舅家的大表哥聚财，还抚养着堂哥、烈士子弟凌振祥，另有二姨家的表姐吴爱明，大姑家的大表哥是这个家庭的临时资助户。父母的工资，就这样分配。

这个家庭里，吃是放得开的。只要孩子们放学回来，就要改善生活。捞面条，多多的肥瘦相间的肉丁臊子。隔几天，要剁馅做一次包子、包顿饺子，荤素换着来。父母是山西人，刀削面不能少，每人削一大碗，油汪汪的牛羊肉浇上，油泼辣椒搅拌，每人都吃得鼻尖冒汗，拍腹大呼痛快。

小家院里，常常缭绕着歌声，相对平静的生活里，全家安享着天伦之乐，即便是短短的数年。

凌尔文和马翠兰早年参加革命，一生辛勤奔波，忙革命事业，他们每天忙忙碌碌，谈的都是工作、学习、上级精神，日子在旁人看来，比较单调枯燥乏然无味。

但是，各家的生活都有各自的特点和轨迹，他们同样唱歌娱乐，享受生活的甘甜和幸福。

凌解放听过父亲哼歌子。父亲在文艺方面基本没什么爱好，他哼的歌既不是流行歌，不是进行曲，也不是戏剧之类，多是抗战歌或民歌：

> 大炮轰轰响啊，机关枪格格格
> 打倒那日本鬼呀，赶他们出中国……

这个歌和调子，任何演出团体的节目都没有披露过，估计是老爷子在太岳抗大分校学习时的校园歌。还有：

> 我的大烟袋呀，你快快回来！
> 上次打伏击呀，子弹把你打坏！
> 现在打日本呀，哪里再去买？？
> 大烟袋呀，咿呀呼咳——我的烟袋！
> …………

幽默、乐观、风趣、俏皮，这是当年抗战时在战士中流行的口头小曲，一边擦枪，一边唱这小令，颇有情味。

再有一个歌，是用山西梆子腔：

> 我正在山头看风景，忽听得山下乱哄哄，
> 原以为是砍山的老百姓，却原来是鬼子发来的兵，
> 二鬼子棒棒队，还有一个打头日本的兵，
> 老子我正是又闲又闷，请你们上来咱们点点兵，
> 你们来来来呀，老子请你吃碗疙瘩面！
> …………

前合辙却后不押韵，山西梆子腔十足，活泼，昂扬，自信，充满着革命乐观主义精神。当然这是套的《空城计》，凌解放认为，这定是老爷子与战友们坚持"无人区"作战时自创自娱的作品。

凌解放印象深刻，唱这歌时父亲会在躺椅上半躺着，双手在椅背上轻轻打着节拍，然后，一会儿工夫，他就娴静地安然入睡了。

有一次，父亲还唱起了：

> 炭窑口爬出三条腿的驴，
> 看见那沙钵子长出一口气。
> 窑扁担压断二股筋，
> 端起沙钵子烤火笼。
> 冷酸粥，黑烟熏，
> 刮刮噌噌半肚子空。
> 进炭窑好比热蒸笼，
> 出炭窑冻得把肉挺。
> 围火笼吃饭烤前胸，
> 后背上结了一层冰。
> 端沙钵子吃饭当牲灵，

甚会儿打沙钵子送了终。

后来，才考证出来，这是山西民歌《掏炭歌》，不知老先生"甚会儿"在老家学会的。

老凌不爱看戏，他晚年孤寂，开始听戏，凌解放很想给父亲解闷，尽己所能买了大量的戏曲录音带。但老先生只对京剧名家程砚秋的《锁麟囊》情有独钟，反复听的唯有这出。《锁麟囊》讲的是富家女薛湘灵自幼受母溺爱，出嫁时获母陪嫁锁麟囊一只，蕴"早生贵子"吉祥意，内装奇珍异宝。途中恰遇大雨，避雨春秋亭中。听得同在亭内避雨的一乘小轿里有呜咽哭声，始知贫女赵氏也在当日出嫁，见湘灵排场，自怜卑贱，悲从中来，故而啼哭。湘灵遂隔帘让丫鬟以锁麟囊慷慨相赠。雨驻分别时行善不留名，只有"漂母饭信，非为报也"等语。六年后湘灵因水灾与家人离散，流落他乡，衣食无着。无奈入卢府为仆。一日领小少爷在花园玩耍时，于阁楼上再见已被卢家供在神案上的锁麟囊，睹物思人，方知卢府女主人即当年赠囊之贫女。最终在赵氏的帮助下，湘灵一家得以团圆。两人结拜为异姓姐妹，共享荣华。这是劝人向善、种因得果、知恩报恩、好心好报的主题，家里人不明白为什么如此令他神往，闲时、吃饭、睡觉放的都是《锁麟囊》。"换珠衫依然是富贵容样，莫不是心头幻我身在梦乡……这才是人生难预料，不想团圆在今朝。回首繁华如梦渺，残生一线赴惊涛。莫再驰骋休啼笑，教养器儿多勤劳。今日相逢如此报，愧我当初赠木桃……"哀婉唱段时常响彻院落。

马翠兰在同事朋友眼里，是个性格刚烈、骁勇杰出、无私无畏、勤谨事业的人，年轻时骑马打枪，百步穿杨，战斗日顽，周旋匪盗，1949 年先后任县公安局副局长，法院副院长，审案判决，极度负责，一丝不苟。说话办事严肃认真，斩钉截铁。枪决犯人，一枪贯脑，丝毫不形于色。是以在凌解放心中，母亲"有一种大漠孤烟式的苍凉雄浑气质"，极少有人能够感知她爱好艺术、多才多艺、细腻温情的一面。

有一次，凌解放忽然听到，母亲正在低声唱歌：

磨磨不大人更小，
童养媳妇把石磨子摇。

四料秕谷磨了个细，
手扳磨把把眼流泪。

小磨磨转得头发昏，
满肚肚酸水往上涌。

磨豆腐控下豆腐渣，
咱和猪狗打平花。

荞麦拉成细糁糁，
童养媳拉成瘦筋筋。

锅里头做饭小磨子上围，
人家吃稠我喝稀。

茶饭不好苦头重，
婆婆还骂是丧门神。

手扳磨把围咸盐，
可把童养媳妇淹了个绵。

砂石磨磨拉豌豆，
挨打受气罪受够。

二斗粗糠磨成面，

你看咱童养媳妇多可怜。

凌解放纳闷，母亲是颇有威名的领导干部，咋会哼唱如此凄惨的民歌？恐怕是母亲成家早，父亲不在家，常与村庄里的童养媳在一起拉呱，了解到童养媳妇的艰难，跟着她们学唱了这首歌。

马翠兰竟然也会哼唱山西情歌：

半斤莜面推窝窝，
挨打受气为哥哥。

你妈妈打你因为甚，
因为我墙头上瞭哥哥。

墙头上的草风刮倒，
没料你哥哥又来了。

前门门来后门门走，
门搭搭小碗你膏上点油。

大黄狗你别咬，
俺看哥哥他又来了。

这首民歌一咏三叹，情深意长，生动活泼，颇有韵味，这是在革命老区流行的民歌。有时候，母亲还会唱表达青年男女感情的新民歌：

咱二人相好手拉手，
我送哥哥参军走。

实纳帮帮新鞋你穿上，
保卫咱解放区的好时光。

新开的园子种白菜，
你走我在心中爱。

你去参军我种田，
打倒日本鬼子再回来。

　　母亲这鲜为人知的一面，让人惊诧，她没有上过学堂，她是什么时候学
会这些歌谣的？唯有一个解释：山西是民歌的海洋，各地区都流传着丰富的
民歌，从小处身歌乡，耳濡目染之下，学会了一些歌谣，不足为奇。

　　但是，从母亲嘴里哼唱出来，却是语调凄婉，苍凉悲壮。

　　父母先后驾鹤西去，其乐融融的氛围不再，山西民歌在南阳的凌家小院
成为绝响。因为凌解放五音不全，不谙宫商，自幼生活在南阳，高考未中即
参军，除了会唱"向前向前向前！我们的队伍向太阳……"他学唱了《打
靶归来》《我是一个兵》《黄河大合唱》等歌曲，但对于山西民歌，那是丝
毫不通，倒是一种遗憾了。

　　这个家庭，因为大人是军人出身，不知不觉间，实施了"军事化管理"。
部队是团、营、连、排垂直管理，这个家，母亲指挥父亲，父亲指挥儿子，
儿子管理妹妹们。

　　母亲不是"垂帘"，而是直接"施政"。母亲有这个素养及水平。

　　马翠兰12岁时母亲去世，之后身为地下党的父兄先后为国捐躯，牺牲
在日寇枪下，她是马家长女，自然而然成为家庭的小主事人，俗话叫"当家
闺女"，她担水背煤、做饭洗衣、下地干活儿，把农产品背到集市卖钱，再
买点油盐让一家人保命。她像母亲一样照管着三个妹妹和年仅3岁的弟弟。
艰难岁月造就了她聪慧机敏、当家主事的才干，淬炼了她不怕困难、百折不
挠的毅力。这种难得的珍贵的综合素养，使她走出家门进入革命阵营后，如

发光的金子，迅速显现能力超群的光彩，很快成为区、县妇委会主席，公安局的股长、科长，主持全面工作的公安局副局长、法院副院长。

凌解放回忆：

母亲是1960年瘫倒的，一瘫就连起居、走路、吃饭、脱衣服全部不能自理，经过医生全力救护，一年之后才能站起来，拄着拐杖细步蹒着前进，每一步也就一寸左右。我亲眼见父亲每天给母亲换洗尿布，清理裤子和床上的大便，挽着母亲散步，五年如一日这些活他都自己亲自干。母亲是个性格刚烈急躁的人，中风失语，说话不能辨。她想说什么，说不出来，又无法表达，急得竖眉立目，用拐杖连连捣地，我们子女在旁束手无策。父亲总是把耳朵凑到她口边，轻声细语请她不要着急，慢慢说，一个字一个字说……有一次侧耳半日才听清她道出两个字："上……学……"父亲告诉我们："你妈叫你们上学去。"我们兄妹都笑："今天星期天。"母亲叹口气，无奈地摇摇头。父亲一句话："做功课去吧。"我们便都凛然退下。

凌解放说，在家庭内部，母亲"大事""小事"亲理，"战略""战术"亲定。父亲连"微小""些末"问题也不插手。

是以，家庭里，总是母亲决策。她问：

"老凌，给咱妈的钱寄了吗？""寄了。"

"老凌，振祥的生活费寄了吗？""寄了。"

"这个不能忘。""知道。也给聚财寄了点。"

"老凌，爱明的生活费寄了吗？""寄了。也给贵成寄了。"

"要想着点，得给他们写信，问问情况，多关心。""信已经寄出了，还没有回信。"

"老凌，某某家有事，份子钱别忘了准备。""备了，放心。"

"老凌，咱把振祥接过来吧，孩子一个人在家太受罪，太可怜了。""好。"

老凌就尽心尽意找有关部门，按"红头文件"政策精神，找战友们出主意想办法，一丝不苟去"落实"。

马翠兰为凌振祥成家操心，准备介绍自己分外喜欢的外甥女吴爱明。吴爱明是烈士子弟，住在她的三姨家，三姨针对吴爱明找对象，规定了"三不"条件。凌振祥衡量，无一能够符合，"拒婚"条件简直是"量身定做"。凌振祥很沮丧，从此不敢再想"美事"。

马翠兰听说后，不屑一顾："屁！你舅舅、姨姨能管了我的事？她那'三不'是谬论。凌家、马家、吴家我都当家，他们谁也当不了我的家！"说得掷地有声，既斩钉截铁，又乐观自信。果不其然，喜事迅速撮成……

但有一次，父母罕见地意见不一致，但最后，还是母亲"施政"有方，全家听从她的"指示"。

1964年夏天，母亲建议振祥继续深造，去上学，理由很简单："振祥从小成绩都好，能吃苦，如果当年不是成分问题，完全能上大学。这孩子不上大学太可惜，上大学这口气也得争回来。"

而老凌的态度却是不冷不热模棱两可，认为振祥在家，能帮助照顾病人，且他已经有了工作，有了家庭。老凌为了找理由，甚至把"祖上几代人都是教书先生"那番话又从头至尾讲述了一遍。

老凌更多的是现实主义。受儒家道家及眼前政治现实的影响较深，主张礼治、中庸、清静、平安；提倡淡泊名利，克己寡欲。常挂在嘴边的话就是："当老师、理发的、街头修鞋的、澡堂搓背的，都很光荣嘛！都是为人民服务嘛！"老凌是个真正的"无产者"，"为人民服务"的理念至老愈光辉。

二老的思维反差何以如此之大？母亲的性格特质，有更多的理想主义色彩，相信只要敢想敢做，勇于实践，就必能通向成功之路；她深知学习文化的重要，没有文化，就没有事业的成功。她自己由一个农家妇女变成能够独当一面的主持工作的副局长、副院长，不能否认"理想"二字起着决定性的作用。她殷切希望自己的子女变龙成凤，不能过于平庸无为。

母亲的态度笃定坚决："振祥得上大学，就这么定了。"她在全家人面前，处于绝对领导地位，即便疾病缠身，显然还是这个家庭的最高决策者。她诙谐地说："我的官儿太小，马克思不会召见，我孩儿放心地去上学，我会等着我的孩儿毕业回来，看着我的孩儿大展作为。"

当年湖北艺术学院（今武汉音乐学院）在河南招生，仅招生一人，全省有数十人报名，竟然只有凌振祥一人被录取，可见竞争之激烈，可见入学之幸运，亦可见马翠兰决策之精准。

凌振祥从山西到河南，又从河南去湖北，踏上了求学之路，开启新的人生历程。

后来，凌解放在家中，"啥也不管"，当"甩手掌柜"，甚至发展到极致，省委组织部征求他意见，调动工作到郑州的省文联"主持工作"，他不想离家，坦率而直接地拒绝了。

有人奚落他"妻管炎""惧内症"，他笑一笑，承认了，"家风使然"。

难得的是，这几年中，全家团聚一起，安安稳稳过了一段欢乐的日子。

"老凌"想了很多办法让"老马"快乐，买了最好的助听器、收音机。房间有广播站的广播匣子，逢有相声、戏曲、广播剧就打开，坐在她身边陪着她听，院里温度适宜，阳光温暖，老凌会把躺椅拾掇好，铺上被子，搀老马躺上去。孩子们极为孝顺，殷勤地端茶倒水，按时为母亲服药，然后振祥、解放哥俩轮番上阵，为老马揉揉头、捶捶肩、搓搓腿、拍拍背，或者趁着太阳好，给老马洗头洗脚，也会用轮椅车推着她，看看"街上热闹"，或到公园里去"游玩半天"，到白河边"看水看鸟"，老凌则寸步不离守在旁边。

偶尔地，星期天"犒劳一顿"之后，为让全家人高兴，父亲会把孩子们都叫到一处："各讲各的事，有好故事，都讲给你妈听。"这样，大家就会把一星期学校里发生的趣闻，讲给她听。父母很少插话，多数情况只是点头微笑，只有一次父亲打断了话。凌解放刚刚放学回来，在路上看到了公安局枪毙犯人的刑车，只讲了个开头，立刻就被父亲打断了："以后不许讲这些，要说高兴事，不高兴的事我们都不要听。"凌解放有所感悟，意识到任何情况下，都有个"场合"问题。他给父母讲东周列国里孙膑庞涓的事。这一类故事当然不能在父亲面前卖弄，但讲给母亲听，父亲同样听得很认真，不停点头赞许。母亲则只是微笑——很明显的，她也很熟悉这故事，他们是在听孩子的叙述能力——气一下子瘪了，觉得没把他们逗乐，就又讲了这样一个：

有两个英国人，在乡间小饭馆吃饭，他们旁边还坐着个穷乡下老头儿。吃饭中间，英国人忽然闻到一种奇怪的甜味，还有什么东西被火烧烫时，那样"吱——吱——"的声音，仔细看，是一个装满东西的布口袋。一个英国人就问："这是哪位的东西？靠在火炉上，要烤坏了。"那老头儿忙说："是我的。"

"那是什么？"

"烂苹果。"老头儿说，"我刚从城里来，是我用东西换的。"

"外头下着大雪，这么冷的天你用什么东西换的？要烂苹果干什么？"

老头儿开始讲他的故事。

他今天进城赶集，牵着他家唯一的一匹马。在回来的路上，他看到一头奶牛，他想：这头牛可真好，我们家多么需要它，有了它，我和老伴就有牛奶喝了，还可以做奶酪。牵着它在草地上放牧，哼着歌儿多么惬意！——我就用我的马，换了这头牛。

又向前走，我看到放羊的。我又想：奶牛当然不错，但是喂两只羊会更好。晚上也不用打草打料照顾它们。照样可以喝到羊奶。白天把它们放在草地上就是了……我越想越对头，就用奶牛换了两只羊，赶着回家：心里别提多快活了。

……又走了一段路，到了小河边，我看到有两只鹅在那里游泳。这两只鹅又肥又大，羽毛雪白，长得可真漂亮。我想：我怎么没早点想到这一点啊！我的家就在河边，放养这两只鹅，在水里游，我和老伴在岸上看，该是多么开心！而且我们还有大大的鹅蛋吃！……我就用我的两只羊换了两只鹅！

老头儿说得得意扬扬，两个英国人面面相觑。

……再往前赶鹅，我碰到一个苹果商。你们猜，他在干什么？这么好的烂苹果，他居然不要了，往河里倒。我想，我如果有一袋烂苹果，该多么好，家里喂的猪最爱吃这些了，老伴前天还说："我们如果有袋烂苹果喂它们该多好。"我很快就和苹果商说好了，用我的两只鹅换了一袋烂苹果！我的老伴看见我这么能干，不知道有多么快乐呢！

"你的老伴会劈脸给你两个耳光，"一个英国人说，"然后把你赶出门去，夜里也不许你回家。"

"不！"老头儿说，"我的老伴一定会拥抱我，还会开心地在我脸上亲吻的！"

英国人是最爱打赌的，那英国人说："我们打赌吧，如果听完你的故事，你的老伴拥抱亲吻你，我们给你一斗金币。"

于是两个英国人和老头儿一同去了他乡下的家。老太婆一听丈夫回来，冲门而出就和老头儿拥抱，她看也不看客人，只对丈夫说："亲爱的，你回来了。昨天晚上我给你做的牛排，还有夹了奶酪的烤面包，都还在炉子上煨着，你尽情享用吧！"英国人跟着老头儿进屋，心里想，这不过是刚见面，你这老家伙，等一会儿你就会知道她的厉害！

老头儿坐下吃面包牛排，开始讲他进城的故事……"我用我们的马换了一头奶牛。"

"真的！"老太婆高兴得脸上放光，"前天晚上做梦，我还梦见，我们有一头奶牛呢，我会把它带到草地上——我们有的是草坪——吃草。我每天挤奶，我们可以喝最新鲜的牛奶！"

老头儿若无其事地吃着，插上一句："我把奶牛又换了两只羊。"

"亲爱的老头子！"那老太婆看一眼满面诧异的英国人，说，"你可真能为我着想！羊当然比牛更好！把它们放在草地上自己吃草，我可以腾出手干别的活。有时我洗衣服，在河边一边洗，一边看它们欢蹦乱叫——像两个孩子——那是多叫人高兴的事！"

"可我又用它们换了两只鹅！"老头儿喝着肉汤又说，"我记得你说，门前小溪里有两只鹅该多好!"

老太婆拍着手一下子跳起来，笑得满脸都是皱纹："是呀，是呀!我是说过，我们的小溪里太单调了，有两只鹅那该多好。它们不但好看，还会发出呃——呃——的声音，我在前面走，它们会摆动着身子紧紧跟着，还会孵出小鹅，我们这个家就会热闹起来啦!"老头子擦着嘴又说："我把两只鹅又换了一袋烂苹果。"

"啊!上帝!我的老头子，你可真聪明!"老太婆一下子跳起来，"你做的事都是我梦想做的呀!昨天——对，就是昨天我们的邻居汤姆——你记得他的姨妈——还在说，他们家的猪太瘦了，如果能有一袋烂苹果，给猪吃，那该多好!我们的猪可以吃到烂苹果了——亲爱的，我非得亲你一下不可!"她一下子扑上来，再次拥抱了老头儿，在他面颊上狠狠地吻了一下……

那两个英国人已看得目瞪口呆。他们赌输了。英国人说，一个人总吃亏，总是保持快乐，这样的人比金子还要贵重!

父亲母亲听到老头子换东西的过程，已经开始笑了，他们开始还有点矜持——也许他们就是为了在儿女面前保持矜持的形象，才不肯大笑的——但讲到老太婆的反应时，父母便不再控制感情了，父亲笑得流出了眼泪，坐在矮凳子上，低着头，用拳头顶着前额，笑得全身都在哆嗦，笑得咳嗽打呛。母亲则是仰着脸笑，手中的药片都撒落在小桌子上，嘴里轻轻念叨了一句什么，父亲赶忙凑过去谛听，但母亲极清晰地重复了一句："这个故事有意思!"

"这个故事好!"父亲擦着眼泪，他已经恢复了平静，"人，要吃得起亏。"

凌解放说："我一下子被点化得如醍醐灌顶。"

这时的凌解放，已初步建立了正确的生活观，很有同情心。他在原南阳地区三高的同学胡群祥回忆，开饭时，食堂门前"一"字排开，安置四口大木饭盆，学生们排队买好饭后，或蹲于饭厅，或在操场旁柳荫下席地而坐，边聊边吃。那时"钱"很值钱，白面馍六分钱一个、红薯面馍三分钱一个，二分钱可买一碟萝卜菜或一碗稀饭。农村学生可以把红薯带来，用麻绳织的网兜装了放笼里蒸，加工一斤仅需五厘钱。

记得是1964年的秋天，一位同学买稀饭，看炊事员扭身打饭，只见他右手向上衣口袋里麻利地摸一下，便朝炊事员面前的竹筐里一掷——动作太快，似乎没看到那张米黄色的一两票飘进筐内，黄师傅这时已把玉米粥盛进同学的碗里。接着奇怪的一幕出现了，黄师傅没有习惯性地立即给下一位盛饭，而是用勺子敲一下盆沿。那是"哑语"，翻译成口语应是："票呢?"同学的脸唰地红了。这时凌解放已把碗迎了上去，只见他笑眯眯地朝黄师傅挤挤眼，为人解围，轻声说："算啦！给我舀吧。"也许黄师傅被凌解放那穿着旧军衣的魁梧体形和浓眉大脸"镇"着了，或为他的善解人意感动了，就了了此事。凌解放同情农村穷学生，或许他认为，与二分钱的饭票比较，穷同窗的自尊心和"脸面"更值钱。

第十章

慈母逝摧心剖肝 "烟炙腕"纯粹家传

《鬼谷子致苏秦张仪书》中有句："子独不见河边之柳乎？仆御折其枝，波浪激其根，此木非与天下人有仇雠，盖所居者然。夫华霍之树檀，嵩岱之松柏……上枝干青云，下根通三泉，千秋万岁不逢斧斤之伐……亦所居者然也。"

二月河曾如此形容他的父母，他们即便不是十围之木，也是两棵参天大树，长在高耸入云亭亭如盖的苍莽森林里，那定然是安全的，如果放在一片小树苗中，那必然是先要迎风经霜。如同河边之柳，折枝激根在所难免。"父亲是老资格，母亲也是老资格，我们这个家如果放在北京，甚至郑州，也许是个大展宏图的家庭。"但他们落户在了邓县——坐落豫鄂两省边界的一个小县城中，就太扎眼了一些。20 世纪五六十年代，别的不谈，因为凌解放父母二人工资总和三百余元，不但一般的地委、县委书记不能望其项背，即使军分区的司令、政委，也难与为匹。那时节，贫困家庭一个月花销可能不到十元钱。

马翠兰的曲折经历，她的高额收入，她的家庭出身，就太招惹人侧视了。因为家庭错定为地主成分，后改成富农，在工作中刚直不阿，执法严格，总唱黑脸，直接拒绝了一些人的说情枉法，"不给领导面子"。在几次政治运动中敢于坚持原则，坚持斗争，性子暴烈，勇于表达自己的意见，惹恼了一些当权者，经历了一场接一场的政治审查，被整得身心憔悴。

已故作家乔典运的生花妙笔写过，人要想活得平安，就得活得不如人。

你不如人，可怜而无害。一般来说，如杨白劳那样，只要不欠黄世仁的债，黄世仁不大会主动拾掇他。其实杨白劳也有强项，他的女儿太好看——这一条比人强，所以定然招来无妄之灾。

是以，这种令人不安的压抑氛围达到极致，就成了降低工资反而高兴。1963 年，马翠兰因患病久不上班，工资减少百分之二十，1966 年部队取消军龄补贴，又少了几十元。不但没看到沮丧，反而见到他们有点高兴，"少一点好""钱够用就好""早就该这样做了"——他们如是说。也许他们曾经过时间的沉淀，看到了"比人强"的危害性，或者是下意识地认为："可以让别人稍微消消气。"

父母的言传身教，不仅陪伴了几个孩子的童年时光，而且融入了一家人的生命和灵魂，成为世代相传的宝贵家风。凌解放回忆：母亲极少谈她在队伍里的境遇，我对她在单位的情况一无所知。父亲更是沉默如石，但此刻的我们已经有能力观察这些事了。母亲的情形我们感觉不到，在洛阳、陕县，她是勃勃的精神气儿，一直是副职，到邓县，主管法院，仍旧是副院长——她在昔西县是县妇救会主席，降了再降，一直没有"恢复"到原位去，她和父亲一样，被图钉钉住了，"副"了一辈子。我不是个在乎名位的人，但这种位置在那年代代表着"礼"与"理"——是社会地位与社会对人认同的标准，这就是另一回事了。曾经一度人们称她"马部长"——是政治部吧，但很快她就病倒了——那是夏天，她下乡回来在家洗脸，父亲说了准备让她提"县委委员（常委）"的事，又说"有人说，叫她进来（当委员）吧，进来再狠狠整她"！母亲就是听见这句话一下子颓然倒了下去……

其实还有一件事，马翠兰被关押了一个月，审查了祖宗八代，人生履历被一遍遍查过，查过来查过去，她是烈士子弟，父亲、大哥、妹夫为国牺牲。查不出什么问题，有关领导却还要"整，整倒为止"。

母亲偏瘫了多年，但只要有母亲，就会充满温馨，就是一个完整圆满的家。可是，这样的日子也很快终结了。

1965 年 9 月 25 日，是个阴寒的日子，少年凌解放在南阳三高上学，老师急匆匆闯进宿舍，大声讲："凌解放你赶快回家，家里来电话了，叫你立刻回去!"那时没有公交车,他也没有自行车,家里离学校不到两公里的样子吧。就一路小跑回去,气喘吁吁进了满是花圈、菊花、挽幛的院子,已见门里门外簇拥了不少军分区的人,听到屋里姊妹们的哭声,他的头"嗡"地大了,立刻猜测出家里出了什么不好的事。

凌解放回忆:

> 人们让开了路,我有点像夜游症那样懵懵懂懂进了房。东房,南边临窗,父亲给她用土坯垒了一盘山西式样的大炕,母亲平时就睡在西边墙边,大妹二妹挨着她睡,星期六我放学回家,我"挨着妈睡"……但现在,她还躺在老地方,炕下的火已经熄了,全家人都立在她面前发呆。

> 爱明姐放声大哭,大哥也放了声,妹妹们都泪流满面嘤嘤而涕,但我没哭,我蒙着,我晕着,对眼前的事与其说是痛苦,不如说是奇怪——母亲这样的人,我从来都没想过她会死,我是把她当英雄那样崇拜的,我欲哭无泪。

> 接连几天我都这样,哭不出来,闷坐着不言语。按照父亲的意思,母亲应该由我用板车拉到陵园,但家里人都不同意,怕我会出事,决定改用汽车。当母亲带着她的拐杖和她的钢笔入棺那一刹那,我突然意识到自己遭遇到了什么样的事情,它的全部意义是,我永远丢失了最珍贵的爱,我一下子扑到棺材上放声大哭泪如雨下,我浑身都哭瘫了下去……

> 母亲下葬那天,是淅沥寒冷的秋雨,在她去世后的三年,9月25日那天都是这样的天气。

那时候,在少年凌解放心中,母亲的形象,总是与传奇、枪弹、判人生死、英雄、做报告等这些激烈的词语联系在一起,母亲怎么会死?

凌解放在多次的撰文中,或者讲座时,回忆母亲是一位性情刚烈的女性,和一般形容词"慈母""三春晖",再文雅点的说"萱堂""令慈"这样的尊仰不怎么联系得上。她有时也用"手中线"为孩子补帽子，缝衣裤上挂破了的三角破绽，缭被脚趾顶透了的袜和鞋，然而这印象不深，每逢忆及，她常常没有握针，而是擦枪——一堆的枪机零件摆在桌子上，各种颜色油污了的破布条、棉纱，还有机油，擦拭了一件一件再喊里咔嚓组合起来，魔术般地复原了，一杆闪着暗幽幽烤蓝的"双笔箫"手枪又握在手中——她的一生甚为传奇，山沟里一个家庭妇女，为追求光明，追求感情，悄然离家出走，在日本侵略者盘踞、敌伪军横行、土匪猖獗，各方势力盘根错节龙蛇混杂的恐怖形势下，数十天脸抹锅灰，逃荒要饭，翻山越岭，夜行晓藏，凭着机灵，靠着幸运，到处打听，最终找到党组织，找到了丈夫。母亲在战斗中学会了打枪骑马，转战敌后，战斗足迹从太行山始，过黄河，挺进伏牛山，成为斗顽毙匪的新中国第一代警察、公安局副局长，是一个具有传奇色彩的女英雄，堪称"伏牛山中的穆桂英"。她胆大心细，明察秋毫，循蛛丝马迹，草蛇灰线，揪出隐藏在内部的奸细；排兵布阵，亲临一线，捕获国民党派出的特务；带领战友深入大山，抓到土匪和犯罪分子；与国民党残敌和匪徒对敌，攻心不成，她勇猛前冲，枪枪毙敌，面色平静；家中有饿狼潜入，她据声息判断，掏枪便击，老狼负伤嗥叫逃走……母亲在凌解放心目中不是依门盼子灯下走针的传统女人，而是英雄，枪口刀尖生活，携雷裹电冲锋，世所罕有的巾帼英雄。

在凌解放的心目中，母亲"有一种大漠孤烟式的苍凉雄浑气质"，她更多的是果敢刚毅，"威严不可犯"。在单位里"警察叔叔们"都怕她，年轻的警察们在一起玩耍说笑，当有人说声："马局长来了！"说笑的人立马一脸庄重肃穆。当时的公安局和监狱同院，犯人们在墙根下晒暖，见到马局长来了，会迅速站成一排，抖动着腿哈腰低头无语肃立，听着她的脚步过去才长吁一口气，重新坐下晒暖。

有一次，监狱里脱逃了一个犯人，马局长勃然大怒，那些威武的年轻警察们，羞惭垂手听训，脸涨得通红，发梢冒烟，不敢大声出气。任务部署，他们马上行动，人人奋勇，抓捕犯人后归来，马局长稍假辞色，温言抚慰他们一句，一个个如同得了嘉奖，兴高采烈。

二月河曾在多种场合和时机深情回忆，母亲性情刚烈，坚韧要强，虽然平常不管他的学习，但发现他有逃学行为，吃别人东西，必然抬手就打。是教育不让孩子占别人便宜，也为了人身安全，怕奸人投毒使坏。但母亲也有细腻温柔的一面，给他温馨的爱。母亲爱做家乡人常吃的"拨鱼儿""头脑饺子""猫耳朵"，第一碗总是凌解放吃，母亲只吃一碗，剩下的还是凌解放的。凌解放吃得狼吞虎咽，吃得额前冒汗，母亲坐在一旁，欣喜地看着，满足地笑了。小屋内水汽蒸腾，缭绕着饭的扑鼻香气，浓郁着人间第一情的温馨。

母亲不仅聪慧美丽，还文武兼备，多才多艺——"文采也是颇生动焕映的"，母亲善于学习，自学，向他人学，在工作中学。二月河心目中的母亲，是个地道的工作狂。他记得，十数年中，母亲就没有真正过过星期天节假日，整天早出晚归，甚至十数天不见人影，即便是回家，也是吃了饭就坐在桌前，桌上摆着一本本书，一沓沓资料，认真地审阅、摘录、思考，然后再谨慎地撰写。那种情况，比起自己后来的创作有过之而无不及。他回忆，常常是一觉醒来，已是深夜，仍然见母亲端坐桌前，烟雾缭绕，一丝不苟地撰写各类材料。

母亲病逝安排后事，有这样一段小插曲。父亲因无法通知母亲的战友，也为母亲的身后荣名，希望能在《南阳日报》上刊登一则马翠兰的讣告式消息。答复是："翠兰同志一生光荣，但级别不够，建议无法采用。"

二月河先生在世时，最孝敬父亲，但最令他伤心欲绝的是母亲。毕竟，他在父亲膝下尽孝，端茶盛饭，擦屎倒尿，捶背洗脚，下下棋，说说话，逗逗乐，恪尽孝道，让父亲开开心心，无牵无挂，陪伴着老人安享晚年，又尽心尽意地为父亲操办后事。他未能尽心的是对母亲，"子欲养而亲不待"，在他尚未有能力孝顺母亲的时候，母亲就操劳过度，英年早逝，不给他一丝一毫尽孝的机会。马老英雄逝世时年仅43岁，现安静地躺在卧龙岗南阳烈士陵园。

每年的清明节、母亲的忌日，二月河都要来到卧龙岗，到南阳烈士陵园，在母亲的墓前，静静地坐一会儿，陪陪母亲，深情缅怀母亲。

二月河曾写过多篇回忆母亲的文章，字里行间散发着浓郁的不舍和对母亲的思念和哀伤，一个儿子对母亲恸哭断肠的系念，对失去母亲的彷徨无助，那从内心最深处流露出的真情，令人为之掬泪，不忍卒读。

在二月河内心深处，母亲仍然活着，仍然年轻着，仍然美丽着，仍然那么泼辣能干，仍然亲切关注着儿子的一切。

许多年后，二月河在《母亲墓道前的沉吟》中深情地写道："她去之后，我又经历了很多风风雨雨，千山万水辗转流徙，二十二年。当我鬓发渐白，事业有成时，到'马翠兰之墓'前扼腕沉吟，我发觉母亲始终都在注目着我，跟随着我。"

《康熙大帝》等几卷接连出版，二月河赢得大名，父亲曾评判他"世无英雄，遂使竖子成名"，这是一位父亲对自己儿子登顶成功的复杂感情，有高兴，有肯定，有诧异，更多的是自得和谦虚。别人恭维二月河成才有名，是大作家，父亲虽然高兴，但仍然低调：

"一般一般，只是会讲讲故事而已。

"二月刚开春，还有向三月、四月、五月桃红柳绿麦香千里发展的空间。

"同志们评价太高，他差得远，还需要学习进步。"

二月河后来写出《母亲墓道前的沉吟》，父亲看了之后激动难抑，他若是犯病了，就拿着文稿不停地看，看多少遍了也不烦，睡着了仍不愿意撒手。清醒了，他就蹒跚出门，复印了很多份，每一份都认真折叠好，装进信封，再谨慎地写上"恭望雅正"，一一送亲朋。父亲只是遗憾："你能成作家，你妈也没想到，她要是知道了，不知道会高兴成什么样子。"

马翠兰在父子两个人心目中，是怎样的重若千钧。

文坛广泛流传着二月河"'烟炙腕'卓苦创'落霞'"的故事。

在南阳老城区中心地带，有一条当时最为繁华的古街，明清时叫长春街，民国时期改叫中山路，南阳城回到人民怀抱后，又改名解放路。在解放路和联合街交叉口往西不足 50 米路南，有一条不起眼的无名小巷。

当年的凌解放、后来的二月河，就在这里接待上级领导或文友的虔心拜访，曾笑谈你只要知道解放路就能想起我叫啥了，其实对于名字的由来，无须再费口舌。如今，他的名字却能让解放路跟着增光添彩。

这个地方是清代和民国初期的镇台衙门所在地，是南阳刚解放时的军分区办公和生活区。本是高门大院，数十年后，大家都陆续你盖两间厢房，我修建一个灶火，结果成了一条如历史那样悠深、同时也逼仄而充满万家烟火情趣的小巷。

小巷尽头处，一棵树皮斑驳仍苍劲向天富有生命力的老核桃树下，有个院中小院，两楹青瓦的陋室，一扇窄窄的柴门。南阳红学会副秘书长齐英杰谓之"小院已经盛不下二月河的名气，却能盛下朴实无华的凌解放"，这"是先生捕捉落霞的灵地，堪比阆苑"，评价客观而雅致。主房是在中华人民共和国成立初期很上档次的传统老建筑，出前檐瓦房，共五间，原为坐北面南，后改为坐南朝北，整体是典型的宛北建筑风格。二月河当年拥有西头的两间。这房最初是凌尔文分得的公房，凌解放"世袭"入住。房屋不少，因为分割居住的人家太多，居住做饭很是拥挤，显得凌乱促狭，当年却是大户人家、官宦家族的"豪宅"，门口整条青石铺成台阶，柱础有雕花，门两边还有石鼓陈列，因人们进进出出，摩擦得油光锃亮，岁月的打磨，已形成温润含蓄的包浆，许多年保持完整，难得没有损坏。甚至还有一个拴马桩，孤独站立很多年。

当年就在这里，凌解放伏身在小方桌上研"红"写文，构思"主攻"康熙，在这里"绳床瓦灶餐暮霞"。"斯是陋室，惟吾德馨。""落霞"的前几卷，就诞生于此。

凌解放处杂院居陋室创作时，条件至差。隆冬太寒，就喝一口本地产的玉米红薯干酿制的烧酒，或伸手围在脚旁的煤火炉上温暖一下，沉醉太甚，有几次险些煤气中毒。盛夏酷暑不敢开电扇，一为省电费，二是电扇吹得稿纸乱飞，他就用毛巾缠腕，防汗水濡湿稿纸；桌下放桶井水，双腿伸进去降温驱蚊；当他深夜作文，困倦到极处，就抽一口劣质香烟，让灼红的烟头，在手腕上炙烧一下，疼得头脑一激灵，继续伏在桌子上，奋笔疾书。

自古陋室出杰作，事例数不胜数。胸有大志，天降大任于身，又何虑陋室绳床，青灯布衣……"落霞"三部世惊叹，谁知出自"烟炙腕"。

记者们采访时，多数总反复征询此事真伪，在得到二月河认可后，无不被他的刻苦坚毅震惊。二月河深情地说："殊不知这两手是地地道道家教的真传，毫不走样学习母亲当年工作的风范！"

二月河的母亲马翠兰，从未上过学，却有心在学堂外听讲了一段时间，找来几页学童课本，就手执瓦片，在墙基的石板上刻画，迈过了最初的识字关。后来，她在丈夫的指导下，虚心学习，竟然触类旁通，到最后能够写材料、做报告。

1960年凌解放的祖母去世，逝在邯郸的姑姑家。凌解放和父亲扶柩回了南庄。他清醒地记得，后来写到文中：20世纪60年代我回家乡，父亲指点我去看母亲在家劳作的磨坊，石砌的墙上用炭条书的字迹宛然，如"牛""马""羊""人""手""口"……父亲告诉我："这是你妈没有参加工作前练习写的字。"

二月河后来回忆："母亲没有上过学，从来翻看她的笔记日记文稿，连我这个'大有学问'的也惊讶不已。母亲不但字写得端秀清丽，那文采也是颇生动焕映的。那全是自学，一点一点啃下来的，写总结写报告锻炼出来的。"

二月河印象深刻，自己一觉醒来，母亲还在熬夜认真严谨地总结、撰写材料，天热，就用毛巾缚在肘上，避免汗涴稿纸，太累了，就抽一口烟，把火红的烟头，向手腕处燎去，刺激头脑清醒，继续写下去。

第十一章
世道乱频受冲击　避祸走太行左右

　　1966 年"文革"伊始，凌解放的父亲因为家庭成分及所谓的历史问题，经常被审查，已经"靠边站"了。最亲爱的母亲已溘然长逝，凌解放感觉到天塌了半边，再享受不到母爱了。风雨欲来，全家人很是紧张，怕查出问题，连家中老式椅子上面的雕龙饰凤也要锯掉，以免无事生非，惹来无端祸患……而且在被抄家前，先自我"抄"一遍，看有没有问题，所有的藏书，感觉不宜的，烧掉，感觉问题不大的，撕下封面，或将里面的插图等觉得敏感的内容扯掉。

　　让人眼花缭乱的运动之风呼啦啦地刮，凌解放不知何去何从。这时候，他的堂哥凌振祥从武汉回家了。

　　凌振祥是凌解放伯父凌尔寿的孩子，是凌解放祖父这一世系的长孙。凌尔寿是当地著名的革命先行者，也是凌解放父亲凌尔文的新思想启蒙人、走上革命道路的引领者。在日本侵略者"大扫荡"中，不幸以身殉国，此事件当时很有影响。

　　凌解放回忆：

　　　　父亲对他（凌尔寿）的思念充满着挚爱和悲伤。他（指父亲）不知说过多少次，"没有你大爷（伯父），就没有我今天。""你大爷对我真亲啊！"他一直都在慨叹伯伯的一生，犹如哀伤悲泣自己的不幸。

作为烈士遗孤，凌振祥理应由国家抚养，但凌尔文视他为自己的孩子，自己养育天经地义，执意不领抚恤金，将凌振祥由山西老家接到南阳，融入自己的小家庭。是以，凌振祥是凌尔文的侄子，也是养子。几十年前，南阳军分区家属大院里，人们都称呼凌振祥与凌解放为凌家老大、老二，自然地以为这就是一家人，就是老凌的孩子。

凌解放与凌振祥哥俩关系极好，从小就懂得谦让、互相帮助和支持。父母买鞋，皮鞋贵，凌解放就自己穿黄胶鞋，把皮鞋让给哥哥穿。哥哥要上班，要谈对象，得穿体面一些。父亲发了新军装，拿回来一套，凌振祥只穿旧的，把新衣让给弟弟，照顾弟弟在同学面前的自尊心。凌解放盛饭，先给父母盛，再给哥哥盛，其次是妹妹，最后是自己。

此时，凌振祥正在湖北艺术学院上大学。受"文革"的影响停课，凌振祥回家探亲。凌解放因为多次留级，以"高龄"高中毕业，也百无聊赖，哥俩一商量，决定到河北武安去祭探凌尔寿先生的佳城，再回老家转转。

武安市属邯郸地区，在太行山左。他们的祖籍地是山西省晋中的昔阳县，在太行山右。哥俩来了一场说走就走的旅行，这一趟千里跋涉，游了三省好几个地方。

1943年5月，在晋冀鲁豫边区政府教育厅任科长的瞿坚白、高级督学凌尔寿，还有战友王礼泉、顾英俊、陈守仁等人，由于汉奸出卖，机关隐蔽地遭到敌人包围突袭，他们奋起反抗，不幸牺牲于武安县柏草坪山上，被称为"柏草坪五烈士"。

时任八路军129师师长刘伯承闻讯，深为悲痛，为瞿坚白、凌尔寿等烈士题词"英名不朽"。1943年6月15日华北版《新华日报》刊登了烈士们殉难的消息。

1944年4月9日，武安县抗日政府在今天的管陶乡柏草坪为瞿坚白、凌尔寿等烈士立碑纪念，墓碑后竖刻碑文和烈士履历。新中国成立后，"柏草坪五烈士"遗骸由部队和民政部门一起，移迁至武安烈士陵园长眠。

这是1966年8月，兄弟俩带足路费，凌振祥细心，带上了父亲的烈士证和武安县政府为烈士遗骨由牺牲地迁至陵园的公函，二人从南阳出发了。

那时候，南阳尚未通火车，只能坐汽车到了许昌市，再坐火车到河北省邯郸市姑妈家，住了两天，继续转车，才到了武安县。

顾不上吃饭，买好纸烛、水果等祭品，直奔烈士陵园。陵园很好找，兄弟俩大街上随便一问，没费周折就找到了。

二月河深心嗜古，钩深索隐，有不为人知的爱好——逛坟地，他认为古至汉陵，今至公墓，帝陵王冢，贵人佳城，就是乱葬坟地，又何尝不是自由野趣的陵园？尤其是帝王将相的庞大寝陵，就是一本无言的古籍。在荒芜的坟地间踽踽穿行，林林总总的大小石碑在茂草中时隐时现，如同翻阅书卷，它能告诉你很多东西。人的起始与终结，生存与寂灭，荣华与哀穷，欢乐与悲歌，都掩藏在白草连天之中。有的坟场还有石人石马石羊之类，断碑残碣横卧在榛荒冷寒的凄景之中，诉说华贵与卑陋的沧桑反差。

但武安烈士陵园与一般的坟场有所不同。老区人民非常重视革命先烈，把陵园建成了美丽的花园格局。茂树修竹密掩着亭台石阶，苍松翠柏中繁花似锦，地下砖缝里，甬道旁，青草似乎不甘寂寞，毯般挤着向外钻，这还是盛夏时分，明灿的阳光照耀着这一切，显得深邃又层次分明，神秘而且幽静。

哥俩沿着林荫道边走边看，寻找凌尔寿的墓，闷热的空气和炎炎暴晒下来的阳光，让人很不舒服，但不久也就适应了。行有几十米的样子吧，哥俩同时驻步，"山西省昔阳县凌尔寿烈士"的碑刻字样出现在眼前。

也就是那么瞬间的稍一止步，哥俩眼眶里就涌出了泪，没有任何商量，不约而同猛地扑过去。尚未到碑座前，凌振祥已是涕泪交加，连爬带跪，"大——"一声不再压抑的撕心裂肺的呼号从胸腔里喷出，接着就是不加掩饰的号啕痛哭。父死母亡，从未享受过父爱的可怜、悲惨，从小受到的欺侮、痛苦，要在这声声哭泣中抒发排解，这声声悲鸣，似在对父亲诉说着自己的悲苦凄凉，对父亲的思恋和委屈，统统都要在这椎心泣血声嘶力竭的哭泣中宣泄出来。

凌解放也情不自禁，哭得不能自抑，这毕竟是至亲的大爷。但他哭了一会儿，就云收雨歇，开始劝解起哥哥来。凌解放曾说，伯父对于自己，缺乏了思念，唯有敬仰，因为没有谋面，连丝毫模糊的印象也没有，只知道他是革命烈士，牺牲于日本侵略者的机枪下，是对国家和民族有功的人。

涕泗滂沱，最能纾解情绪。哥俩收住了泪，抚摩着墓碑，细致地看着，愿望把这形象深深地刻在眼睛里，内心里。

后来二月河回忆：

> 这里一共排着五座墓，伯父的墓在中间，前面还有大石碑，约可人高，上边刻着"浩气长存"四个大字，下边是各位烈士的生平简介。我这才知道，伯父最后的职务是"晋冀鲁豫边区政府督学"，他死于1943年5月18日。我抚摸那碑，上半截已是斑驳陆离的深褐颜色，风拂雨淋几十年，像干透了又经阳光久晒了的血渍；碑下半部是新绿的苔藓，峥嵘茂密，在阳光中似乎反射着金属样的光泽。碑座下边的青草中，开着几朵不知名的野花，星星点点的宝石一样嵌在浓绿之中。这里有他的遗骸，深埋在地下。地上就这些了。我们只能见到这些，再深层次的东西无法想象。

祭拜后，哥俩准备寻访凌尔寿当年生活及最后战斗牺牲的地方。

因为是烈士后人寻访，县民政局的同志很热情，当晚安排在招待所住。第二天又给他们开具了走访烈士牺牲地的证明。哥俩便离开了武安县城，坐车到一个叫阳邑镇的山中乡镇。这已经是深山区了，老式的苏联卡车，沿着满是鹅卵石河滩的路，走走停停，颠簸了三四个小时才算到达，一问"柏草坪"，离此还有二十华里，已经不能通汽车。

他们只好顺着一条叫南洺河的山间小溪，溯流北上，寻往车谷村，柏草坪就在那里。

他们几乎是沿着湍急的深涧之水进山的，河水呼啸着，淡蓝苍暗的河面浪花像滚水箱一样翻滚，夹崖的山势迷离变幻，一时是小桥流水江南风情，一时有奇峰突兀拔地直耸云汉，下头是长草嶙石的山坡。这山地绵连不足百米，便是刀劈斧斫般的断崖，断面像新割的豆腐样平整，羊肠小道就在山坡与断崖缝隙间委蛇蜿蜒入山。

到达车谷村，因为是烈士儿子寻访，村干部热情地接待，并引领他俩到一个姓张的大伯家里。

凌振祥回忆道：

张大伯六十开外，身体很硬朗。他是当年经常为我父亲他们站岗放哨的民兵。见到我们并了解了来意后，他有些激动，略带颤抖的双手拉着我们俩说："好，好……俺孩儿们可来了。恁爹不在了，二十多年了……你，你们都长大了。"老人家眼眶里充满了热泪，我们也像见到了亲人，赶紧把他扶到院里的石阶上坐下。他说，恁爹当年公开名字是姓刘，大家都叫他老刘，但我知道他是姓凌，只是不敢对外人说。他经常在我家里召集开会，大家都坐着，他讲话总是站着，有时还走来走去。他说话声音很洪亮，还打着各种手势。他们几个死后，是我带人去埋的，迁到县城烈士陵园，我也去送了。

对眼前这位老者，我们肃然起敬。他是个革命者，也是父亲的战友，也曾是父亲身边的亲人，多么难得啊。

大伯让我们住下休息，说明天领我们上山，我们却迫不及待。乡下人吃午饭，一般都在下午两点左右。在我们的请求下，老人家当即决定陪我们马上上山。

车谷村距柏草坪有十华里，我们继续沿着那条河沟进发，完全没有疲劳之感。只是路越走越窄，小河的流水也越来越小，像一股泉水伴随着我们。约一个时辰，来到一座大山根底。老人说："这座山方圆十多里，它就是柏草坪。当年日本人扫荡时，恁爹他们就从这里上了山。上山三天就出了事，再没有回来……"

老人家侧了侧身，指着右边半山腰上那几个石洞说："当时风声很紧，他们牺牲后不敢把尸体抬回村里，就临时埋在那几个洞里。"

我们目不转睛地望着那几个石洞，伫立默哀……噢，那就是父亲"居住"过的地方，从1943年逝世到1963年烈士陵园建成，他在这里静躺了二十年啊。有青山为邻，有绿水为伴，好，很好。

我们踏上了上山的羊肠小道。

这里是太行山脉，是河北和山西两省的交界处。从中国地图上看，太行山的那个"行"字，正好"压"在我们脚下的这片土地上。人们总说"蜀道难"，其实登太行山之路也实在不易。

这条小路，很难说它是路。路面被杂草和枯叶覆盖，荆棘灌木经常挡住去路，曲曲弯弯斗折蛇行，即使平缓的地方，其坡度也在四十五度以上，遇到陡处，必须抓着树枝和葛藤攀登。看上去，这地方平时没有人来往。

"不到长城非好汉，我们胜利了！"解放第一个登上了山顶。

山顶不是一个山尖，地方很大，倒像一个小小的"高原"。其东、北、西三面有更高的群峰环绕着，南面顺着斜坡通往下面的另一个山沟，而中央较为平坦的地方，似乎曾经是上下错落的梯田。总观地貌，宛如一个向阳的半盆地。

不知经过了多少年的风刮雨涮，山上都是形状各异的大小石头，很少有泥土存在。只有几块小小的洼坑里和石头间的缝隙里有点土壤，长着些不起眼的小树和绿草。眼前是一片空旷荒凉，这种地方，岂是生命存活之处？

张大伯领我们去到那块较大的"梯田"处，这里看上去有二三十平方米的平地，正中间是两间茅草房的遗址，断壁残墙，石头横七竖八地堆在地上，石头间可见皆已腐朽的茅草。

大伯指着这些地上的乱石，低沉而痛楚地说："这就是你父亲他们当年住的地方。"大伯又抬头指着北面那山峰说："那个小山头后面还有一条小路，当年村里的一个汉奸叫薛明理，带着日本鬼子从山后上来，在山顶上支了两挺机关枪，封锁了这两间房子。那时咱们边区的干部只有几支手枪，他们冲出来和敌人战斗，但地势不利，又寡不敌众。第一个冲出来的是县里派来保护他们的武委会主任王泉醴，他没来得及还击就倒下了。第二个冲出来的就是你的父亲，他头部中了子弹……第二天我和村里民兵上来时，他们五个人都躺在这房子周围。"

大伯的话停了下来，他长出一口气，稳定了一下情绪，然后告诉我们："孩儿呀，对不起你们，也对不起他们。当时没有衣服给他们换，用一些白粗布把尸体裹了起来，抬到山下暂时安葬在那几个山洞里……"

我们坐在这些乱石堆上，大家都不说话。大伯吧嗒吧嗒地吸着旱烟，然后递过来让我吸，我猛吸一口，咳嗽一声，眼里的泪水忍不住掉了下来。解放紧紧地抓住我的胳膊。

沉静中听见有潺潺的流水声，我们发现，不远处两块巨石底下有一潭清澈的泉水。我们有点惊奇。大伯说："山高水也高，这水一年四季没有断过。当年你父亲他们在山上用的就是这个泉眼的水。"我们急步向水潭走去。

水潭大体呈圆形，并不大，直径一米多，中间最深处也只有一米。

泉水虽小，但有进有出，循环很快，透明见底，非常清洁。我和解放不约而同地蹲下，两手捧水，痛痛快快地猛喝几口，接着又捧水洗脸。

突然，一声惊天动地的炸雷，震得我们跳了起来。我们的头顶上，却不知什么时候聚集了一块厚重而乌黑的低云，犹如一个伞盖，罩住了山顶。

诧愕之间，又是一声惊雷，下起了瓢泼大雨。我喘不过气，说不出话，觉得天旋地转。解放声嘶力竭地仰天呼喊："哥！我大爷显灵了，泪飞顿作倾盆雨，好啊！好啊！"

无情的雨水，不！是深情的泪水，浸透了我们的全身。我从挎包里拿出一块毛巾，搭在解放的头上，解放又把毛巾取下，搭在我的头上……

大雨停了，乌云散了，但无所谓雨过天晴。因为下雨时，太阳一直斜照着我们，而且下雨只限于山顶，时间也不足十分钟。

张大伯用手摸了摸头上的雨水，感叹地说："孩儿们，老天爷有灵验，你父亲知道你们来了。这就好，这就好。咱们回家吃饭吧。"他边走边抬头对着天空说："老刘，放心吧，孩儿们都长大了。"

二月河回忆：

> 伯父是有灵的。我没有遇到。父亲告诉我，伯父遇难数年——当时是五人合葬，骨殖不辨——父亲接通知前去辨认。已是一具惨白的骨架，父亲一一细辨，突然一具尸体骷髅上的牙脱落——父亲记得这牙是伯父镶上的，头上贯脑中弹，弹痕宛然和群众回忆全然吻合，如此遂定骨名。这件事父亲写回忆录文如次。

完成了一件大事，哥俩心情低沉却也放松了不少，转道向太行山右的祖籍地昔阳县李家庄乡南庄村进发。

他们返回武安，换乘汽车到了山西阳泉，再坐汽车至昔阳，最后步行，回到了祖籍地南庄村。

在此之前，凌解放曾在幼时随父亲回过一次老家，没有留下什么太多的深刻印象，只记得爷爷萎靡迟钝。

南阳家中仍保存有祖父的照片，并见过一面——潜意识里认为只有神采奕奕才是一家走出几位革命先驱的爱国老人该有的面容——但他的那次见面让人失望。他在文章中写道：

> 我只是觉得好奇与隔膜。那是冬天，太阳暖暖地洒落略带金黄的光。老人家默默地坐在大门口外的石头上，表情有点呆滞地看着远处。过来过去的人有的挑担，有的扛农具，路过时和他打招呼：
> "老汉——文明小（我父小名）回来了？"
> "回来了。"
> "还好？"
> "啊、啊，还好。"

"你快走了吧?"

"啊、啊,快了,快了。"

这话是半个世纪前说的。我现在已过耳顺,仍像昨天那样清晰。"走"就是"死"的意思——问得自然,答得简洁、坦然。这在其他地方如何?我不晓得,在河南是犯忌讳的,肯定没有这事。

他真的很快就"走"了。留给我的应该说不是怀念,而是带泪的思索。

凌解放是次还乡,生出颇多感慨。

凌振祥在庄里住了十几年,轻车熟路,各家各户依然熟悉,自然义无反顾充当导游:

"这是主院,'囍'字院,老祖宗建筑于清朝乾隆年间,距离现在有二百多年历史了,当年解放军太行军区二分区42团一个营驻扎这里,作为营部。连部驻扎在'福'字院,我们当时住在这个院里,我每天跟着连部吃大锅饭,营连里的首长,对我可好了,给病号做好吃的,看见了总给我盛一碗……

"这是'囍'字院的东中窑,由咱曾祖父凌朝徽、曾祖母刘氏居住;这是东南窑,由咱爷爷凌从古、奶奶李小妮居住;这是东南边窑,由我爸我妈居住;南下窑,由我叔叔和婶母居住,后来他们搬到'福'字院的中上窑,你是在那个院出生的……

"这位是咱三老爷,一门子的……

"这位是大爷,过去参加了民兵,逮住过日本人哩……

"咳……这位不敢喊哥哥,得向人家喊叔,人家年龄小,辈分大着呢……

"这位是二大娘,她家的几个孩子,都可有本事哩……"

凌解放在故园南庄受到了亲热的接待,乡亲们奔走相告,"这孩儿是大先生曾孙","解放孩儿回来了","祖上有德,看这孩儿长得多福相"。远亲近邻热情相待,这家请去吃莜面,那家来唤吃拨烂子,这顿吃面鱼儿,下顿尝刀削面，老家人的日子也过得不好，却努力为他们改善生活。在乡亲们的解说中，凌解放又一次知道并详知了祖上的"荣耀"："一门三秀才"，轰动昔阳城。祖上经营有方，累聚巨金，盛名乡里。先祖耗数十年之功，营建凌家大院，创建供自己及子孙遮风避雨美好生活的上佳环境。而且先祖认为住宅根基所处地理形胜甚佳，"地势之聚，文运兴盛"，要求子孙后人重视教育，倡学兴文。

凌解放刚从中原来，当时南阳仍然非常贫穷，到处都是灰矮的瓦房和土墙土院，甚至有许多人家还像千年前的诸葛亮一样，"居于草庐之中"，每逢大风天或阴雨连绵时，都要心惊肉跳，到处补漏，还要日夜提防屋塌伤人。可是，这次回到祖籍地，看到的是规模宏大数进连片、庭院巍峨焕彩富贵的凌家大院，真是感觉复杂。凌解放饶有兴趣地看去，祖屋大院被众山环拥，前面有铺沟河潺潺流淌，地势奇崛，环境优雅，大院建筑宏美，虽经岁月洗劫，依稀可见当年丹楹刻桷、朱栏曲槛的辉煌，院分左右两重，分别以"囍""福"字样设计，这番运筹建设，足显先祖的智慧和能干。

庄严气派的守门神兽以百年不变的神情，迎接这位久未晤面的少主人的回来。他伸手推开那扇古老、破旧、木榫发出呜咽幽长若叹息的大门，跨过高高的门槛，穿过空空的门廊，来到虽旧却敞亮的院落。他伸手抚摸影壁上的雕花，垂花拱门下的砖雕神龛，石鼓上透出古朴的富贵的气息，这一切建筑意图委婉又直白，堂皇又琐碎，秀丽又沉雄。时光漫漶，隔世的阻挡带给他一种身处幻境的清芬，遥远而真实，他恍然听到先祖们顿挫有致的诵读声……

那些天，他在正堂里驻足，在大院中徜徉，在家训砖刻下思索，看木雕，观砖雕，赏石雕，吟咏那些楹联匾刻，赏析那数百年前祖先审定镌刻的"退一步想""夫然后行"的家训铭镌，汲取先祖的文化素养和拼搏精神。古往今来，兴家之本在于育人，凌家造这大院，不仅供后人避风遮雨，安逸生活，还护佑子孙代代兴学，课子苦读。

凌解放拜祖启智，推解心扉，柳暗花明，洞开天地，他"退一步想"，暗暗在心里树立了一个坚定远大的目标。果然，他"夫然后行"，无论是在家中，在部队，还是转业后在宣传部，都心无旁骛，乐读苦学，经过二十年艰苦卓绝的读写，终于严冬归去，迎来春风酥暖，二月河开凌解放，冰凌汹涌向海去，遂成一代大家。

第十二章
汾河畔挥汗如雨　上兰村火堆抢书

1968 年 3 月，麦苗已返青，挺然拔节，树木早直捌捌把春天举起，到处万紫千红生机勃勃，凌解放心头却寒冰未化，沉郁难解。他的父亲，一个忠诚的革命者，却因出身成分问题，多次被批斗审查。母亲英年早逝，家中增添了继母。大妹下乡，二妹待业，小妹被送人寄养，他自己高中毕业无事可做，只好听从父亲的话，到部队去，以求消弭灾祸，奔个光明前程。已在风雨飘摇中经受了多重挫折的凌解放，目睹世事的复杂和家庭的变故，心里千钧沉重，压抑中彷徨不知前途何在。

父亲往他的背包里塞满了吃的用的，又塞了几本书，说："学习好领袖著作，目光远大，知道拼搏奋斗。"军分区统一组织的运兵车快要启程了，这批兵要先送到许昌，再坐火车到太原。

"解放，要尽快适应军营的生活，努力训练，好好学习，武艺练不精，不是合格兵。流血流汗不流泪，掉皮掉肉不掉队。要力争上游，争当训练标兵，做到政治优秀。"老八路出身、身经百战、多年任人武部政委的父亲循循善诱，教诲着儿子。

"中，我记住了。"凌解放回答得铿锵有力。

"与战友们处好关系，待人要忠诚老实，"父亲说得认真，重点强调，"谁不愿交往可靠的人？忠诚的人？"

"中，中。"凌解放老老实实地一声声答应着。

"战友们都来自五湖四海，天南地北，全国四面八方聚在一起，那是缘分，风俗习惯、生活见识、性格脾气都不一样，难免发生一些不顺心的事，不能惹是生非，要善于检视自己，学会委曲求全，退一步海阔天空，予人善，得善人，要与战友们相处好。战友相处好了，那是像亲兄弟一样的。"父亲恨不得把所有人生经验都灌输给孩子。

看着父亲稍微有些佝偻的腰身，听着父亲的絮絮叨叨，凌解放的眼泪在眶中打转。胸前的大红花，掩不住满腹心酸。

接兵干部要求家属们离去。没有欢呼十里相送，锣鼓鞭炮声提醒着难舍的离别，他离开南阳，北上太行，去往人生另一个重要驿站。

运兵车"轰隆隆"地响着，启程了。

父亲这才慢腾腾地转过身，擦拭一下眼角，蹒跚起步。

凌解放把头从人缝中挤出来，向后看去，只能看到父亲的一点背影。

父亲衰老了，由迟缓回身的背影可以看出。

他突然发现，父亲没有了以前印象中那样的高大健壮，第一次发现，父亲显得那么单薄瘦弱，让他心酸，伤悲，甚至感到痛苦和无助。

父亲当年可是叱咤风云。1945年日本投降，缴获的日伪文件中有这样的话："近在我铁壁合围中，王兰亭、凌尔文等人率数十土寇，西犯马坊，甚为猖獗。"有一位受过伤的战友说他："你命大，打这么多年仗，没有受过伤。"父亲笑答："只差一厘米。打安阳时，一颗子弹从我的脖颈子平穿过去，一件棉袄撕成两半。"二月河曾问过父亲："打仗时你怕过没有？"父亲说："人的命天注定。开战之前心里也有点紧张。我到战士中间，听他们说笑话，和他们唱歌，一会儿就什么都没有了。"还是在昔西，有一次敌人搜山，他伏在草丛中，搜山的伪军拨开草，他忽地站起身来吼："你他妈活够了！"吓得敌人弃枪逃走。

凌解放暗自鞭策加压，要刻苦训练，学习进取，不辜负父亲的期望，他树立决心，要成为父亲那样的英雄人物，立功受奖，成才成功，早日报答操劳一生命运坎坷的父亲。

人生漫漫，不管路迢迢水长长，要像父亲那样，面对生活、艰辛、挫折和坎坷，坚强坚韧坚持。凌解放感觉到自此成熟起来。

南阳地区的一千多名新兵，怀着或激动或希冀或迷惘或悲凉的心境，挥手别家，登车离宛，取道许昌，转乘火车到郑州，过邯郸到石家庄，换乘后经石太线西去太原，驶向一个未知的向往的地方。

新兵们坐的是闷罐车，就是铁路货车，像一个长方形的罐子，上面有两个小小的天窗，两边各有个厚实铁门，如果关上门和窗，里面就黑乎乎和夜间差不多了。罐子里面的地板上铺着麦秸，上有层席子，新兵们白天坐在席子上休息，晚上展开刚入伍时发的棉被睡觉。方便问题也程式化了，接兵干部警告要憋着，只有车到站停下，打开铁门，大家跳下站台，一溜排集体撒尿，蔚为壮观。大便问题，只能听接兵干部命令，说可以了，才下车找厕所"卸包袱"。

行程是如此窘迫，心情定然不会爽快。凌解放心中是一种"风萧萧兮易水寒，壮士一去兮不复还"的悲壮酸楚心态，始启军旅生涯。

来自南阳的千余新兵，被分配到解放军总后勤部大同办事处太原基地，驻地在太原市北郊上兰村。

"大同办"这个"办"很大，正军级，负责华北战略后方基地建设，"大同管山西，单位撒华北"，有阳高、原平、太原、长治等基地兵站和工程总队，下辖单位涉及两省（山西、河北）、两市（北京、天津）、一区（内蒙古），其中太原基地又拥有数个团级的工程队、军械库、油库、基地兵站、汽车运输、医院、工厂等单位。对外保密需要，叫总后7367部队，后改202部队，1969年10月移防太原。1975年11月，根据中央军委命令，总后各办事处撤销编制，划归各大军区及驻地省军区，完成历史使命。

春天，太原市革委会打响治理汾河的会战，响应号召，部队大力支援地方，出物出人。正在上兰村参加集训的新兵，接到命令，参加到热火腾腾的治理汾河大会战中。

汾河是山西最大的河流，也是黄河第二大支流，全长693.8千米。据史料记载，汾河水资源曾经十分丰富，战国时有秦穆公"泛舟之役"。汉武帝乘坐楼船溯汾河而行，饮宴中流，触景生情，写下了千古绝调《秋风辞》："秋风起兮白云飞，草木黄落兮雁南归。兰有秀兮菊有芳，怀佳人兮不能忘。

泛楼船兮济汾河，横中流兮扬素波。箫鼓鸣兮发棹歌，欢乐极兮哀情多，少壮几时兮奈老何！"从汉隋到唐宋、辽金，山西的粮食和管涔山上的长松巨木经汾入黄、渭，漕运到长安等地，修建宫廷楼阁，史书称"万木下汾河"。直到20世纪50年代，《人说山西好风光》的歌里，依然生动地描绘了"汾河流水哗啦啦"的喜人景象。

在汾河上游宁武、静乐、岚县、娄烦、古交、阳曲等县区，太行山脉所属有管涔山、宁武山、茅龙山等，千百年来森林砍伐，开挖矿藏，毁山取石，造成水土流失，汾河在汛期就变成"第二黄河"。上兰村以上有太行山和吕梁山夹峙，汾河温柔驯服，但一出山谷，就是太原盆地，地势平坦，缺乏束缚，汛期时常常洪水肆虐，冲坝破堤，毁田淹房，给太原市沿河人民群众的生命财产安全造成巨大威胁。为解决隐患，太原市在汾河滩上重新修堤，加高加固，部队也主动请缨，帮助疏河筑堤，掀起了治汾大会战。

在班排长的带领下，新兵们下了训练场，就战斗在工地上，经常加班加点。常常是早上跑完操后干一个小时，上午工地劳动，下午学习训练，晚饭后再加班一个小时才歇工。劳动强度大，让这些年轻体壮的小伙子也感到吃不消。

火热的治汾一线，战士们你争我赶，谁也不甘示弱。凌解放推着装满碎石的翻斗车，往堤坝上送，让技术熟练的工人和战友们将石块摆放好砌石缝。他推着车子猛冲时，车轮在一个凹坑中颠了一下，前倾翻倒，由于疲劳，他手劲没掌握好，被前翻的车惯性所带，脱离车把，一个趔趄从车上甩出，由数丈高的河堤上骨碌碌摔到了河滩上。他当时就昏迷过去，头、脸、肘、膝等多处擦伤。战友们迅速将他抬上来，卫生员赶快到现场急救，他才悠悠醒来。幸亏当时是顺着河堤绊落在柔软的沙滩上，若是碰到石头，后果不堪设想。排长让他休息，他稍微喘口气，轻伤不下火线，又执意推起小车，与战友们一起奋战。

"人间四月芳菲尽，山寺桃花始盛开。"中原已然春暖花开，但太行峡谷中依然寒冷，手摸到铁锤撬杠，冰得刺骨入髓，他们都戴着厚厚的棉手套工作。巨大的反差是战士们干得热火朝天汗流浃背，内衣都湿透了，隔着绒衣或棉衣，冒着腾腾水汽。

战士们一不怕苦二不怕死的精神，感动了指挥部，战报（黑板报）编写同志挥笔创作充满激情的赞颂诗：

> 解放军哎不用催
> 小平车啊快如飞
> 装得瓷实呵又冒尖
> 赛过汽车敢把火车追
> 争先恐后比着干
> 一辆跟着一辆冲
> 分不清哪是你来那是谁
> 辨不出哪是头来哪是尾
> 模范红花授予谁
> 肯定是能征善战解放军

新战士的冲天干劲，现场指挥部领导看在眼里，喜在心上，连连夸奖：这批河南兵真能干，真不错。领导还以工程指挥部的名义，对他们予以通报表扬，用大喇叭反复播报。

解放军的序列里有一支特殊的队伍——国防工程兵，他们默默坚守大山深处，担负着建设绝密指挥基地、大型弹药库、战略导弹洞巢、军机掩体等工程的神圣使命，尽管他们当中许多人直到退伍都没见过导弹，或不知地下指挥基地是什么样子，但建设国防为国铸盾的责任始终承担在肩。

凌解放这一批新兵，在短时间的施工操作、工程规范、安全教育后，直接开进了太行山腹地，指战员们每天一大早就集结完毕，指挥各个战斗小分队，乘上围罩得密密实实的车，奔赴不同点位，展开一天的工作。

每天掘进前，是战斗动员，收工后，是讲解点评。有时是连长，有时是副连长，有时是带队的排长。属大胡子的副连长讲得最是实在，得劲。

"同志们，我们要做毛主席的好战士，首先要做一个健全的、健康的战士，绝不能少一片，废一块，掉胳膊砸断腿，你就对不起父母养育，对不起部队培养，更对不起毛主席的教导！所以入了洞，就时时刻刻与钢梁铁柱石头疙瘩打交道，他娘的，一切行动听指挥，一切操作按程序，一切安全无事故。谁敢乱来，我收拾他个王八蛋。好了，开进！"听得大家脸上大笑，心内却凛然牢记遵守。

在外界看来，国防工程兵颇为神秘，但其中的艰辛超乎想象。

进入施工点，确定带队、布置任务、提出作业量及安全要求，先由专业技术人员在岩壁上打炮眼，装填炸药、雷管、引出导火索，实施定点爆破，新兵们在班长或老兵、技术员的带领下，清场、抱着风枪溜边、做好拱顶、在断面处编筋、扎丝、喷浆固定、拌料、侧墙捣固、锁口处喷浆支护、作业面被复……这是工程部队最原始、最基本的程式作业。

每天的工作很是艰苦和枯燥，就是与石头、水、泥浆、钢筋、混凝土打交道，虽然已经不是"天作帐篷地当床"的初始阶段，但当时仍然是"钢钎时代""风枪世界"，基本靠人力以蚂蚁啃骨头的劲头，去一寸寸掘进，一尺尺向前。这批南阳兵，有着大山的淳厚和泥土的质朴。苦，忍着；累，担着；生死考验，挺着；责任使命，扛着。发扬老一辈工兵在艰苦卓绝的征战岁月里永葆的革命乐观主义精神，"再苦再累心欢畅"。

工程兵有情怀，乐于苦干实干，奉献付出，战士们守住本真，永葆本色，在苦中长精神、险中砺斗志、难中塑品格，用无悔担当和过硬作风凝聚成团结友爱、无坚不摧的战斗集体。

拱顶比较窄，编筋很是困难，大家踊跃而上，经常手套被磨烂，手或肘被扎破，鲜血直淌，仍紧密配合完成任务，没人叫一声苦。

头顶是岩壁，是密如蛛网的钢筋，身体下面是钢管钢板，在这样难受的空间里，只能攀爬或匍匐着行动，作业的难度可想而知。

侧墙捣固施工难度大，质量标准要求更高，作业面十分狭窄，到处都是裸露出的钢筋和扎丝。连队专门挑选了一批身手灵活、身材瘦小的战士作为突击队员，负责不同区域施工。

喷浆时，泥浆打到岩壁又弹回身上，凝固后，一个个战士成为"兵马俑"。被复是山洞施工的最后一道程序，就是用混凝土在刚刚打完的坑道里形成一道拱形的安全支撑，为车辆进入阵地创造良好的生存环境。被复时，狭小空间内的温度最高能达到五十多摄氏度，干一阵子，汗出如流水，能够把衣服内外全部湿透。下工时，胶靴里能倒出半靴水。

凌解放在同年兵中，长得高大魁梧，有力量，有担当，就担任了风枪手。戴全护具，做细做实安全准备，紧抱风枪，向岩石冲击，以自己的血肉之躯，与屹立了亿万年的岩石较量，最终，柔弱的身躯加上坚定的毅力，战胜了坚硬的花岗岩。

工程是高危行业，塌方、岩爆时有发生；爆破作业、带电作业、高空作业危险性大。同时，一线工区处在深山，山洪、泥石流、山体滑坡等自然灾害频繁，随时威胁着官兵的生命安全。

战士们自觉以使命任务为重，把青春献给了阵地，把对亲人的思念压在心底，把个人的困难抛在脑后。他们在任务面前无一人开小差，在苦累面前无一人撂挑子，在危险面前无一人打退堂鼓，始终保持冲锋战斗的姿态，奉献的事例比比皆是。

隆隆的炮声、弥漫的尘雾、险恶的环境、雄伟的"地下龙宫"……在充满挑战的国防施工战场上，战士们如饥似渴地学习爆破、掘进、编筋、喷浆等多种工兵专业知识，向一专多能进军：种种专业术语张口就来，一串串工程数据烂熟于心，种种施工难题巧手破解。在阴暗潮湿的岩层深处，他们忍受着粉尘、噪声，提防着塌方险情，构筑一个个安全而隐蔽的国防工程。

在一次施工任务中，他们排遭遇了罕见的岩层破碎带，碎石混着水不断从岩顶坠落。排长技术员身先士卒，老兵带着新兵排险加固，稳扎稳打，最终啃下了这块"硬骨头"。

"我们是光荣的基建工程兵，毛主席的教导牢牢记心上，阶级斗争我们做先锋，基本建设当闯将。从南方到北方，从内地到边疆，艰苦奋斗，四海为家，祖国处处摆战场，艰难万险无阻挡……"这是国防工程兵唱的歌，在岩层深处的深情表白。战士们始终不忘初心、牢记使命，践行着"训练不怕苦、施工不怕累、打仗不怕死"的铮铮誓言。他们凭着对祖国和人民的热爱和挚诚，艰苦创业，战天斗地。他们没有惊世成就，甘作钢筋与砂石，埋头构筑着和平之基。

在他们战斗过的地方，每一座大山都是一部血与火的故事，每一条坑道都是一方净化灵魂的热土，每一次抢险都是一段可歌可泣的篇章。在这个英雄的群体里，每一名官兵都是一座不朽的雕像。

他们是神秘之旅，不论部队挺进何方，从不能告诉亲人；不论战士们在做什么，从不许公之于众。他们在岩石岁月中隐姓埋名，却将肩负的使命镌刻心中。

是以凌解放有着坚实的保密观念，他成名后面对记者采访以前的事迹，也只是说：当年是工程兵，在山沟里建国防工程。却从不说明他在哪里，干什么，工程多大规模，吃了哪些苦，做了哪些贡献，就如同他从不给自己的作品说句好听话一样。无论何时，他吃苦、拼搏、沉默，保持着工程兵的精神和美德。

凌解放酷爱看书，哪怕路上飘过一张带字的纸片，禁不住捡起来看看，难得的星期天，别人都想出去，到山外的乡村集市去逛逛转转，他抓住这珍贵的闲暇时间，一头扎进书的海洋。

当时的形势号召"我们要大破一切剥削阶级的旧思想、旧文化、旧风俗、旧习惯"。太原市把大量古籍线装书和文物古董，以及在一些爱好艺术的人家中抄出的成堆的字画和艺术品，甚至有名人题字的收藏用的百余把扇子，焚之一炬。那些年，经常有这样的"革命行动"。

部队在"支左"（支持"左派"的革命群众组织的行动）中，除马、恩、列、斯、毛著作，生产建设、工业制造、禽畜饲养、科学种田类著作之外，收缴了一些所谓的"四旧"图书，拢了一大堆，一把火全部焚烧，不管是莎士比亚还是托尔斯泰的名著，也不管是司马迁还是王实甫的传世之作，都在滚滚的浓烟中化为灰烬。看到一些从未见过的古籍善本和外国文学名著被烧掉，凌解放心疼得直掉眼泪，冒着被发现受处分的危险，偷偷捡了《辞海》《说文解字》《宋元学案》藏在床铺下，甚至还抢救出了《卜辞通纂》《广韵声系》《经籍纂诂》等，闲时便拿出来读。他对古文产生了极大兴趣，

《辞海》从头翻到尾，翻看了许多遍。那本《辞海》随着他上塞外，奔东北，回中原，数次搬家，仍保存在身边，特别有纪念意义。《说文解字》《经籍纂诂》等关于古文学习的书，他沉浸其中，一字一句推敲研究，痴心多年。他还爱读破庙残碑，读历代碑文集萃类，认为每篇碑文，都是一篇好的散文。嗜古索隐，参透了无数经典碑文过后，他进入看文言文就像读报纸一样容易的境界。

无论转战哪里，他的背包总是装着几本书，有时间就翻阅。因工作流动性大，他是逮住啥就读啥，不讲方式，不论内容，二十四史的史书他读，先秦的哲学论著他读，甚至那些奇门遁甲和风水看墓定穴类，他也读得津津有味。

当时，他的想法就是时间不能虚度，不愿混天度日，想用知识来丰富自己，充实自我，提升综合素质，并没有想着以后会写书，成为大作家。

第十三章

鸦儿崖艰苦挖煤　胡家湾"锅底理论"

命运之神对凌解放的考验显然不只如此，以后，更多的磨难接踵而来。

1968 年秋，遵照总后勤部命令，大同办事处组建采煤生产服务团，从所属几个基地的工程团及军需装备处各抽出一个连队，包括工兵六团六连，奉令奔赴塞外，进行大生产挖煤作业，供应总后、北京军区机关及有关军政单位。凌解放与战友们离开汾河畔，转战胡家湾，开赴"煤城"大同，继续深山挖掘，只不过是成为采煤工。

当了"掘洞兵"，又成为"煤黑子"，这是凌解放与战友们绝没想到的事。

他们是前导，9 月初去的，几十辆军用解放牌卡车在朔风中如狗熊低吼，千里逶迤蛇行，跨汾河湾，越五台山，翻雁门关，过金沙滩，赴塞外原，绕七峰山，到鸦儿崖乡，将新老结合、临时组建的掘进团，拉到了胡家湾村"五七煤矿"。

煤矿在一个叫长胜沟的深谷处，先盖营房，供战士们住的油毡房子（后来升级为红砖机瓦房），然后是食堂、澡堂、会议（学习）室、厕所等，平整土地建设操场，做好大队人马进驻的物资准备。

战士们怀着雄心壮志，兴冲冲到了目的地，跳下车一看，别说小战士，干部也叫苦连天，尤其是那些来自大城市太原、北京的兵，一个个都傻眼了：驻地在深山沟，"北风卷地白草折"，吹得树都长不起来，风卷着煤屑乱走，到处都是黑乎乎的，临时扩建的营房低矮简陋，有的被风撕裂得破烂不堪，环境之差，竟不如条件好一点的养猪场。这群自命不凡、想在革命熔炉"大有作为"的新兵，竟然成了穿军装的"煤黑子"。先前在家中玩游戏都是抓特务、当将军，一下子从理想的天空坠落到现实的深渊，哪儿能受得住这沉重的精神打击，一个个成了霜后的葱叶难立起来，无精打采，简直要绝望了。天哪，这就是梦寐以求的金戈铁马军旅生涯？咋和保家卫国沾不上一点边儿？本来想着成为解放军多么威武，没想到是钻山洞中建国防工程，苦累一些也无所谓，毕竟与军事有关，也有些许成就感。竟然又转赴这雁北苦寒之地，在极为偏僻的山沟里挖煤，"煤黑子"咋能与当兵卫国画等号呀。大家心中的无上荣光壮怀激昂的"将军梦"，如美丽的肥皂泡霎时间破灭得干净彻底。

战士们情绪分外低落，党支部意料之中，及时跟进，针对性进行了思想动员：最真挚的爱，献给采煤事业，奉献在大地深处，就是献给祖国；每个战士，都要做一块最优质的煤，在岗位上释放出所有的热量。要求"一颗红心两手准备"，像董存瑞炸碉堡，黄继光堵枪眼，那样很光荣，像张思德烧炭，我们来塞外挖煤，这样的革命行动同样光荣，要立足岗位争当模范标兵。一番教育有的放矢，打开了战士们的心结。

五十多年前的塞北，冬天要比现在寒冷得多，国庆前就铺天盖地落下一场大雪。这个时候，南阳家中可能还穿着短袖，大同已然是冰雪世界，飘飘摇摇的雪片在七峰山、台子山的岗峦间舞蹈，粗一看，它们似乎老在那里盘旋，似乎调皮着不肯落地，其实过了一会儿，山头白了，山脚也白了。帽子身上都是雪。千里塞上银光耀目，寒气袭人。北风吹着口哨直往脖子里钻，一不小心手碰到铁器就被牢牢粘上，一扯就得脱落一层皮。村里人们从公用自来水房挑水回家，水桶晃悠着溅着，二百米距离，到家桶面上就结了冰。天冷要"猫冬"，当地人们早早穿着棉袄，猫到屋里热腾腾的炕上了。就在这"北国风光，千里冰封，万里雪飘"的季节，一帮"学工"的解放军战士，正接受命令准备大干一番。

进洞挖煤之前先进行系统的理论学习和技能培训。说是一个月，其实也就是两个多星期，上级定的生产任务很艰巨，时间非常紧迫，部队请来了有经验的矿工和专家，进行一个星期的培训和安全事项教育，然后就是井下讲解和实习培训，还得穿插政治学习、阶级斗争教育。凌解放认真听取授课内容，生怕漏听一句话，认真记录在笔记本上，牢记水电瓦斯塌方等危险情况发现甄别及应急处理事项。他总是保持着钻研的劲头，得以在下井实践中遭遇险情正确处置，保障了自己和战友的人身安全。

从青云上的"将军梦"一下子跌到人生、工作，甚至是地理最底层，生活枯燥且艰苦，凌解放满腹的迷惘困惑，他读书多，会自我宽慰，很快释怀了：天降大任必先劳其筋骨，要认清现实，能在不同地方磨炼自己，在各种岗位做出成绩。他自嘲"上马击狂胡，下马能挖煤"。安于现状中，他渐渐明白了一个既浅显又深刻的道理：即便是一块黢黑普通的煤，也能散发红彤彤的火焰。五百米地底的开凿，也能凿出人生的光芒。事是人干的，业是拼搏的。革命战士一块砖，哪里需要哪里搬，砌在天安门上很光荣，筑在厕所里也是做贡献。在战火纷飞的年代，三五九旅在南泥湾"又学习，又生产"，不同样为祖国的解放事业做出了重大贡献？不照样走出了上将王震在内的一大批开国元勋？学习南泥湾精神，就要做到学习训练争先，下井挖煤也要当模范。他告诫自己，干一行爱一行专一行，成长进步的捷径就是勤奋学习，努力汲取各种营养，在艰苦中锻炼成长。他平静地接受一切，默默进洞挖煤，每天都超额完成，进度表上的名字后，是一串小红旗，被连队评为劳动能手。

来到胡家湾煤矿，每人先分了两个空炮弹箱，一个装军装，一个装工作服，又定了澡堂的更衣箱，这种更衣箱分为上下两格，说是让分放脏、净衣服的，可是过了两天上下里外全是黑煤粉，干净衣服放进去也变得又黑又脏。一个班一间平房，打地铺，用稻草铺地，讲究的上面铺一层纸箱板，大伙一个挨一个，如同摞麦个儿，挤得紧凑凑的，晚上睡觉时，充耳是磨牙声、呓语声，互相闻着屁味、脚臭味，打起鼾来此起彼伏，传承应和。

每次下井前，都要动员提要求，上井后，总结讲评。部队是战斗集体，这项程式化要求，时刻谨守落实。

"不要想着掘进过基地的工程，那里的洞更大，就以为一通百通，可以小看挖煤，不一样，首先地质条件就不一样，一个强一个弱，煤层更加危险，因为有瓦斯。其次是巷子小，环境差，处处都是'铁夹肉'，尤其要注意安全。再次是咱们得爆，得挖，得拉，一条龙作业，人人都得成'全面手'。干起来了，不要焦躁，平和一点，咱既要完成任务，又要慢慢来，时时刻刻保安全，安全安全再安全。"吴指导员慢声细气，说话如春风轻拂，让人舒服。

　　没有亲身下过煤矿的人很难想象到井下的复杂环境，离开灿烂的阳光、新鲜的空气，坐上罐笼车下到井底，完全是不见天日的另一番天地。我曾于20世纪90年代在大同武警部队服役，其间多次到矿区执勤，并到过大同矿务局最大的13矿即云冈矿参观，偌大的怪兽巨口般的井口，黑洞洞直通地心，向外不停吐着冷气，令我这个有惧高症的人一阵恐惧战栗，不敢再看。我穿上安全服，经过安检，坚决不能带烟火等物，坐上罐笼车入井。罐笼滑下井口，阳光消失了，哐当当咯吱吱向着地心坠去，眼前黑漆漆什么也看不清，只觉得井壁恶狠狠从四周压来，让人恐慌得呼吸不畅，简直要窒息。随着绞车放线，不知过了多久，在一阵眩晕中来到井下，分不清东西南北，数条巷道四通八达，黑森森不知延伸至何方，铁轨逶迤而去，虽然是灯火通明，但到处都是逼人的黑色，很好地诠释了"一切过于耀眼的，都源于黑暗"的诗句。各种噪声如箭，猛烈向耳朵射来，矿车与铁轨的摩擦，掘进机在工作，溜子机在转动，传输带在运行，鼓风机在叫唤……轰轰隆隆、哗哗啦啦、吱吱扭扭、乒乓咣当的各种声响与回音混搅在一起，非常不适应，感受到耳膜突突直鼓。虽然这是现代化的矿道，但仍然让人心悸，到处是污水泥浆，传来夹杂着腥臭类的怪味——令人心悸、眩晕、耳鸣、头痛、恶心……种种不适感觉无法抑制……我在升井后大口大口地呼吸，很久不能够恢复平静。

　　大家以前认为井下是机械化或半机械化设备，入洞之后才知道，他们所在的煤矿不是大井，接手的是村办小煤窑，规模很小，设施很是落后，条件极其简陋，开采采取的是原始方式，基本上都靠手工作业。而且通风不畅，照明不好，线路老化，常断电漏电，影响作业。好在煤窑不是深邃的向下矿井，通常是从石山的山脚打洞，平巷推进。根据煤层分布情况，再向上或向下打斜坡。开采跟着煤线走，有时为了安全和开采方便，几路掘进，这样就形成了许多相连的空腔，掘进越远，洞巷越多，枝枝杈杈犹如迷宫。凌解放他们生产的矿，就是从谷底向上，出口开在半山坡上。从窑口进去，坡道慢慢向上倾斜。坑道的正中铺着小铁轨，供"煤溜子"空进煤出，往来运行。"溜子"即铁斗车，自身很重，全靠人力来推，后来才有了牵引车。煤车为空车上坡，重车下坡。出乎意料的是，与正常思维正好相反，人们喜重厌轻。因为空车属上行，需要人费劲推上去，但重车下坡很轻松，虽然总重两吨，却费力不多，常常是人站在车屁股的踏板上随车下滑就行。这时候，必须掌握好刹车闸，控制好速度，否则煤车就要出轨。起初阶段，有的新兵没经验，会出轨翻车。凌解放有一次掌控不住，他看煤车翻倒，赶快闪躲一边，没被煤车压住。若被砸或捂，轻则断胳膊腿骨折，重则命丧黄泉。后来干活儿久了，操作熟练了，就能掌握其度。

井中别有天地，另一个世界。到处嘀嘀嗒嗒，充耳叮叮咚咚，触手湿润滑腻，一年四季如同下雨一般，淋头水无处不在，这是井壁的含水层渗出的水。井中分不出春夏秋冬交替，也分不出白日黑夜轮转。没有地质和采矿方面的基本知识，便没有煤层的概念，以为一到井下便是无边无际的煤炭。下井才知道煤是夹在石头中间的一层，煤里的矸石也分层夹杂其内，技术员已经把一层层的煤勘查清楚并编了号码。

在井下挖煤属高强度劳动，有想象不到的困难和费劲。这里没有轻松活儿，每项都得付出极大气力。战士们白天黑夜三班倒，一个班次八小时。连里给"学工"下达任务是每班最低六十吨，包括装车、运输。一班十二个人，有个老兵管挂信号灯，余下十一人，四人推溜子，三人立柱支顶，余者用铁锹擂煤，装进一米五高的溜子里，每车一吨，装完就可以回。大家都知道这回事，偷懒等于整自己，只有一个字：干！战士们下到井里，打眼、放炮、支顶、装车、出煤、回柱，有条不紊马不停蹄。擂满一车，推走，"放"到大巷里，沿轨道输出，接着再装第二车、第三车。干得浑身上下全是汗，衣服都湿透了，有人甚至赤膊。下班时，能哗啦啦倒出半靴汗水。他们除了两个眼球是白的，说话露出的牙齿是白的外，浑身上下全是黑的，毛巾是黑的，衣服是黑的，脸是黑的，手脚是黑的，这是常人所难以忍受的活计，即使现在发着高薪，许多人仍不愿意下井挖煤，而那时候凌解放他们却是无偿奉献！

采煤工作面就是俗称的掌子面，是一个不断移动前行的作业场所，它的两端分别与运输巷和回风巷沟通，形成一个"U"形，作业面就是"U"的底部。回风巷的作用是为工作面通风输氧，这是保障生命的需要。运输巷是输煤的通道，靠它把煤送出去。工作面就是迎面的山体煤墙，煤被不断地开采、运出，煤墙不断地回柱逐步垮落，这样掌子面就随开采作业向前一米一米推进。

小煤矿的生产条件非常不好。回风巷建得只有一人多高，巷道里还有一潭潭的积水，人进出工作面只能猫着腰蹚水行进，像凌解放这样的虎背熊腰中等偏上个子，担心碰头，总是得躬身而行。进工作面干活儿之前，要先备料。金属柱、木柱、顶板、木楔等，都要一样样猫着腰蹚水从风巷运进工作面，一根梁柱数十斤，几乎是爬着滚着从低矮压抑的巷道里拖进去，拖一趟衣裤就全湿了。这些湿透的脏衣服，到下班升井，地上是严酷的寒冬，汗湿透了的衣裤一会儿就冻结成冰甲，哗啦啦直响，只有关节是可以活动的，冰盔冰甲到澡堂的更衣室换下，虽然说有暖气，但下次进井时候又得换上，这些衣服酸臭冰凉，再穿时真的难以着身，每次换衣服，就成了一道饱受折磨的难关。

井下不冷，无论冬夏，都是恒温十六摄氏度。外面冷到零下三十、四十摄氏度是常事。里外温差在四十五摄氏度左右，多么恐怖的温差，真是磨难人。

把材料由地面通过风巷运送到工作面，只是做了前期准备工作，更为艰苦紧张的劳动是在掌子面。采煤还靠打眼放炮，一下井远远在风巷里躲炮，面上，一茬炮放完，班长或带班者大声吆喝，大家迎着浓烈的硝烟和煤尘鱼贯而入，先迅疾挂荐支棚。炮崩后，原靠煤墙支撑的顶板便处于无支护状态，就唰唰哗哗地落下来，这时候必须赶快打柱子支护，顶板空着压力很大，迟手慢脚打不起柱子，就可能造成片帮冒顶。顶板的压力逼迫大家拼命加快作业的速度。这时班长或老兵在前，抢时搭建，抱起沉重的钢梁木柱，打窝、设底础、栽柱、升柱蕊、支护顶、扣梁茬，能够保障在最短时间，一斧头拍下，把梁柱锁住。千钧一发之际，大家疾如脱兔，抱钢梁铁板如猛虎下山，动作不但快，配合还协调，否则耽误时间，引发冒顶，那后果不堪设想。工作面处处承受着顶棚的压力，无疑就是激烈的战场，进入作业程序就没有片刻喘息的机会，大家挥汗如雨地作业，打柱子、支护顶、铲煤运输、回柱等。常常是越急越出汗，越急越出乱，刚刚挖好一个窝准备打柱子，忽然又落下煤把柱窝填满，只好重新再挖。有时候柱蕊升不上去，梁茬扣不上，就得上下检视，找出原因，必须做到<u>丝丝入扣</u>。

每个环节都非常重要。冒着头顶窣窣跌落的煤块与矸石，赶快支好临时棚架，就得手忙脚乱紧张挖煤、装车、运输，最后再把临时柱替换为正规支柱。装车也不轻松，要抢时间，又呛又累，小块煤需用铁锹铲起，大块煤得用手搬起装砌，还得装瓷实，以免颠簸掉下砸伤人。挖得慢了，装得缓了，就会影响下一道程序，延误别人工作，甚至影响整个工作面的推移，就成了影响整体推进的拖腿户，这时候班长会过来催你帮你，遇上坏脾气的，甚至骂你训你，这时候你就心急如焚，热汗直冒。这样的紧张作业不仅要付出体力，而且精神紧张，用不了几分钟就气喘如牛。采装时一般三五人轮番作业，配合默契了，就快捷省心，假若其中有人是生手，技术不熟练，就不协调，慢工危险，还不出活儿。无比紧张的作业，一个班干下来都精疲力竭，疲惫得连话都不愿多讲一句。这一切，皆是力量的展现，施展娴熟的技术，在这地底下，浑身黑得只见牙白和眼白，却使紧张、沉重、血汗的工作，演绎成力量与肌肉最强最美的艺术绽放。

就连回空车，都是极费力气。回空车走的是上坡道。这个煤窑的坡度朝上倾斜十度，走过一百多米远的坑道，升高就达数米多。推着铁斗车沿坡而上，十分费劲。全靠战士们用肩膀往上顶，每迈一步都很困难，真是步履维艰。凌解放很形象地说，他们上坡时用肩膀顶车，身体与铁斗车成钝角三角形，双脚狠劲地蹬在枕木上，吸溜着肚皮，躬身弯腰，一步一步吃力地往上顶。后来，用上牵引车，方才省略这个极费力的环节。

出工时，每人戴顶柳条矿工帽，围条毛巾，挂根行话称为"压杠"的木楔板。楔板约有五十厘米长，八厘米宽，三至四厘米厚，其形状与古代的笏板相似。其重要作用是下坡时"打眼"（刹车），上坡时顶车。推车过程中，实在累了，或者脚下打滑，赶忙用楔板抵住。停稳后，人方得以喘口气。楔板的另一个作用，则是替代毛巾。未下井前，以为矿工脖子上围的毛巾是擦汗用的，下井后方知晓，毛巾的主要作用是防止煤屑从领口顺脖灌。干活儿时煤屑乱飞，顺领口钻进，沾到脊梁上，又脏又磨又痒，很是难受，围上圈毛巾就好多了。楔板刮汗，这是不入矿井的人所难以了解的秘密：干活儿繁重，汗流满面，不能解毛巾，就用木楔板揩拭，及时顺手，方便凉快，省事省心。楔板看上去黑不溜秋毫不起眼，采煤时作用大着哩，是无言的好伙伴。

凌解放那时二十三四岁，正是生龙活虎精力充沛的年龄，一颗红心为党为国，两臂如钳甩开膀子大干，好像总有使不完的劲，常常是他的任务完成了，就帮助战友干，赢得了大家的好评。但是，年轻的凌解放不知道爱惜身体，他不吝气力，热火朝天猛干，汗涌如浆，燥热难受，就将身体靠近通风管，让风使劲地吹，消消汗散散热。煤矿排瓦斯有个风筒，外头用鼓风机向里吹风，排除和减弱瓦斯量，风筒直径有八十厘米吧，有时通身大汗的他常连头带身子钻进里面取凉，簌簌的疾风把全身衣缝都吹透了，热汗落下，衣服似乎也干燥了一点，然后回身再挥锹铲煤。干活儿热——吹风，出汗——吹风，上井严寒。毛孔张开受风刺激，容易气血不通生病，当时只图一时痛快，不懂得后患。结果带汗吹风，患上了气管炎。后来每到秋冬，他就发炎哮喘。他的风湿病也是在那时患上的，一直未好，每逢阴雨，双腿关节都能"准确预报"，留下了永久的纪念。

在这里，他跟着战友，学会了抽烟。气管炎不是好事，抽烟也不是好习惯，但这两项，都成了他终生不可或缺的一部分。

挖煤不仅饱受苦、累、脏磨炼，也经受着危险的考验。井下作业最怕的是两条，一是冒顶，二是瓦斯爆炸。胡家湾产优质煤，却结构松散，一炮能崩塌下一大片，有的煤层甚至用铁杠一撬就松动，所以要特别注意冒顶。冒顶虽时有发生，但只要不是大塌方，小心一点即可，小塌方不能完全避免。战士们在采煤时，被坍塌的煤块砸伤的事司空见惯。休息时，闭上眼，在寂静中能听到预留煤柱承受压力时发出碎裂的咯嘣嘣的声音。但这也不要紧，它只是吓唬你，似乎从来也没有煤柱崩塌的事。但矿区有可怕的流传：某年瓦斯爆炸，一下子死了多少人……这类事不可能是假的。因为矿区工人中遇难家属就和他们是邻居。放电影时，乡亲来不少，那一片，是寡妇群。

再一个危险是电线。由于这个煤矿是个数十年窑龄的老窑，输电线路老化，电缆电线蛛网密布，有的电线磨损后就可能漏电。虽经常检修，但还存在着不少隐患。在井下，无论啥事物，一体同为黑色，且光线幽暗，眼睛很难分清，绝缘不好，不小心就会触电。凌解放就被电击过两三次。一朝被蛇咬，十年怕井绳，从那以后，他只要看见电线，就心惊胆战，不敢轻易动它。

井下像战场一样艰苦紧张，却也有干有歇，中间能休息很多次。临时停电或出了故障，电工或技术员上下忙活，就是大伙消闲的时候，便扎堆在一起海阔天空，胡谝乱侃。有人歇下来就聊天，有人睡觉，躺下就鼾声大作。现在的人，在温室华舍、暖铺软盖中翻来覆去失眠，可是在矿井中，挖煤战士脚穿高筒靴，头戴安全帽，系着皮腰带，背着矿灯盒，就在煤堆石块中呼呼大睡了。凌解放擅长见缝插针，晃掉头上的煤屑，掏出一册书，哪怕几页纸，倚靠煤堆，塞满煤末的指头沾着唾沫，掀着书页，借着矿灯的光读得津津有味。

为了向党的九大献礼，连队搞大会战，赶进度，要产量，凌解放他们曾一鼓作气一个月连上三十个班，现在回想起来，真是不可思议。凌解放说，这种情况，没下过井吃过这种卓绝大苦的人是想象不到的。

工程兵 206 团是一个人才辈出的集体，从党的九大开始，几乎每次大会，都有这个团的代表，除当年迎着危险搬开大石抢救客车的"毛主席的好战士"年四旺，事迹被编入小学课本，还有勇排哑炮掩护战友致残的陈文秀等。没想到二十多年后，为向党的九大献礼、在地底掘煤的凌解放，能够光荣地成为党的十五大至十九大连续五届党代表，这是当时领导战友所没想到的，更是他本人没想到的，确实值得骄傲和炫耀。

干活儿太疲累了，上井以后吃过饭倒头便睡，已没有任何剩余的精力。但就是在这样历经磨难的情况下，凌解放没有放松自己的学习。换班休息，就是他的读书时。夜深了，劳累了一天的战友们早已鼾声如雷，他偷偷地在被窝里用手电筒照着阅读文学名著。战友们评价他读书如饥似渴，地上的报纸或日历纸片，他也要拾起来掸掉灰尘看个遍。在那段艰苦的岁月里，有人因为过于疲劳不愿再浪费精力求学，有人在"祖国山河一片红"的激情中希望开拓政治前途，唯有凌解放不求闻达，埋首古本，充实学养。在挖煤之余，他还编快板，写唱词，出黑板，写新闻，把战友中的突出事迹写成稿件投到军内外报纸上，就是靠着忠厚朴实的品性，积极肯干，赢得了大家的好评，被评为先进工作者、"五好"战士，并光荣入党。

塞外苦寒之地的偏僻山沟里，这个青年无论时光白与黑，漠视冰雪、煤炭的白与黑，随遇而安，无问西东，有片刻闲暇，就看书本，望山沉吟，苦思冥索人天之道。

凌解放是"双脚扎在矿井里"的"实干者"，同时成长为"双眼长在山顶上"的"思想者"。他把青春与忠诚挥洒在压抑黑暗的大地之心，也作为淬炼提升自己的机会。"天将降大任于是人也，必先苦其心志，劳其筋骨。"即便挖煤的极度重体力劳动，他仍然乐观向上，昂扬振奋，为自己树立了光辉远大的人生目标。他总结了自我独有的"锅底理论"，来激励、安慰和鞭策自己。没有人一辈子保持一帆风顺，挖煤处在地理的底层，处在人生的最低谷，就如同在一个锅的最底部，以后无论朝哪个方向，都是在上升的状态。这是人生转折的好机会，处于绝境了，你无所畏惧，只要勇敢地迈出脚步，"绝处逢生"就开始了，前面肯定要比当下"康庄"。所谓"百转千回"，其实是人生"一帆风顺"的好铺垫。

后来，他常对人说："当我在褴褛的工作衣上缠上电瓶，戴着矿灯帽，穿上长筒靴蹚在混沌的井下煤水汪中时，就这样想，我现在在人生的最低谷——当然很不堪。但在这里，我只要努力地走，无论向哪个方向努力，我都是在向上。"

改革开放后，国家的综合实力大增，各行业都进行现代化建设，煤炭生产装备达到世界一流水平，建成了一座座先进的科技矿井。综合采掘机的应用使采煤方式达到机械化，井下运输实现了自动化，生产效率大幅度提高。党中央、中央军委为戒除腐败，提升战斗力，决定"部队吃皇粮"，不再搞经营办企业，这个煤矿就移交给地方，由专业矿务公司统一管理运营。

二月河再回大同市，已是 2006 年，参加红学会年会，很想回到煤矿走一走看一看，但由于不知划归哪个单位，竟无从联系，遗憾未能成行了。

2019 年 8 月，南阳二月河研究学会和卧龙区作家协会，举办"重走二月河人生路"活动，来到塞外云中，高原上的凤凰城。"胡家湾煤矿"却无人知晓，经多方辗转打听，找到几位老人，好费一番周折，才摸索到星星点点线索。出市南行数十公里，沿途一路遍布大大小小的煤矿、洗煤厂、化工厂，翻山越岭，穿过幽暗的台子山隧道，到七峰山，眼前现出一道高山峡谷，车子滑到山底，叫长胜沟，在一个叫"官窑"的村子，问询一个放羊老汉，明白这儿就是胡家湾，因为搬迁，年轻人多不知道这个地方。

原来乡镇撤销合并中，过去隶属南郊区的鸦儿崖乡，同划属云冈区，胡家湾为官窑行政村管辖，旧村仍在，因为扶贫攻坚移民搬迁，几无人烟。附近有煤矿，工人就近住宿村舍。

多方寻觅，终于在山谷底找到当年凌解放所在部队的挖煤处。一个黑黝黝的不大的石砌砖箍的山洞。营房遗址有几处，最近在旁边数百米外坡上，几排废旧平房或红砖机瓦房，不远处依稀有会议室、操场模样。当年他们就在这里挥洒汗水张扬青春。部队撤走后，煤矿划为南郊区七矿管理。再后来，在生态环境治理保护行动中，国家"关停并转"小煤矿，已废弃封存。山谷中的红砖营房，轮廓仍在，门窗俱无，只有放羊老汉风雨中偶尔光临一下，陪伴它的，是山谷中春盛秋谢的杂草野花。

大家怀着敬仰的心情，久久伫立在这荒凉的山沟废墟，内心感慨万千。凌解放在极为艰苦卓绝的环境里，自我学习提升，磨炼砥砺，养成了特别能吃苦、特别能奉献、特别能战斗的优良作风，才使他在以后缺乏相应条件的情况下，自我放逐于幽僻荒芜之故纸堆中，把挖煤的劲头运用到写作上，克服困难干扰，善于吃苦，苦中觅乐，最终得以创作收获经典。崇仰的目光抚摩这片先生洒下血汗、洋溢青春的深山沟，大家更感悟和深谙了二月河文学精神的内涵。

第十四章

急中智抱被灭火　展文才苦中蕴乐

胡家湾的营房，是临时盖起的油毡房。这种房冬冷夏闷，取暖要靠火炉。好在居住煤矿，有的是煤烧。这里的煤油性大，质量好，抱一大块煤不用砸，只要投进炉膛内，煤块燃烧后，便嘎嘣嘎嘣爆裂成大小不一的碎块，蹿起炙人的火苗。住在煤山有煤烧，这是好事。但从另一面讲，也会带来隐患，极易酿成火灾，或煤气中毒。凌解放他们班就经受过失火的考验。

那是 1968 年末的一天，升井后，大家在宿舍倒班休息。一位战士吸烟时，不小心踢倒放在床头处的用来灌打火机的汽油瓶，汽油很快从床边流淌四处蔓延，屋里弥漫出浓烈的汽油味，不远处就是火炉子。凌解放平时晕车，对此味敏感。他闻见油味后猛地站起，准备赶快去扑救，但为时已晚。汽油遇火即燃，砰的一声爆响，地下腾起一条火线，蛇样迅速蜿蜒。室内几名战士慌了，赶快往外跑，班长张珲伟也急慌喊着让立即外撤。

电光石火间，凌解放保持了清醒，他清楚，大家住的都是连结在一起的油毡房，如果让火燃起来，岂不是"火烧连营"？当时屋内没有灭火器具，也没有水，即使去找，也是远水不解近渴。情急之下，凌解放眼疾手快，毫不犹豫便抱起自己的被子，顺手抖开，刷地压向了火线，他边捂压扑打着火源，边扭头大声喊："谁也不要走，赶快灭火！"指挥旁边的两名战友先把枪械、矿灯抢出去，以防火爆损坏，造成二次事故。班长和另外几个战士也赶快用衣服、拖布、扫帚扑打。措施得当，火立即被压灭了。而凌解放捂火的被子弄得又黑又脏，烧烂了几个洞。随后，他们将门窗打开，降温，散气，整理了失火现场。凌解放临危不惧有勇有智，大家齐心协力奋勇抢险，将失火的事故危害几降到零，避免了一场大的灾难。

想到严重后果，班长后怕不已。晚上开班务会，隆重表扬了凌解放教科书式的扑救措施，夸他机智勇敢，临危不惧，有文化，有头脑，反应快，懂科学，慌中不乱，冷静处置突发事件，号召全班人员向他学习。还评价凌解放综合素质高，出类拔萃，推荐他当了全排战士的学习教员。

在一次井下作业时，一位姓乔的山东籍战友和凌解放一起回柱，具体分工是由凌解放负责掌锤，把柱子敲倒，姓乔的战友拖柱，把敲倒的柱子在顶板垮落之前快速拖出老塘，这不仅仅是一个力气活儿，而且是一项技术要求高、需要配合细密的危险活儿。做了几次工后，那位战友也想试着敲柱，不慎，刚敲掉几棵柱子，却冒顶了，煤石轰然纷纷塌落，一时粉尘弥漫，伸手难见五指。虽然战友意识到危险，拔腿就跑，可是不慎被绊倒，煤尘碎石忽地垮塌一大片，直接将人笼罩，慌乱加上惊恐，他这时候口里已然嗷嗷发不出完整的话了。凌解放正站一边，机智侧身贴壁躲避，面对危险他没有急着逃跑，循声过去扒拉几下，把战友生扯硬拽出来，所幸无事。战友获救后感动得直流泪："哎呀，感谢你，差点去见马克思了。这灾难时候你都没跑，奋不顾身来救我，你可真行！解放，我一辈子记着你的好。"

挖煤的生活艰苦卓绝，年轻的战士昂扬乐观，努力发现挖掘生活的乐趣，苦中作乐，使枯燥的日子过出一些趣味。

塞北的季节刚入隆冬，严寒已显出它的威力。长胜沟里寒天彻地滴水成冰，气温降到零下三十摄氏度。战士们玩起打雪仗，溜冰滑雪，做起冰雕。他们把冰块搬到营房门口，砌成长城形状，还雕成八一军旗的样子，红墨水涂了，阳光下晶莹夺目，分外美丽。闲暇时，战友们自制木板当雪橇，绑在脚上，用树枝撑地，在山谷中滑雪，看谁滑得又快又稳。不管是谁栽个大跟头，摔进雪窝里，大家都把哈哈的笑声撒满山谷，荡漾着难得的快乐。

凌解放与战友们还进行偷懒取巧的"雪洗衣"，由于用水困难，主要是太累，大家经常偷懒不洗衣服。还有，洗过衣服难以晒干，晾在外面很快冻住，风一吹特别容易折断，必须烘烤。战士们索性就用雪洗衣服，就是把衣服放在雪中揉搓，利用雪粒的吸附性，使衣服上的灰尘污垢褪去。由于胡家湾地处高原山谷，天冷极寒，雪难融化，故经过雪搓的衣服不湿，"洗"后即穿。凌解放自小生活在亚热带季风气候的南阳盆地，感到分外惊奇有趣。

山深春迟，但到了春末夏初，大同的山岭沟壑照样春草蓬勃，丛山百花缤纷蜂飞蝶舞。蛰伏了一冬，战士们攀登到山上欢迎迟到的春天，呼吸阳光的气息，踏青寻芳。当地山野中出产优质黄芩，其根是名贵的中药材，老乡们用黄芩煮肉熬汤，富有营养。用叶做成土茶喝，冲泡起来是淡红色，喝起来味道略苦，清热祛湿，润肺去火。黄芩是山坡上生长的一种野生草本植物，叶子对生，披针形状，夏秋季开淡紫色花。凌解放经过向老乡们请教，学会辨识，他空闲时，到附近的山坡上，寻觅着将黄芩挖回来，洗净根叶，切碎，晒干，自己制茶喝。但茶的味道总不香醇，就请教老乡如何做土茶。老乡告诉他，黄芩有微毒，要制茶，必须经过"三蒸三晒"，其味道才能苦香、醇正、入口。因当时凌解放没有蒸晒的条件，只好罢了。离开大同几十年来，他一直念念不忘这种颇有特色的土茶，就写进了《雍正皇帝》中。战友们看到皇帝喝黄芩茶并介绍制作过程的有趣情节，都会心一笑，倍感亲切，勾引起了那段难忘的日子。

塞外还有中原少见的酸溜溜（沙棘，当地又叫醋溜子）。胡家湾处在远山，人迹罕至，当地崇山峻岭上，遍山漫野是酸溜溜灌木林，秋来枝上是一嘟噜一嘟噜的酸溜溜。站在山顶放眼望去，一坡一坡的酸溜溜像金黄色的珍珠密密麻麻，缀满枝头，压弯了细长的棘枝。酸溜溜熟后，颗粒饱满全是黏稠色黄的汁液，摘几粒放在嘴里，又涩又酸中带甜，有种特别的香味，回味无穷。

"空气中散发出山花清香，我们走出营房来到山坡上，多少疲惫已随风飘向，飘向远方，北疆啊北疆，美丽的北疆，你可知道我们正为你歌唱……"战士们经常在轮休或节假日，唱着歌相约上山采酸溜溜，边玩边采边吃，吃得嘴角流汁，涩得龇牙咧嘴，酸得满口生津。玩得心畅神怡，吃得不亦乐乎，下山时满载而归，每人肩上还扛着好多枝酸溜溜。回到连队，将酸溜溜摘下来，用水洗净，挤压到碗里，做成饮料喝。那时凌解放就想，何不把这种野生果实开发出来，制成饮料上市呢。我也曾军旅大同多年，多次上山采吃酸溜溜，而且在行车的路边，火车的隧道上下，都有触手可及的酸溜溜，或成鸟食，或干枯枝头，自生自灭，感到惋惜，也曾产生过与先生同样的想法，后来得知，山西多家饮品企业，已开发酸溜溜饮料了，而且销路甚好，我把此消息告诉先生后，他很是欣慰。从先生的欣慰中，明显可以触知他对胡家湾的怀念，对大同的热爱，对那段军旅生活的珍忆。

部队有个光荣传统，重视军营文艺建设，经常组织篮球、乒乓球等赛事，还邀请村里青年来参加友谊赛，很是热闹，体现双拥传统。激情燃烧的岁月里，战士们士气高昂，好学上进，到哪里都是一团火，进进出出歌声嘹亮，拥政爱民的好事层出不穷，经常帮村里鳏寡弱残户挑水、扫地、洗衣服、修缮房屋。放映露天电影时，吸引了一整道沟里数个庄的人，战士们把村里的复员军人、孤老们接来一起观看，真正做到了军民一家亲。

每当执行一项重要任务前，总是政治挂帅，宣传先行。为完成挖煤任务，调动战士的积极性，密切驻地军民关系，采煤基地成立了一个宣传小分队，队员由各连队的"能人"兼任，有的会说快板书，有的能拉二胡，有的善吹笛子，有的擅长模仿。凌解放高中毕业，能写文章编唱词，也被选调入宣传队，具体任务相当于策划和编剧。他充分发挥自己的特长，加班加点编创了十多个文艺小节目，供小分队演出。在他编的节目中，有个小话剧叫《夺权以后》，讲述的是一个人夺权后，腐化堕落了，老干部就批评他，教育他，挽救他，告诫青年人掌权后，如何防腐拒变，始终保持革命本色。

到了七一、八一、十一等重要节假日，宣传小分队的战士们编排好节目，在简易的土舞台上，为村里的老百姓和战士们演出，活跃文化生活。胡家湾地处深山，偏僻闭塞，平时很少有演出队光顾。所以，每次部队的演出，村里男女老幼几乎全部出动，挤在人堆里观看。战士卖力演出，群众格外兴奋，山村的夜晚热闹红火。

凌解放除了创作剧目当编剧外，有时还亲自登台演出。他祖籍是昔阳县，父母在家中有时也说山西话，故凌解放既会河南话，又熟悉山西方言。表演节目时，他往台上一站，张口就是："乡亲们，战友们，ladies and gentlemen！（凌解放可以顺畅看英文版《毛选》，他这里只是为了搞笑。）今天热火搭烙（热闹）得很，岗（我）也不怕砢碜（献丑），现在扭捏（不好意思）上阁台台（台阶），也给大家捣拾（说）几句，你们不要说岗各塌（话多），岗就是扎楞（表现）一下，觉得个蛋了（表现好），不赖了，就给咱这货咣唧咣唧（鼓掌），中不中？Yes 还是 No？——唵？"他中英文混杂，脱口而出，普通话、山西话、河南话轮番运用，诙谐有趣，很能挑起气氛，逗得大姑娘小媳妇前合后仰，一时间笑声掌声在山谷间回响，领导指着他用河南话模仿，笑说："这货，中！中！"

他自编自演的快板书《胡家湾里风光好》，原生态，接地气，颇得群众欢迎和喜爱：

> 挥手汾河湾，离开烈石山，车轮滚滚尘漫天，风沙茫茫勇向前……车过雁门关，轮辗金沙滩，绕来绕去转到七峰山，战士挖煤来到长胜沟，遍地宝藏的胡家湾。鸦儿崖的乡亲亲，土炕炕暖，胡家湾的黄芩茶香，沙棘棘酸；鸦儿崖满山是宝藏，遍地是煤炭……战友士气高，赤膊挥汗干，迎着危险冲，个个争上前，党的战士意志坚，个个老虎英雄汉，付出红心一颗颗，采出乌金一车车，送北京，送太原，送到毛主席面前，送到人民群众面前，支援部队大建设，支援全国建四化，我们壮志冲云霄，我们心里比蜜甜……

凌解放在胡家湾的日子里，登山望远，摘酸溜溜做饮料，挖黄芩制土茶，为挖煤的生活增添了许多乐趣。他编了演唱剧目《黄芩茶与酸溜溜》，让宣传小分队演唱。剧中唱道：

> 黄芩茶苦香醋溜子涩酸，挖煤的生活五味俱全。
> 人生就像块燃烧的煤炭，青春的火苗将它点燃……

凌解放还学写古诗词，他写了《过雁门关》：

驱车过雁门，山巅城草深。

昔年杨家军，沥血安兆民。

老将身许国，今人铸精魂。

慨然歌猛士，卓荦英雄群。

萧萧北风劲，日暮卷边云。

凌解放从青少年时期就酷爱文史，对古文化有天然挚爱。他古文底子扎实，大量涉猎古籍孤本、古人笔记、寺庙碑帖等。寺庙是外来佛教文化与中国传统文化有机融汇的优秀且丰富的载体，他很感兴趣，每到一处，总要到寺庙中游览，去欣赏寺庙中蕴藏的诗词歌赋、书法绘画、碑铭石刻、对联匾额、建筑雕塑等诸般艺术。

在太原当兵时，施工之余，他多次到烈石山下窦大夫祠游览。窦大夫祠是全国重点文物保护单位，唐代以前为纪念春秋战国时晋大夫窦犫所建，具有重要的文物考古和文化溯源意义。祠内有元代重建的钟鼓楼，山门两侧嵌有四座琉璃团龙，祠内还存有多块求雨感应碑。祠西有喷珠吐玉的烈石寒泉。"文革"期间不开放，老百姓进不去。但工程团有个营部设在院内，是以战士们可以随便出入。凌解放就经常进去抄录碑文，欣赏宋徽宗题的"灵泉"二字。

凌解放还去东山研究双塔寺，太原双塔寺在全国双塔格局古建中最为有名，位于城区东南向山脚畔，始建于明代万历中叶，背拥太行群峰，面俯汾水晋阳。两塔均为八角十三层，塔高五十五米左右，相距六十米，砖筑楼阁式，塔表仿木结构，用砖磨刻成斗拱、坊和檐椽状，飞檐上嵌饰琉璃的各色鸟兽、花卉、人物和祥云图，塔顶为八角攒尖式，塔内有梯踏道，可登顶层。临窗远眺，凭借巍峨古老的塔身，可广瞰古城太原之全貌，晋中盆地之沃野千畴。

到了塞北后，与胡家湾一山之隔，七峰山的丈人峰下，有个禅房寺，寺里尚存留不少古碑和壁画，凌解放就在别人休息时，专门请假翻山越岭去钻研碑铭。当时竟然还有和尚护寺，开荒种着庄稼和萝卜白菜，过着自给自足一心向禅的悠然生活。寺庙由于年代久远，泥塑缺胳膊少腿，墙壁烟熏火燎成灰黑色，但是壁画还能勉强看到。凌解放不嫌脏，踏凳攀梁去看那斑驳的壁画，研究题记，或蹲在古碑前默默琢磨碑文。后来，他又到寺里，把碑文笔录好，潜心背记下来。山上有六角七级实心砖石结构寺塔，不能进入，他只好围绕全部用规整的长方石料砌成的须弥座塔基，转了又转，看了再看。

外行凑热闹，行家看门道。凌解放随喜寺庙，不只是看其建筑、泥塑艺术，主要是研究其壁画、古碑及有关诗文。他认为看寺庙就是看文化，壁画、碑文代表着一个寺庙的文化档次和水平。遇到好的古碑，就想办法把碑文拓下来，然后回去潜心钻研。这些碑文晦涩难懂，书本上找不到，既无标点也没有注释，全靠自己用心琢磨。吃透了无数碑文之后，不知不觉中，他的古文水平已经突飞猛进，俨然武学打通了任督二脉，一通俱通，再回过头去读《古文观止》等古籍时，就非常容易。

凌解放潜心对寺庙建制、碑刻古文、颂文辞赋等宗教文化作了一定的研究，颇具造诣和收获。在那个年代，他醉心别人唯恐躲之不及的"四旧"，让人惊叹其眼界多么"前瞻"，思维多么"解放"。

苦中作乐，心中总是阳光乐观，凌解放善于调剂生活，让枯燥的日子焕发光彩，没有浪费青春，如海绵一般努力吸收知识，提升了自我。后来创作"落霞"时，这些见识经历又成为他创作的素材，许多融入他的作品里，成为非常好看且经典、专业又精彩的情节。

第十五章

部队换防愁水沟　频繁相亲高龄男

部队换防，到了东北辽源的一个大山沟里。从这山沟到那山沟，再一山沟，这支部队就没有离开过大山。

20 世纪 60 年代后期，由于北方苏联军事集团给予的重压，迫使中国最高领导层不得不从政治、军事、科技、经济、工业布局及大型工程等方面进行调整，从战略到战术层面，做好应对其丧心病狂下可能发动的突袭。

总后勤部数支工程兵部队奉命开赴东北，迅速进行空前规模的国防工程建设。

就是在这种大形势下，1969 年 11 月底，由太原调防至燕国故地凌源县（现为凌源市），驻扎在刀尔登公社井龙山下一条密林掩隐的深沟里。这沟叫愁水沟，听名字，就知道环境的恶劣了。

此时凌解放已是个老兵了。眨眼之间，参军已满三年了，按照部队正常的吐故纳新，服役期满，没能提干的，就会"哪里来哪里去"，只能退伍还乡。

那些年，大多数的农村兵，心中不能说没有革命的理想，但总归要面临现实，每个人都有一个热腾腾的生活追求——留在城市。

吃上"卡片粮"，有个让人眼热心跳的城市户口，娶位白生生的城市女子。这当然是"三十亩地一头牛，老婆孩子热炕头"的新时代翻版，但这是他们最真实、最朴素、最迫切，也是遥不可及的想法，一场黄粱美梦而已。

每逢退伍，战士们尤其是农村籍义务兵，这些训练执勤时嗷嗷叫冲得欢的小伙，总是哭得一塌糊涂。首先是难舍难分。那时候农村兵很多连县城也没去过，跨州出省来到部队，日夜不息训练生活几年，是地地道道的第二故乡，还有亲如兄弟的战友，此时一别，有可能一辈子再见不到了，特别心酸难受。其次是委屈失望。同样在部队，同样的班排生活，同样的训练和学习，人家优秀的，直接提干了，自己多么努力，却只差了这么一点，从此失去机会，脱下军装摘下领章、帽徽，再回乡务农，从此面朝黄土背朝天。再者是当年村里敲锣打鼓欢送入伍，在父母殷切的目光里，这时再"光荣"返乡，无颜见父老，甚至以后要为娶媳妇不打光棍而忧心忡忡。

这种前途悲观、情绪绝望之下，冲动的年轻人常常做下傻事。兄弟部队一位山东籍老兵，当了四年兵，临退伍前几天，在出早操跑步时，一时想不开，一头撞上拉煤的汽车……好在部队首长痛惜战士平时的老实厚道，没有按"自绝于部队，自绝于党和人民"对待，在家属领取骨灰时，按事故支付了相应的补偿和丧葬费。

还有一些思想活跃革命信念激情燃烧的同志，受一些小道消息的引诱蛊惑，要像切·格瓦拉那样，个人英雄主义爆胸，怀揣国际主义理想，进行革命输出，准备支援亚非拉人民的反压迫反剥削解放战争。非洲和拉丁美洲不太好去，只能留亚洲，从广西云南边境偷渡"金三角"倒有可能，一些狂热者蠢蠢欲动。

是以每到退伍季，各级领导都如临大敌，紧张如战时，直至多次思想教育、确定退伍名单、办理各种手续、组织安然返乡后，方才松了一口气，完成了一项重要任务。

那时候部队留人一般有三种，推荐上军事院校的，地方特招的，经过军或师教导队培训的，可以直接提干转干。

凌解放因为父母打下的基础，早已摆脱了农村，回去也是留在南阳市，但得有工作，回想一下打"右派"、反"四旧"等运动，父亲的沉默不语，家里家外那种窒息氛围，有些不寒而栗。他得痛苦地等待，希望能够尽快做出突出成绩，让上级领导认可，从而留队。前途迷惘，寻思一番，自己留级也没有考上学，考军事院校的更是凤毛麟角，难似登天。特招的途径更不行，自己已入伍了，机会像兔子一样早跑过岭了。经过军及师教导队培训，那得是军事尖子，甚至是大比武中的状元、榜眼、探花郎，自己部队是后勤单位，生产为主，训练涣散，哪里能去参加大比武？转干是军工或工勤岗才有，自己是现役战士，唯有直接提干一条华山小道了。

柳既暗，花未明，很是折磨人。凌解放虽然没有被动员退伍，人在团机关，做的是干事的工作，每天写新闻报道、信息材料和领导讲话，身份仍是战士，时时可被退伍。还有，部队战士直接提干，是为充实一线战斗队，要的是年轻人，一般年龄在24周岁以内，他23岁才入伍，当了几年兵，已经超龄了。

苦闷之余，他发现了一条成才留队的捷径。他平常写信息，编快板，写唱词，出板报，写剧本，反映后勤战线上的突出事迹和工作成果。要是写稿能在报上发表，影响就会特别大，能得到领导赏识。那时候，部队的激励制度很优厚，各部队为了宣传自我，重视登报纸上简报，多有一些内部奖励政策，只要能够在省级以上报刊发表若干篇新闻，或者在《解放军报》《人民日报》等中央级报刊发表，年底就可以记嘉奖甚至三等功。凌解放发疯般熬夜加班写稿子。此时的他，不知也不敢进行所谓的"纯文学创作"，他所谓的创作，无非是写信息，努力争取被上级的简报采用，或者把部队建设的突出成果，写成消息或通讯，投给《解放军报》。

在战备施工抢险中英勇牺牲的尚春法的英雄事迹，很是震撼感人，他含泪采访，激情撰写了长篇通讯，《解放军报》重点推出，刊登了一个整版，引起了轰动，凌解放成了所在部队的"名记者"。这篇通讯产生了非常好的宣传效果，尚春法被评为烈士，部队掀起向其学习的热潮，烈士妹妹尚秀花被特招入伍，接过哥哥的钢枪，继承烈士遗志，后来成长为师职干部。她每次说起来，都分外感谢凌解放的橡笔宣传，联系时以"哥"相称。

再卑微的花儿总会绽放，云层不能遮住太阳的光芒。靠着忠厚朴实的品性，吃苦能干的表现，才华横溢的作品，凌解放赢得了领导和同事的好评，没咋受富农出身和"右派"家庭"牵连"，顺利加入了党组织。政治处专门为他打了报告，直接提干，任命为排级干部，穿上了有四个兜的干部服（战士服两个兜），历经一番寒彻骨，方才赢得梅花扑鼻香。

修堤坝、掘山洞、建营房、挖运煤……急难险重的任务，砥砺了凌解放坚韧的性格，钢铁般的意志，他迅速成长起来。1973年，组织为了进一步打磨锻炼凌解放，任命他为13连副指导员。一纸命令，凌解放打起背包，又回到了战士们中间。他给战士讲政治和文化课，开展谈心活动，做深入细致的思想工作，与战士们打成一片，大家非常尊重和喜欢这个有水平、有能力、朴实敦厚、平易近人的好领导。这是个掘进连队，始终做到"党员干部在最前线"，连首长也坚持跟班作业，与战士同甘共苦，组织安全施工，战斗在第一线。于是，有了被困"天心洞"的险情。

辽西山区的地层结构松散，石质不好，掘进时经常发生塌方事故。这年初秋，该连在"天心洞"掘进中，不幸遇上了塌方。为啥叫"天心洞"？是因在一段岩壁上，岩石的纹路恰好形成个大大的心形模样，大家懒得说"某某某工程"，趣称为"天心洞"，显得亲切，有个性。当时上千方的石砂泄下，堵得水泄不通，将正在上夜班的一个施工排隔绝洞内。好在为保障安全预防万一，会提前打通数个通气孔，人虽撤不出来，但能够呼吸空气，生命暂时不受威胁。凌副指导员当时是带班领导，确有大将风度，镇定自若，按平素制定的处置预案，马上清点收拢被困人员，安抚稳定大家的情绪，他站在山洞里的一块大石头上，给大家做思想工作：外面领导肯定正在组织营救，我们更要做到自救排险。为振奋精神，他亲自指挥受困人员唱起了"下定决心，不怕牺牲，排除万难，去争取胜利"的语录歌。做了思想动员，把班排长召集起来，让党员站出来，分成小组轮流上，党员干部先上，以身作则，为群众和新战士做表率，在保障体力和健康的情况下，进行不间断施工，打响自救战斗。再把饮用水集中，根据情况还收集、澄清和过滤地下水，保障大家的身体需要。凌解放带领同志们以英烈模范为榜样，发扬爬雪山过草地的革命精神，以巨大的毅力战胜饥饿，战胜劳累，战胜恐慌，与洞外抢险队相向掘进，经过一天一夜的激战，清除了塌方石渣，挖开了通道，被困人员胜利撤出，无一伤亡。在惊心动魄的困洞排险中，凌解放处变不惊，沉着冷静，指挥得当，科学自救，这个时刻葆有战斗力的集体，受到了营团的表彰。之后，他又回到团机关，成为副连职干事。

后来，记者们报道时，为了突出作家的"神勇"，故弄玄虚，总说过去连个豆腐块也没发表过的人，一下子整出了鸿篇巨制，这话不太准确。二月河在《康熙大帝》出版前，写过大量作品，在《解放军报》等重要报刊发表过，而且二月河创作过描写南阳风物的散文、《爝火五羊城》等中篇小说以及电影剧本《刘秀》、研究《红楼梦》的系列论文，在《红楼梦学刊》这些"名刊"发表，都属于"纯文学"。

凌解放此时稍微享受了"功成名就"的感觉，工作岗位由地底推"煤溜子"，到坐办公室掂"笔杆子"，"大头兵"进步为"凌干事"。那时节，正是"文革"进行得如火如荼时，影响了机关正常工作，削弱了人们的积极性，许多人消极应付。但是，"凌干事"却愿干事，他是书痴，整天泡在图书馆里。他的干事，就使他成了一个"编外图书管理员"。

那时六团政治处，竟然还有一个小型图书室。本来，图书室应由放映组或报道组的士兵兼职管理，"凌干事"是干部，用不着他亲自去干，但是，他爱书成痴，就自愿去图书室帮忙干活儿。

"凌干事"一面把散落在各处、各办的书报收拢起来，在为领导搬迁，或整理办公室、收拾杂物时，收集领导们丢弃的书，他甚至经常到垃圾堆里去拣被战友扔掉的书。他还向政治处主任提合理化建议，以学习的名义要求大家多读书、爱惜书。部队"支左"，经常出去搞活动，到地方单位和书店等地检查，收缴"反动"书籍，由部队销毁，其实到了后来，领导也不当回事，拉回来后，往库房一扔了之。他如获至宝，悄悄分门归类收藏起来。

图书室成了他最爱去的地方，书成了他的至爱，其快乐不足为外人所能明白。节假日，战友们都愿意请假去驻地刀尔登公社，或者结伴搭车到凌源县城里逛逛，吆喝着相邀到青龙河游玩。凌解放却不，只要有闲暇时间，他就一个人猫在图书室钻进书堆里。很多时候，他从炊事班抓上几个馒头，带一瓶水，往图书室一坐，恍然就是一天，负责图书室的战士习以为常了，就把钥匙留给他，得，你想看到什么时候就看到什么时候吧。就这样，他自告奋勇成了"编外图书管理员"。

凌解放还养成了在厕所"蹲坑"读书的习惯。

他"蹲坑"有个毛病：眼不能闲，时不虚度，必须有张报纸看，有本书翻。他曾经说过，《儒法斗争史概况》《中国哲学史资料简编》《基督山伯爵》是"蹲坑"时读的，甚至《辞海》《诗经》《楚辞选》的某些篇章，也是在"蹲坑"时翻阅了几遍的。

当年的战友们提起凌副指导"蹲坑"的趣事，总有讲不完的话题。有一次，他因为看书入了迷，时间一长，两条腿麻木得使不上劲，怎么也站不起来，他自尊心强，遇到这样的事，不好意思喊人，只好接着看书等人来，可那天也真奇怪，又看了一个多小时的书还不来个人影。没办法，只好静下心来继续看，恍然忘了身在何方，痛苦中倒也优哉游哉。直到指导员找他研究工作，见不到人，通讯员在楼道大声喊，他才回应一声，通讯员帮助把他搀扶回了宿舍。要不是这事，他还不知要"蹲坑"到啥时候呢。

还有一次，他拿一本书，蹲在厕所里忘记了时间，直到看完了几个章节，他心满意足地提裤站起来，突然眼前一黑，咣咚一声栽倒在地。战士们发现凌副指导员昏倒了，赶快把他架出来，文书指挥着大家赶快去备担架，准备往卫生队送，他吁气醒来，挣脱战士们的搀扶，站起来顿了顿脚，故作气定神闲，摆了摆手说："不要忙碌了，我没事，只不过'蹲坑'的时间太长，起得猛，头昏了一下，腿脚麻了，不注意摔倒了，真的没啥事，缓一缓，回宿舍喝点开水就好了。谢谢战友们关心啊。"说完，咧着嘴一歪一扭地走开了，大家啼笑皆非。

听说有人珍藏有中华民国石印版本的《聊斋志异》，凌解放上门恳求借阅，左缠右磨，才得到答允。狐妖鬼怪，痴迷情债，恍若进入另一个世界，他看得心醉神迷不可自拔。因人家催要得紧，他就费心劳神手抄了一本。

他像一只饥饿的羊，到了一片草地，见什么草都拼命吃，那简直叫"羊狼"。如饥似渴孜孜不倦地"吞噬"了大量书籍，既有古籍史书、通俗演义，也有诗词歌赋、外国名著，还有一些收缴的驱鬼堪舆、相面算命的民间奇书，包罗万象。在政治处工作，得天独厚的条件是书多，而且仓库里还有收缴的所谓"坏书、毒书"，凌解放珍惜这个条件，翻出来一股脑都读，古今中外，大量涉猎，读了同龄人很难遇到的杂书，这为他以后创作架构宏大、内容繁杂的惊世之作奠定了坚实基础，能够笔下精彩纷呈，让帝王将相、兵农工商、侠盗妓卜、儒道僧匪、耆老缙绅等众生面目惟妙惟肖，跃然纸上。

读书，成为生活一大乐事。爱读书这一条，他说自己至死不变。有的人不爱读书，视读书为头疼事，他却从中读出快乐，读书入迷，能够达到"冬不觉冷，夏不觉热，不知时间和饥渴"的境地，精神分外愉悦。他举例说，《红楼梦》他就身心浸入阅了数十遍，《红楼梦》是中国古代社会的百科全书，对了解中国古代社会及传统伦理道德等都大有裨益。在艺术上，《红楼梦》也是巅峰之作，阅读可获得最顶尖的审美享受。有的章节，他能随口大段大段背诵。

他反复读《聊斋志异》《三国演义》《儒林外史》《阅微草堂笔记》等文言小说，深入研究其结构肌理，领略其语言魅力，感悟其创作手法，探觅这些佳章成为经典的思想节点。那几年，他物我两忘，静心沉浸一本本著作中，阅读汲取了丰厚的文史哲知识，获益匪浅，脱胎换骨。

干工作，当书虫，凌解放如在世外桃源，恍然不顾世俗还有成家立业之说，抱着"人生事业为重，大丈夫何患无妻"的观念，全没当一回事。一晃，就晃成了个大龄青年，"个人问题"拖成了"老大难"。

他的爱情生活简单平淡，寡然无味，没有罗曼蒂克的故事，也没有追星族们千方百计要挖掘的奇闻趣事，质朴如千千万万的平凡家庭。

在高中及复读时，有两个女孩对他"十分看好"，其中一个利用"红卫兵串联"的机会，跑到湖北找到哥哥凌振祥，藏头掩尾地表明对凌解放的爱慕，意在让其牵线搭桥。哥哥向凌解放提及后，他哈哈一笑，没了下文。凌解放很是心仪一位女孩，长得温婉可爱，性格乖巧，女孩早早有了工作，听从家里的话，对"右派"家庭出身的凌解放爱意初萌就迅速斩断情丝，找了个干部出身、工作单位好、"门当户对"的结婚了。他怅然而退，再不敢奢望"条件好"的，多年心如古潭不泛涟漪。

凌解放所在部队，大山深处，是一个只见阳刚不闻娇柔的男性世界，即使你有贾宝玉式的魅力，没有林妹妹和宝姐姐，爱情之弓拉得再满，也无的放矢。他这时候已在各类报刊发表不少文章，才华初露，引人关注，然就算有司马相如的文才，没有卓文君，又如何创造千古佳话？

1971年夏，凌解放休假回家，父母昼夜不停地为他物色对象，一个月时间，竟然介绍了四十多位，如同打一场"相亲战役"，竟然全军覆没。原因无怪乎这些：人在东北，离家太远；提干年龄偏大，前途没保障；官衔太低，家属不能随军；家庭成分复杂，易受影响；不会花言巧语，忠厚到木讷；人长得一般，不英俊……父母着急，对他不抱高期望，只希望他"有个工作，有个对象，有个家就行"。回忆那段经历，二月河笑说："城市的不好找，农村籍的就中，反正我有工作，转业了也管'安排'。""当时没啥条件，只要有女人愿跟咱就中。""是个女人，不聋不哑，不憨不呆，下雨知道回家就行了。"条件很低，仍然是高不成低不就。

1973年秋，在部队又是两年多没休假的凌解放回乡探亲，经过介绍人牵线搭桥，和赵菊荣见面了。赵菊荣家是南阳郊区农村的，在火车站铁路工程处工作。因为经过了太多的拒绝，凌解放心灰意冷，没抱太多希望，仍然是随意甚至懒散对待。但老父亲很满意这个姑娘，表示"有文化能写会算，勤劳会过日子，是党员政治可靠，这条件我看很好"，催促和安排他俩赶快见面。

那是一个阴雨天，凌解放匆匆赶回来，进了自家院子，发现赵菊荣已经在屋里等候。谈起初见，凌解放印象深刻：她长得并不是非常漂亮，却很秀丽耐看，衣着朴素，穿着自己剪裁的衣服，衬托得身材很苗条，为人朴实，寡言少语，没有像其他姑娘一样见面就问工资多少、存款多少、是啥级别、能否随军等问题，俩人坐了半天也找不到话说。后来，赵菊荣对军营生活感兴趣，嘤嘤问了带兵训练、讲课、与战士相处等问题。凌解放感觉到这姑娘文静秀气，贤淑温婉，能够支持自己，心中很是满意。

"城墙上跑马一搭手手高，人里头挑人就数妹妹好。山畔畔上长的一苗灵芝草，谁也比不上小妹妹好……满天星星一颗颗明，十三省地方挑准你一人……"凌解放忽然就想吼几嗓子山西民歌，可是记起几句词却拿捏不准调。

晚饭后，一家人想陪赵菊荣去看戏，不巧她中途有事要走，在家人示意下，凌解放跟在她身后去相送。俩人肩并肩同走，他局促不安，讷讷无言，只好无话找话，试图消除尴尬。她忍不住扑哧一声笑了："不用送了，你回去吧。"凌解放太老实，听到这话，就像接到首长的命令一般马上停步，木桩样立在原地，"目送离去"。就这么一瞬间，他的真诚厚道朴实无华打动了赵菊荣。不一会儿，她转身折了回来，红着脸问："咱们这个事儿咋样?""没啥!"凌解放爽快地说。"我也没啥。"她也赶快表白。赵菊荣是一个平凡人，却有一双清澈明亮的眼睛：慧眼识人，明辨人心，过目之间，风清月白。

听了赵菊荣的表态，锦心蕴玑却拙舌难表的凌解放心中暗喜：大有希望。

仅一会儿工夫，凌解放回到家，大家赶快问："印象咋样?"他神采飞扬地说："我撇着普通话，谈了十五分钟，妥了。"全家皆大欢喜，哥嫂打趣他，编了一个歇后语："凌解放谈恋爱———刻钟搞定。"

赵菊荣是个勤劳贤惠、聪明能干、纯洁无私和善于经营过日子的好姑娘，她出生在一个大家庭，兄弟姊妹七人，其兄参军提干留在部队，她事实上成了家中老大，上要孝敬父母，下要照顾弟妹，家里家外，她都得拿主意，想办法，并亲自去运作，从而锻炼造就了她善思考、有主见、能吃苦、会处事的生活能力。中学毕业后，南阳修建焦枝铁路，她积极勇敢报名参加了修铁路的民兵团，凭着"一不怕苦，二不怕死"的精神，拼出了一个"铁姑娘"的劳动模范称号，并加入了党组织。铁路竣工，她被特招为铁路职工，通过自学，考取了会计师职称，又由工人转为干部，成为铁路部门的出纳和会计，后来担任财务部主任。

一见钟情，他们都在心中认定了对方。后来，又交往了几次，凌解放回到部队，二人鸿雁传书，互诉衷肠，他文采斐然的锦绣情章时时让她陶醉。双方父母都很满意，就为他们定下了终身。

那些年，南阳青年结婚有物质条件：三间瓦房透花脊，屋里有台缝纫机，腕上锃亮能看时（手表），出门得有自行的（自行车）。赵菊荣生活在城区，她蕙质兰心，看得开，望得远，要的是人，不是物，她不追求这些。这年底，凌解放请了婚假赶回，两家老人召集亲朋好友聚在一起吃了顿饭，赵菊荣就成了凌夫人。那年，凌解放28岁，赵菊荣25岁，都属于大龄青年。

赵菊荣很贤淑，她休假到部队看望丈夫，坐了两天车，到了营区，顾不上花前月下去逛逛，就为小战士洗衣服、拆洗被子。若干年后，来看望"凌副指导"的战友们，还记得身材苗条显得弱不禁风的嫂子，勤快能干，默默为战士们缝洗被褥的往事。

五年之后，凌解放转业回到原南阳市（今卧龙区）委宣传部，小家庭才结束了两地分居。

1982年秋，凌解放应邀到上海开《红楼梦》学术研讨会，受到与会者对康熙皇帝评价的启发，回家后经过深思熟虑，决心发挥特长，专注创作，他把自己的"异想天开"告诉了妻子，征求她的意见。对于个人，对于家庭来说，这都是沉重的考验，艰难的抉择。理解、相信、支持丈夫的赵菊荣没有过多思索，静静地微笑着说："你定下的事儿，只要下了决心，我就支持你，好好写吧。"一句平常朴实的话，显示了她的大气胸襟和远见。

当时，他们住在南阳市解放路小巷仅二十九平方米的两间房里，凌解放为完成宏大目标，进入无我的创作状态，床上地下都铺满了书报资料，几无落脚之地。赵菊荣在铁路财务部门工作，远且较忙，凌解放白天带着无人照看的女儿上班，晚上就蹲在地上汗流浃背地查资料，每晚熬夜写作到凌晨。那段时间，领导在大会小会上批评他"上班带孩子、用公家稿纸写稿子"，见到同事们投过来异样的目光，自尊心很强的他十分难堪。值得欣慰的是，小家庭成为他出击和回防的根据地，给予他坚定的支持。

典型的"贤内助"，是大家对赵菊荣的评价。当时，全家的收入才七八十块钱，要上奉老，下养小，一家人生活过得紧巴巴的，她善于精打细算，要么起大早到城郊早市上买菜，要么专挑下午菜市快要关门的时候去，因这两个时间段的菜价最便宜。为了补济生活，她在门口的空地上种菜，连花盆里都要种几棵葱蒜。她知道，维护好丈夫，就是维护好这个家庭，她爱丈夫胜过爱自己。创作艰苦，费神用脑，得补充营养，她想办法不断弄到凌解放爱吃并且需要吃的肉，一块块全盛到丈夫碗中，自己舍不得吃，凌解放只好再把肉夹到妻子碗里。他们常常为了一块肉夹来夹去，争执不下。现在想来，那是多么可贵的有趣的生活里的花絮。为了使丈夫能多吃到肉，赵菊荣想方设法绞尽脑汁，她直接到郊区农家去买肉买鸡，价钱上能够便宜一些。她到菜市上捡别人扔掉的菜叶，回来在家门口弄个铁丝笼养鸡喂兔子。

赵菊荣是个非常传统正直的人，家庭经济再拮据，宁可默默无闻地苦自己，也绝不贪小便宜。有一次，她抓中药，回家后煎药时，骇然发现中药里竟然有一对金耳环，应值不少钱。当时，饭已经摆在桌子上了，她着急着要还。凌解放说："吃了饭去还吧。"她说："咱吃饭人家着不着急，现在就去。"她的工作扎实出色，颇受好评，被评为"三八红旗手""新长征突击手""模范党员"。领导换了十几茬，她的工作没人挑得出毛病。二月河成名后，有记者来采访，他总爱开玩笑："写写我的'劳模妻子'吧。"

最艰难时，家里舍不得买一台百十块钱的落地扇，只有吊扇，凌解放盛夏创作，汗流浃背，但开电扇就会吹得纸张乱飞，就用毛巾缠手腕，以免汗湿稿纸。赵菊荣在一边为丈夫扇风，凌解放心疼她累，执意不让。她就悄然倒杯水送过去，她知道没必要多打扰丈夫。她只是创造条件，尽己所能支持，让他能够安静地不受干扰去写作。

当时除了吃喝，连点余钱都没有，她也没说啥。贫困的日子充满着爱和欢乐。凌解放为杂志写点史论等稿件挣钱，洋洋万余言，稿费寄来九十二元，赵菊荣拿着汇款单惊喜地说："这么多呀！"凌解放心中黯然：不爱钱的老婆呀，你真是一点也不贪心，没见过世面，这就满足了？我以后要让你拿到更多的钱，过上好日子。他出版作品成名后，尤其是以版税的形式拿报酬，有一次以七位数汇入账户，赵菊荣查收后大惊失色，很是担心："这么多？不会算错了吧？不会出啥事吧？"凌解放得意地笑了："你怕钱多扎手啊？"

他们把自己对工作生活的态度，通过言传身教，传承给女儿。对孩子学习成绩没有过高要求，只要求女儿做到诚实、守信、有善心、不占便宜。一次赵菊荣对女儿说，这件事做好了，星期天上公园玩。女儿尽力完成后，她很高兴，就履行诺言，凌解放这时正紧张创作，惜时如金，娘家也有事打来电话让她回去，但她硬是拉着父女俩到公园里美美玩了一上午，以实际行动教育女儿守信是做人根本。有一次，女儿在街上走，捡了一元钱，很高兴，凌解放教育女儿：不要占他人便宜，不是自己的劳动所得不能要。他又掏出两元钱，让女儿把捡的钱一起投到残疾乞讨者的铁盒里。这些事，春风化雨润物无声，给予孩子很好的教育。

盛名之下，麻烦至多。各家出版社纷至沓来，催促着他创作《乾隆皇帝》。然而，2000年春，正值《乾隆皇帝》创作后期，二月河突然因脑卒中严重而生命垂危，抢救过来后仍半身不遂。

《乾隆皇帝》还没有结稿，正值创作高峰的二月河躺在床上心急如焚，头发一绺绺往下掉，变成了"鬼剃头"。二月河执意不停笔，在病房里，弄块木板置腿上抱病创作。一天下来，全身都麻木得没有痛觉了，赵菊荣只得用毛巾交替给丈夫做冷敷热敷。每次去卫生间换水，她都会心疼得默默流泪，但她劝不住丈夫，只能静静守在一旁。隔一会儿，就要为他翻翻身，活动活动胳膊腿，揉搓脚心。夜深了，她总是在二月河收笔的时候起床，借口说是半夜起来上厕所，其实她是一直等到这么晚，她把稿件整理好，再为他按摩一会儿疲惫不堪的腰身和手臂，服侍着睡下，盼他能多睡一会儿。

命运的艰难时刻，赵菊荣成了丈夫的主心骨。以前生怕他吃不够吃不好，这时候她狠下心来，"勒令"他限烟戒酒少肉，每顿饭还控制他的饮食，逼着多吃蔬菜水果。只要听到什么东西对中风和糖尿病患者有好处，她都要想尽办法弄来。在妻子的悉心照料下，二月河的身体也逐渐恢复。

日复一日年复一年，多年如斯。二月河应酬多，她就夫唱妇随，陪着他全国各地开会、讲学、旅游，主要是做好服务和监督工作，定时定量，监督他少吃肉、少吃甜、少喝酒、少抽烟、多吃蔬菜、多食水果，控制饮食、按时吃药、保证休息……他们共同生活近半个世纪，始终甘苦与共，琴瑟和鸣，晚情弥笃。

赵菊荣是个平凡又非凡的女人，用她的深情，她的细腻，她的付出，滋润了他，浇灌了他，托升了他。赵菊荣是润河的细雨，"山色空蒙雨亦奇"，云雾蒸腾氤氲了大河风情，点滴滋润着大河的浩荡风流；赵菊荣是汩汩的清泉，"泉眼无声惜细流"，汇聚进了大河泱泱。她吃苦能干，她的牺牲和贡献，人们有目共睹。她赢得了二月河最真的爱，她赢得了大家众口一致的好评。

有人开玩笑二月河缺少"桃花运"，他说："安步不必车马，衣称何必狐裘，老妻可以白头。"

赵菊荣的忠诚贴心，使凌解放享受家的温暖。他评价：糟糠之妻。很平常，没有特色。却已经亲密得成为自己的双手，须臾不能少。

第十六章
审时度势"向后转"　不招人喜"愣头青"

少年鞍马适相宜，一腔青春热血沸腾激荡，军旅梦里也曾有"欲将轻骑逐，大雪满弓刀""将军纵搏场场胜，赌得单于貂鼠袍"的绮丽壮观多次出现，幻想拥有"事了拂衣去，深藏身与名"的潇洒英豪，怎奈人生不如意常有，雄心万丈光焰，现实如豆荧光，遗憾壮志总难酬。

几度风雨几度春秋，风霜雪雨搏激流，凌解放在军营已整整十年，系统大变革，人心浮动，他审时度势，检视自我，权衡发展，下决心急流勇退，虽然很是依依不舍，却也只能解甲弃戈，"向后转"了。

在 1978 年的深秋，凌解放脱下戎装，回到离别十载的家乡南阳。

"那时候也有梦，幻想着将星闪烁，光荣门楣。但是一算，别人十五六就当兵了，我当兵已 23 岁，入党晚，提干晚，不是战斗队，后勤部门进步慢，33 岁了才是个副连级，别人二十多就是正连了，身边的同龄人已是团级，这还有啥前途呀？可惜流年，雄心已熄，得了，向后转，回家吧。"看到"前途渺茫"，正好部队划转，凌解放就申请转业回乡了。

关于将军梦，二月河多次在记者采访时畅抒过：那时候在部队，确实有梦想，起码要做一个将军，要建功立业。我从小父亲给我讲过，薛仁贵为朝廷效力功勋的故事。还有郭子仪，挽狂澜于既倒，重振大唐百年基业。父亲从戏文中听得，在我少年时多次讲给我听，让我明白，那才是男人丈夫所为。无奈人生无常，似有定数，很快熄灭了，待回到人文厚重、文风炽盛的南阳，有意无意间，走上了通往文曲的曲折之途，迸发另一片灿烂。

富有生命力的种子，只要有适宜的阳光和水土，就会萌芽成长。凌解放这颗特殊的种子，生命力顽强的种子，回归属于自己的沃土，蓝天下有了阳光和水，就会生长为参天巨木。从此，与此地不离不弃，开启一段叫作"二月河"的傲人岁月。

南阳是个好地方，这是凌解放一生心心念念须臾难舍的地方。南阳是历史文化名城，地居豫、鄂、陕三省交界，秦岭、大巴山守西，大洪山护东，桐柏山掩南，伏牛山驻北，群山拱卫着南阳盆地。这是中国最东端的一个盆地，是人类文明的策源地，四五十万年前，"南召猿人"在此繁衍生息。是楚汉文化的发祥地，是河洛文化、长江文化、秦巴文化和江淮文化的汇聚地，楚风汉韵秦声，其为春秋名邑，战国显郡，西汉时全国的重工业基地，东汉时因"南都"地位，"游戏宛与洛"，成为第二大城市，亦为全国商业、文化中心。特殊的地理位置、悠远的历史渊源，造就了南阳的物华天宝人杰地灵，拥有百里奚、范蠡、张衡、张仲景、邓禹、诸葛亮、张释之、范晔、瘐信、岑参、范缜诸多先贤。是以南阳人文兴盛，文脉绵长。千年以降，先后形成了汉代、唐代和当代三波作家群，溢光流彩了文学花园。

因为优越的地域、气候、物产、文化诸般因素，南阳人形成了安居乐业、安贫乐道、安心做事、安于现状的盆地意识，也存在制约跨越式发展的问题，这也是不争的事实。

当年凌解放转业回乡，有三个方面可供选择：南阳地委行署、南阳市（县级）和南阳县。地委行署级别高，却是"空架子"。南阳县级市，却掌握着市民生活的住房、粮油、煤、电等必需物资，还有化工部第二胶片厂、石油部河南油田、石油二机厂、南阳酒精厂等各类大型国有企业，数不胜数的全民企业，成为人所青睐的好地方，南阳市是当年的全国五十强县（市）。在那个年代，部队转业干部和大学生分配、工作调动，有一市二地三县之别，即优先进南阳市，进不了的，设法到地委行署，实在没辙，就去南阳县。凌解放当时很"入世"，转业安置瞪大眼睛，要追求满足去个好地方。好在老革命的父亲曾任武装部政委，他又符合各项繁杂政策规定，最终被分配到人所羡慕的原南阳市委宣传部。

由部队的宣传干事，到地方宣传部门的科员，应该说是专业对口，轻车熟路，没什么困难可阻，且凌解放是个认真做事的人，骨子里有一种舍我其谁、做即极致的理念，干一行爱一行，研一行精一行，他钻到纸堆里，学习经年的材料，潜心研究工作，发扬部队养成的精神，那工作还不如鱼得水，手到擒来，很快，他能踢能咬的作风，就得到了回馈，所担负的工作，迅速排到了前列，多次受到省及地委宣传部的表彰。

凌解放不是没有向往过仕途。"飞黄腾踏去，不能顾蟾蜍""致君尧舜上，再使风俗淳""学成文武艺，货与帝王家"，自古文人使然，从他作品中的王佐帝师，可以看出他的愿望。"正因为入过世，所以我才要出世。"他曾在创作座谈会上坦白："我原本不想搞文学创作，有想做个'大公仆'的野心。后来我发现要做'大公仆'，某些时候就必须失去许多自己内在的东西。在碰了许多钉子之后，包括个人经历的一些大起大落之后，感到世事没多大意思。"

其实这个"没多大意思"，倒挺"有意思"。

凌解放到了地方，到了新单位，那就是一名"新兵"，马上遭遇了当头一击。事情是这样的：

按惯例每周写材料送地委宣传部，诸如活动经验、工作信息之类，都是这个"新兵"的活儿。凌解放到地委宣传部某科室，送上精心撰写的材料，人家居高临下，两眼不抬，拿出红色铅笔，潇洒地满篇打叉，肆意画圈涂勾，两千多字的材料，删得剩百余字，添加上几句话，而后极其不屑一顾："看看你写的啥球东西，回去，就按我的意思，再改改拿来。"

他立刻脸红蔓延到了脖子，心脏突突直跳。用心写的几页稿子，被涂得一塌糊涂，又勾又画，全稿已看不清楚，如同戏剧演员描画的脸。通篇只有几十个字看得清是自己写的，其余都"模糊"了。

凌解放的自尊心深受打击。没错，稿子就是让人改的，不然就不叫"稿子"。但对己而言，觉得是莫名的羞辱！在部队十年，长期在团宣传部门工作，写了不计其数的稿子，多次上过《解放军报》，经常在省报刊载，上级原文照转的材料不在少数——怎么就一塌糊涂到如此地步，这般不堪？

上级总是掌握着话语权。人在屋檐下，咋能不低头，他怏怏不乐回到办公室，暗暗下了决心：以后一定要出名，成大名，让他们仰视，让别人不能以为领导就可以胡改乱涂，休想！

在单位，他初来乍到，殷勤地为领导打水、沏茶、递报纸、打扫卫生，看上去和普通杂役没多大区别，但已经熟读二十四史及各类经史子集的杂役不多。他放下的也许是身架，但放不下的是念想。他想走创作的路，使自己能够扬眉吐气。

在工作和生活中，他不可避免地遇到了诸多问题和刁难。那时讲究论资排辈，又推崇文凭和年龄。

论文凭，他没有上大学。

论年龄，他已跨过而立，临近不惑。

论资排辈，他刚到这个单位，还属"新兵"行列。

当时地方有一种偏见，认为部队出来的干部，都是"老土""憨粗笨傻"，凌解放长得粗犷豪爽，魁梧健硕，也不符合宣传部的儒雅秀才形象。

如此，他还能把工作做好，受到上级、更上级的表彰。他还顾家，下班就回家做饭带孩子，潜心做自己的事，不与他人在一起吃吃喝喝，无形就触了某些人心中的霉头。

"凌解放，愣头青，咱不和他玩。"

"凌解放，八成货，这人能混成个啥球样？"

"凌解放，你不是心比天高吗，你不是与众不同吗，你不是好学上进吗，你不是'露球能'吗，好，咱逮住机会收拾他、摆治他，让他知道当出檐的椽子不好受。"

出版社来人，凌解放去找当时的领导请假，领导竟然说："一旦出书，你一个人一下子就是几千块稿费，这是一个叫人眼热心动的数啊。"妒忌之色，神态毕现。之后，领导多次在会上批评他"不务正业"。

凌解放听了这些话，苦笑一声，拂袖而去。燕雀焉知鸿鹄志，道不同不相为谋。

他拿本资料书放在办公室，隔两天不翼而飞。

他搜集资料，剪报整理放在办公桌上，不知谁撕巴撕巴扔了垃圾箱，这让他很无奈。

连所谓"圈"中的"文化人"，也从各方面"收拾"他。

"什么二月河，一条污泥浊水的臭水沟，写的什么狗屁东西。"

"二月河，写的纯粹是文字垃圾，现在21世纪了，火箭导弹的年代，还在弄那些君君臣臣，三跪九叩，可笑至极。"

"二月河的水平，也就是《故事会》《故事家》的水平，我从来不看他的作品。"

"二月河的创作，就是抄袭，弄本《清实录》《起居注》抄下来，虚构几个人，塞进去几个故事，他那作品也就是下岗工人没事翻翻，标准的地摊文艺，没啥文学性。"

已经出了书，在社会上有了名声，他准备加入作协，盼得到"圈子里"的认可。有人说，二月河写的是通俗话本，要加入，也不能入作协，到民间文艺家协会吧。他很无语。事隔多年后他才被准允加入作协。

他生病，按规定可以报销部分，领导说："你挣了多么多稿费，还要报销?"他解释："稿费是个人的事，报销是文件规定，两不相干。"领导勉强签字，他后来再未为此类事打扰过该领导。

家人也偶有不满："好好上班吧，咱恐怕不是那材料。"他只好殷勤地接送孩子、做饭、干家务，低眉顺眼，以求"狮吼"分贝低一点，获得一时安宁。

诸事不顺，他不以为忤，迎难而上。他知道，打铁要淬火。冷水淬其锋，使铁更刚更坚硬。审视自己，也需要一次次"淬心"的过程。

他在自我"淬心"中，走向强大和成熟。

1985年，凌解放写完《康熙大帝》首卷，老父亲说："孔子著《春秋》，乱臣贼子惧。"

当《雍正皇帝》轰动全国以后，时任山西省委书记胡富国委派人专程敲开二月河的家门，邀请他还乡。此时，他才真正理解父亲当年话里的含义。

回首再说凌解放当年的人生抉择。

凌解放任何时候都自信，他读了太多书，与之衡量，感觉自己也能写出相媲美的著作，只不过承担大任是沉重的，严守坚持是痛苦的，他可以无惧评论家的批判，却不能坦然面对亲人同事的质疑。

夜深人静，他心神难宁，独自在斗室彷徨，苦苦思索，面临抉择，该往哪个方向走？劣质香烟抽了一根接一根，熏黄了手指，袅袅烟雾笼身，他下定决心：作文。

自忖缘未了，将身许文学，凌解放赖以生存和坚持的就是两个字——热爱，在热爱之下他能放弃原本轻松获得的一切，也能毅然抛弃世人眼里的仕途地位。热爱可产生持之以恒的决心和毅力，热爱使他可以无视周边的嘲讽和重压，热爱使他坚信，此生，只能属于文学……

后来他说，受到打压，咱也只能挨着。那是因为咱太弱小，所以谁都可以践踏。你长高长大了，成功了，强壮了，别人就踩不倒了。

成功是对打击最好的报复。他隐藏锋芒，默默努力着，以更多的艰辛勤奋，获得成功，汇聚成洪流，流淌着，奔腾着，冲破一切阻挡羁绊。

关于打压，南阳辞赋作家周涛曾感慨二月河多年经受的挫折打击，可谓深刻：

> 尝思先生困顿之时，提携扶掖者何微；建树未成，否定压抑者何众！故人言：世无伯乐冯其庸，亦无骐骥二月河，信乎？又云：成就二月河者，非宛城也；光彩南阳者，乃二月河也，信乎？每思及"当代毕昇"王永民等诸君出道之艰危，"当代卧龙"二月河与其颇类，可鉴盆地之才，胜出何其不易也！

后来，成名后的二月河又谈到了这些事，想开了，格外淡然：

"我们在路上，在乎的是这条路平还是不平，前方该往哪儿走。不必在意脚底下有几只蚂蚁，还是几只毛毛虫。"

但内心中，"我历来不大恭维文人，成了文人，又惴惴于自己真的堕落了，变成文人"。始终潜伏一股"暗流"，体现在后来的创作中就是——

"作品中哪个人物一旦红极了，我就'宰'他，或让他掉下来，我让他过不成……"他说，他在那里寻求一种精神上的安慰，"不过，这毕竟是人生的一种悲剧。"

当然，在单位里被歧视，这只是极个别"文化人"的病态，他们代表不了南阳人。二月河回忆且撰文，南阳民众的那种亲善，那种情分，那种好，亲得不得了：

他去散步，一路"二老师好""二先生早""凌主席出来转转哇"不绝于耳，那是呼对门哥嫂、唤自家亲人的感觉，那氛围，就是一家人。

有时他买菜，在卖菜车边拣了一兜，正准备请菜农上秤，菜农会突然来一句："老师，不用称了，这是我自家种的，你带回去吃吧——嗯，这菜没上农药！"

有一次他到白河边淯阳桥头的菜市场买了菜，返家路上觉得手腕子有点酸，就把菜放到街边卖肉的案子上休息，不料刚放下，周边卖菜的、卖肉的、炸油条的小铺老板，还有修理自行车的师傅，六七个做生意的小老板都站了起来，有人说："二月河老师，我的自行车就在这里，你把菜放上去我帮你带回家吧。"

许多次出去吃顿早餐，没想到刚准备结账，就有年轻的文友，相识的，不相识的，似曾相识的，已付了钱，说声："凌老师，慢走啊，下次再见。"

一顿早餐，费用并不多，他当然不差那几个零钱，这份浓浓的情谊，让他不好意思、感动，深怀了对这座小城的热爱。

因为城区面积不大，越发可以清晰照见南阳小城民众的聪慧、善良、简朴、互助的这些品性，似乎混在空气中，洋溢在血液和筋骨里，似乎都认识又似乎都不认识，挤在一处过日子。人和人之间好像都有某种亲情和熟知，不由得让人产生一种格外的温馨和贴切。二月河很享受这种有人情味、烟火气浓的生活。

省外记者问南阳人为什么这样善良，他回答："南阳人聪明，懂得善来善去。"他看重南阳人的朴实厚道，这份不呼自到的亲情。

未成名时，凌解放穷愁困顿，饱尝了太多的冷眼与酸楚。他的探索是盲目的，无助的，艰难的。凌解放的"凌"云之志，其味谁"解"，又何处可以安"放"？

长得五大三粗，像个屠夫，但他确是具有慧根，有着通透的心，他跋涉凄风苦雨，雄心不曾浇熄半缕。虽然青年时期，成长环境逼仄难堪，高才久屈，但他懒得装可怜，更不愿矫情地自怜自伤，他的内心自有他的高贵，有睥睨世俗的精神阔气。他活成了一尊赑屃，矢志不渝，负重无悔。

"人生到处知何似，应似飞鸿踏雪泥。"大多数人的人生莫不如此。凌解放不愿意碌碌如此，他要轰轰烈烈，在人生旅途中留下什么。

他认为眼光得向外，仅靠写材料是不行的，写机关的"八股文"，成功的概率太小，得跳出去，看外面，才能让锥子"露尖"，显示"才华超群"。

他转业初到地方，因未分房，就住在在火车站工作的妻子的宿舍里。得知这车站一带的高岗叫百里奚岗，这上边就叫百里奚！他读过《东周列国志》，百里奚是其中很要紧的一个人物，百里奚的住地就在附近？赶紧到文物单位去查，到图书馆去阅读资料——丝毫不假，就是东周的那个百里奚！他住的这个岗就是百里奚牧牛的地儿，地以人名，叫"百里奚"，南阳城向镇平县走的国道就坐落在岗上面。百里奚就这样进入了眼帘。这个级别的历史人物在南阳数目不少，但这个人是春秋时期重量级的人物，对秦国历史乃至世界历史都有重要影响，他不一般，他是传奇！

现地名仍叫百里奚路，在南阳的西郊，当年是城外百姓的庄稼地，岗上环境恶劣的地方，仍是一片白茅野地，中间还夹着串珠似的池塘，周边都是连天衰草微起微伏于地。先贤为什么会选这块土地作为那再起的蛰伏处呢？凡事怕动心思，肯动心思也就明白了。当时列国除了秦楚，韩赵魏申郑齐列国都在争夺人才，百里奚选在南阳西岗，是在这里等待，等待着哪个国家有邀请他的诚意，然后决定去向。什么五张羊皮呀，什么押送唱歌呀，都证明了这一点。首选是楚国，但秦国比楚更诚恳更真实，于是百里奚转而一心向秦去了。

躲在这里放牛，应该说，在百里奚心目中，落脚楚国的意向多。因为从这里到楚国，只要从百里奚岗上下来登船向白河，然后过汉水，就走上了通衢大道。可事实上，如果按战俘押着，一条路走宛洛古道，再西向入秦，便利一点说就从此地西行进入商洛武关也入了秦。然山路狭隘，坎坷曲折不易西行。所以路上教会押送士兵边唱歌边行走，走得有劲持久。这里可以从侧面看到百里奚的政治智慧，不动声色地在兵士中灌注乐观主义情绪，在春秋时期政治家的经历中算得上一个创新呢！百里奚的老伴也可以说是个智者。她在最终会见百里奚时，操琴而歌："百里奚，五羊皮。忆别时，烹伏雌，炊扊扅，今日富贵忘我为……"幽怨歌声道出往事，百里奚惊喜下堂相认结发妻，构成了动人的夫妻、父子亲情会面的千古绝唱景观。而秦香莲公堂认夫，被陈世美断然否决，这个负心人就被包拯铡了。从百里奚身上，可见南阳人的忠诚有情。

百里奚凄楚和悲怆的经历、先进与壮观的政治经络、树建功勋和人性完美的完整场景，把奇迹与现实巧妙融汇在一起，演出了一幕创时代、创新业的壮剧，也为后人留下了无尽的思索。

凌解放发现当时的《河南日报》刊登中州人物，很醒目的一块，便写作一篇《百里奚》，有自己的独特观感，呼吁人们应该记住这个人物这个岗，为大美南阳里的大美人物留下一席历史封地。很快，《河南日报》便大篇幅刊登了。

这篇文章，其实显现了他俯仰天地、纵观历史和体察世情人心的能耐。

凌解放是较早挖掘宣传百里奚的人。靠着实力，这篇文章引起了一定反响，连地委领导也在打听："这个凌解放是谁？写得不错。"激发了他回乡后最初的创作欲。

随之，他又写作了几篇反映南阳文化的散文。受地域局限，产生不了太大影响。

他的目光盯住了中国古典文学的顶峰《红楼梦》。

那时单位订阅的报刊很多，图书室里有《红楼梦学刊》，他偶然看到了，觉得这个国家级刊物，很神秘，独特，大气，光芒，也往上凑一凑。

"宣传部里订阅了全国很多杂志，有数十种的样子吧。为了寻找一个出版或写作门路，我把这些杂志全部摆放在长条桌上，依次一本一本地审视分析，最终我选中了《红楼梦学刊》。"

凌解放这样一个魁梧粗犷的北方汉子，生活中的所有爱好，除了喝酒、抽烟，就是读书，以及漫无涯涘地做梦——废品站捡来的一部《红楼梦》，他几乎翻烂成了小孩的尿布片子。

凌解放对古文化有天然的痴爱，小时候就偷看过《红楼梦》，青年时挖山洞建国防工程，没地可逛，无聊时就读《红楼梦》，现在又捡来看，前后看了十余遍，为投稿，重新掂起来，那是得心应手。

他希望把自己多年"囫囵吞进肚"的书梳理一下，寻觅新的写作突破。他潜心研究红学，写了《史湘云是"禄蠹"吗?》《凤凰巢和凤还巢——另一个王熙凤》等一系列有独到见解的论文，后来发表在《红楼梦学刊》上，受到赏识，更加勤奋写稿，接续发表，被吸收为中国红学会会员，又成为河南最年轻的理事，后来，由"研红"转到"小说"。

之后"弄"康熙，成为著名作家，并非阴差阳错，不是偶然的，有地域文化影响的因素在里面，也是他努力精进再掘一寸，善于从石头缝隙里寻找阳光和出路的结果。

他"想上国家级刊物"，"想整出名来"，跻身能够出书的作家行列，就把研究《红楼梦》作为突破口，由此豁然开朗，进入了清史的广阔天地。从研究红学伊始，继而对清朝发生了浓厚兴趣，拿起了笔书写属于自己的华彩世界。

很多人都以为二月河是专门研究红学出道的，但他表示，这是一个大大的误解。当时只是为了找出路，找平台，找方向。创作剧本和小说，先寄……再投……又献……复奉……望门叩谒，竭蹶自献，不是杳如黄鹤就是拒之门外。他其实本就未打算终身泡在"红楼"这个学界里造出什么新的红学论点的。一般人一步一步从小学走到大学毕业，沿着一条铺满鲜花的道路走向成功，叫"软着陆"；像二月河这样没有这个条件，好像坐在高空飞机上，也不用降落伞，眼一闭跳下去，叫"硬着陆"……他想借用《红楼梦》这个平台实现自己"硬着陆"的梦想。

回想起昔日的压抑、辛酸、苦闷和无奈，真是不堪回首。在刊物界、新闻媒体编辑中，一个稍微熟悉一点的也没有。写出文章给谁？谁用？找哪个来为他出书？当时二月河在文学界毫无知名度。"如果一个高中生拿着《康熙大帝》走进出版社，也许编辑看也不看就塞进废纸篓，但是红学会的会员拿着《康熙大帝》给编辑看，人家可能就重视一些。过去无论在出版界还是在报界，我都没有杯水之交的朋友，没有这种交往，凭什么要出版社相信你。"二月河如是说。

他不胜唏嘘，悲从中来，不可断绝。每位成功者光彩的背后，都有不尽的血泪和无人知晓的拼搏黑夜，这才是生活的本真和人生的原稿。

第十七章

破烂溜丢视珍宝　定题"大帝"敢为先

假若人的一生，能够像翠竹一样，分成相对清晰的枝节，二月河的人生大约可以分为四个阶段：

1945 年 11 月至 1966 年 6 月，懵懂求学阶段；

1966 年 7 月至 1982 年 10 月，奠基积累阶段；

1982 年 11 月至 2000 年 8 月，喷发创作阶段；

2000 年 9 月至 2018 年 12 月，收获梳理阶段。

不可否认，从 1982 年 11 月至 2000 年 8 月，这如火山岩浆喷发、激情蓬勃创作的 18 年，是二月河人生至为重要的 18 年，是中国小说重要收获的 18 年，是 20 世纪 90 年代长篇历史小说二月河时代得以形成的关键时段。

现下只要研究涉及凌解放当年最初的长篇小说创作冲动，无疑就是 1982 年，在上海师范学院（上海师范大学）召开的第二届全国《红楼梦》学术研讨会。各类论者言辞凿凿，包括十几年前笔者为了细节描写的需要，也是这样还原场景：会上，大家由《红楼梦》说到曹雪芹，说到曹寅，联想到曹寅为之伴读的康熙，座中有学者摇头唏嘘，康熙 8 岁登基，15 岁除鳌拜，后撤"三藩"（吴三桂、耿精忠、尚可喜），收台湾，败沙俄，平噶尔丹叛乱，安抚漠北，会四国外语，治河疏水，重视民生，为康乾盛世奠基立柱，如此雄才大略富有作为的皇帝，至今竟然没有一部文学作品来反映他。座中人一时无语，冷场中，37 岁的凌解放热血冲脑，激动难抑，情不自禁腾地站起，像接受军令的战士一样，拍胸明志，铿锵有力：我来写。从此凌解放就开始了扬名文坛的《康熙大帝》的创作……

这些文字绘声绘色，细致入微，形可观，声可闻，色可察，如同现场描摹。可实际情况到底怎样呢？我曾当面采访印证真伪，先生只说了两句话："你可要知道，那是啥场合，能轮得上我说话？""我已经奔不惑之年的岁数了，还能怎'日冒'？"算是为此疑问给了答案。的确，当时是全国性会议，大家云集，名人荟萃，尤其是红学研究尚未普及，存在着京城名家圈和全国高校教授的学院派阵营，哪有来自中原边城的一介机关小职员、一个圈外业余作者去表态置喙？是以寂寂无闻的凌解放在现场，唯有"洗耳恭听""俯首请教"，不可能当场"表演"，再加上南阳人历来含蓄，内敛，低调，性"面"，柔善，事做五分，话只三分，甚至只说一分。可以想象的是，凌解放当场听到这些大家随口道来的闲聊，提醒了，点明了，破题了，如同挑开了一个突破口，让他胸中奔涌的文学岩浆得以迸发出来，如同一场春雨浇灌透墒，他文学的竹笋由此破土而出。

但我还愿意在以后的文字中，采用过去的写法，让凌解放腾地站起，声震屋瓦：我来写。这样描述，虽然有违事实，但凌解放创作皇帝系列，大事不虚小事不拘，我也愿意"不拘"，这样有现场感，代入感，更符合青年凌解放那种"天不怕地不怕、天王老子又算啥"的睥睨一切的性格，那种敢为人先舍我其谁的昂扬和劲头。

从上海回到南阳，凌解放认真思考了。他并不是生活在真空中，也有强烈的前途出路想法。他衡量自我，危机感突生，自己年近四十，该不惑了，在年轻人遍地的机关，文凭吃香的单位，年轻化、知识化呼声愈来愈响，在机关苦熬资历，想来也能熬成个副部长或出去到局委办当个书记局长类，科级基本就是仕途天花板了，即便到委局里当"一把手"，可那样的人生有啥意义？自己苦读了十年书，有这个基础，一直想"舞文弄墨"，那就为他人让路子腾位子，在创作上去拼杀出一片新天地来。

在"实践是检验真理的唯一标准"盛行的社会，确实给人一种"松绑"的感觉。但是，康熙到底能不能写？凌解放一边琢磨，一边查找资料："中华人民共和国成立初期共产党人肯定的五十九个历史名人里就有康熙。党和政府认可，方向一致，可以写。"他终于定下心神，确定了写作方向。

凌解放知道，要创作，必须是杂家，尤其是历史小说，不仅要深谙历史，还要做到上懂天文，下通地理，中知人心，得风物兼有，了解三教九流、市井人情、五行八作，无所不备；具有合理的知识结构，才能驾驭题材，创作出合乎历史事实、顺应时代需求、读者沉浸爱看的优秀小说来。

要创作先得掌握资料，凌解放当时对康熙的情况知之甚少，他就着一盏昏黄电灯，甘作"挖掘工"，在历史深处洞幽探微，探赜索隐，勤于耕耘，刻苦攻读。高密度和大纵深地涉猎清史，他看书入迷，曾一脚踢在石头上，指甲盖破裂，鲜血直流；还曾头撞路边树，惹得行人笑其"神经病"。为了看书，他多次在书店被不耐烦的店员夺书赶走，被图书管理员遗忘关在馆中，自己仍不知晓。每天不停地搜罗"本纪""世家""列传"之类，但还是不能满足，凡是书就读。他大量、专门、系列地搜集清代资料，什么《清代笔记小说大观》《清朝野史大观》《清稗类钞》……连清人当初的日记统统都搜集，包括宫廷礼仪、皇帝衣貌、食膳档案、起居注等，不管正史野本、戏曲小说、日记随笔、经商理财、俚语方言、风俗故事等，有的有个封皮儿，有的没有，既无头也无尾，烂得像用久了的尿布片子，无所谓，统统收集到手，能买就买，能抄就抄。他在各种场合找，在朋友家里觅，走路时看到一张纸、一本旧台历，上头只要有觉得有用的文字，都会高兴地收集起来。

白驹过隙，凌解放说起创作之初时的搜集资料，仍记忆犹新感慨颇多。"写历史小说不能没有历史背景知识，我写的不是架空或穿越的幻想小说，而是依据真实史料的帝王系列，需要阅读大量的清人笔记。究竟读了多少已经记不清了，肯定不止几百万字。""我摘抄、剪报的资料，得用好多个麻袋装。"

读书读到后来，其实一片混沌，只记得几个片段情节，写的是谁，著述人叫啥、何时出版、定价几何，统统都懵懂。然而，就是这般囫囵吞枣地读了去，居然也得了不少的文史哲综合知识，有条件系统地连缀贯穿一下，就成了有用的知识。他说，读书不求甚解，用时就会灵感闪现。

"深心嗜古，博求远购"，为尽可能多地搜集积累资料，凌解放成为废品站里的常客。这是20世纪80年代初的故事。在他家门口，民主街南端临近城墙根地儿，有一处供销社所属的大杂院，院后空旷无物，改造成大棚，堆着废铜烂铁、钢筋铁丝、塑料盆桶、骨头破布、旧书报刊等破旧物件，作为废品收购站的仓库。

隔段时间，总有一位魁梧敦厚的年轻人，亲热地给看门师傅递烟，笑谈几句，就到旧书堆里东翻西找，挑挑拣拣。累得满头大汗，挑出一捆自己满意的古籍资料，到业务处仨核桃俩枣地付点钱，喜滋滋怀着丰收的心情拎着成果回家了。

这年轻人就是凌解放。他看"破烂王"往这儿送由千家万户处收的废品，心想肯定有许多有用的东西，找到堆料处一看，真是踏破铁鞋无觅处，得来全不费功夫，他喜出望外。随手一翻，翻出了一本《普希金诗选》，再翻，《鲁迅的故事》，这本20世纪50年代印刷的书，他还是第一次看到。他接着翻，《李自成》《野火春风斗古城》，再扒拉扒拉，居然有几本《阅微草堂笔记》《红楼梦批注》《国变难臣钞》等清人著作，凌解放是个嗜书如命的人，工作人员见他爱不释手，指着小山似的一大堆旧书烂报说："爱看书是好事，看有没有你满意的？你需要什么，随便挑，尽管拿。这些旧书是论斤收购的，五分钱一斤，值不了啥钱，拉到纸厂打浆都糟蹋了，你喜欢都拿走吧，也算没有糟践了圣人心。"凌解放一听，真是感动着又乐开了心花。

凌解放喜悦地点点头，顾不上多搭话，一下子扑到了书堆上，兴致勃勃地挑选起来，他一摞摞地翻过来倒过去，从中拣出自己属意的书。转眼半天过去，凌解放依然一头扎在书海里入迷忘我地寻觅着，挑拣着。师傅看日已偏西，就去催促，看到凌解放在书堆中满头汗水且灰头黑脸的滑稽模样时，不禁大笑起来，凌解放摸一把脸，手脸俱黑，像李逵赛张飞，自己也不禁嘿嘿笑了起来。就这样，凌解放仅用几块钱，就买了数十本非常有用、平常很难遇到的书。

自此之后，凌解放便成了废品收购站里的常客，有闲暇都要去翻拣一番。他对那墙角满堆的铜钱古币、佛像罗汉、大刀古剑等不屑多看一眼，只搜罗自己要的清代文史资料。他挑拣了《纪文达公遗集》《聊斋志异》《曾文正公嘉言钞》《子不语》《儒林外史》《南山集》《食货志》《盐铁论》等，拿来大啃一通，甚至还有《三圣经灵验图注》《推背图》《奇门遁甲》《三命通会》《柳庄相法》《玉匣记》《鬼谷先生射覆歌》《鬼谷子天甲兵常穰术》等五花八门的奇书，他都收集起来，研读得津津有味。现在这些风水、面相、杂要的书被视为"坏书"，但他认为，只要能够甄别为我所用，就能开卷有益。

时间长了，收购站的师傅们知道这个年轻人正在"攻"清史，"整"康熙，"弄"雍正，很是欣赏和敬佩，也乐意帮助他，新近收了书报，或有什么难得一见的资料，总忘不了特意堆放在一边，等着凌解放这个"常客"来"过过目""经经手"。

就是这般晕头晕脑地狂热阅读和搜集，凌解放积淀了丰厚的文史哲素养。创作小说时淘洗、梳理、辨析之后，巧手剪裁一下，就化腐朽为神奇。在他的皇皇巨著里，有国家中枢的廷对奏议、宫中礼仪及食膳起居、俊才秀士的吟风弄月、侠妓盗卜等三教九流，包括琴棋书画、观相占卜、中医愈疾、说唱卖艺、引车卖浆等清代社情风俗，细致到那时候一斤豆腐多少钱，纯度为百分之十到百分之九十九的银子怎样识别，一块铜板能买几个窝窝头……这些"陈谷子烂芝麻"在笔下皆活灵活现，栩栩如生。可以说，废品站里的搜罗积累，成为他创作宏大繁杂的"落霞"的块块基石。

甚至他出外游玩，看到庙宇碑刻楹联、荒野坟茔墓志铭等，都要研究一番，随时抄录。数年间，他趴在方桌上，在裁下的牛皮纸上，一字一句地集录趣闻逸事，民间传奇。他白天带着女儿上班，晚上奋斗在陋室里，铺上满地报刊书本，汗流浃背蹲地查录资料。如果没有那时奠定的读书基础，只知道清朝的一些历史，是没法子创作小说的。

"要整就整大的"，决心甫下，时不我待，只争朝夕。凌解放雄心勃勃，开始了孜孜以求的长篇创作。大院里嘈杂拥挤，孩子们在路灯下抽陀螺、跳皮筋、跳房子、丢沙包，尽兴打闹，耳朵充斥着孩童的喧嚣，凌解放心静如水，分外清醒，他摆脱羁绊，决心开辟一条与众不同的路子。

1983年乍暖还寒的初春，他埋首一摞摞书、一沓沓资料间，呵着手，郑重地在稿件上写下：

> 顺治十八年正月，是一个寒冷的冬天。刚过完年，一群一群的叫花子像从地下冒出来似的又开始沿街乞讨。北京城哈德门以西的店铺屋檐下、破庙里挤满了这些人。一家家、一窝窝在城墙根搭起了破庵子、茅草棚，竟有长住下来的意思……

轰动文坛的清帝系列小说滥觞由兹肇始。

举笔伊始，首遇一个天样大难题，一个凶狠的"拦路虎"。可以写康熙，如何写康熙？该怎样定位康熙？这是破题主旨，对于作家来说，这是根本，是基础，搭梁立柱，才能柱天踏地，处理不好这个问题，根本无法去建构创作。

虽然学者们话语上早就肯定了康熙，但那是"说说"，不足为凭的，扭转身便可以不予承认。而写下来，成为文字，是"立字存照"，"不容抵赖"的，"一字入书文，九牛拉不回"，让人颇费思量，迟迟难下决心。

凌解放多方搜集资料，全方位深入了解康熙，他发现，康熙竟然如此云水胸襟，雄才大略，对中国贡献甚巨。

康熙8岁登基，14岁亲政，15岁庙谟独运除鳌拜，19岁乾纲独断，决议"削藩"，27岁"三藩"平定，三次亲征噶尔丹，解决了台湾问题，剿除了新疆叛乱，抚绥蒙古，亲赴塞外主持多伦诺尔（今锡林郭勒盟多伦县）会盟，使喀尔喀蒙古完全臣服朝廷，加强了中央对蒙古高原的统一管辖。中央任命藏官"噶伦"，管理西藏政务，设驻藏大臣，代表中央监管西藏地方行政，进一步加强了对西藏的治理。把北部和西部几个少数民族凝聚在中华旗帜下，结成命运共同体。勘定中国现在的版图基础，叫《皇舆全览图》，保证了国家不分裂，金瓯一统，共克时艰共创机遇，共同走向繁荣发展。康熙是一个在权力和政治旋涡中运筹帷幄、力挽狂澜的伟大帝王，当时封建制度高度成熟，把先进治国理念建立起来。他重视修典，组织人员撰书，我们现在还用《康熙字典》。编纂《古今图书集成》《佩文韵府》，延续了中华文化。康熙修明政治，疏浚河运，水利兴农，发展经济，改善人民生活。康熙睿智通彻，博学广闻，是数学家、诗词家、天文学家、书法家、医学家，懂建筑、善书法、音乐，爱好创作诗词，数学水准很高，定名元次根，精通四种外语（有资料认为是七门语言）。他是发明家，到河南去视察治黄工地，都是用自己制造的测量仪器，还写了一篇地震论文。此人放到现在，也应是空前了不起的院士级知识分子，学术界已经认知了康熙是当时的第一学者，对文化、教育、科技、经济发展做出了重大贡献。

从关外的"蛮夷之地"来到文化源远流长的中原，从武力取天下转入和平建设时期，这位满人皇帝顺应形势，完全折服于汉文化，成为孔孟忠实信徒，把孔子的书当作经典来拜读了，他到曲阜孔庙，没行师礼，而是行三拜九叩最高礼仪，推崇儒学，尊师重教，努力推进孔孟之学在全国的传播。康熙深入研究程朱理学，不断阐发其微言大义，自成一家，成为程朱理学的权威。组织编撰《朱子全书》《周易折中》《性理精义》等书，亲自作序。并率先示范，把孜孜求学与为政紧密结合，取得了先辈不曾有过的业绩，同时把自己造就成一个多才多艺者。在其倡导下，朝野满汉，向往圣贤之学一时成为风气。康熙取缔殡葬恶习，尊重生命，建立实施了一系列有益民生、促进发展的制度……

削藩平叛，康熙深知人心向背的重要，"古来定天下者，必要网罗贤才为要"，"治天下之道，莫大于用人"，推行博学鸿儒特科名为"揽才"，实为"揽心"。荐举优异，皆老学素望、名重一时者，山林隐逸也由地方官安车蒲轮，束帛加璧，送到京城，即使故意试卷答得驴唇不对马嘴，也中举授予官职，赐宴优待。到金陵拜遏明孝陵，向明太祖朱元璋行大礼，表达对前朝的敬仰，当众下令，命人精心看管保护好明朝历代帝王陵墓，百姓十分感动。许多原来抱有对立情绪的遗民士人，从此态度软化，甚或俯首称臣。"欲正其心，先诚其意"，解决了当时满汉间的民族矛盾问题，促进了民族团结，使天下归心。此举虽为稳定时局，但也说明了康熙重视知识和人才的态度。康熙不再修筑长城，认为仁者无敌、天下无疑，树立了争取民心、本固邦民的思想，"守国之道，惟在修德安民，民心悦服则邦本得，而边境自固，所谓众志成城者是也"。康熙被称为明君圣主、"千古一帝"，并不是浪得虚名。

二月河对康熙溢美评价的同时，也说明了其缺陷和不足，康熙过于尊崇儒学，达到了痴迷的程度，其视野里，中华文化的崇高地位从来都没有动摇过，过于"尊中慢洋"，从骨子里轻视西方"蛮夷文化"，使中国在三百多年前失去了一次与西方文明交流学习的机会，也使得中国丧失了一次强盛腾飞的契机。"康熙时代，开海禁二十多年，突然把海禁又封起来了……如果开海禁政策不停，西方的那种文明之风能够早一点通过商贸来往流入中国，中国的工业革命能够相对地与西方走向同步，将来可能会发生改变。"

《清史稿》对康熙皇帝的评价是：

> 圣祖仁孝性成，智勇天锡。早承大业，勤政爱民。经文纬武，寰宇一统，虽曰守成，实同开创焉。圣学高深，崇儒重道。几暇格物，豁贯天人，尤为古今所未觏。而久道化成，风移俗易，天下和乐，克致太平。其雍熙景象，使后世想望流连，至于今不能已。《传》曰："为人君，止于仁。"又曰："道盛德至善，民之不能忘。"於戏，何其盛欤！

用《康熙大帝》中勤谨无我、孜孜不倦辅佐数十年的贤相张廷玉的话：

> "岂止是明君！"张廷玉冷笑道，"乃五百年一出之圣君！前头的文武功业不说，即学问一道，能诗词，会书画，辨八音之律，通七种夷语，算术几何登峰造极，自测黄白二道，精天文，明地理，撰数十篇学术文章，即医理一道恐也不次于你江村！江村学有五车之富，无书不读，敢问：即主子不是皇帝，你比得过他么？"

凌解放以敢为人先的气魄，确定了"大"的理念，一道破空而行的闪电，掀开尘封历史的第一铲土。至此，在全国首次叫响了"康熙大帝"的名号。

当时虽然已是改革开放，但思想僵化的坚冰尚未完全消融，"一个作家（浩然）两部奇书（《金光大道》《艳阳天》），全国共看八部样板戏"，按照政治正确，皇帝是落后的，腐朽的，没落的，皇帝是封建君主、地主阶级的总头子和代言人，需要打倒在地踏上一脚万世不得翻身的，要持批判态度，根本不允许作为一个正面人物来描写和颂扬。全国没有一部作品，敢去客观正面反映皇帝、去赞颂皇帝的业绩。果然，后来《康熙大帝》第一卷《夺宫》初稿刚出，编辑审读时，就要求他删改，一定把康熙的阴险毒辣、残忍暴虐写足。为什么这样要求？其时在思想还没有足够解放的人的意识中，这样写在政治上不会出错。

凌解放善于思考，有独立思维辨识力，有敏锐的思想洞察力，他以历史发展的巨大勇气和知识分子的强烈担当意识，勇开思想先河，高居时代潮头，冲破思想禁锢，做到前瞻和敢于破冰，坚持自己的创作理念。凌解放说："康熙雄才大略，为中国历史做出过大贡献。""我写康熙大帝，就要把这个'大'字写足。"难能可贵的是他经过缜密思考，坚持了自己的创作理念：凡是在中国历史上对国家统一、民族团结有贡献的，凡是在中国历史上对提高当时的生产力、提高当时的人民生活水平有贡献的，凡是历史上在科技、文化、教育等领域里做出过贡献的，就给予歌颂，不问出身，无论皇帝还是太监，高官还是平民，只要在自己的领域做出过贡献，就要把他们当作正面人物来写。凌解放的创作理念和成果，广泛影响了中国历史小说的创作进程。书出版后争议四起，就是现在仍闻批判声。

后来，二月河研究学会广泛商讨，征求作家、文化学者、研究专家和社会各界人士后，拟定的二月河文学精神，领句即是"敢为人先"。其"落霞"系列作品，在文坛都有一马当先的意义，都贯穿着敢为人先的精神。

现在读者看《康熙大帝》，感觉习以为常，回望20世纪80年代初，思想桎梏未全打破，社会的意识坚冰刚刚解冻，多数人如履薄冰，仍处在观察状态，是凌解放先声夺人，先我着鞭，在1983年的某日，以其特有的"二体"，写下了"康熙大帝"，成为叫醒黎明的第一声鸡鸣，拉响启航新征程的第一道汽笛。

题目突破了，四梁八柱立起来了，可以砌墙抹灰，任意装修了。但是，可以写，要怎么写，尤让人踟蹰了。

康熙抚有天下六十一年，是中国历史上在位时间最长的皇帝。如此长时，其间有那么多的政经军文等事件，多少惊涛骇浪他都能从容应付，用非凡的智慧和绝对的权威为康乾盛世的形成拉开了良好的序幕。他在位期间励精图治，丰功伟绩，辉煌的经历如何去叙述表现，不能成为流水账，二月河以跨越时空的高度，俯瞰历史长河，在搜罗一切可以考证和借鉴的历史文献资料后，充分张扬自己的创作自由，以雄厚的文学修养和历史认知，筑就极为宏大的小说架构和深广的叙事规模，以重大事件为隔板，把康熙的执政人生，划分为四个时期：

剪除权臣夺宫初政时期：康熙刚刚即位，当时有四位首辅大臣，鳌拜居功自傲，专横跋扈，图谋造反，少年康熙于不动声色中沉稳谋划、断然拿下。

镇压"三藩"之乱及熄灭反清复明邪教时期：此时"三藩"尾大不掉，威胁皇权，不听中央指挥，最后发动叛乱，康熙撤藩及平藩。

平复新疆、蒙古叛乱，北境靖边，国内政治大治时期：康熙大刀阔斧整顿国内政治，治理黄河，稳定人心，恢复经济，收复台湾，安抚北境，平准噶尔部叛乱，金瓯一统。

两废太子及诸阿哥各显神通争位时期：康熙的十几个儿子中，主要是九个阿哥为了争夺继承权，进行明争暗斗，最终八贤王落败，冷面王胤禛胜出。

《康熙大帝》着力刻画了康熙一朝的重大历史事件，用生动的艺术形象，突出表现了康熙在各种矛盾的旋涡里运筹帷幄、力挽狂澜的英雄本色；肯定了他在中国历史发展的关键时期，为统一祖国、开创王朝鼎盛局面所做出的功绩，也指出了作为皇帝的康熙因个人性格缺陷和历史局限，给中国历史发展带来的负面效应。作品情节飞湍流瀑，跌宕起伏，既惊心动魄，又妙曼宜人。

《夺宫》为《康熙大帝》系列首部，小说由顺治大行康熙冲龄践阼，有祖母孝庄支撑，以索尼、苏克萨哈、遏必隆和鳌拜四人为辅臣。大臣或为三朝元老，或救过先皇，各成朋党，相互掣肘，自然不会格外忠诚侍奉孤孙寡奶。鳌拜自恃功高，待老臣索尼病死后，拉拢遏必隆，处死了不与他合作的苏克萨哈，更是朝政独揽，经常咆哮金殿，强制康熙屈从其意愿。康熙14岁亲政，但鳌拜拒不还政，结党营私，拉拢死党，图谋弑君自立。康熙形如傀儡，且险象环生，整个朝廷被别人掌控。但康熙聪慧早熟，虽受人摆布，却坚忍待变，思谋良策。一方面秘密拜落第举人、江南才子伍次友为师，勤奋学习历朝皇帝的治国经验，另一方面又以贴身侍卫练功习武为名，暗中培养起自己的势力。

康熙和鳌拜集团经过了几番明明暗暗的较量，矛盾日趋尖锐明朗，图穷匕见你死我活的揭牌亮底已是一触即发。康熙八年（1669）五月，少年天子经过周密的筹划，在毓庆宫单独召见鳌拜，利用身边侍卫，一举擒拿了武艺高强的鳌拜，并将其党羽一网打尽。从此，康熙亲执并牢握皇权，为立彪炳史册功业、振兴王朝打下了坚实的政治基础。

今天说到康熙，相信很多人都会想起"大帝"这个称谓，确实如此，其大帝形象已深入人心。但在数十年前，思想尚未完全解放，写皇论帝的领域仍是雷区，凌解放定性"大帝"，没有先例可循，犹如完全独自在荒野的黑夜中行走，或许前方根本无路可走，或许道路没有尽头。

在冰凌刚融、求新图变的时代，凌解放以峻绝之姿，在没有发令枪、没有裁判、没人喝彩助威、不敢奢望有人颁奖助威的情况下，率先从马拉松般的长篇历史赛道起跑了。

凌解放手执椽笔，开启了"落霞"三部话帝王、一川云烟二月河的显曜文学生涯。

第十八章

风华初露闯文坛　剖析肌理有"秘籍"

11 月是凌解放呱呱诞生的日子，亦是二月河横空出世的日子。

1985 年 11 月，雅黄色封面上署名"二月河"的《夺宫》，在黄河文艺出版社面世，成为"落霞"系列的开山之作。或是为了与后面作品协调一致，能够迎合读者口味，更加文艺典雅，再版时取四字词语，更名为《夺宫初政》。

这是凌解放成名作的首部，也是至为艰难的开篇，但初试啼声，就一鸣惊人。他颇有悟性，初出茅庐闯文坛，风华初露第一卷，就摸索掌握了独有秘籍，获得巨大成功。

后来二月河谈到创作收获和感受，坦诚地说了"五字方针"：一是"抄"，重大历史事件、关键人物、时代背景必须予以尊重，要照抄不误，书必有据，不可随便"戏说"。二是"偷"，要借鉴古今中外名人名家的创作方法和艺术手段，为我所用，在继承中发展。三是"树"，要多方位审视和深层次透析社会生活，树立与前人有别的评断思维，有自己独到的审美理念。四是"造"，要营造编织出跌宕起伏、动人心弦、引人入胜、荡气回肠的故事情节，要敢于创造出血肉丰满、栩栩如生、性格各异、符合时代的各类人物。五是"炼"，要下功夫提炼、淬炼出尽可能完美的成熟的文学语言，追求探索形成自己的语言风格。

几句话轻描淡写，当然这是"真经"，但一部部巨著涌出，哪是这么轻巧的五个字所能包含的？"天机"岂能如此简单？

其成功之一，是对历史的谙熟掌握及灵活运用。他刻苦研究《清史稿》《清代通史》《清史讲义》《清代学术概论》《中国经济通史：清代经济卷》《石渠余记》等学术著作，包括《起居注》《余录》等，剥茧抽丝，明晰肌理，以"开卷有益"作为至理，努力践行之。无论正史稗史和奇闻逸事，擅长"拿来"，善于分析利用，深思熟虑，各得其所用得其当，从而得出恰如其分毫厘不爽的比较接近历史实际的结论来。

他善于下苦功夫，笨功夫，追根究底。清代的流通货币是银子和制钱。我们常看的影视剧里，无论江湖豪客还是市井平民，进酒店打牙祭，动辄就取出大锭银子往桌上一撒，大叫："打酒来！"甚至赏店小二也丢一块银子过去，说："不用找了！"可以说，这是编剧、导演和演员一律都不晓得，银子该怎么用，制钱该怎么花的缘故。其实那时银子可不是轻易用来打酒买醋的，一般人家若有几两银子，揣藏起来便很有踏实安全感，包裹起来压在箱底——就如我们今天的存折——保存好。一旦家中起房盖屋、婚丧嫁娶、有人重病看医用药、出远门做生意或进京赶考……诸类大事才会动用银子。他知道银子的计量单位，精微到两之后，还有达十三位：钱、分、厘、毫、丝、忽、微、纤、尘、埃、飘、缈、漠……一飘一缈都计了进去，这样的计量当然只有国库计算总账时才用得到，但可见银子的贵重程度。他知道北京运河，枯水期到通州，丰涨时到朝阳门，了解得比老北京人还细致。譬如写到清代扬州风貌，老字号店铺跃然纸上，很是细腻入微，不查阅《扬州画舫录》《瓜洲续志》《万历扬州府志》，是不可能如此真切的。他就这样一猛子扎进古籍，史海茫茫，文牍泱泱，探赜索隐，摸到底，钻研透，事弄清，方才罢休。

不是所有作家都是博士教授，都是无所不知的学问家，是个杂家知道一二即可，在写作征途中，各有方案策略，有的作家在进攻中遇到高墙坚堡，火力不够攻不下，但不愿意牺牲兵力，懒得去调集重武器，耍个小聪明，干脆绕过去算了。古龙写武侠，就喜欢用写意方式，制造巧妙的空间转换和富有魅力的意境来解决：胡萝卜没看见仙人掌动手，但白萝卜已经浑身是刺倒在地上。另一类作家愿打攻坚战，在进攻途中遇到明碉暗垒，久攻不取，那就调动更猛的火力强取，直到攻克为止，就这样一路喋血前进，伤亡代价也许大，但的确是彻底铲平。这类作家在写作中遇到知识障碍，是一定要通过考据来解决的，比如金庸写武侠，会清楚地写出人的穴位。二月河的小说，圣旨、奏章、批文、判词、宫廷结构、典礼仪程、摆设威仪、巡视路线，甚至皇家聚餐的食谱、糕点小吃，都不愿瞎编，必须通过史书和档案搞清楚，这些都是考据功夫。凡涉诗词歌赋、书画丹青、碑帖鉴赏、市井物件、礼俗传统等，既有大道之学，也有杂项之趣，如数家珍，无不精到。写别的题材无所谓，写历史小说，具备这种洞烛幽微纤毫毕现的功夫方才出彩。

评论家蔡葵认为，确实不是一般的手笔，而是历史小说的大手笔，在涉笔清王朝这段历史上，二月河是要什么有什么，在这一点上，他可能是小说家里头最具历史家品格的。甚至书中不厌琐碎，琐碎到一个籍贯、一件服饰皆有所考的地步。是以认为，像二月河这样用力写历史小说的人，越来越少，是极为难得的，特别值得尊重。

其二，书中对知识分子的家国情怀进行了充分阐释，极易引起共鸣共振。当我们回看历史，我们也会看到自己。在其作品中，读书人把自己代入场内各个角色身上来推演和复盘，能映照自己的影子，恍然看到自己的脚印。"天行健，君子以自强不息；地势坤，君子以厚德载物。"知识分子自诩为士为文，士农工商，排名第一，"三教儒在前"，当仁不让。受孔孟教化，心中时刻回响着"横渠四句"：为天地立心，为生民立命，为往圣继绝学，为万世开太平。天生养成一种修身齐家治国平天下的意念，"穷则独善其身，达则兼济天下"的价值观，深刻影响指导人生奋斗的航向。二月河塑造了一大批栩栩如生的读书人形象，其中最为出色的当属伍次友、方苞、张廷玉、李光地、高士奇等经天纬地才智卓越的"帝师"形象，寄托了作家的政治理想，小说正是通过伍次友等士子的"帝师"描述，重塑了儒家思想至高无上的地位。"书生皆有屠龙术，梦中犹做帝王师。"盖士人读书，第一要有志，书生终极的追求，要么成为辅佐朝廷的张良、萧何、诸葛亮，鸟择高枝而栖，将择明主而投，运筹帷幄之中，决胜千里之外，助人主乱世成功，安定天下。要么成召信臣、杜诗、李冰父子等，佐理政务不忘初心，宵衣旰食呕心沥血，为官一任造福一方，"致君尧舜上，再使风俗淳"，增进民众福祉，一土为此安泰，"政声人去后，民意闲谈中"，将人生价值映在百姓的笑脸里。要么成比干、魏徵、海瑞，犯颜直上，敢逆龙鳞，为民请命，舍己身而为家国，"夕贬潮州路八千"，仍坚持"欲为圣明除弊事"。要么成文天祥、曾国藩、左宗棠、林则徐，"人生自古谁无死，留取丹心照汗青""苟利国家生死以，岂因祸福避趋之""大将筹边尚未还，湖湘子弟满天山"，始终以维护国家的根本利益为最远大最高尚的终极目标。这样的文人事例在著述中比比皆是，伍次友、周培公、熊赐履、方苞、高士奇、刘墨林、李光地等儒林耆老、学界士子的丰满形象，让人看得激情澎湃，不能自已，拍案而赞，颇受教益。

作为铁肩担道义、妙手著文章的士人，在知识殿堂里潜心学识，提升综合素养，常以"位卑未敢忘忧国"警醒自己，关注社会的发展潮流，明辨是非激浊扬清。中国知识分子素有的传统，有敏锐超前的见解，愿意去引领社会潮流，又要有强烈的社会责任感，勇于去推动社会进步。古人云："顺，不妄喜；逆，不惶馁；安，不奢逸；危，不惊惧；胸有惊雷而面如平湖者，可拜上将军！"穷达通变，日新其德，顺应社会发展潮流，就像孙中山先生所讲的："世界潮流，浩浩荡荡，顺之则昌，逆之则亡。"要顺势而为，对社会发展有正确判断理解，对国家未来有科学分析把握，投身实践，赤心忠诚，达济天下，为大中国的巍然屹立，为中华民族的傲然独立，为亿万民生的幸福生活，为东方文明的接续传承，无私无畏，不惜牺牲，作为天然的基本的不可推卸的职责，追求知行合一。

伍次友被吴三桂手下的保柱抓起来时，拒绝加盟吴三桂集团的一番说辞很有气势，代表了文人维护正统、以天下安稳为己任的最好说明：

　　人最可悲者，莫过于无自知之明；无自知之明，岂有知人之明？
　　…………
　　"吴三桂真可谓愚不可及！"伍次友笑道，"当初他若不引清兵入关，焉有今日大清天下？大清天下已定，人心向化，他又要反清；前明并未亏待他，他却硬杀了永历皇帝，像这等一个不忠不孝不仁不义，上不尊天理，下不循人情，反复无常、寡廉鲜耻之徒居然还有人为他当说客，替他涂抹粉脂，也真是天地间一大奇事！"

二月河以所择取的鲜明丰富素材，以及人物形象诠释注解，体现了一位位中国传统士子内心世界的家国情怀、执着追求、良苦用心和勤勉着力，也与今天知识分子的胸怀、追求、信念等同频共振，合拍共鸣，让今人为之赞赏和感动。二月河作品对于古代文人思想文化的塑造，确有开拓创新的独特无二的史学价值和学术意义，为其他读本所难以企及。

其三，编辑故事的能力极强，大场气势磅礴，波涌连海，小事细腻委婉，丝丝入扣，尤其善于场景的烘托描写。故事如同连环计，一环接一环，相套相依相承，故事中蕴故事，系列故事组合一个大故事，许多故事（事件）组成全书。让读者沉浸在故事的氛围中，恍然忘记它的架构和逻辑，但却处处施以伏笔，稍露蛛丝马迹，布以草蛇灰线，后面又择机跃出，遥相呼应。帝王心机，民生百态，紫禁城内危机四伏，街肆里巷万家灯火，把雅俗共赏发挥到极致，作品中既有居朝廷中枢的高层知识分子，文绉绉的对白、题诗或行文诏书，家国天下，又充满着浓郁的生活气息，引车卖浆，贩夫走卒，嬉笑怒骂，乡言俗语，雅且雅得经典，俗又俗得极接地气，非常有助于深化故事发展和刻画人物形象，契合普罗大众的阅读兴趣。这些大小各有精彩、起伏跌宕的故事，让人捧起就不忍释卷，甚至读时会想，这得要是怎样的一颗慧心，才可以把那散落在历史长河中的明珠，一颗颗择起，穿成一场场传奇？是以，评论界认为，二月河是第一个把比较严肃的历史观和情节趣味性结合起来的历史小说家，最主要的原因就是"好看"，他视读者为上帝，为情人，是以，他要写各类读者都能够喜爱的书。

康熙智擒鳌拜，是四十万字厚重一卷，但在《清史稿》中，只有短短的四行字，所以仅凭《清史稿》写书是不可能的。需要作家拥有庞杂海量的知识储备，拥有善于讲述故事的能力。小说本质就是讲故事，二月河传统型故事的叙述本领高强。他努力走近历史，恢复部分原貌，塑造一个拥有远大抱负追求海晏河清的帝王，在"治国理政"中朝廷与权臣、朝廷与割据势力、权臣与直士、朝廷与百姓、百姓与地主豪绅之间的多重矛盾与平衡，层层叠叠展开叙事，逐步融入儒家思想构建社会政治文化生态，努力以笔为刀，解剖成熟完备的中国封建王朝体系"康乾标本"，成为笔下所有好看故事的载体。他围绕着帝国的重大军政事件，塑造出伍次友、方苞、张廷玉、高士奇等隐士贤相，周培公、孙嘉淦、史贻直、郭琇等直臣净官，以他们的入仕从龙，成长历世，情感纠纷，一路娓娓道来，穿插一些稗史逸闻，出乎意料，又合乎情理。小说的特点是刻画人，二月河笔下的人是饱满的、形象的，是有故事的、有生命力的，写出了人物的多重性格，充满矛盾而又平常得像客观现实。没有完美的人，也没有一无是处的人，人性是复杂的。他立足史实又不囿于史实，通过各种线索的相互联系与想象，对一些情节进行大胆的创造性的补贴和扩充，使枯燥的历史故事增添了烟火味、人情味。譬如康熙、伍次友与苏麻喇姑之间那段若有若无的儿女情长，二月河的笔调是含蓄而同情的。一部小说作品，只要能把故事讲圆满，讲生动，牵住读者的感情，展示人性的各种可能性，暴露社会的复杂面，当然就是一部佳作。他的小说让人爱不释手，废寝忘食，一口气读完才能解馋。

笔下人物众多，他是最会描述人物的作家之一，擅长在故事中以小见大，由小人物牵动全局。如果历史作品一直是大气磅礴、血脉偾张的大场景，作品很难持续。把一个小人物的活动轨迹带入其中，让他不经意地卷入历史甚至参与历史进程，这是最能挑动读者心思和兴趣的地方。小人物的命运到底如何？他是如何不经意间卷入风波的？小人物的无奈和遭遇，这是特别能引起读者代入和共鸣的地方。这样的插入可以显示作品的广度与厚重，有庙堂的高贵，又有里巷的家常，帝王有帝王的惆怅，百姓有百姓的烦恼。既有高屋建瓴窥见全貌的感觉，又有市井百态小人物的命运沉浮。这样才有看头，有嚼头，能回味。

二月河形象描述了一辈人的雄心壮志与丰功伟绩，造就了一个时代的英雄的霸业与气魄，无论是胸怀天下的少年康熙，还是驻守一方的封疆大吏，抑或是飞扬跋扈的一代枭雄、身份卑微的奴才，甚至是奸诈的小人，都生龙活虎地跃于面前。家国大事，纵横捭阖，跌宕起伏；儿女情长，缠绵悱恻，荡气回肠。社会危机汹涌澎湃、朝夕剧变，人才鼎盛、从虎从龙、拔危救难、力挽狂澜，臣下奋勇、以死报国，叛逆凶猛、死亦悲壮。正人正直有其正路，奸佞奸诈不失其效用。每个人都有力量，无论是满腔热血还是悲愤怒火。可以说，这样的时代，可以让好人堂堂正正地好，可以让坏人彻彻底底地坏，活也活得风云壮阔，死也死得烈性利落，无论哪一种，都绝不拖泥带水，不尖刻，不细屑，炎日昭昭，寒风冽冽，气贯长虹，力折流波。

他的这种创作方向，正好慰藉了读者的阅读心理饥渴。单从这一个角度看，这就是前所未有的巨大成功。读者掏出血汗钱来买书，不是买枯燥无味的教科书，是寻找阅读的快感，是循着兴趣阅读拓展某方面的识见，是读完一段合上书会心一笑，是读到某处写景的段落叹为观止，是为某处人物的内心独白产生震撼，是为主人公的爱恨而共鸣，是听作家娓娓道来一个肝肠寸断黯然销魂或相濡以沫佳人才子的爱情故事，脑海中是有个高大的敬天爱民勤于政事担当天下的人君形象，而不是去精雕细琢康熙兴起的文字狱、屠杀上书言事者、闭关锁国等。"艺术是给人以希望的"，小说是文学艺术的集大成者。

其四，人物内心映射的描摹与塑造、人物鲜明的内心独白算是其小说的一个特点。独白可以化虚为实，从侧面把抽象变具体，将特定的情境、意境泛活，画面化，把不可捉摸的思想、情感、心态具象化，可见可触，可赏可鉴。独白更能直观地突出人物的性格特点和内心世界，在文学美学意义上丰满人物的形象。

著作中，康熙大量的内心独白，透露孤独、害怕、苦闷、无助、憧憬、怅惘、心酸、期望等情绪，通过鳌拜的内心独白，显示其蛮横、自大、蔑视、骄傲及贪婪、心虚、退缩、犹疑的心理活动，助促指导情节的发展。还有中枢要人、一般官员、侍卫妃嫔、江湖好汉等各类人物遇事时的意识和潜意识活动，以一个不经意间的眼神，一个细微如丝的下意识动作，或以几句内心独白，去洞察透露人物思想斗争，展现深刻复杂的氛围，浮现一条草蛇灰线伏延千里的情节，既是强化人物的性格特征，也是为后面的内容预热。

这样的写法，无疑可以化繁为简，更好地帮助读者了解人物，理解故事情节。无论是对事对人的偶然产生但又瞬息即逝的念头，还是某种情境下的情绪和不同反应，都能使读者径直打开人物的心扉，直接观察到人物的意识，走进人物的内心世界，悄然置身其间，加强对小说情节的感知和接收。充斥作品中海量的康熙的内心独白，对于这位少年皇帝的忍辱负重、天纵奇才、顾全大局、云水襟怀，时机成熟时突然对敌雷霆一击的作为，描写得绘声绘色，读者如临其境，为之紧张为之舒畅，激发阅读的兴趣，从而引起共鸣。

　　正史是晦涩难懂的，叙述容易乏味，恰到好处的内心独白，虽然不能做到完全真实谨严，却能掀开历史的帷幕一角，让我们浮光掠影，偷窥一抹精彩，尤其可以解构心理秘境，以今人的角度窥见古人的理念和追求。二月河写皇帝，是站在丹陛之上，作者化身为皇帝，将康熙的所思所想，喜怒哀乐，纯熟地运用内心独白，纤毫毕现"透视"在读者眼中。这些内心独白不仅深刻揭示了康熙那内心惶恐的无助感、寻求援助的孤独感、为金瓯无缺的使命感、拥有天下的自豪感，臣工们为着国家民族付出的神圣感、择定明主而追随的满足感、明知山有虎偏向虎山行的坚毅感等，手握"月光宝盒"，时空转移，恢复其时环境，打开人物的内心世界，其文化语境下的精神追求，闪烁着深邃丰富的哲理光彩，拓宽了小说的思想维度。

　　这些内心独白，对一些丑陋的文化因素、阴暗的心机谋术给予暴露及批判。内心独白是比较主观的内容，当一件事或一个想法无法用对话的形式来描述，它可以展现人物心灵，发挥代替对话的作用。小说中大量人物的内心独白，忠实地记录了康熙、百官诸僚的内心活动。康熙深谋远虑，帝王心术叵测，堪比海深，娴熟地对官员又拉且防，安插眼线，帝心不可掌握；鳌拜等功臣的桀骜不驯狂妄自大；忠臣的机警练达；佞臣的阴险机诈；森严的封建等级制度；皇权威赫下的官吏个性被压抑、被隐藏；显露在外的唯唯诺诺的奴性；"不成其为人"的官性；等等，水落石出，栩栩如生再现，个个粉墨登场，本身就是暴露无遗，给予无情揭露和批判，这阴谋权术是糟粕文化，理应剔弃，却从另一侧面构筑小说的独特意境，赋予小说愈加深厚的思想内涵和意蕴。

在这内心独白的折射中，威权朝廷，庙堂之上，再到江湖之远，偏乡僻壤，还有大漠黄沙，草原山林，甚至荒寺道观，勾栏瓦舍，各色人等，都有自己的角色，都有自己的演出。朝堂上温和说笑，却在内心充满杀机，吟风弄月中忽然血溅当场，热爱中却满腔惆怅，生死中无限感慨，温情中有残酷，屠戮里显忠诚，这是一个风起云涌需要激烈竞争方能胜出的时代，一个真正的英雄与枭雄并立的时代，一个凸显国家民族领袖的时代，一个真真正正的帝国的时代。让人看得血脉偾张，不忍释卷。

其五，半文半白生动诙谐雅俗共赏的文学语言功底，在著述中得以淋漓尽致地展示。不可否认，二月河是位文学上的优秀厨师，掌握咸淡，咸菜中带糖味，甜菜中吃出咸的感觉，让人的味蕾分外舒适，他真的是语言的大师。独特的文学语言在雅和俗间自由出入，既有文心雅韵，又有乡言俚语，时而拟古佶屈聱牙，时而通俗泼辣生动，有张有弛，妙趣横生，形成了自己独特的语言风格。他灵活地选择了"仿古""文言""白话"等多种表达方式，整体上形成了"文白杂糅"的风格，叙述通俗流畅，句子整齐严谨，从而保持了文本雅俗共赏的整体和谐。

文学创作无疑就是语言文字的艺术，小说尤其如此。小说的语言，特别是对话的叙述，最能体现出一个作家的功力，好的作品只要读上开头几句就能将人深深吸引。他的小说语言也如此，能深刻表达出所抒发的意境和情蕴，于读者而言实在是一种精神和感官上的美的享受。其语言既雅且俗，融古与今，含庄与谐，文白夹杂。君臣对句、文人雅士欢聚，文言符合身份，显出典雅不俗。贩夫走卒、江湖人士在一起，当然是乡村俚语，直白简单，喊叫不禁，荤素无拘。这样半文半白的文字，对情境形势的渲染烘云托月，充满古典韵致，读来既不过于深奥难解，又精练简洁，还感到熟悉亲切，耐看耐品。二月河生活在基层，有十几年的乡村生活经验，掌握了大量的民谣、民歌、民间故事、民俗风情，故而他的语言很乡土，很近人，很亲切，并带有鲜明的南阳乡土烙印。他多年深钻典籍，烛幽显微，深受古风影响，其摹古的语言典雅唯美，增强了作品的历史感、真实感、厚重感。他把二者互通，转换自如得心应手，迎合了大众阅读的需要。总体说来，这种语言很独特别致，已经形成自己的风格。

譬如帝师伍次友解释秀才考试一幕，既有文言雅致，又多白话入文，通俗易懂，符合大多数读者的阅读习惯。

伍次友笑道："咱们还是说功名。自古以来，选士之法，变了几变。由乡选制改为九品官人之法，由九品官人法又改为今之科举制。在先古之时，士子尚可傲公卿，游列国，说诸侯，择主而从。自唐开科举，风气大变，尚空谈，轻实务，文风浮泛，士品也日下，既无安民之志，又无治国之才，图虚名、求俸禄者日多。朝廷以此取士，欲求国富民强安能得哉！"

伍次友端起何桂柱刚斟上的一杯热酒，越发红光满面，笑道："便以士子入闱这事来说，就有七似。"

龙儿听得有趣，也吃了一口酒问道："哪'七似'呢？"

伍次友扳着指头道："宣城梅耦长先生曾对我讲，秀才入闱，初入时，赤足提篮，似丐；唱名入闱，帘官喝骂，皂隶斥责，似囚；进了号房，孔孔伸头，房房露脚，似秋末之冷蜂；考完出场，神情恍惚，天地变色，似出笼之病鸟。"

听到这里，明珠已笑出声来，他是过来人，自然深得其中况味。伍次友又扳下小指道："归了下处等候消息，如坐针毡，梦不得安，似猴子被系于绳；一旦榜上无名，神色猝变，似丧考妣；事隔不久，气平技痒复又衔木营巢，似抱破卵之鸠，这便是七似了！"

众人听得入神，先是觉得好笑，后来却又不知怎的笑不出来。半晌，魏东亭才笑道："先生为此等人画像，真可谓是惟妙惟肖，入木三分！"龙儿也笑道："听先生此语，倒令人大失所望，从这'七似'里要寻出周公、伊尹来，岂不是天大笑话？"众人听了，不禁大笑起来。明珠一边笑一边对伍次友说道："这位小哥儿，不过十岁吧，竟这等敏捷！真是妙语解颐，算是为大哥的话下了注解。"伍次友却没有笑，只瞧着龙儿，若有所思地点点头。

其六，百科全书式的传统文化描绘，体现作家博大丰厚的古文化根基，赢得了读者的好感和尊重。二月河对古文化有天然的爱好，幼年时即爱到博物馆、古迹点看楹联碑刻，甚至到旷野去找古墓残碑，研读上面的文字，碑文无标点，在他眼中晓畅自然，宛有句读，毫不迟滞，是以能够深入研读大量的古文著作，他又博采著述，得以掌握了庞杂的知识，大量运用作品中。

他的小说，是一个文化的博物馆，事物齐备，包罗万象，山川物产、民俗人情、建筑服饰、漕运粮政、诗词歌赋、科考应试、才子笔墨、佳人命运、宦海沉浮、宰相文韬、大将武略、皇家规制等，都在情节铺展一一绽放。读《红楼梦》，如读百科，读二月河的著作亦有此感，明君诤臣、小人直士、神佛道人、太监倭寇、士绅长工、丫鬟奴才、打卦算命、侠盗山贼、乞丐流犯，皆有涉猎，无论你喜欢还是不喜欢，他愿意下这种功夫，展示得精彩纷呈。这部小说有让人欲罢不能的有血有肉、呼之欲出的帝王形象，酒令、灯谜、笑话、掌故等信手拈来穿插其中，心狠手辣、为富不仁、人面兽心的王公贵族官场上钩心斗角、尔虞我诈，满腹经纶、反应机敏、插科打诨的白衣秀士酒楼夜话引人入胜，古代礼仪缤彩纷呈且有模有样，社会百态的丰富画卷随着读者阅读徐徐展开。随便挑出一个小说情节，都可以看出其百科全书式的学养根基，大气磅礴，广博厚重，生动翔实，鲜为人知，让读者阅读起来，真有置身其间的感觉，让人眼花缭乱，叹为观止。

改名婉娘的苏麻喇姑低头应了一声"是"，大大方方走过来深深福了一福，直起身来打量着伍次友。伍次友受不了她那目光的逼视，旁过脸去招呼魏东亭吃酒。那婉娘嫣然一笑，并不退下，反而进前一步道："早就听我们太老爷和老爷说过，伍先生才高八斗，名满大江南北——奴婢听人家说了几个对子，想请教先生该怎么对。"

伍次友万不料她竟讲出这样一番话，不禁愕然，将箸放在桌上，笑道："不敢谬承夸奖，请讲。"

"孟浪了，"婉娘笑道，"先是五位古女子，请对以男子姓名。"见伍次友微笑着点头，婉娘脱口而出："小青!"

"太白。"伍次友不假思索，应口而答。

"莫愁!"

"无咎。"

"漂母!"

"灌夫。"

"文君!"

"武子。"

"西施!"

"好!——东野!"

众人不及思量，伍次友已信口对出，无不叹服他的才思敏捷。众人正发愣间，婉娘口风一转，又道："王瓜!"

伍次友不禁一怔，忙问："这是哪位女子?"婉娘笑道："五位女子已完，现说王瓜，对什么好?"

"这个却难。"伍次友低头寻思片刻，迟疑道，"对是有的，只怕不恭了——用'后稷'可好?"众人拍手喝彩。笑声刚落，婉娘忽朗声吟道："清水青，水青清，江河行地，清清青水，水青清清。"

满座的人全被这副对子难住，都蹙着眉头苦思下联。伍次友暗吃一惊，心里道："好厉害!"立起身来，在席外踱了两步，几次张口欲言又止。此时日影西斜，堂前绿荫斑驳，静得一丝声音也没得。

良久，他眉头一展，仰首朗声对道："明日月，日月明，日月经天，明明日月，日月明明。——如何?"

众人哄然叫好，难得的"清"字乃国号，下联为"明"国号相对，不仅切了文题，且"清明"又暗寓颂圣的意旨。

"先生高才!"婉娘笑道，"敢问以孟子之贤，何故为列国不容?"大家见她又发问，又都敛容屏息静听。

伍次友笑道："孟子处战国离乱之世，列国之君咸取利而不知义，故夫子至公之志屈不能伸。此则时也、命也、运也、数也！"

话音刚落，婉娘又笑道："我听人家说，'同进士'是鳎对？"

伍次友哈哈大笑，道："这算什么鳎对！千古鳎对，我只听说是'烟锁池塘柳'一句——'同进士'可以对'如夫人'！"猛然想起明珠也是同进士，甚觉刻薄，便掩住了不往下说。

苏麻喇姑兀自不肯罢休，又道："先生学富五车，名不虚传！敢问您最喜爱古圣贤的哪一句话？"

伍次友心想，如不开一个小小玩笑，怕她仍要纠缠，于是笑道："唯女子与小人难养也。"

一句话惹得哄堂大笑。索额图控制不住一口烟呛了肺，大声咳嗽着笑。康熙俯身捂着肚子几乎笑岔了气。魏东亭手扶椅背弓着腰蹲在地上笑……

这些句子读起来无比精彩，我们仿佛看到了伍次友的胸有成竹，苏麻喇姑的步步紧逼，还有其他人物形象，虽寥寥数笔却也跃然纸上，有着丰厚的中国传统文化底蕴，展示了百科全书式的知识学养，读来饶有兴趣，又在潜移默化中受到熏陶。

其七，著作应对情节的需要，刻画一些江湖人士，正好迎对了读者心中深藏的英雄侠义理念。中国文化中，有一种别具一格的侠义文化，从春秋的具有侠义观念的门客，战国时期的列侠，《隋唐演义》中的英雄，到水泊梁山的江湖好汉，落草为寇啸聚一方，作为社会的一个极特殊阶层，他们对于历史的侠客人物与侠义精神，都有着近乎狂热的推崇与热衷，他们自身能力强大，又能够不畏强暴，打抱不平，有正义感，敢为弱者出头，有的为表达"忠"的理念，为了一个"义"字，甚至不惜抛家舍业，乃至自刎献首，牺牲自己的生命。是以这个群体，赢得了社会底层弱者的好评吹捧。这种侠义思想是社会底层市民阶层与草莽群体所信奉的狭隘的英雄信条。

后来，古人的个人侠义提升至"忠义"，同样成为江湖好汉所需要贯彻的行为准则，忠者，德之正也，存心居中，正直不偏，古以不懈于心为敬，忠于朝廷，忠于民族。

武侠小说是成人的童话故事，是中国侠义文化发展的新阶段。金庸先生作为武侠小说的一代宗师，将其发展到无与伦比的地位。一个个主角处于社会底层地位，缺少最基础的生存保障，特别在面临生命危险，或者饥寒交迫时，有人伸出援助之手，躲过一时风浪袭扰，得到一个安身立命之所，重新开始自己的人生，其又在一次次匪夷所思机缘巧合下，得到高人奇士真传，或获取世所罕见的武林秘籍，从此成为身怀绝技、武艺高强的一代大侠，其以感恩的心，劫富济贫，锄强扶弱，伸张正义，仗义疏财，将侠义思想传承、传播。

金庸的"侠之大者，在于为国为民"，敢于勇于乐于为国为民牺牲自我，大大丰富和升华了侠义的精神。无论如何，侠义思想是存在于人们心中的高尚理念。这个社会，绝大多数人是平庸者，甚至是失败者，在工作生活感情诸方面，时时面临着难以应对的困难打击，举步维艰委屈难耐时，盼望着身边出现这样的侠客，伸手相助，更企盼自己能够突然有如神助，或遇到奇人，获得超能力，不仅摆脱无能为力的局面，还能够帮助支援更困难的人。这是一种正常的社会心理，是一种难得的自我暗示和满足，只要有不公平存在，只要有差别存在，这样的心理也永远存在。从这个方面说，作为我国古代优秀文化的组成部分，侠义精神的光芒久远闪耀不会褪色。

如若以"侠之大者，在于为国为民"的标准衡量，康熙休养生息，教化民心，岂非一位大侠？二月河以理想的"明君"尺度打造之，寄托自己的文化理想，曲折地表达对现实的关怀。普通读者不由自主地代入，对号入座，某小人物受欺压，被冤枉，皇帝或者清官微服私访，当场撤职污吏，打赃去佞，从此社会安宁，河清海晏，天下大同。

他在著述中掺杂侠客奇士的写法，完全符合20世纪八九十年代风靡的武侠小说热潮，符合人们心底深处的侠义思想，是以获得了各阶层普通读者的喜爱。

其八，二月河把各种爱情写得荡气回肠，且与家国大义融汇在一起，让当时最没地位、任人摆布的女子也能够为国家和民族做出贡献，这可以说是他的一种探索、创新和贡献。

遗憾的是，作品中的女人基本上难有一个好的归宿，她们的存在，似乎就是为了凸显男人的某一些性格品质。无论是苏麻喇姑、李云娘之于伍次友，阿秀之于陈天一、康熙，阿锁之于周培公，还是兰儿之于胤祥，等等，她们出现在这些男人困顿或者郁闷的时候，慰藉了他们受伤而不知所往的心灵，烘托男人的坚韧、伟岸、执着之后，便因各种原因不是自杀就是伤心而死，或皈依佛门。这种过于历史演义的手法，还真把次要人物，尤其是女人放在陪衬的位置，像极了一片草原上的些许小花，点缀了单调的男人戏，使得描写的主要人物的感情世界出现了些许亮色，但她们终究会湮没在权力和心机的浩瀚荒原。

其实，这样的描写，正是那个时代女人的现实地位所决定的。若读者不能理解，好比刻舟求剑，晋惠帝"何不食肉糜"，拿今天的平等和谐，甚至家庭中的"男卑女尊"，用当下的社情去套明清时期视女人为附属物的环境，当然不能理解了。那时女性是没有尊严可言的，说这是二月河的歧视，还不如说这就是历史的真实。二月河曾说，读者不都是晋惠帝。

但有人说，二月河不会写女人。这也得到了作家自己的认可。

凌解放回忆，少年时父亲母亲最关心两件事，吃穿和品德作风，品德其实注重的也只是和女同学的关系——不准谈恋爱。要求是非常严格的，不单是行动上，且是思想上也要"远离女生"。

有同学到家里来，倘是纯色男生，家里就会格外热情大方，父母会破例放下手中的家务和工作，无拘无束地和他们聊天，家中的好东西都尽数取出来大家说笑享用。假如杂有女生，他们就会"谨慎"起来，说笑归说笑，眼光不停地打量那女孩，也打量我，观察会不会有"别的情况"。若是单个的女生来，他们会变得矜持起来，礼貌格外周全，言谈格外庄重，热情没有。这种"镇静"，今天回想，仍觉压力不小。只有一次例外，父亲的一个老战友带着女儿到家来，也是我的同学。他的战友让我和女孩"比比个子"。我们真的立正站好，几乎零距离地对面相望着，呼吸相通。这对于已经习惯"每况愈下"的我，反而如同针芒在背，"比"出一鼻子汗来。

之后，家庭巨变，母亲病故，他参军，走遍了千山万水，在国防施工第一线，根本没有女人，遑论"作风"什么的。

不是与女人打交道少，而是根本没机会打交道，作品出版后遭到批评——"不会写女人"，这属于仁者见仁，智者见智了。

其实，《夺宫》中，苏麻喇姑与伍次友的故事，那么缠绵悱恻，朦朦胧胧，心有灵犀，唯美动人。"世间好物不坚牢，彩云易散琉璃脆"，情难圆，心易碎，结局总是纸上重逢，梦里话旧。小说里的苏麻喇姑，美丽果敢，温良妩媚，聪慧体贴，是接近完美的女性形象。伍次友是二月河虚构的一个同样近乎完美的人物形象。他有文采，有政治才能，性格也有点呆萌可爱。二月河虚构出令人信服让人神往的故事，牵扯大内宫外，思量明清时真实的社情民意，够思想解放、泼辣大胆了。

对于熟悉清史的人来说，苏麻喇姑不是一个陌生的名字，她是一位宫廷奇人，原名"苏茉儿"，"苏麻喇姑"是宫廷中人对她的尊称，而她一生中做的最有名的一件事便是陪伴幼年的康熙皇帝度过了当时的绝症天花。她有才有德，《啸亭杂录》中《苏麻喇姑》一条记载说，玄烨幼时，"赖其训迪，手教国书"。二月河以如椽大笔，神妙构思，设计曲折情节，让苏麻喇姑年轻了数十岁，两人青梅竹马。一直把康熙当成弟弟的苏麻喇姑陪着康熙熬过天花、登基继位、智除鳌拜等，康熙对苏麻喇姑也有着超过姐弟的朦胧爱恋——史实中这种姐弟恋情根本不可能出现，苏麻喇姑要比康熙大40岁！康熙身边美女如云，不会爱上奶奶一样大的人吧？苏麻喇姑有一天和康熙出宫，风云际会伍次友，一见钟情，倾慕这个谈古论今又心系家国天下的穷书生，屡次示爱。伍次友谙熟世道苍茫、俗情冷暖，留下一句"天地无数有情事，世间万般无奈人"飘然而去。随后的日子里，苏麻喇姑一盏青灯伴古佛，度过漫长余生。玲珑剔透的苏麻喇姑避免了后宫的血雨腥风，像伍次友一样成为隐士。

伍次友和苏麻喇姑的感情，让人心痛却又无力。两个如此优秀相配的人，相爱后又如此深情，阴差阳错，始终抵挡不住命运的捉弄，无法相守，只能相忘于江湖，留下纸窗竹影里的孤寂与凄惶，更有隐藏于诗文中不羁的深情与惆怅。最终苏麻喇姑出家，伍次友选择皈依，结局令人唏嘘。

潦倒书生周培公和贫家女阿锁的故事，既一波三折，扣人心弦，又令人心痛。两人共患难，无奈不得不分开。周培公出兵回来后，再见到阿锁时她已嫁作他人妇。

但阿锁并非存心背叛，只是背后有小人作梗。不过大局已定，周培公只能眼见着心爱的人嫁给别人，无能为力。周培公临终前，机缘巧合下，得到了阿锁的遗物——一串打了死结的红丝绦。这个结，辗转多人之手，都没有人能解开。周培公将它投入火盆，就轻易地解开了。丝绦里包着的，是他们当年的定情信物——金瓜子。

周培公的命运和他的爱情一样，令人感到无尽的悲凉和无奈。

陈潢和靳辅治水，遭到掣肘，功败垂成。后来又陷于党争，莫名其妙获罪。陈潢这个黑黑瘦瘦的至诚君子，一心扑在治水事业的男人，终于病死在牢中。他的治水思想，无比先进。明明是正确的，却要遭到白眼和冷遇，是何等的心酸。时代的先行者，始终不被理解。陈潢的爱情，也因康熙的无心介入而无疾而终。作者想要表达的是，连康熙这样的英明之主，一样有失察，有私心，有后悔，有惭愧。

还有魏东亭与史鉴梅的爱恋，明珠与翠姑的悲剧，刘墨林与舜卿虽在一起最后结局也是夫死妇殉，情之深，爱之坚，无不令人喟叹神往，甚或掬一捧热泪。

用虚构的情节，带出真正的历史面貌，这正是二月河帝王系列小说的优胜之处。

把一段段的爱情，都写得唯美诱人情韵绵绵，荡气回肠千折百转，这也是作者的大手笔之处。无论才子佳人，风尘知己，江湖遭逢，唯有少数贫贱夫妻得以相濡以沫保全终老，绝大多数的爱情都是以凄艳、残缺、悲剧收场，让读者为之揪痛慨叹，刻骨铭心，放下书本，久久不能平静和忘怀。这与作者的人生经历和体验认知有关，作者深受《红楼梦》中宝黛爱情悲剧影响。宝黛爱情给读者带来了极其巨大的震撼和强烈的审美体验，作者偏要以悲剧示人，让有情人不能成眷属，让读者眼睁睁地看着美好的事物被摧毁，展卷抚膝唏嘘长叹。这也许就是悲剧小说的力量吧。同时呢，悲剧当中还穿插着人物命运。小人长得志，有才之人却只落得悲惨结局。一叶落而知秋，一部小说，写尽人生悲凉。

批判二月河歧视女性，这样能扯也让人无语。细研作品，非但没有歧视女性，其立足当时的社会现实，塑造一个个聪慧良善美好可爱的女性，或意志刚烈忍辱负重，或机智多谋能言善断，或侠者风范仁者好施，或大义凛然牺牲自我，让其命运与家国民族联结，正是在赞美、尊重和抬升女性地位，即便多数是悲惨的命运，但也正是以其悲惨衬托出封建社会对女性的不公和摧残。

其九，小说中采用传统的章回体，以对仗的回目，概括每章内容，语多骈偶，句对工整，画龙点睛，文采斐然，文中辅以诗词歌赋，无疑增添了厚重和典雅。

章回体小说的特点是将全书分为若干章节，称为"回"或"节"。少则十几回，多则百余回。每回前用单句或两句对偶的文字作标题，称为"回目"，概括本回的故事内容。每回开头以"话说""且说"等起叙，每回末有"欲知后事如何，且听下回分解"之类的收束语，一回叙述一个较完整的故事段落，有相对独立性，但又承上启下，文气贯通。章回体小说的标题概括或者预叙本章的故事情节，尤其是在双句回目的方式上，在一般的情况下，本章的前后情节需要对称，也就是说上一句要对应前半章的故事，而下一句则对应后半章的故事内容，同时还需要延伸到下一个故事，前后之间形成紧密的联系，相互之间产生镶嵌交错的关系，这点类似于中国传统家具卯榫结构。通过这种方式来进行小说外部形象的构建，提升阅读吸引力，进而增强小说的艺术价值。中国最古老的小说架构，四大名著《红楼梦》《西游记》《三国演义》《水浒传》及《金瓶梅》《儿女英雄传》《儒林外史》等就是这样的体裁。是以读者说，看着看着就有一股熟悉亲切的风格扑面而来。

章回体的方式，先天就不对今天年轻人的胃口。但是，敢在章回体下用现代白话写古代历史，这是文化自信，非悍将莫敢为。别的不说，光是写出每一章的标题，对古文造诣和音韵素养，就是极大的挑战，这个门槛会拦住很多有作家梦而无语言积累的人。二月河深厚的古文根基，把小说回目制作设计得花团锦簇，读来满口生香，《敝屣江山撒手去　孽海情天路无涯》《众侍卫刺血盟誓　班大人沐猴坐堂》《聆悲歌天子哀民生　论兵机培公展经纶》《康熙帝义释王吉贞　伍次友悟禅大觉寺》等章回标题，古朴典雅，对内容提纲挈领，锦上添花，吸引人望题急切阅文。二月河的作品，在年轻人中也拥有绝对的读者群，可以说，数十年来，这些作品润物无声地对不同时代的年轻读者，默默进行着春风化雨的传统文化熏陶。

另外，二月河驾驭古典诗词的实力雄厚，根据其人其事其境其情，创作了一大批诗词，使作品美轮美奂。他自信而豪迈，信手在各标题及文中穿插眼花缭乱的诗词歌赋，把中国语言的智慧美、格律美、音画美和意蕴美表现得淋漓尽致。譬如二月河借所虚构的探花郎刘墨林写与所爱之人苏舜卿的词："梨花云绕锦香亭，蛱蝶春融软玉屏，花间鸟啼三四声，梦初惊，一半儿昏迷一半儿醒……柳绵扑窗晚风轻，花影横栏淡月明，翠被麝兰熏梦醒，最关情，一半儿暖和一半儿冷……"含情脉脉细致入微，营造了极为雅致唯美的欲说还休的朦胧意境，分外体贴人意，让人感同身受，在空怀惆怅中经受体味无奈的情感，感悟"世间文字八万个，唯有'情'字最伤人"的心痛与怅惘。

著中的诗词歌赋，有四分为古人所有，作者信手拈来借用，六分为作者根据故事情节发展需要、现场氛围、人物形象、心情境界所创。这个比例是相当惊人的，可以看出作者优秀的创作能力，他倾注了多少心血啊。文坛评论其诗作达到了很高的水准，体现了作者深厚的功力。运用诗词文赋作为小说的补充，可使文章增色甚多，平添了作品的魅力，也使作品更显丰厚，更具深度。海外许多华人喜爱并积极引导让孩子读二月河的作品，认为其作品是体现和代表中华文化的经典之作。

有老学究擅长雕文琢句，认为二月河的诗词不合韵律。大才无拘束，通才贯古今，他放马云天、舒展无拘的性格，完全不被"韵脚对仗""格律首要"的古训所囿和教条所困，寄情寓兴，不以词害意。当然，诗词不合律，肯定是白玉有瑕。不过也有评论者认为，在考虑到五百二十万言皇皇巨著，考虑到写作时间、创作氛围（缺乏资料）、作者精力等方面的现实原因，还有小说是主体，诗词文赋为点缀配饰等综合因素，偶有这样的缺漏，是金无足赤白玉微瑕，也应予以理解和接受，甚至可以完全忽略不必苛责的。毕竟这些稍不规范却也瑕不掩瑜的诗文戏谑联对笑骂等，是修饰波澜壮阔的恢宏小说架构的，为人物形象的丰满化、故事情节的完整化、整个作品的艺术化发挥作用，给予读者浓厚的、足够的、持续的、深入的阅读兴味。

有件逸事。20 世纪 90 年代初在郑州召开《康熙大帝》座谈会，文化学者冯统一先生会上直言，诗词歌赋这类东西尽量引用古人的，最好不要自己创作，因为容易"掉底"。二月河说，冯先生研究纳兰性德，颇有学成，你来区分一下哪是我写的，哪是原作。结果冯先生没有区分出来。二月河创作时，要深入考虑符合这个人物的性格特点，更要审慎研究这个人物的创作风格，是以他创作的诗词融入著中，几可乱真。

白万献、张书恒是在 20 世纪 90 年代初就关注二月河的评论家，在 1996年出版的《南阳当代作家评论》中，为二月河呐喊摇旗，客观评价："二月河的历史小说与经院派历史小说大相异趣，他也尊重历史，他对历史的钟情与尊重甚至超过任何人，但他并不恪守前人对历史的规定性结论，他总是试图在小说中向人们传达自己对历史的认识和理解，这无疑给历史小说的创作找到一条新的思路……这种波澜壮阔的历史场面描绘与生动逼真的社会风俗画卷的合流，加上作者对历史真实的真诚态度和他自我的新历史观的水乳交融，从而构建了历史小说的'二月河模式'。"黄轶在《论 20 世纪 80—90 年代历史小说创作》〔《山西大学学报》（哲学社会科学版）2003 年 4 期〕认为，"由于河南作家二月河的作品影响深远，因此 20 世纪 80—90 年代文化历史小说以河南省的作家为代表"。

规模恢宏的架构，引人入胜的情节，精妙细腻的描写，纵览古今的格局，构筑大气壮美的作品，呈现出罕与匹敌的实力，代表着坚实难得的文化自信，描绘了这个少有的颇显朝气的时代，赋予这个时代一个醒目的名字，叫作：大清气象。

第十九章

"二月河"横空出世 冯其庸慧目识珠

　　《夺宫》初版，"二月河"方才诞生，此后在文坛和社会上广为流传，最终成为历史文化名城南阳的形象大使，成为中原文化名片。

　　人们都说，二月河是个谜，连他的名字也是个谜。

　　当"凌解放"蛹化彩蝶成为"二月河"，享有世界声誉后，关于这个名字的解释一次次登上各类报刊，成为坊间逸事，广受人们的喜爱并传播开来。二月河曾经在北京、台北、深圳等地，多次面对华人界重要媒介阐释自己的名字。

　　2009年冬天，为了促进河南与台湾的经济文化交流，两地联合举办"中原文化宝岛行"活动，二月河作为嘉宾受邀随团前行。12月15日的二月河读友见面会上，老中青三代读者及记者数百人慕名而来，原定的会面场所，因为人多只好一改再改。大家接连提问，二月河风趣对答，气氛十分热烈。因二月河以写皇帝著称，记者饶有兴趣地问："先生的名字什么意思？您属何党派？"二月河郑重又自豪地答："'二月河'指二月的黄河，就是冰凌解放的现象，迎合我的本名。论党派，我属共产党，全家都是。而且，我的本名就是共产党给起的……"惹得众人大笑。二月河补充道："而且我是一位优秀的中共党员，全国先进工作者。"会心的笑声、掌声响彻全场。确实，不仅二月河是中共党员，他的爱人和孩子也都是中共党员。早在1938年，他的父亲凌尔文就入党了，母亲马翠兰也于1943年加入党组织。

　　二月河还不无得意地说："我的本名'凌解放'，也是共产党给起的。"

面对大家的疑惑，他侃侃而谈："我诞生在 1945 年秋，那时父亲正在晋东南的前线浴血奋战，这是解放战争第一仗，史称'上党战役'，解放了长治市，且面临全国解放，父亲和战友们对我的出生很高兴，七嘴八舌'合议'，起了'凌解放'这个名字，谐音就是'临解放'，盼望和迎接全国的解放。"大家听得哈哈大笑，再次报以热烈掌声。

二月河的作品，是历史小说创作难以逾越的高峰，成为中华文学的宝贵财富。他爱党爱国爱民族的厚重情怀，早已成为后人学习汲取的精神源泉。

"二月河"这个笔名，来之简单，阐释有趣，是凌解放年过不惑、首次出版著作时才使用的。他当时的考虑是：《夺宫》是长篇历史小说，本名凌解放，一个历史一个现代，明显不协调，于是想取一个笔名。究竟用什么呢？还得顺着"凌解放"找思路。凌者，冰凌也；解放者，开春解冻也。冰凌融解，不正是人们看到的二月河的景象吗？

其次，他还着重说明，二月河特指黄河，我们中华民族的母亲河。他幼年时在黄河边数城居住多年。取笔名二月河，是提醒自己任何时候都不要数典忘祖。

还有一层意思，在党的十一届三中全会之后，迎来了文学艺术的春天。他自己的文学创作之路，正是沐浴着改革开放的春风化雨而出潜洪流的。从此，二月河的创作活动，便一发而不可收，恰如春天黄河解冻的冰凌，浩浩荡荡，奔流不息，一泻千里，好不壮观！

他以心血付出，把几个平凡的汉字，变成显赫的、非凡的、经典的名字。

有一位写对联的高手，还据此出了这样一个上联："二月河开凌解放。"至今还没人对出令人满意的下联。

《夺宫》著成，"二月河"与"康熙"一起走向读者，走向社会。冯其庸在 1987 年的评论中有语："报载去岁北京书展，此书当日上架当日售空。"可见其受欢迎之盛况。

人们读得难以释卷，神醉心迷，欲罢不能，读者们大开眼界，瞠目结舌，大呼痛快：康熙竟然是这样的皇帝？竟然这样去刻画康熙？

众口纷纭说"康熙",爱屋及乌,人们纷纷打听:"二月河?长啥样?""南阳有白河、梅溪河,啥时又有二月河?"

《夺宫》在社会上引起很大反响,影响大到啥地步?凌解放一家人到公园游玩,人们指指点点:"看,那就是写康熙的。""哟,二月河是这个样?"

虽然读者无比喜爱,但是评论界则不然。郑州一家报纸用了整版篇幅批评二月河是地主阶级的孝子贤孙,认为二月河为清朝粉饰太平,为君王唱颂歌,罪名便是鼓吹封建专制帝王和厚黑学,为地主阶级的总头子——皇帝树碑立传,大张旗鼓地全面批判鞭挞和否定其小说。许多评论家批评二月河是"唯皇史观",没有"唯人民观",缺乏正确的历史观。

一代人有一代人的立场、站位、认识和局限,所以,某些批评多少有"何不食肉糜"之嫌。

我们现在可云淡风轻谈论,当年却让二月河深受打击,他知道政治风向的厉害,心中很是苦闷恓惶,他向远在北京的恩师冯其庸先生写信诉说担心,冯先生予以支持,好言抚慰,亲书一副对联寄给他:"浊浪排空君莫怕,老夫见惯海潮生。"给予正面的鼓励,不惹事不怕事,做好自己的事,不求事事如意,但愿便宜行事,如此,事情肯定朝着顺利的方向发展。

众所周知,冯其庸先生是二月河的恩师,对其文学人生有巨大影响。他们的相识相知相交,数十年来在文坛已成为美谈。

二月河不是哪吒,生下来可迎风就长,无所不能。二月河出生落地的第一声并非歌声,也是与常人无异的呱呱啼哭。人类社会是世代相继的传承,文学艺术是薪火相传的接力,二月河当然也要拜师求教,而且有很多位老师。

入幼儿园不算上学外,从小学、初中到高中,其间他各留级一次,故二月河的老师比同期的同学要"多"一些,撇开这些学校时期的老师暂不说,在文学创作方面,二月河也有相当多的老师。他以书为师。文学没有捷径,只有阅读。他大量阅读,开阔视野,陶冶精神,提升了文学素养。看《史记》,他拜司马迁为师;看《红梦楼》,他拜曹雪芹为师;看《聊斋志异》,他拜蒲松龄为师;看《悲惨世界》,他拜雨果为师;看《复活》,他拜托尔斯泰为师……与这些古人、名家精神交流，学习他们的文章道德，二月河如同攀越一个又一个高峰，尽览无限风光，为自己的文学创作提供了非常有益的启迪。

在二月河各个阶段的老师中，最知名、最曲折、最具传奇意味、最为人称道、最受二月河敬重的，当然是红学研究泰斗、中国人民大学教授、《红梦楼学刊》原主编、中国艺术研究院原副院长、中华炎黄文化研究会原副会长、中国红楼梦学会原会长、著名学者冯其庸先生。

二月河与冯其庸先生的交往联系，当在 1981 年左右。

缘契相值，非偶然也。20 世纪 80 年代初，凌解放希望把自己多年"囫囵吞进肚"的书梳理一下，寻觅新的写作突破。他潜心研究红学，写了《史湘云是"禄蠹"吗?》等自认为有独到见解的论文，一篇篇满怀希望寄出，却是泥牛入海毫无消息，年轻气盛的二月河就写了一篇火药味十足的"声讨信"，"砸一砖头"。过去二月河总认为自己"丘八（兵）出身"，要显得豪爽、洒脱，无拘、狂放，无欲则刚，反正自己无求于人。"我盛年时是个十分气盛的人，想到哪儿说到哪儿，见了人即使想交往，也要'先砸一砖头'，打掉对方的盛气才'视情况而定'。包括我后来终生敬仰的史学家冯其庸先生，回忆第一次接触，那话也是很不客气的。"这是二月河说过的话。他寻寻觅觅，把信给《红楼梦学刊》时任常务副主编的冯其庸寄去了。

他的信大意如此：

师者所以传道授业解惑者也，我今有疑，请老师开导之。我，作为一个业余的红楼爱好者，写一篇万余字的文章是很不容易的事，但写出来了寄出去了不见回音，使我很困惑。

红学是人民的，不是你们几个红学家的。

我费大精力才写了这些稿子，这里我给老师再寄一份稿件请阅，倘凌解放根本就不可能在红学论坛有所建树，请老师垂赐几字，我即不在这个领域有所作为，倘老师看我尚有一线之明，亦请先生告知几字，我便再在此更作努力。云云。

信中火药味十足，牢骚太盛。没想到冯其庸先生被这个愣头青逗乐了，打动了，重视之下，旋即找稿审读，慧眼识珠，即刻回信，说他的论文"想象丰富，用笔细腻，是小说笔法"，"可以浮一大白，用《汉书》下酒"，愿"早日相见，以慰渴想"。凌解放曾经向很多编辑投稿写信，泥牛入海，少见回音，但冯先生仅仅数天，就寄来了亲笔写就的回信，而且写得比原信还长，着实让人感动。

随之，冯其庸作了一些编辑，凌解放的这篇论文很快刊登在《红楼梦学刊》上。后来，冯先生又写信调查了解凌解放的读书研究情况，发现他是一块璞玉，很是满意和赏识，收入门下，推荐为中国红学会会员。从此之后，师徒俩就开启了数十年的贴心交往。

以"缘契相值"来说明二月河与冯其庸先生的师徒情，是深中肯綮的。

冯先生予凌解放最初的信件已散轶。据中国红学会理事、冯其庸学术馆副馆长沈晓萍考证，在冯其庸先生遗留下来的信中，现存较早的信，由内容可以看出是 1982 年 10 月前所写，当时他俩尚未谋面，冯先生对凌解放的欣赏扑面而来。

信件原文是这样的：

解放同志，来信及稿件均已收阅，文章很好，显示出作者炼字炼句的功夫，结构也相当合理流畅，我已建议《学刊》发表。我意文章以坚实为好，其内如精金美玉，其外则富文采，读来犹如《汉书》下酒也，我已建议您参加全国红楼梦学术讨论会，盼能届时一见以慰渴想。

二月河很是感慨，在使用铅笔、钢笔、圆珠笔的时代，冯先生"一律细笔毛笔竖行书写，甚合我的古文阅读习惯"。

沈晓萍副馆长搜集的二月河寄呈冯先生的信，是在 1986 年 4 月 18 日，信件内容为：

冯老师：您好！

　　接连收老师长信，实感不安。有些具体琐细事，我自己都没想到，而您都做了周详安排！这里再寄书五册，请老师转启功先生、戴逸。注明"学生"的仍是送老师您的，其余两本称冯老师的一本赠冯牧同志，一本赠冯统一同志。如老师认为无必要，留作自存也可，只略有不恭。您如尚不足用，请告，我完全满足。

　　从信中可以看出，冯先生与二月河经常有信件交流。二月河提到寄给冯先生五册书，正是刚出版的《康熙大帝》第一卷。二月河请冯先生转给启功、戴逸、冯牧诸位先生，还有编校纳兰性德《饮水词》的冯统一先生。我们可以在《冯其庸年谱》（以下简称《年谱》）中看到，1986 年 5 月 21 日，由黄河文艺出版社邀请，冯先生与周远廉、邓庆祐、冯统一等同赴郑州，参加 24 日、25 日黄河文艺出版社召开的座谈会，讨论《康熙大帝》。五册书即为会议前二月河呈寄供冯先生与参会学者所读。而《年谱》中也注明："会议讨论小说《康熙大帝》，先生发言，在会议上充分肯定其成就。"

　　多次收到冯先生的信，凌解放周围的朋友告诉他："这是一位文豪，毛主席曾经赞赏过他，是一位在全国甚至全世界都有一定影响的文人。能给你写这样一封亲笔信，是你有福。"种种议论在凌解放身边朋友中诵说，都是赞许冯先生的话，也有夸奖他的话，聚在一处，让凌解放既感慨又激动。于是又不停地写了好多文章寄往北京，寄给冯先生，连冯先生的夫人夏老师和家人都知道了凌解放，并说"这个人很能写"。

　　冯先生的赏识推荐，使得凌解放的研究文章在《红楼梦学刊》上接连刊发。看到凌解放如此好学上进，研有成果，冯先生举贤荐能，凌解放成为河南省最年轻的红学会理事，且邀请他参加了第二届全国《红楼梦》学术研讨会。

　　就这样，在冯先生的力邀下，名不见经传的凌解放得以赶赴大上海，参加了这次盛会。第一次见到冯其庸先生，凌解放坐会场下，冯先生坐主席台，他端看台上的冯先生，感觉不似他想象的那样随和，那样亲切和蔼。冯先生主持会议，无一苟且应酬之言，无一无缘之笑，也不与人交头接耳，"这是个热水瓶性格"，当时他便得出这样的结论。以后多少年与冯先生接触，和冯先生所作所为对照，他都一直作如是想：热水瓶一样的性格，激荡的精神，满腹的学问，充盈的智慧与热情，待人接物的亲切温馨都包容在严肃冷静和不动声色的外表之中，不深入接触，你是感受不到的。

会后空暇，冯先生与凌解放有所交流："你的文章我已阅读不少，我认为选择一个合适的方向，你搞文学创作的成功机会会大一些。你的文笔很好，是写作小说作品的手法，更适合这个门类。"凌解放当时的回答是："我一定好好选择突破方向！"

就是在那次会议上，一些学者由《红楼梦》谈到曹雪芹，由曹雪芹谈到其祖父曹寅，由曹寅谈到康熙皇帝。座中有人感叹，如此文治武功雄才大略的杰出政治家，居然至今还没有一部像样的写他的文学作品问世，真是奇哉怪也！这时，一旁默不作声认真聆听的凌解放，头脑突然"灵性"了，一道灵光入窍，自励自勉暗下决心："这是个好题材，我来写！"冯其庸教授对凌解放的想法，不认为是胡思乱想、一时兴起，从各方面支持、关注和鼓励着他创作。

此后，他们的交往从未间断。

冯其庸慧眼识珠，非常喜爱凌解放这个年轻人身上的朝气、勇气、生气、锐气和虎气，不遗余力地扶持点化他。凌解放在查阅资料、搜寻史证、化为己用的辛勤创作过程中，遇到什么困难、苦闷和疑惑，都愿意向可亲可敬的冯老倾诉，冯老为他找资料，出主意，释疑解惑，排除干扰，一步一步实实在在地帮着，尽己所能，无所保留。他说："没有写小说经验，怕写不好。"冯老说："谁生下来就会走路？你只有写出来才能知道行不行啊。"他刚创作《康熙大帝》，写了一段时间，有人说"康熙大帝"本身就讲不通，"大帝"是个外来词。他深受打击，苦恼苦闷不知前途在何方。冯老为他鼓劲："别人说你写不出来，你写出来了，就成功了；别人说你写得出来，你不努力，说再多想再多也是没有用的。""不要受别人影响，不要打乱自己的思路，写出来不行再改嘛，有什么了不起！"冯先生的支持，让凌解放信心大增。后来写到三十万字的时候，又写不下去了，彷徨之际，他希望冯老帮助看看稿子。那时他们只是通过书信往来交换意见。

1984 年 3 月 25 日，冯先生带着研究生外出学术考察，历时两个月，从鲁苏沪，再到鄂川陕豫，饱览长江黄河流域诸多胜迹与壮观河山，寻访历史文化遗迹，参观各种博物馆，留意碑刻文字，一路会见各地学者文人，收获颇丰。一路上，冯先生为学生们讲解各种碑刻背后的历史，阐述文学作品的价值，并介绍自己的治学经验。还利用余暇时间，校看《精忠旗》稿，阅读《红楼梦人物论》等书稿。最后到达南阳时，冯先生特意去看望凌解放，并应其请求，评阅他的《康熙大帝》书稿。在凌家斗室，凭着一杯清茶，冯老认真地审看了他的稿子，高兴得不得了，击桌赞叹，给予高度评价："解放，你写得非常好，比我想象的要好得多，现在很多社会上有名的作家也比不上你写的东西，就按照计划写下去，成功在望。""你已经走出了路子，一条属于自己的胜利之路。"凌解放听冯老这么一说，又恢复壮志雄心，重投砚田躬身耕耘。

多年后，二月河在各种场合多次回忆说："冯先生要看《康熙大帝》书稿，既高兴又着急。当时已经写了数十万字初稿，可都是草稿，连勾带画，此转彼接，生人看生稿会很费劲。"于是，他便连夜赶工，提前誊录了十章给冯先生看。冯先生看完后拍案称好，立刻表态："你的什么《掇红集》，还有什么红学论文都不要弄了，这样就好，这就是你的事业，写完后马上告诉我。""不要再干其他事，专心致志完成它，这是你的路。"

冯先生当时正在做《红楼梦》的研究，也在大力推动红学研究，但他因材施教，并非要把有才之士全都囊括到红学领域，而是按照年轻学人的特长，鼓励他们向某个方向发展。从这之后，凌解放便沉浸在自己的创作中，而冯先生对他的关心并未因为不在同一领域而减少。

《夺宫》既成，准备出版时，冯老又打电话推荐出版社。书出后，冯老还从北京委托几个朋友，为尚无名气的二月河做支持和宣传。二月河把《康熙大帝》写成了四卷，其中分卷及人物走向还多次向冯老请教。

《康熙大帝》首卷出版，凌解放却受到了评论界的否定和工作单位领导的批评。在他陷入低谷之际，又是冯先生给予巨大的鼓励和支持。

据沈晓萍副馆长搜集的信息显示：

1984 年 9 月 23 日，冯先生给凌解放寄去《左宗棠年谱》，供他写作时参考。

1986 年 3 月 25 日，冯先生收到二月河寄来的刚刚出版的《康熙大帝》第一卷。

1986 年 5 月 21 日，黄河文艺出版社邀请冯先生赴郑州参加该小说座谈会，随即允之。24—25 日，冯先生在座谈会上给予此书充分肯定。

中国红学会会长张庆善提供信息，冯先生为支持弟子，在 1987 年 4 月 30 日，拨冗撰写评论《龙腾虎跃　波谲云诡——读长篇系列小说〈康熙大帝〉》，载 9 月的《奔流》杂志。这是全国第一篇对尚未成名的二月河作品公开发表的评论，文中难抑喜悦，给予高度评价和推介。

1988 年 11 月 9 日，冯先生到扬州参观访古，夜里读《康熙大帝》第三卷。20 日，冯先生经郑州，傍晚抵达南阳。恩师到来，二月河亲自前来迎接。22 日上午，冯先生参加二月河《康熙大帝》第三卷的讨论会。可见，冯先生一如既往地关心二月河《康熙大帝》的写作，从始至终予以最强有力的支持。

2002 年 11 月 22 日，二月河进行了平生唯一的一次出国活动，这也是他平生走得最远的地方——马来西亚吉隆坡，也是对方通过冯先生代邀，二月河才拨冗成行。

检视《冯其庸年谱》，2002 年 12 月 29 日，有二月河、张庆善、田永清将军等见访的记录。此后，这样的记录零零散散共有数十条，他们之间一直保持着密切的交往。

二月河谈到与冯先生的关系，讲到先生对他的持续帮助时，总会说："冯老自幼出身寒门，一生坎坷，自学成才。他赏识我，或有出自同病相怜。""是先生把我从泥里拔出来的，因先生一再鼓励写作，才有今天的些微成绩。"言辞切切，感恩之情溢于言表。

冯先生是二月河的恩师，也是其忘年交，是最知二月河的师长。那年，我因写作《直面"皇叔"二月河》一书求教师爷，冯师爷思维清晰，侃侃而谈，直接盘问道："你写二月河，肯定很是了解，二月河的成功，是天才加勤奋，但是，不能仅是赞美，一定要写出他的苦来，解放这孩子，经历的挫折、困苦、磨难太多呀，身苦心苦，他是在苦熬中，绽放了成功之花。"我无语，愚鲁顽蠢之我，学养见识浅薄无知，眼前闪烁全是二月河的荣耀光环，如何能体味其苦呢？

深入研究二月河，时过境迁，方才明白师爷的话。二月河是真苦，人生的苦楚，他尝尽了。唉，心疼中，唯有一声喟叹。

因缘际会，踵行其化。志气英爽睿智通彻的二月河卓苦读写，一部部作品接踵而来，一发而不可收，迅速红遍海内外。

冯其庸的道化德行令二月河钦服，无论成名前还是成名后，二月河恂恂然执弟子礼甚恭，每隔一段时间，或者逢年过节，都要怀着感恩的心，给冯教授打个电话，问声安好，这才觉得心神俱宁，敬重情态溢于言表。

世网尘缨，安可羁绊。后来好些年，二月河作为党代表和全国人大代表，要参与行政，经略国是，每年都有很多机会到北京，无论是开会或者讲学，高官可以不访，长城可以不游，朋友可以不聚，一事不可不做，那就是亲自到冯老宅院拜访问安。师母及冯老本人患疾，二月河都要看望，或寄去药物、营养品，表示慰问和祝愿，期望他们的身体早日好转。

二月河为感激先生提携之情，一次听说冯先生有病，诚朴的他认为现金实惠，能表达感情，就拿出五千元现金与一束鲜花送到病榻前，被冯先生婉拒了，只收下鲜花，他只好红着脸再买一些滋补品奉上。中国红学会是冯先生等人发起创建并精心呵护成长起来的群众性学术团体，为了表达敬意，还担心对方不收，他带着夫人，拎着装有三十万元现金的袋子，亲到红学会捐款。那是 20 世纪末的三十万元。在二月河去世后，社会才知道他为红学会捐助巨款的事。

张庆善会长还是《红楼梦学刊》杂志社的社长、主编，与二月河亦有数十年交情，他深情地说："感动的除了这份情谊，还有二月河对红学会实实在在的帮助。""这个刊物完全靠我们自己，办刊物太难了，尤其办学术刊物。在最困难的时候，二月河拿出三十万元稿费赞助，别人都不知道，他不让我们宣传……"

几位红学界的前辈，也在悼念文章中提到："在学会经费拮据之际，二月河几次伸手赞助，令人感动。二月河是个知恩图报之真君子，即使名扬天下也不忘知恩图报……"

这一切，都源自冯其庸先生与二月河的师生情。

2011 年，我出版具有二月河传记性质的散文随笔集《直面"皇叔"二月河》时，为了"拉大旗作虎皮"，来到"皇叔"芝兰之室，惴惴不安中恳请"皇叔"帮我联系通融一下，向师爷冯老求字，以便用到书上，增光添彩。"皇叔"明白来意后，坚决明确地拒绝了要求，认真而深情地对我解释道："你师爷已经 90 岁高龄了，身体不好，眼睛更不行，我很担心，我尚不敢要字，你就断了这个念想，我不扰，也不能由你去扰。"言之切切，感情殷殷，我虽未如愿，却对"皇叔"给予冯老的爱护敬重深受感动。

二月河行事低调，不愿担任社会职务，心离"大家"远，觉得"那纸糊的名号和荣耀算什么"！但是，他诸多"名号"坚辞了，却有一个如孙悟空牢牢长在头上的紧箍圈，始终不敢取下，那就是"南阳市红楼梦研究会会长"的头衔，而且有会必临，临会必言，有言必新，南阳红学会经营得风生水起，活动从未间断，论文频频发表，集子接连出版，声誉日隆。作为一介小城的红学会，能够出此成绩，全国罕见。当然这是南阳红学爱好者研究者的众手推力，但不可否认，也要靠二月河这面"虎皮作大纛"，而这杆旗不倒，背后仰仗的是冯其庸教授、张庆善会长的威仪。

冯其庸门下济济多士，唯二月河与其交际最成佳话，名播大千。是以许多人摸着此一诀窍，要让二月河办什么事，譬如邀请其出外访学或是出席活动，若二月河有推挡的意味，就可以通过冯老"曲线救国"。

有其师，幸哉！有其徒，乐哉！

2017 年 1 月 22 日，冯其庸先生不幸辞世，二月河正患病，仍然洒泪蕴情，写下纪念长文《吾师虽离去，恩绪永缅怀》，发表在《红楼梦学刊》

等，把与冯先生交往的过程，进行了深情描述，对恩师的永离表达无尽的哀思。

沈晓萍副馆长对这对师徒交往有衷心评价："这几年，很多学者离我们而去，每一个熟悉的名字成为定格时，笔者心中总有一种落寞感，但又有一点安慰，因为他们的文字和精神留了下来。冯其庸先生与二月河的这些经典的故事让我们感受到文化传承、教育担当的力量，这种力量向世人展示着自强不息、执着奋进的人生启示，在芸芸众生的心中留下难忘而坚定的印记。那就让我们在前人的指引和感召下，沿着他们的足迹，在这片先贤辈出、今民勤读的土地上，朝圣文脉，继续前行。"

理想的师生关系是由好老师和好学生共同建构的。每个人的一生都离不开老师的帮助，也终究免不了成为他人的老师，如此，人类的通达智慧可以世代传承，德行素养得以沿袭光华。冯先生与凌先生，已成为我们向往朝圣的大家，他们的交往，成为不朽的人文经典。

第二十章

渐佳境冰河开冻　执初心砥砺笔耕

　　胸中自有乾坤在，赋得锦绣笔尖流。二月河智慧凌厉的目光，审视康熙漫长的执政生涯，拨开浮云，匠心独运，瞄准大事，在随之的创作中，精准地结合社会发展形势，并顾念读者阅读心理，以生花妙笔还原着一个文武兼备、功业伟大、国家高于一切、为了统一敢于斗争、名为守成实同开创的睿智英武丰满有神形象。

　　康熙擒下鳌拜，亲自掌管朝政，朝廷内部有了相对的稳定。但是，国内形势仍然十分险恶，危机四伏：南方有以吴三桂为首的"三藩"割据，中原一带冒充朱三太子的杨起隆又聚众闹事，并勾结后宫的太监，暗中配合。几方大的势力中，康熙清廷、吴三桂西南势力、杨起隆反清复明，可谓新"三国鼎立"，北边还有察哈尔叛军袭扰，甚至夹杂着西北王辅臣的哗变。撤藩之前，康熙在一批文臣武将的辅佐下，从军事、政治、财政、文化、舆情等方面做了周密部署。先后粉碎了腐朽势力的间谍战、美人计，京城空虚，兵饷皆不够，危急存亡之际，康熙战略正确，部署得当，卓有远见，放心和敢于用人，经过纵横捭阖巧妙谋划，刀光剑影沙场喋血，终于挫败了吴三桂、王辅臣的叛乱，维护了国家的统一。之后把工作重心放在发展经济，整饬吏治，搜罗人才，迅速稳定社会，获得了民心拥护。

　　《康熙大帝》系列的次卷《惊风密雨》，通过对一场场惊心动魄、险象环生、艰难曲折的平叛斗争的描写，围绕康熙的撤藩平叛、怀柔臣工、大胆用人、发展经济、消解矛盾等方面，进行有声有色的描绘，塑造了康熙深谋远虑、雄才大略、慧目识才、举重若轻的形象，得以从弱势逆风而动，终获胜利，登顶巅峰。细致入微地刻画了伍次友、周培公、李云娘、杰书、孔四贞、米思翰、熊赐履、明珠、吴三桂、吴应熊、杨起隆、汪士荣、皇甫保柱等人的个性特征，生动地展现了艰难开创康乾盛世的恢宏历史画卷。

康熙怀忧天下，勤政爱民，政绩卓著。不向百姓加赋，减少火耗银，多次免了受灾县区的钱粮，在微服私访时能够及时出手，罢黜危害当地的贪官污吏，凡事都为孤苦大众，着眼国家根基，努力为百姓生活谋福祉，获取了民心。

在知人善任上，康熙唯才不避远，先后从潦倒举子中选拔出伍次友、周培公、高士奇、李光地、张英等一批俊士，从臣僚中检拔出于成龙、傅鸿烈、郭琇、陆陇其、魏东亭等一班能臣，从草莽中检拔出刘铁成、武丹、穆子熙一杆忠诚莽夫，从皇子中甄别出八阿哥和四阿哥各有千秋。同时，打击、罢黜贪官污吏。"周公吐哺，天下归心。"康熙在识人猎才方面是相当成功的，颇具胆略，极危时敢于听进周培公直言，同意其做图海的参谋，劝降陕甘提督王辅臣，不仅减去吴三桂强有力的羽翼，也给朝廷积攒了八万兵将，最后一一击破，方平"三藩"之乱。

在谋事胆略上，康熙面对强敌不正面冲突，暗自积蓄力量，先礼后兵，谋定而动，为自己赢得回旋时间，得以为国除奸，将手握重兵的吴三桂、尚可喜、耿精忠逐一扫除，尤其在对待王辅臣父子、傅鸿烈、西疆的噶尔丹这些不同身份之人时，他审时度势，恩威并举，始终能够掌握主动。从中可以看出康熙是极富战略眼光的。

说到帝王心术，圣明如康熙者也是不够光明磊落的。比如，像魏东亭、索额图、明珠等这些位高权重的大臣的私邸里，大抵都被安插了眼线。这也是无可厚非之事，作为帝王，这是他得以御下、维护王权的手段。同时，只有他了解臣子才能人尽其才，对于庸人不滥用，对于能人也不埋没。

在对待大臣节操方面，康熙首重一个"德"字，这从对待李光地就可以看出来。大学者李光地名满天下，尤其对收复台湾有赞善之功，所以康熙封他为文华殿大学士，但是他终其一生也没能进上书房，也就是说康熙没给他

"宰相"名分。为什么呢？这是因为康熙只取他一个忠心，却不齿他的节操。看似有些迂腐，至少现代人看来是这样的，但这是康熙对个人操守方面的坚持，想要整肃思想，他就要明确树立一个道德标准，也是对当时大臣的一种警示教育。

在惊风密雨四面楚歌的氛围中，康熙坚信"国家统一是天道，是大势所趋、大义所在、民心所向"，精心运筹帷幄，调兵遣将，终于平了"三藩"，稳定西南部。可能二月河没有驾驭重大战争题材的经验，全书看起来有雷声大雨点小雨过地皮湿的印象，平"三藩"的战争场面一带而过，吴三桂也很适时地在结局死掉了，前期准备篇幅很长，溢光流彩，平定过程过于仓促，甚至有点平淡，不如智斗鳌拜精彩，结尾有点匆促潦草。但是二月河扬长避短，张扬自己擅长人物塑造的优势，连吴三桂的野心勃勃笼络人心、尚之信的大智若愚藏巧于拙、汪士荣的阴鸷狠毒机巧用心都有详细描写，生动形象，活灵活现。其中周培公的说辞能把人说到喷血身亡，有模仿诸葛亮骂死王朗的感觉。

吴三桂、尚之信、王辅臣都是英勇善战、死人堆里爬出来的武将，在谋略方面终究还是需要军师，他们既没有伍次友也没有周培公，更没能顺应人心合乎社会潮流，所以失败了。但二月河也以悲天悯人的情怀，写了民不聊生苦不堪言的社会。兴，百姓苦；亡，百姓苦。受苦受难的永远是老百姓。希望战争远离中华，珍惜先烈为我们打下的来之不易的和平。

全书矛盾缠绵难解，关系错综复杂，叙事大开大阖，时而雷霆万钧、千军万马，时而云开月霁、诗韵抒情，现实主义与浪漫主义完美融合。

在叙述波澜壮阔宏大历史场景时，他拉长穿插家长里短万家烟火的琐碎生活，描写细致入微，刻画社情人心，深入骨髓，读来温婉细腻，特别动人。

康熙又想起她入宫以来，夙夜勤谨，佐理六宫，不禁潸然泪下，俯身泣道："皇后，朕来瞧你了！"

赫舍里氏突然睁开了双眼，还是那样亮亮的，搜寻了半日，才见康熙立在榻前。她嘴唇嚅动了一下，康熙忙侧过脸去听，却什么也没听到，只看见她两行清泪从她两颊无声地流下。

"你到底怎么样？"康熙带着哭音问道。

皇后没有回答。

康熙一时五内俱焚，痛叫一声："皇后——怪朕迟来一步，迟来了……一步啊！你我是结发恩爱夫妻，又有青梅竹马之好，有什么话，有什么事，你就说吧——你说呀！"他已完全控制不住自己，捶胸顿足地放声大哭了。

"禀万岁爷！"切脉的太医哭丧着脸道，"娘娘痰涌，已不能……"太皇太后在外边听着，忙迈步进来，见此情景，不觉老泪纵横，握着皇后的手道："好孩子，你放心，闭了眼安息吧……"

康熙呆看了一眼赫舍里氏，见她不肯瞑目，料有心事，便拖着沉重的步子出来，对索额图道："怕是不……不成了，只是咽不下气，这……这实在受罪，你们进来晋谒一下。周培公，你既赶来了，也来吧！"

皇后的眼珠已不能转动，只死死盯着屋顶，闭着气不肯合眼。索额图，轻声儿叫她小名："秀儿，家里都好，皇上又亲赐了宅子，你几个堂兄弟都出息了，娘娘，你……就放心……"

"娘娘，奴才是明珠！"明珠哭着说着，"娘娘身为六宫之主，贤德淑茂，万岁极爱重娘娘，必当重加娘娘身后之荣……"

杰书瞧着不济事，叩头泣道："娘娘，您这样受罪不安，万岁爷心里能不难过？您就去吧，一切均有万岁做主！"他哽咽得连话也说不清了。

见赫舍里氏仍瞠目不语，康熙又疼又急又伤心，便哭着申斥太医："你与朕用药，你快治！——你们这些废物，饭桶！平日大话说得震天价响，吃了朕的俸禄，就这样办差？"那群太医听他发怒，吓得脸色煞白，只是顿首谢罪。

"娘娘的心思臣知道！"周培公忽然身子一挺说道，"奴才吟一首诗，为娘娘西归饯行！"

"你吟来！"康熙厉声道。

"扎！"周培公伏地顿首，大声吟道：

娘娘一貌玉无瑕，廿年风雨抛天涯。

缘何临去目难瞑？恐教儿子着芦花！

吟声刚落，赫舍里氏的眼睛竟奇迹般眨了一下，又睁开来。

"啊……原来如此！"康熙身子一震，他全明白了，见太皇太后点头微叹，便叫道："立宣熊赐履进来！"

"奴才在！"熊赐履刚进储秀宫，见里头忙乱，知道办不成事，正要退出，忽听康熙传呼，忙答应一声，进来叩头道，"奴才奉诏来见！"

"此子乃皇后赫舍里氏所生，朕取名胤初！"康熙大声说道，"依满洲祖宗家法，本不立皇太子，当此非常之时，为固国本，安定民心，朕决意建储，立皇二子胤初为皇太子！"

"扎！"

"熊赐履人品端方，学术纯正，曾为先帝依重，朕亦十分信赖。"康熙接着道，"着熊赐履进太子太保，即为太子师傅，朝夕加以导辅，务期不负朕之厚望，皇后拳拳之情……"

康熙言犹未毕，赫舍里氏身子微微一动，吐出一口气来，双眸低垂，溘然长逝。

康熙拭泪道："皇天后土鉴之，朕决不反悔！"说完摆摆手道，"赏周培公黄金一百两，你们都……跪安吧！"

…………

猝临变故，危急关头，微妙的心理，至为复杂的感情，帝夫心怀父爱，皇宫内廷处处钩心斗角，也有暖意融融的生活家常。二月河以入木三分纤毫毕现的笔触，描写了生命的脆弱，感情的真挚，人心的浮动，还诠释了欢聚别离的终极孤独。

二月河写得如此入心，让人阅之潸然泪下，在于自家自身的真实情怀。

"见面怜清瘦，呼儿问苦辛。"母亲对孩子牵连难放，可以为孩子做任何事，二月河深有感触。因家庭出身在政治运动中频受打击，父亲有一次叹息："做一个共产党员真难。"母亲更正说："做一个人就真难！"还有一次，是反右斗争之后，父亲问母亲："假如我划成右派，你会和我离婚吗？"母亲连想都没想，说："必须离——解放他们一辈子重要！"这个话是父亲快要走到尽头时，垂老风烛中传告给二月河的。"他还告诉我，尽管知道母亲的话理智，尽管他也知道她爱他，尽管事情并没有发生……这是多么凄冷的情韵！"

是以，赫舍里氏慈母的形象，二月河描绘得栩栩如生，丝丝入扣，却合情合理，合乎当场人心。艺术来源于生活，二月河恐怕也倾注了他父母的形象。

给人留下深刻印象的还有伍次友、李光地等人雪中赋诗的情景。书中有很多篇章都涉及了诗词。其中李云娘自刎捐躯前吟唱的那首词令人颇为感动。

疏枝星梅，都付于断桥流水。楼头红粉，洗尽了铅华。何事春来再梳妆？忍将一枝才折去，便剜土埋香？

吟罢，云娘拔剑自刎，伍次友痛哭昏厥。伍次友与李云娘的感情悲剧在后者第一次登场时便几成注定。

家国天下，儿女情长，书中所述，五味俱全。

二月河对故事的叙述驾驭堪称完美。

《玉宇呈祥》卷着重表现康熙在统一中华、治国安民方面的文韬武略。

平息"三藩"之乱以后，康熙亲赴汴梁，视察黄河，四处物色治河能臣，疏通漕运；任用良将精兵，顺利收复台湾；开博学鸿词科，缓和民族矛盾；南巡金陵，祭祀明太祖，团结前明遗老；纳忠言，整顿吏治，惩办贪官；倡孝道，斑衣戏彩；北巡盛京，与东蒙古诸王结盟；西征噶尔丹，完成统一大业。

这一卷里又有一批新的艺术形象活跃在读者面前，给我们留下人才斯盛的难忘印象：如风流倜傥的高士奇，清廉固执的于成龙，犯颜批鳞的郭琇，栉风沐雨的陈潢，拔剑啖珠的施琅，行乞街头的"香美人"，精明过人的"能婆子"，等等。

通过这些形象的刻画，艺术地再现了清初社会民情习俗和玉宇呈祥归一统的历史风貌。

《乱起萧墙》卷主要描写康熙晚年选择皇储以及众阿哥钩心斗角争当皇储的故事。

康熙晚年出现了诸多弊政，吏治败坏，政忽宦成，贪风炽盛，冤案丛生，田赋不均，土地高度集中，百姓贫苦，民变时起。皇亲旧勋借支库银，致使国库亏空。众阿哥觊觎皇位，各自结党营私……大治中的朝政隐忧重重。面对如此局面，康熙心力交瘁，多次清理整顿，皆因皇太子胤礽贪淫好色，不谙政务，私利当头，举措失当，总是推行无果，不了了之。康熙大失所望，一怒之下，将胤礽废黜。后不得已又立，再立后不久又废。两立两废，朝野震动。众阿哥各怀鬼胎，趁机作乱，或策划于幽闭密室之内，或奔走于六部九卿之中，阴风四起，谋划夺嫡。康熙在这场众阿哥的阋墙之举中，留意考察。胤禛为人深沉莫测，常怀居安思危心，敢于为国分忧，冷酷无情打击酷吏，不受待见。由于谋士邬思道等人的辅佐运筹，在治理整顿革除弊政中，措施得当，成绩突出，令人瞩目。康熙选贤立能，着望国家长远，在临终前立下遗诏，传位于四阿哥。

二月河始终坚持"三个凡是"创作理念，以游龙之笔，刻画了康熙大帝的云水襟怀雄才大略，堪称"千古一帝"。

康熙的执政时间长达六十一年，二月河科学准确地按军国要事社会发展阶段，划分几个段落，每个部分既相辅相成，又可以独立为书，各色人等粉墨登场，通过扣人心弦摇曳多姿的情节设置，塑造了性格各异栩栩如生活跃眼前的人物形象，其中显现丰富多彩的社会图景，厚重斑斓的文化描绘，好看耐看，将历史真实与艺术真实有机统一，展示出了小说独具的艺术魅力，以及作者驾驭重大题材的能力。

二月河突破了经典长篇历史小说的创作套路。他站位自己创作的是历史题材，也为了适应华文读者的欣赏习惯，采用中国传统小说的章回体，每回都有对仗整齐的回目，工整舒适，以快阅者之目，且使读者观题而了然内容。上下章环环相套，联系紧密。二月河在追求达到和葆有章回体的务取精工形式美、古朴典雅艺术美同时，又跳出架构，收放由我，他摒弃章回小说中固定的"话说""看官""且听下回分解"等字样，去繁就简，也抛舍了章回体中经常出现的以引首类、楔子类、缘起类叙述，这些"为赋新辞强说愁"的话本入话方式，在章节后诗词作结、述前诗话引入，或以议论、小故事导引小说正文，有的精彩，但稍不假色几成累赘。他予以改革，戒除形式主义，不受这些格式约束，不再重复前述内容，笔锋突转下章，开宗明义，简洁明快，绝不拖泥带水。这样不仅可以删除废话，节省精力，节约篇章，不浪费读者时间，还可放入更多内容，促使各章内容似接非接，若连非连，统揽下来，承上启下，仍保持着一定的连贯性和完整性。

其著作的每卷，同样如此，追求大开大阖，大收大放，波澜壮阔，各自为战，各卷自有鲜明主题。二月河恣意驰骋康熙年间的这段风急雨骤卓诡变幻的历史，或围绕一件重大政治军事事件，或阐述一段重要历史时期，分别为本，赋以各自的精彩，形成"藕节同生"结构，每段藕节发出新的生命体，并连同生，自有天地，又藕断丝连。各卷唯我独尊，围绕康熙皇帝的抚有天下纵横捭阖，根据情况形势发展进程，穿插不同的小人物，讲述一段扣人心弦精彩绝伦的故事，各卷之间不尽相同相连，完全可以独当一面，单独存在，每卷独立成书，上下卷又互为勾连，衔接自然前后呼应，数卷合为整体，淹会贯通，犹如潜艇的密封舱，分别保持各自的独立性，整合起来，就是完整坚固的艇身。这种有联系、也有区别的创作形式和能耐，体现了作者在架构上掌握全局，左右互搏，一览众山，理念上跳出时代的束缚，站在人类广阔的历史中去思考，俯仰百代指点过往的眼光和胸襟。

《康熙大帝》从宫闱秘事，到宦海浮沉，再写到江湖风云，百家里巷。

如椽大笔深探康熙大帝的隐秘心灵，描绘康熙帝国的峥嵘图影，写出了康熙的大事、大智、大仁、大义，写出了中华文明中最美好的文化遗产。小说中的人物，从文人墨客、封疆大吏、统兵将领，到侠客反贼、江湖卖艺，以及最底层的贩夫走卒、乡野百姓，写出世道苍茫，俗情冷暖，茶肆酒楼耳语笑谈，秦楼楚馆逸闻趣事，小说写的是人物群像，绘的是历史画卷。当然，小说不是政论稿，要好看，有故事，要敢于依据大的史实阐释，融入作者的眼光和感觉，加入作者的高妙艺术创作，才能生动形象，曲折引人，才能够被读者认可。对康熙的评价和描绘，当然倾注了二月河个人的情怀，个人的观感，个人的政治理念，个人的一腔抱负。小说波澜壮阔，花团锦簇，百转千折，荡气回肠，成为一部不可多得的长篇历史巨著。

社会上有一些批评，主要集中在认为二月河忽略历史史实，人为拔高皇帝，骨子里依然是中国传统的明君圣王的乌托邦幻想，缺乏审慎皇帝的局限与落后的根本认识。但批评者也不能否认，君王本身就是历史和国家治理的核心要素之一，客观评价其作用原本就是恢复客观历史面目的要求。再者，文学创作本身应该是自由的，得有作者恣意驰骋的天地。小说不是正史，它是经过艺术加工的产品，融入了作者的情感和灵感，不是作者故意混淆视听，是历史进程及客观事实确定的康熙必然为明君形象，作者的政治立场和价值观是没有问题的，只是顺应时代要求，进行艺术化情节化趣味化加工。读者不是弱智，自有评判，谁也误导不了。其实，在经意甚或不经意间，二月河做出了以小说丰富、完整和发展中华文化构建的文学创作任务。

二月河曾在不同场合阐明他的创作观："我既忠实历史真实性，又忠实于艺术的真实性。当两者产生冲突时，我在总体忠实于历史真实的前提下，对历史细节的描绘让位于艺术的真实性。历史小说允许虚构。"有人当面直言，称他的书是"通俗读物"，二月河也知道，这是在委婉地说他的书"不入大雅之堂"。其实，这样的说法，未尝不是夸奖。四大名著在当时，也不为官方所认可，是通俗小说，让人喜闻乐见。世界文学宝库中的许多经典，如《简·爱》《三个火枪手》《巴黎圣母院》等，都既是大众的、畅销的，也是传世的、经典的。正如哈罗德·布鲁姆所言，莎士比亚就是世俗经典，或者说是俗世的圣经，考察前人或后辈是否属于经典作家都须以他为准。著名编辑周百义说得好："试想，一部作品如果束之高阁，和之者寡，知之者少，又怎能保证其会注定成为超越时空的经典呢！"

不过二月河却认为，应该是"缘分不对"。他说："其实万事都是要缘分的。看'阿赖耶识感'（佛经梵语音译字，指人的潜意识）强不强，譬如我们遇到一个陌生人，第一感就有顺眼、不顺眼之分，其实原先一丁点恩怨也没有。"无论怎样，二月河总说："读者是上帝，我视读者为情人。"

文多神来之笔，特别是书中俯拾皆是的警言妙语，晓譬劝喻，语言新鲜，妙趣横生，文采灿目，品之有味，意味深长，读来醍醐灌顶，获取睿智和坦然。万里择一摘录如下：

> 得意不快心，失意不快口。（吴三桂给儿子吴应熊的处世真诀）
>
> 摄食是有讲究的，总不离熟、热、软、素、少——两晋士族清谈误国，只饮食五字真诀合乎养生之道。凡物不可用生，胃气畏寒，冷物不易克化，须用人体自热来温，岂不受害？山珍海味，人都说快口畅腹，快口诚然，畅腹却未必。食谷者生、肉食者鄙。少食安胃，胃荣则脾顺，脾顺则肝舒，肝舒则心明神清。（高士奇讲健康饮食）
>
> 最要紧的还是粮食，我军粮道必须畅通，敌军粮道应千方百计截断，军事即使小有失利也无碍大局。（周培公讲军事）
>
> 即便聪明过人的人，得意时也常忘其形。（周培公讲做人之道）
>
> 读书人养气在先，心怀应当开阔。（康熙对于成龙反复弹劾靳辅的看法）
>
> 善于始者必慎其终，求其近者必追其远。（康熙孝陵致祭时的感悟）
>
> 万言万当，不如一默。（张廷玉的处世哲学）
>
> 堪透人情惊破胆，阅尽世事寒彻心。（明珠被抄家后，书房门口的对联）
>
> 不信直中直，谨防仁不仁。（四阿哥胤禛的看人原则）
>
> 夫人生一世，事功易，成功难；成功易，终功难；善于始者必慎于

终。(康熙拜月祷词)

祸兮福所倚，福兮祸所伏，凶极化吉，吉极化凶，这才是《易》经本旨之所在。(邬思道为太子胤礽解卦)

自内修省，正义明德，自然泰而不否。所以孔子曰"其所厚者薄，其所薄者厚，未之有也"。换成俗话，就是但行好事莫问前程，那前程自然就是好的。(邬思道为太子胤礽提议)

子曰：知止而后有定，定而后能静，静而后能安，安而后能虑，虑而后能得。(邬思道给四阿哥胤禛"静观局变"的意见)

鬼没什么可怕的，人才最可怕。(阿兰让胤祥失望之后胤祥的感悟)

事不烦人人自烦，其实都是自寻不快活。(康熙开导自己)

君子养德，求之于己。所以格物治平，最要紧的是"慎独"二字。能慎独则百邪不侵。(王掞劝诫太子胤礽)

真的贤良之臣，得有明哲自全之道！你有报国之志，却没有虑事之智。身命尚且不保，怎样效忠朝廷？喜邀忠烈之名，其实无补于社稷。李泌处唐室将圮之际，处身危疑之中，匡扶庸主致天下于衽席之上，这叫忠而且智。逄龙、比干一味愚忠，自己千古留名，置君父于不义，哪个好些？(康熙教导清官陆陇其要学会变通之道)

不能克己，是因为人为物欲所染，不认识"己"。不知己，自然就不知彼，以致本性迷乱。所以要克己，非在格物致知上下功夫不可……
(康熙命张廷玉向众皇子揭示"四书"的真谛)

第二十一章

否提法不以为然　道不同我行我素

　　《康熙大帝》甫一出版，读者爱不释手竞相阅读，口口相传互相推荐，掀起酒桌聚会无不说康熙的风潮。首版印刷近 8 万册，市场供不应求，多次重印。在 20 世纪 80 年代中末期读书蔚然成风的时代，文学促进思想解放的社会大潮里，更是难逢的阅读黄金时代，二月河的作品很快风靡全国，人们在"悦读"的痛快之后感到惊奇：还有这样好看的小说？小说还能这样写？还能这样肯定皇帝、推崇康熙？

　　思维落后于时代、仍然拖着极"左"思想小辫子的学者专家评论家们，如同被二月河踩住了尾巴，不适了，生气了，暴怒了，爆炸了。他们给予作品的是轻慢，是歧视，是否定。有评论家在报上通栏批判其"唯皇史观"，不以人民大众为著作对象。有的人攻击不符合历史真实，是胡编乱造。嗤之以鼻，严词批判，必欲将其打倒批臭而后快。

　　褒贬不一，爱恨鲜明，形成了截然不同的阵营。

　　这是因为时代的狭隘局限，思想的冰封尚未完全解除，甚至数十年后的今天，这些质疑和攻击仍然不时沉渣泛起，不绝于耳。

　　面对这些客观的质疑或别有用心的攻讦，二月河作了解释答复，后来不屑于再费口舌。

　　对于"唯皇史观"，他的写作理念"三个有利于"是最好的答辩。

　　对于专家的否定，他认为，能够得到专家们的肯定固然很好，固然快乐，但是如果要在普通读者和专家评论家之间做个选择的话，一定会选择普通读者。

对于不符史实，他一言蔽之：这是小说，不是历史教科书。

二月河认为：作为历史小说作家，要想着读者是来读小说的，而不是来学历史找考卷答案的；如果读者通过读小说而对历史发生兴趣，引起对社会对人生的思索，写小说的目的就达到了。

他说："写历史小说最容易犯两个毛病，一是无一笔不考证，因而写成了枯燥的纯历史著作；二是捕风捉影，过于相信传说，而成了传奇。"据他介绍，重要人物在重要事件中的立场、观点与历史都是相符的，其余的一颦一笑等就由作家来决定了。比如康熙北巡，半道有人拦驾上书，尽管所言也有值得采纳的部分，还是下令把那人杀了。因为鼓励这种行为，拦驾者会激增，侍卫不便处置，刺客更有可能混杂其中。此事小说没有采用，因为这不是康熙性格的主要方面，温和人也有暴跳如雷的时候，得考虑自身长远安全，如果写了会影响人物整体形象。"只要大体历史走向和重要人物个性命运不出大的差错，也就罢了。"

康熙待姚启圣，说明他是个有喜有怒的人，是个看重宏观的领导者。姚启圣是难得的人才，有着丰功伟绩，但行事奸酸刁毒，苛刻谋算。攻台成功后，姚启圣主动请求致仕。康熙多次忍让，在心里姚已经死了，但康熙从不杀忠臣，恶之，还赐姚一座行宫，里面有大量藏书，姚从此退出官场，乐享读书逍遥人生。从康熙对姚启圣的态度，能说他是"狗皇帝"吗？人是复杂的，历史更不是简单的非正即负，不是靠两三事就能够厘清的。其实，二月河也努力去表现宫廷的残酷、虚伪和你死我活的斗争，"要把这种机械倾轧的血展示出来让人们看看""封建社会那种温情脉脉的很虚伪的东西拿出来给读者"。

一部作品的核心不在于形式，而在于写什么，怎么样写，要表达什么。不能把一些极偏狭的意识形态灌输到文学艺术中去。不是写帝王将相就是宣扬封建的东西，写工农兵就是无产阶级。比如《儿女英雄传》，思想不可取，但文艺美学方面还是有可取之处的。

说归说，对于与史实不够契合的问题，连二月河的恩师冯其庸先生，也多次注意到了，并特意指出，二月河感到为难和犹疑，为此多次回信，汇报该书后面如何写，写到何时，写作中遇到的困难。

1986 年 4 月 18 日给冯先生的信中，二月河提到："我决意接受老师意见，写到（康熙）死，因为反正要写到死，合并过来就是。出版社我想问题不大，他们也极重视此书，只要入情理，可以一致。使我唯一感到为难的是我对书中时序情节跳跃手法方面方法不多，61 年，漫长岁月，纳入其中，跳跃是避免不了的，不仅时序，人物也是一茬换一茬，怕败了笔，这要好好细细编排才成。"

冯其庸在全国第一个为《康熙大帝》写出评论，他怀着格外欣赏欣慰的心，称作品"大至帝皇之家、天潢贵胄、纷乱繁复的朝局政务，小至京华物情、市井屠沽以及儿女子媳细碎嘲谑、家庭杂事，纵横跌宕，起伏波澜，无不形声绘色，笔笔俱到"。冯先生的评论，可谓高度赞扬并客观公允。

如椽巨笔绘写康熙大帝，似水华年流淌二月长河。从此二月河开，涛声响彻文坛。

二月河成功了，然如冰心所说：成功的花，人们只惊羡她现时的明艳！然而当初她的芽儿，浸透了奋斗的泪泉，洒遍了牺牲的血雨。遥想当年，创作、出版的艰难和曲折，不为人理解支持，甚至频受一些白眼。

其中最为著名的，至今为文艺界和社会各界津津乐道的，是二月河与姚雪垠围绕"大帝"称呼的"文坛公案"。

从两位大家之间的争鸣往事，大家之间的"道不同"，就能从侧面形象、真切地说明当时思想坚冰的厚度、意识陈旧僵化的氛围是多么压抑。

如果说在中国现当代文学史上历史小说的杰出作品有哪些，最具知名度的一定是姚雪垠的《李自成》和二月河的"落霞三部曲"。

姚雪垠史学知识极其丰富，有着前瞻的目光，深邃的认识，代表作史诗性的五卷本小说《李自成》，以宏大的架构、情节的纷繁反映了宽广的社会历史生活，再现了明末波澜壮阔的农民战争，人物性格鲜明，具有深远的悲剧内蕴。巨著开创了我国历史题材长篇小说创作的新境界，走出章回架构，将笔触伸向中西文学相融的新文体。

南阳作家群中，具有广泛影响，能够打出国门，享誉海外的，有姚雪垠、二月河，这是不容置疑的事实。

二月河与姚雪垠这两位南阳同乡间的交往，却在中国文坛涟漪悠远，演绎不少版本，有的说俩人有"过节"，有的说他们"互不相让"，有的说"话不投机"，有的说"掷稿拒客"……其实，这是由于当年时代的局限、阶级论在思想上的残留、写作认知上的偏差有别导致的，这只是两位大家之间的一次正常文学讨论和争鸣。

那是 1985 年 3 月，著名作家姚雪垠回到南阳省亲，这对南阳文学界来说，是巨大的喜讯和轰动性消息，姚老的《李自成》是传世之作，有日、英、法译本，获日本文部省、外务省颁发的文化奖，正是盛名远扬春风得意时。当时，二月河还是凌解放，尚未出道，正埋首创作《康熙大帝》，虽然手中握着厚厚的作品，但还没有哪家出版社愿意给正式出版，是一个处于苦闷期的无名小卒。

二月河说："当时完全靠自己一个人，用白居易的一句诗说，'策蹇步于利足之途，张空拳于战文之场'。"这是他一生中最焦虑的时光，头发都掉光了，大片大片地掉。他很是纠结迷茫，知道自己能写，但写到什么样的程度够得上发表的水平，方向如何，他把握不准。

为了求得前辈的提携扶持，指导点化，当年的凌解放怀着忐忑和希望，抱着书稿，寻觅到宾馆敲开了姚雪垠的房门，满怀景仰和期盼去拜访姚老。

然而，凌解放在姚雪垠处得到的热情鼓励似乎少些，而冷落与无视却要多些，甚至说是刺激和不屑。据说，姚老以严肃而坦诚的口吻规劝甚至是告诫他，一是写历史小说，必须有历史学家及作家的深厚知识和艺术才能储备，似乎中学水平的凌解放尚未达到。二是《康熙大帝》从书名就说不通，因为中国根本没有"大帝"之称，康熙并不伟大，也不配称大帝。可以想象，当时的气氛多么沉闷、压抑和尴尬。

姚老的话在凌解放听来，充满不以为然。他解释道，他的写作初衷，是取清朝入关、励精图治的新锐之气，终归弘扬爱国主义精神。并进一步解释，清人笔记里有"伟大"一词，并非今天赞美某人的人格力量或赋予政治色彩，而是说人的体格伟岸、魁梧。"大帝"一词在《史记》里也有出现，民间就流传有玉皇大帝。

这种冷淡让人遗憾，但回头看去，却符合当时的阶级立场和社会心理，虽已改革开放，思想却仍受禁锢。作家不可能跳出时代局限性，姚雪垠是亲受领袖毛泽东关怀的作家，毛主席客观肯定李自成，离西柏坡前夕，提到我们是进京"赶考"，决不当李自成。姚老心中时刻装着的是阶级论、成分论、斗争论，尽管也写了一个领袖，毕竟写的是农民造反，凌解放写的是皇帝治理天下，思维角度、文学立场不同，身份大为迥然，何以有共同语言？

姚雪垠是写作明末农民起义的，而凌解放是描绘清朝康乾盛世的。姚雪垠苦心孤诣歌颂李自成，但李自成"考试失败"，一路攻到北京，只当了四十二天皇帝，就匆匆败退，最后命丧九宫山，是一个历史悲剧人物。姚雪垠在《李自成》中倾注全部感情，在闯王得势时，文风相当活泼；闯王败北后，文风继而沉重。可以看出姚雪垠是站在汉人的角度去看历史的，他的心中也存有"驱除鞑虏，恢复中华"的思想，他把希望寄托到李自成身上，但李自成败在满人手中。在小说中，很容易就能读出姚雪垠对清朝的厌恶憎恨。

见仁见智，道不同而已。可以推测，姚雪垠知道凌解放是写清史后，尤其是唱赞歌，颂盛世，把康熙推崇为"大帝"，就极不看好。

若其指出在艺术创作过程中对人物形象、重大事件、时间节点等处置欠妥，或在叙事风格、语言张力、写作手法上存在问题，尚可接受，一下子从作者基本能力和康熙的功过奉献及阶级定性上否定，这种否定的打击不可谓不大，也有失公允。

"这部书很难写。"他记住了姚雪垠的话。那是他们第一次，也是最后一次见面。十多年后的 2003 年 11 月，他欣然前往北京领取首届"姚雪垠长篇历史小说奖"时，姚老已然仙逝。

受冷遇不气馁，逢挫折愈奋勇。凌解放并没有认同、采纳或者说是在乎姚雪垠的批评，一心抱定自己"三个有利于"的创作理念，以"拿起笔老子天下第一，放下笔夹起尾巴做人"的写作态度，以"大事不虚，小事不拘"的历史题材写作规律，初衷不改，我行我素，砥砺前行，不问世事潜心创作，他咬定青山嚼得菜根，耐得寂寞经得诱惑，格律精严，孤灯冷影，晨昏霜雪，坚定自我，朝乾夕惕，磨杵成针，在个人世界中构筑庞大的"落霞"系列，终于横空出世，一举成名，传播天下，扬名柳井。其作品被誉为直追《红楼梦》，其成就甚至也可以说逾越了他的前辈。

1994年夏，姚雪垠应邀回到南阳，参加中国当代文学研究会年会，同在南阳城中，咫尺之间，两位历史小说大师没有见面，各自忙着各自的事情。雪花洇地成井水，冰凌解放为河水，井水与河水，各有流向；行星与行星，有自己独有的运行轨迹。

已逝的老作家周熠与二月河是好友，与姚雪垠亦有多年交往，对此事甚清。1995年夏，周熠出差北京，专门到木樨地姚老家中拜访，话题谈到南阳作家群，谈到二月河的清帝系列时，姚老仍然坚持己见说："康熙大帝不通，不严谨。"周熠解释说："《康熙大帝》四卷本早已出齐，反响很不错，还得了河南省首届文学艺术优秀成果奖，改编的电视连续剧在中央电视台播出，收视率挺高。另外，《雍正皇帝》三卷也已出版，评论界好评如潮，获得湖北新闻出版名人佳作奖。"但姚老不以为意，仍然固执地说："我正准备给《文艺评论界》写一篇两三万字的评论，专谈历史小说创作，我还要批评，到时候你也好好读读。"看姚老如此坚守和固执，周熠也不好再辩解什么了。

唢呐和小号，各吹各的调，各有自己的艺术表现形式，不能认为哪种乐器难听或悦耳。

二月河敬重权威，也吹自己的"号"，我行我素，难得仍然坚持自我创作理念。康熙为国家统一民族团结、科教文化、百姓福祉做出卓越贡献，已为历史定论，其人听政之暇，勤览书籍，凡四书、五经、通鉴、性理等书，俱经研究，可谓通览古今，学贯中西。俄国人称彼得大帝，罗马人称恺撒大帝，中国人当然也可以称康熙大帝……况且，中国并非无大帝之说，各处道观也供奉"东岳大帝""真武大帝""三清大帝""关圣大帝"等。

鲁迅当年对梁实秋大加挞伐，并不能妨碍两个人都是大师级作家。姚雪垠与二月河亦如是，尽管有过争执，并不妨碍两个人都名满天下。

虽然姚雪垠与二月河，都在中国文坛的星光大道上留下了深深的足印，他们是真名士，但他们同样是鲜活的人，有自己的看法、思想、价值和判断，我们不能求全责备，妄加评论，仁者见仁，智者见智。

姚雪垠先生仙逝后，亲属根据其生前夙愿，为鼓励和推动长篇历史小说创作的繁荣和发展，特捐赠稿酬五十万元人民币作为奖励基金，由中国作协中华文学基金会主办"姚雪垠长篇历史小说奖"的评选和颁发。2003 年秋，二月河的《乾隆皇帝》获得首届"姚雪垠长篇历史小说奖"。以前二月河获奖多让人代领，唯这次拨冗欣然亲往，以示敬重和重视。

2010 年 10 月 10 日，是姚老的百年诞辰日。这一年的 8 月中旬，中国新文学学会和中共南阳市委宣传部联合举办"纪念姚雪垠百年诞辰学术研讨会暨中国新文学学会第 26 届年会"，会议在南阳理工学院礼堂举行。开幕式上，二月河作为嘉宾应邀出席，向来自全国各地的专家学者和教授发表了讲话。他没有讲稿，侃侃而谈。言语间多次表达对姚雪垠先生的敬重，姚老为中国当代历史小说的发展做出了很大的贡献。他自忖是姚老的墙外弟子，从《李自成》的创作中吸取了不少经验。二月河发自肺腑的一席话，人们深受触动，至今记忆犹新。

后来，二月河还专程到姚老在邓州市九龙镇姚营寨村的祖宅参观，并在一片麦田的姚老祖坟处，进行了祭奠。

时光老去，酿得满怀温馨。二月河与姚雪垠这对南阳老乡的间接交往，至此，终给人以温馨亲切的感觉。

2021 年 9 月，为庆祝中华人民共和国成立 70 周年，全面展现 70 年来文学发展水平，由人民文学出版社、学习出版社等八家出版机构联合推出"新中国 70 年 70 部长篇小说典藏"丛书，仅有《雍正皇帝》与《李自成》两部历史小说入选，为南阳文学和一千万南阳人赢得荣光。

经典不会退场，始终为我们提供温暖美好的晕染熏陶和熠熠生辉的人生启迪，他们的作品陈列中华民族百年精神遗产的圣殿，这是南阳作家群的光荣，是南阳博大人文的煊赫。

第二十二章

初获名乡情动心　遇文痞贵人相助

"我觉得自己是个写东西的料，可以卖文为生。"深受鼓舞，二月河的文化自信哗哗流淌，满怀豪情乘胜进军，以一年一卷四十万字的速度投入写作。一鼓作气推出《惊风密雨》《玉宇呈祥》《乱起萧墙》。于是，20 世纪80 年代末期数年间，社会上出现了前所未有的"康熙热"，《康熙大帝》每年一卷牵引了千千万万读者的心。1989 年末，四卷全部出齐时，二月河名声大噪，人们竞相阅读，正版风靡天下，涌现数十种盗版。

诗人王笑尘的《咏二月河》，吟出了这种空前盛况："太行汉子白河居，居处卧龙与凤雏。西来秦风南来楚，不赋楚辞著清史。清史稿绝三编韦，帝王系列惊海内。谁言唯唐有才子，南阳纸比洛阳贵。"

他的书当年批评者很多，不被某些专家评委欣赏，却被广大读者喜爱，誉为经典。一些人常以批判他人来显示自己的新进或高明，但其实这种批评者无论在眼光、学养，还是具体的见解上，往往远逊于被批评的对象。

社会公论，二月河首次客观公正地还原树立了康熙形象。数十年的军政斗争，稳握乾纲，足以证明康熙皇帝的雄才伟略、不世英才。二月河以一百六十万字皇皇巨著，波澜壮阔地描绘了康熙维护疆域一统，促成社会稳定发展和百姓安居乐业的大事，其中体现的大仁大勇，完成对康熙大帝形象的金身塑造。一朝掀卷阅读，仿佛梦回百年。

二月河的原名"解放"带有深刻的时代烙印，"大帝"带有他的个人认知，他创作时也正处于一个尚未完全思想开化的年代，今天回首看去，他具有令人惊叹的敏锐眼光，树立了先进的创作理念，走在时代的前列，用大气磅礴的创作，超越了同时期的其他作家。

二月河横空出世，如同一匹剽悍迅猛势不可当的黑马，猝然闯入文坛，搅得一潭静水波高涛响。此后，二月河与长篇历史小说深刻挂钩，成为一座不可逾越的高峰；二月河成为深受华人读者群喜爱的作家，与金庸成为"南北二侠"；二月河还成为各类文艺奖、出版奖的获得者，成为全国人大代表和党代表，成为古城南阳的形象大使、"须臾不可离"的文化名片。

圆头大耳，满脸挂着谦卑的笑，身材壮硕高大，常留着寸发甚至短得接近光头，操一口浓厚的南阳方言，二月河颇有几分像弥勒佛，乍一看似乎是个粗人。他在生活中不修边幅，穿衣服也没什么讲究，即便出席正式场合，也很少穿西装。常穿着有点邋遢但很适意的毛衣或衬衣到街上散步，光脚穿皮鞋不穿袜，鞋子上常是一层浮灰，甚至"张着嘴"。夏天，他还自编草鞋，内衬丝瓜瓤压制的鞋垫，据说这样清凉不生脚气。朋友调侃说，二月河是一个"永远可以在身上看出上顿吃了什么饭的人"，但他毫不在意，无所顾忌。在和他的聊天中，你能感受到一股浓浓的书卷气，那种浸润在书海中的厚重气息扑面而来。他的话充满乡土气息，质朴至极，却总能逗得你哈哈大笑。

这么一个粗鲁汉子，这个朴实得如同邻家大叔的二月河，就成了南阳形象的代言人，他的大幅巨照被竖立在高速或国道路口，记者采访稿在报纸整版刊登，他的访谈影像在荧幕滚动播放，通过各种渠道传播到千家万户。他的一举一动一言一行，成为南阳人津津乐道的话题。

全国各地找二月河讲座、参加活动的人纷至沓来，走在大街上，也经常有人认出他来，跟他打招呼，开口就是"凌主席""凌老师"或"二先生"，其言切切，其情殷殷，恍如隔世，初始让他很不适应。他用手掐掐自己，有点疼，然后确信，这是真的。他暗暗自忖："以前受过再多的苦累都是值得的，总算熬出头了。"

为什么凌解放正是在南阳、唯有在南阳，方能发展成就为二月河？这是人文必然。这里的纬度、海拔、所占的水平线和世界上很多名城暗相契合，这里的物产和风雨霜雪的降量非常适合生活需求，这里中国北方汉文化和南方楚文化荟萃，使其自古文化灿烂，文脉绵长，这是大气候。还有小环境，南阳有作家群，不断出书获奖，激励人心。再有他个人的因素，就是从青少年时就喜爱文史，奠下深厚的古文根基，又有写作的浓郁兴趣，自我衡量：这辈子仕途就这，不如弄文，保不准闯出一片新天地来。如同独玉的璞，经雕琢方成风华卓绝的美玉，二月河自身性格恰如独玉纯粹通透，依照自有色泽纹路，合理开发并且锲而不舍打磨成极品宝玉。才气加力气加运气等于名气，二月河好像天上来的黄河，奔流滔滔，呼啸震天，迅速在华文文坛打响。

热爱感恩南阳，二月河的家、他的人、他的心、他的情永远属于南阳。选择南阳，固守家园。这是一位老人对故土的依恋，也是一个作家对生存环境的定位，因为他知道，自己的成长受益于这块肥沃丰饶的土地。

从当时的南阳地委、到后来的卧龙区委领导，许多成为二月河肝胆相照的朋友，竭力为其创造一个风调雨顺、心情舒畅的生活和创作环境。原地委书记李金明、张洪华、李清彪、孙兰卿，原地委副书记刘海程，卧龙区委原书记田向和、王吉波、马冰，原区长陈天富及其他领导刘勤、余永海等人，多次到二月河家中走访，帮他解决困难。他原来的家只有二十几平方米，过于逼仄，还不朝阳。1993 年春，领导研究解决他的住宿问题，享受原市领导待遇，分配给了他一套宽敞、环境好的独院居住。后来二月河的名声走出国门，走向海外，来家采访、拜会的人太多，全家人食宿，他的会客、查阅资料和创作都在此房，显示出不便，2001 年冬，区领导协调把隔壁的一套房腾给他，专门作为书房用。后来，还给他解决出行的车辆问题。

原地委副书记张寅明，亲自骑着自行车，驮着一个沉重煤气罐，送到他家中；原地委副书记刘海程、燕来，原地委宣传部部长孙泉砀等人，都多方关注照顾他，给他定期体检身体，平时订报、收阅文件、住院医疗享受市领导待遇。同事埋怨他醉心写小说，开玩笑说不但耽误工作，办公室的稿纸还都被他用完了。时任市委常委、宣传部部长褚庆甫听说后，作为重要议题提到常委会上，领导们重视，干脆成立文联，让他担任文联主席，彻底解决了工作和稿纸的问题。二月河后来的《雍正皇帝》《乾隆皇帝》，就是在文联相对闲适宽松的环境里出手的。

　　一任接一任的领导，对他政治上关心，工作中支持，生活里照顾。其间单位评职称，有人说二月河高中毕业，没有大学文凭，连知识分子都不应该是，不符合要求和标准，不能报名。时任地委宣传部部长孙泉砀说："不算知识分子，也算个有知识的人吧。"幽默睿智中，破格给予二月河评定一级作家的资格。时任市委宣传部部长贾崇兰，逢年过节再忙都要上门慰问。随着二月河声誉日隆，市委决定，凡他参加社会活动，名字排在市委常委之后、副市长之前，给予很高的政治地位……

　　二月河曾说，和这块原本陌生的地方结了缘，就深深喜欢了这个小城的生活。

　　南阳是个三四线小城，市区人口少，面积不大，三里地的老城区，只有解放路那么一条主街。因为城市小，人口少，越发可以清晰照见南阳民众聪慧、善良、简朴、互助的这些品性似乎混在空气中，洋溢在血液和筋骨里，似乎都认识又似乎都不认识，挤在一处过日子。人和人之间好像都有某种亲情和熟知，不由得产生一种格外的温馨和贴切。南阳的白河边、菜场上都会有机会遇到这位文坛泰斗。有时二月河早上上班，会遇到完全陌生的妇女带儿子去上学，那妇女会突然把儿子拉过来，蹲在地上给儿子低语介绍："这是二月河爷爷，会写书，写了好多本书了，你得努力向人家学，将来也长本事，妈和全家都高兴。"孩子好奇地紧盯着二月河，瞪着眼对妈妈说："二月河爷爷的头好大！"

　　当初大家住在大杂院子里，凌解放的夫人养了六七只鸡，需要捡鸡菜，他到菜市场捡拾人们买菜抛弃的青菜叶子，倒也不遭老板和众人的嫌弃。只是有一次他弯腰躬身，扑在车下捡叶子，手划拉着，突然碰到另一个人的手，起初以为是同道，这是常有的事也不在意。过了一会儿，那人站起身来，笑吟吟说："二月河老师，捡菜喂鸡呀？这是我替你捡的，你带回去吧。"这使他很意外，也很狼狈。

　　"在公众眼里，我是个很辉煌的模样。逢年过节市里团拜聚会，常在主席台上对着众人说几句祝福拜年的话，没有想到在这种场合和一个尊敬我的人遇合。我顿时怔住了，也不知道咕噜了句什么就匆匆离开了。"这样的情况，遇到过两次，他也就不再去捡菜了。"毕竟是个知识分子脾性，经常在电视电台上露面和发声，也顾忌'面子'了。"

有时去买菜，刚走到菜摊边，卖菜的人会热切地说："老师，随便拿，愿拿啥就拿吧。"那边直接拎到面前："老师好，这是自家种的，你带回去吃吧——这菜没上农药。"

有的人，拎了一兜西红柿，或别的菜，直接放在他家门口，隔墙喊一声："凌老师，我种的，生态无污染，您尝尝。"墙外是谁，总是不知道。

写作坐久了，腰困身乏了，出门散散步，道边人们竞相打招呼："二月河老师，散散步？注意身体哪，捎把菜吃吧。""凌老师，来，卤肉刚出锅，尝尝鲜味。"一路走，一路卖菜的、卖肉的、炸油条的、卖面条的、做卤肉的，还有理发的、按摩的、修理自行车的师傅……随口打着招呼，那就是亲亲热热的一家人的感觉，从来没人觉得这"代表"或"主席"有啥高不可攀。

早餐去小摊上买油条，大家看他来了，纷纷让座。小老板说："二先生来了，大家等一等，先给二先生炸一锅脆脆热的。"

为节约时间，偷懒不做饭，中午出来吃碗面，总是有"凌老师，您慢用，我已结账了，不陪您了"。是文学爱好者，或是普通市民，似曾相识，或根本就不认识，这一点钱也算不上多，小事虽小，但受到的尊重，着实让人感动。

这样的日子让二月河感到，生活在这里好，就如在自己家，亲情不呼自到，随时而且随地，因此他在多个地方多种场合说："南阳是世界上最好的城市，我就死在南阳不走了！"

南阳人格外看重二月河，《二月河文集》当之无愧成为出外访亲问友最好的珍藏品。当南阳越来越迫切地推动开放扩大影响时，尤显二月河的"紧俏"和影响。到外地，骄傲地说句：我来自二月河的故乡南阳，瞬间就赢得了敬羡的目光。有一些企业家甚至就是奔着二月河家乡的名头，欣然到南阳来投资。

有南方企业家来宛办厂，怀着虔诚的心拜访二月河，并把合影的大幅照片悬挂在办公室，放置驾驶室，处处向人炫耀：与二月河先生合影，满足了心愿。那年某县政协学习考察团到东北去，正逢放假期间，当地市政协值班人员并不重视，当介绍到来自二月河的家乡时，值班同志迅即汇报，在家休息的政协主席赶快自驾返回办公室，安排适宜行程，亲自陪同考察，接待分外热情。

人们竞相捧卷阅读，《康熙大帝》深入人心，许多读者纷纷来信，一年时间收到数千封信。有一位台湾的女大学生满含热泪来信说，为了买全二月河的《康熙大帝》，她利用空闲时间打工挣钱。并说，如果别的书损坏了，她可能哭一场，而这本书一旦损坏，她甚至都不知道自己会做出什么事来。二月河看后十分心疼，给这位大学生回信，嘱咐她不要再为了买他的书去辛苦打工，像她这样的年龄该有更多时间去多读书学习，还马上寄去签名钤印的小说一套，同时答应以后再出版新书就给她寄去。

当时的中央人民广播电台邀请名家录播，把《康熙大帝》制作成评书节目，全国亿万听众沉浸于二月河营造的扑朔迷离波谲云诡的宫廷世界，节目大受欢迎且好评如潮，各省市电台都纷纷转播，后来又改编拍摄成电视连续剧，创中央电视台收视纪录。图书畅销，巨大利益引得各地盗版商蜂拥而上。据不完全统计，当时发现各类盗版有三十七种之多，许多人捧着盗版书上门，恳求二月河签字，让他哭笑不得。甚至他为了给远方的朋友寄书，到家门口的书店去购买，却发现也是盗版书，堂而皇之地摆放了好几个版本。

对于盗版书，二月河忙于创作，没时间没精力也不愿意去理会，还恨且不舍，五味杂陈。他到新华书店去，多次看到有进城务工青年等普通读者，在《二月河文集》前流连徘徊，十分不舍地离去。他很是清楚，一套《二月河文集》豪华版近八百元，精装本五百六十元，最便宜的简装版也要三百二十元，这让人望而却步。（20 世纪 80 年代末，台湾地区《康熙大帝》定价合人民币六百多元。）当时一般人的工资，才三四百元，谁能花半个月甚至一整月养家糊口的工资，去买套"闲书"看？所以，在记者采访时，他脱口而出："盗版对穷人有利。一味追究盗版，不是作家应有的意识。""盗版书也不错，能够让读者只花三五十元钱，就能看到数百元的书。"不料此举遭到一大批作家围攻，这就是掀起轩然大波的"支持盗版事件"。面对种种非议，他选择了沉默。

但他依旧保持着这种感情，坚持着这种看法，他确实对盗版书感情复杂。

心中一直惦念"让穷人读得起书"。后来，他成为全国人大代表后，2008年春在全国"两会"上建议，减免出版税，降低书价，或给作家减税、免税，或通过减免印刷等环节的税收，降低这些"精神食粮"的价格，既能抑制盗版，又可使更多低收入者接触优秀的正规出版物。

这又闹成了当年沸沸扬扬的"为作家减税"风波。

其实是记者断章取义，二月河坦言："工薪阶层想买一套正版实在不容易，那大家想看怎么办？只好买盗版。"所以他建议，国家应考虑减免图书音像类税收，出版社和作者也都少赚一点，压缩图书成本，降低书价，让低收入群体能看得起书，也能享受高质量的精神食粮。

香港记者采访二月河后，撰文认为他"面善，看起来很容易被欺侮的样子"。

是的，他不仅"面善"，更有"柔软"的心。他总能站在他人的角度，替对方着想。

2001年春，南阳市文联另址新建办公楼，要举行奠基典礼。市有关领导及工程审批、质量监督、消防安全、财政拨款等方方面面领导出席。文联主席与二月河商量，届时如何对领导和有关单位答谢，大家为难地望着他。他抽了几口烟说："文联就是一清水衙门，每分钱都要用到正地方，咱也买不起礼品，不如我多写几幅字聊表一下心意。反正这字呢，是咱自己地里种的红薯，不用花钱。"仅这一次，二月河足足写了上百幅作品送人。

为培养文学新人，市文联、作协成立文学创作基金会，二月河第一时间捐赠十五万元支持。

2003年，"南阳市文学艺术优秀成果奖"评出，却因为奖金短缺而迟迟不能颁奖。有人建议："颁发一个证书算了，大家不为奖品奖金，为的是盖着市政府公章的证书，是这份难得的荣誉。"二月河说："那可不行，咱们还是得认真鼓励一下，以此激发大家的创作热情。这样吧，凡是评上一等奖的，我都给每人画一幅牡丹；凡是评上等次奖的，我都给每人写一幅字，这问题不就解决了吗？"这一次，二月河又贡献了数十幅书画作品。获得者爱不释手，视若至宝珍藏于室。

二月河从不以书画卖钱，但他的名气，他的作品，在市场上很受追捧。早在 2005 年，深圳拍卖会上，二月河一幅四尺斗方《牡丹图》，拍出了五万元高价；而他的一幅字拍出了三万元；北京拍卖会拍卖他的《南瓜图》，高达八万元……可想而知，二月河为单位，为工作，为文学，为鼓励青年进步，如此慷慨大方，多么无私奉献，多么"拼命"……

那些年，每到春节前后，当地新闻单位都要举办一些义卖活动，筹集的善款物资，慰问下岗工人、贫困人家，只要和二月河打电话或发短信息联系一下，他都很乐意地拿出几幅作品大力支持。

有关单位进行一些文化活动，或打着文化旗号的活动，求到二月河处，他都不皱眉头地一口答应。

知道二月河好说话，社会上各种活动，想方设法，通过市里领导"捎话"，二月河都无一例外地拿出书画作品"支持支持"。为此，到底"拿出"多少，悄然奉献了多少书画作品，他自己根本记不清了。

有的商业界人士附庸风雅，想收藏名家墨宝，二月河磨不开情面，就让这些人到南阳市"希望工程"办公室或总工会捐款，凭收据来领取作品。二月河说："咱这个'爬权'字，他们实在想要，就为公益事业做点贡献吧。我是个作家，不是书画家，我从不在书画中谋利。"

多年来，二月河被蒙骗了相当数量的作品，他不以为忤："就我这一笔赖字，不算个啥，只要人家拿去开心就好。"

可以无偿送出去数百幅书画作品供人收藏或做公益活动，让穷苦读者也能看书。"对盗版商感情复杂"的二月河，面对盗版基本是熟视无睹，但若是利用他的作品去大赚特赚，去博取物质和社会名气，就让平素乐呵呵一脸弥勒笑的二月河坐不住了。

大约是 1998 年秋季，二月河偶然听到南方某城市的一家文化机构要拍摄《康熙大帝》，他想，唯有自己创作了《康熙大帝》，过去从来没有人将康熙视为大帝，是不是自己的作品？他托人想办法从剧组找了部分剧本复印稿，一看果然如此。

他就想方设法找到对方电话，询问了解情况："你们拍摄的剧本用了我的作品。"

对方不承认，能拖一时是一时："没有啊，是我们自己创作的。"

二月河就恼了："我已经拿到你们剧本的复印件，证明就是我的作品。"

对方很是强势，耍横无赖："就算是你的作品，又能怎样？"

二月河口气软了，还是与人为善吧："要用也可以，提前跟我联系，咱们坐下来，好说好商量，你们为什么偷偷摸摸进行，不经我本人的同意？"

对方很蛮横："康熙是历史的，属于全国人民的，又不是你二月河一人的。"

二月河说："当年没人敢写皇帝的时候，是我吃螃蟹率先写的，'大帝'的标准定义，也是从我这里起始的。"

对方不屑一顾，态度很轻蔑地回答："无所谓，那我改成《康熙皇帝》或《天子康熙》。"

二月河说："你所用的康熙皇帝的故事情节，也是抄袭我的。"

对方继续狡辩："我是从《清史稿》里摘抄借用的。"

二月河气得直发笑："如果只看《清史稿》就能写成这样的康熙，那骑自行车也能上月球。"

对方回答："那你管不着，我就是从《清史稿》上借用改编的，你管不着。"

二月河被气得直噎气，质问对方："你剧本里有伍次友这个人物形象，是我虚构的，历史上没有伍次友这个人，铁一样的事实，正说明了你们剽窃了我的作品。"

虚构伍次友这个艺术形象，作用多多，没想到竟然在有人抄袭侵权、不得不打官司时，帮了大忙。

对方无语了，承认了是"借鉴"二月河的原著，但因为距离遥远，或者是对方"背景不简单"，敢于继续无底线耍赖："简单，我把'伍次友'改成'陆次友'就行了。"

二月河十分气愤："你们不讲道理，我去告你。"

对方仍旧不屑，持完全无视态度："随便你告，全国任你告，告到法院，告到中央，我们也不怕。"

如此"不讲武德"，实在无耻，气得二月河说不出话。鞭长莫及，他丝毫奈何不了对方。但他总是咽不下这口气。

不久之后，二月河作为党代表到京参会。进京后，照例去与万伯翱会长、田永清将军两位老兄知己相聚。两位老兄笑容可掬，席间二月河强颜欢笑，郁郁寡欢，时不时一声长叹。贤兄问他有啥心事，他说："让人欺负了，主要对方嚣张得很。"两位老兄赶快追问详情，要为"二弟"伸张正义。二月河不再掩藏，照实说了此事前后经过。"实在不行，就打官司。卖了麦子买蒸笼，不蒸馒头争口气。"

朗朗乾坤，岂容妖风横行？"做违法的事还如此嚣张跋扈，是可忍，孰不可忍。"万会长与田将军眼里哪容沙子，怒不可遏，拍案而起。

万会长当即要了电话，直接拨过去，话语铿锵有力，如一串极有轰炸力的炮弹："我是万伯翱，我听说你抄袭了我弟二月河同志的作品，要把'伍次友'改成'陆次友'，读者坚决不答应，我万伯翱就更是不答应！我会联系律师很快与你接洽，你等着法院见面吧。你还'随便告，告到中央也不怕'，你想见哪位中央领导？我安排！遵你所嘱，如你所愿！"

卤水点豆腐，一物降一物。对方一听，知道碰到了"硬茬"，大惊失色，赶快承认错误："那是开玩笑的，我们与二月河老师联系签合约，要么我们撤下剧组。"

强中自有强中手。二月河借助京城朋友，方才制服文痞耍赖，长舒了一口胸中积郁。这是二十年前《著作权法》尚未深入人心、社会法制观念不强时的一则小插曲。

第二十三章

巧设置草蛇灰线　作哑谜妙趣横生

由"二月河",生发了不少谜语联对故事。

喜爱和研究二月河的文友,根据其原名笔名,制作谜语赏玩,其中广为流传的一个是,"二月河"为谜面,"凌解放"是谜底。

古往今来制谜高手们经常拿名人及其作品说事,佳作纷呈,前后辉映,相映成趣。譬如谜面"故宫",打一著名作家,谜底就是"老舍";"免费住宿"打一古诗人,谜底是"白居易";"出淤泥而不染",谜底是"朱自清";"望洋兴叹",谜底是"张恨水";"瀑布"打毛泽东诗词一句,谜底是"山舞银蛇";等等。

二月河先生作为我的世叔和师尊,我谐称为"皇叔",多次随其回乡省亲、战友聚会、陪同讲座、参加文坛活动等,了解一些台前幕后趣事,竟也辑录了几则有关二月河的谜语,现奉呈于读者师友尊前,以博一笑。

那年夏天,二月河回晋游五台山,山下即是阎锡山故居河边镇,有河边民俗馆、阎氏祠堂等景点。我灵感突发,以站在二月河身边的动作,制作关于地名的谜语,谜底即"河边(镇)"。

回到昔阳县,二月河终圆乡情。当地领导和朋友诚邀他和随行的老朋友、解放军某部政委田永清将军题字留念,将军文思泉涌,挥笔而就一副对联:"凌解放在这里诞生,二月河由此处发源。"受到众人追捧。我在旁见了,灵机一动,制作一谜:凌解放在这里诞生,打一书名。谜底即凌振祥著《二月河源》。

二月河围绕晋、豫两省风物，撰写随笔数十篇，在《人民日报》（海外版）开辟的《河上雨》专栏，先后发表了《我是河南人，山西是故乡》《清凉丛林》《"山西老抠能聚财"》《花洲情缘》《五朵山记》《香严初话》《随喜丹霞寺》等。我又制作一谜：随风潜入夜，润物细无声。野径云俱黑，江船火独明。打一二月河专栏。谜底正是海外版专栏：《河上雨》。

深受文坛诸长的熏陶和启发，我对制谜产生了浓厚兴趣，回家就在简陋的"河边居"里雕文琢句，乱翻书本，班门弄斧，也聊制了几条涉关二月河的谜语：

凌解放——打一中原城市名。谜底：开封。那日与先生通话，他说人在开封，我忽得此谜。

春江水暖鸭先知——打一作家名。谜底：二月河。吃饭时有一老鸭萝卜汤，遂得此谜。

二月河摔倒——打一地质学名词。谜底：瀑布。二月河在某大学参加活动，下台阶时摔倒，制谜发信息安慰先生。

二月河晋京——打一大型水利工程。谜底：南水北调（南阳水调至京津）。二月河到北京参会，我制作此谜。

春痕岸畔柳，水声激幽涧——打一二月河著作。谜底：《二月河语》。

千形万象竟还空，映水藏山片复重。无限旱苗枯欲死，悠悠闲处作奇峰——打一二月河著作。谜底：《密云不雨》。

草长莺飞水边语——打一有关二月河文章。谜底：田永清将军著《话说二月河》。

落霞三部曲——打三个中国地名。谜底：洛阳、略阳、昔阳。

二月河——打驻马店市泌阳县地名。谜底：春水（镇）。

二月河——打一成语。谜底：落花流水。

二月河水哗啦啦——打一音乐名词。谜底：流行曲。

春来漫江碧透——打一现代作家名。谜底：二月河。

话说壶口二月河开——打一成语。谜底：口若悬河。

二月河中白鹭洲——打两个地名。谜底：河间（市）、鸟岛。

二月河水细细流——打七言唐诗一句。谜底：黄河如丝天际来（李白诗）。

元宵前后逢雨水——打一当代著名作家。谜底：二月河。

二月河——打《人民日报》（海外版）著名栏目。谜底：《名流》。

二月河流绕南阳——打一《诗经》句。谜底：宛在水中央（南阳简称宛）。

先生驾鹤西去，忍泪再作一谜：二月河龙驭宾天——打一三字中药名。谜底：水安息。

一位作家及其著作能够引申如此多的谜语，也算蔚为大观、叹为观止了。不揣浅陋，仅为抛砖引玉。也请制谜前辈高手不吝赐教，指出谬误，并惠赐佳作赏学。

二月河的名字可拿来从不同角度反复制谜，其作品中，充斥着趣味横生、数不胜数的谜语故事，文人墨客射虎为乐，互为戏谑，或以隐语谐音显示草蛇灰线，为整个帝王故事增加可读性与趣味性，增强情节曲折感，更加蔚然深秀诱人入胜，散发着典雅幽远的中华文化智慧美。

"草蛇灰线，伏脉千里"属于埋伏笔的方法。草蛇，蛇在草里面蜿蜒游动，时隐时现，一会儿现出身段，一会儿被草淹没，如同用灰撒出一条线，若断若续，断续相连。意思是说行文前后呼应，虽是草蛇灰线，雪泥鸿爪，但伏笔很早，落笔遥远，线索和迹象隐约可寻。

《红楼梦》里，以某个事件、人物为伏笔，为之后的文章做铺垫，后面的情节在若干个节点进行迎合、阐释及落实之前的铺垫，前后呼应，有始有终，中间似断实连，达到贯穿首尾的目的，从而让读者在最后有豁然开朗恍然大悟的感觉，享受阅读的乐趣。这种情节很多，体现作家的宏观掌控及学识素养。

脂砚斋批语里面多次评论指出"草蛇灰线，伏脉千里"这个特点，二月河是红学专家，谙熟这种艺术手法。

《孙子兵法·九地篇》："故善用兵者，譬如率然。率然者，常山之蛇也。击其首则尾至，击其尾则首至，击其中则首尾俱至。"纵览其通体结构，如常山之蛇首尾相应，安插伏线，有牵一发全身动之妙。

创作"康熙"需要广博庞杂浑厚通贯的学养，需要异乎寻常的敏锐智慧，二月河似乎庶几近之。其作品中人物众多，关系庞杂，情节紧凑，大起大落，结构完整，艺术手法纯熟，意旨遥深，情趣幽远，使其耐品耐看，长久以来均为人称道。他擅用埋伏笔的方法，蛛丝马迹细入无间，草蛇灰线无不为因，使小说环环相扣，有呼有应，增加包罗万象的神秘与厚重，促进读者阅读趣味，提升作品文化价值。

《夺宫》的"楔子"，开篇就用心把伏笔埋下，笼罩、牵引并指导着后续情节发展，并为后面一系列人物的跌宕命运，悄然布好局，埋好了伏笔。

> 那青年半靠在枕上，喟然长叹一声说道："恩公，我是正黄旗人，叫明珠，说来先祖也是龙子凤孙。先父尼雅哈是睿亲王多尔衮帐下一员佐领，从龙入关。多尔衮坏了事，先父被株连罢官，气得一病不起，家道也就败落了。无奈随叔父流落在蒙古。纳尔泰大爷可怜我们，给了一小块耕地。不料去年秋天，镶黄旗旗主儿鳌拜又要换正黄旗的地，说多尔衮圈地的年头，镶黄旗吃了亏，如今要找回来，这就活活坑了我们爷们！原想这老贼总要瞧着先祖的面子，留下这块活命地，谁知这老杂种绝情得很，竟派他的兄弟穆里玛在大雪天把我们一个屯的人全赶了出来，一把火烧掉了村子……惨哪！"

后面就连续有：

> （康熙）口风一转又道："圈地的事闹了这么久，现在该结局了。朕听说有的地方还在圈地，非严办不可！朕已下诏永远禁止，占了人家的要还，不然世间百姓谁还有心过太平日子！"

指责鳌拜的结党营私，欺下罔上，恣意妄为，擅自更改先帝成章，乱圈民地……

　　明珠是个绝顶聪明的人，听伍次友如此说，挣扎着从床上下来，在地上咕咚咕咚磕了三个响头，说："上头有青天，我明珠若负心忘了伍大哥救命之恩，犹如此笔！"说着便从袖中抽出一枝大号雪狼毫湖笔，就着灯影里"咔"的一声折成两截。

　　苏麻喇姑又道："依贫僧看来，你们这一群人中，要算明珠聪明过人，望你们好自为之吧！"

　　前后有多个章节遥相呼应，描述明珠左右逢源，揣摩圣心，在官场如鱼得水，混得风生水起，后来果然兴起了一支明珠党。作为读书人而肆意毁笔，且是随身携带求进谋生的笔，笔象征读书和文化，寓意明珠破坏文化，有辱斯文，失去了真正读书人的心性，权力心太重，为前程可以卖友求荣，失去底线。

　　伍次友不料明珠下手如此之狠，不禁吸了一口凉气。
　　…………
　　众人退下之后，伍次友惊魂方定，对明珠道："贤弟，我倒不知你竟具如此才略胆气，相形之下，愚兄只算得腐儒一个！"明珠笑道："我哪来的什么才略胆气！这点神气还是跟着圣上听大哥讲授经史而来的。大哥是圣贤之人，述而不作，小弟手屠此獠，便入了下流了。"言毕微笑，伍次友却默默不语，半晌方道："只是下手也太狠了些儿，君子不近庖厨么。"
　　"手不狠，何来的天下？"明珠笑道，"这都是读书心得……"

之前有明珠折笔的细节，此处有下手毒辣的行径，后面，显现其做事果断与心性阴狠，是个善于损人利己背后使绊的家伙，党同伐异，排除异己，也预示着其最终的结局，其悲剧亦是在案牍为文，朋党之门。

单说京西永兴寺街，有一家小客栈，名叫"悦朋店"。这大概取自"有朋自远方来，不亦说（悦）乎"之意。这家小店的后院有十几间客屋，专供举子进京应试时候住的……

悦朋店，朋来亦悦，成为友谊之地，发迹之地，各类英杰俊才由此走向宏阔的政坛，店主何桂柱交了一大帮好朋友。何桂柱实诚为人，胸怀坦荡做事勤谨，扶弱济困喜好交友，能为朋友付出做事，虽经坎坷但终苦尽甘来，有着不错的人生收获。作家对这个小人物，倾注了感情，有意刻画，取名就显得颇费苦心。其名字颠倒后，就成了"柱桂"，谐音"主贵"，何，何人，无论何人，只要做到这点，就会人生平安，成为主贵之人。河南内乡古县衙的三堂，左右由县令亲植南天竺和桂花树，过去百姓家，也要在小院门口植竹栽桂，谐音"主贵"，寓意就是主贵之家。所以何桂柱生活顺利幸福，真的成了主贵之人。

"伍次友原是侯方域的学生，清室定鼎之后便从了天意，考了秀才，中了举人。只是伍老太爷心向大明，立誓不食清粟，闭门在家专注《道德经》。"其实已预示了伍次友的结局不食清廷俸禄，悠然世外。于是后来就有了：

看着平日挥洒自如、倜傥风流的伍次友，如今像个痴人一样由人摆布，康熙先是一种骄傲的满足，待伍次友一个"龙儿"改口为"龙主万岁"时，他又突生一种孤漠悲凉之感："师友之缘尽矣！"又微叹一口气说道："伍先生。"

"你们哪里知道伍先生！"康熙将手在几上轻按一下，显然是掩饰内心的激动不安。"他与满朝文武所学皆不相合。木秀于林，风必摧之；行高于世，众必非之。眼下众人说他好，是打朕的顺风旗，其实早已有人忌他才高，恨得牙痒痒的了！以伍先生的耿介，如不历练世情，将来落进猾臣圈套，是料得定的事，到彼时朕将何以处之，又何以自处？这是一。其二，伍先生乃当代才子，名扬大江南北，若将他放置于江湖之上，交游于汉人儒士之中，这身份、这作为，谁也顶替不了！此所谓天子可得而为友、不可得而为臣之理！与朕做个布衣之交也甚有意趣……"

（伍次友）娓娓而谈："虎臣，近年来，你也读过不少书，像我这样秉性的，自古以来有辅佐帝业至终的没有？你摇头了，足证我的所见不谬。有些颇有才能的人只知进而不知退，终致陷君于不义！这是一层；再一层，皇上如今要办两件大事：削割据，无须用我文弱书生；倡圣道，又无须我在朝领权；游于江湖之上，为圣朝盛世讴而歌之，不胜于在朝么？"

是以，磊落不群的帝师伍次友的最终归宿，必然是退出朝堂，或归隐田园，或藏之书馆，或悠游江湖，或皈依佛门，"从来处来，到去处去"，皆落得个逍遥自在，何乐不为。

不管哪一个朝代，都有心怀社稷的臣子，都有千古的明君之道，也正是如此，中华五千年的悠久历史文化，才那么博大丰厚，深远浩渺似无际汪洋。

"数年教习，朕受益匪浅。"康熙自疚道，"数年来先生不知其中情由，盖因朕欲求真学，须经磨练之故。朕不得已而为之，万望先生体谅。"

"欲求真学，须经磨练"，是伍次友讲《孟子》时说的话。此时由康熙亲口再点出来，真有醍醐灌顶的功效。伍次友至此大悟，许多不明之事，一下子豁然洞开……

伍次友望着苏麻喇姑的背影笑着摇头道："家学渊深，佩服得紧，哪里敢有见笑之意。"见桌上设有文房四宝，禁不住意兴大发，上前援笔在手，饱蘸浓墨大书一联：

霞乃云魄魂　蜂是花精神

围绕这幅联对，引出后面几幕幕跌宕故事：

苏麻喇姑穿好释装，眼睛呆望着墙上的条幅："霞乃云魄魂，蜂是花精神"——这还是当年在索府苏麻喇姑以婢女身份出来考较伍次友后，伍次友赠写的对联。如今事过境迁，真正只留下魂魄精神而已。

高士奇自告奋勇为苏麻疗疾，颇怀深意引用此联，成为与苏麻拉关系厚交情的珍物，"常挂中堂，比常存于心对身子更有裨益"，巧舌如簧成功开导苏麻，从此更获康熙青睐。

之后，高士奇得明珠雅贿好处，受托解困。他老艄公撑船——看风使舵，为成功打动苏麻，在向苏麻送的画上又题写此联。果然金钟一响胜过破鼓千通，通过邀请苏麻，带动太皇太后，进而引出康熙息政参加婚礼盛宴，并为其主婚，高士奇瞅准机会巧言令色为明珠解套，江南秋闱舞弊案得以高板轻放。

数十年后，乃至到乾隆时，在傅恒府又现此联，与棠儿对话，引出又一波精彩纷呈的诱人故事。

伍次友朝苏麻喇姑道："这人用的春秋笔法，我以春秋笔法续之。"
便接着那行小字续道：

夏久旱，秋早霜，冬多雨雪，侯蒉夫人崩。

　　写完坐下道："不度德，不量力，岂不是自寻死道？"

　　"这由不得你我，也由不得皇上，要看吴三桂怎么想。"伍次友道，"不过老百姓不愿再开战，这确是实情。天听自我民听，天视自我民视。吴三桂敢冒这个大不韪，似是死路一条。他这人狂而无能。去年初游白云观，见到他的题字，我就说他'不度德，不量力'，下场不会比鳌拜好。"明珠听了点头不语。

　　这样的伏笔，为以后朝廷预作准备，预示吴三桂反叛，早已埋下了若隐若现的伏笔……

　　春秋笔法蕴含着巨大的文化机巧和能量，用简约隐晦的手法——明褒暗贬或者明贬暗褒，或说此指彼，表面是一层意思，实际又是另一层意思，表明作家的观点和立场，体现着作家丰厚的学识素养和机敏灵巧的叙述手段。春秋笔法体现的形式之一种，就是草蛇灰线，曲笔回护，在书中俯拾皆是，有很多让人读来回味无穷的句例。

　　再说伏脉千里。

　　胤祥抬起头，默默注视胤禛，半晌才道："你掌舵，我打桨！这是替太子挣体面的事，我寻思他只要静心一想，四十二万就拿出来了！"胤禛没有说话，只意味深长地一点头。

　　后面可以看到，胤禛成为掌舵人，胤祥冲锋陷阵，所向披靡，他们不仅为太子助手，而且都成为国家柱石。"只意味深长地一点头"，策应后面的剧情，太子做不到"静心一想"，贪贿好色，庸懦无能，结党营私，对不依附者残酷打压，还缺乏兄弟情谊，落得个两次废黜最后被幽禁的下场。

　　包括胤礽与父亲妃嫔郑春华私通败露，康熙发现放过郑春华，贬于洗衣房做苦力，这是一个伏笔，康熙是想借机试探太子，成为制约太子的把柄之一，其次为顾全皇家面子，再者也可能是老人的恻隐之心，而太子却薄情寡义，残忍赐死，为被黜累积着"最终压垮的稻草"。胤禛为了牵制太子，利用胤祥的仁心，把郑春华救下，八王得悉要做文章。太子师傅王掞逼死弱女，也是不经意的伏笔，为夺嫡的阳谋阴计、残酷斗争留下一幕幕轮番登场、浓抹重彩的一笔。

还有康熙语责四阿哥胤禛，常与落魄文人跛腿秀才混在一起，更为下部的《雍正皇帝》埋下了悠远的伏笔。

看来作家对清初大儒孔尚任颇为推崇，将《桃花扇》作为伏笔不着痕迹植入著中，成为宫闱娱戏、官场钩心、文人酒叙的一个不可或缺的元素，多次随着斗争的展开而出现，为残酷的官场斗争增添了一抹雅致和温情的色彩。

《康熙大帝》成功刻画了众多栩栩如生的人物，如鳌拜、索额图、明珠、魏东亭、穆子煦、胡宫山、班布尔善、苏麻喇姑、翠姑等。但令人印象最深的，让人钦佩叹服的，莫过于伍次友。其主要功绩是为康熙皇帝上书了裁撤"三藩"的方略及措施。他的身上，几乎凝结了所有传统文人的优点。他忧国忧民，以苍生为重，他才思敏捷，不畏强权。他洒脱，但面对婉娘浓郁的感情，却决绝不敢接受；他才思敏捷，却参不透"龙儿"的真实身份；他尊儒术，却对军政经济后勤保障有着自己的正确看法；他只是个秀才，却能兼济苍生，一身才华全部施展在于百姓、大道和天地。

伍次友原是侯方域的学生，侯方域是真实的人，明末清初河南商丘人，字朝宗。侯恂子。少时为复社领袖，与方以智、冒襄、陈贞慧号"明季四公子"。南明弘光时，以不受阮大铖笼络，险遭迫害，夜走方脱险，又曾入史可法幕。入清，应顺治八年（1651）乡试，中副榜。文章富才气，与魏禧、汪琬号"清初三家"。

伍次友是作家虚构的人物，是作家塑造的一个理想形象，如同贾雨村是《红楼梦》中的虚拟人物，登场以"假语村言"提醒读者，统率全文。伍次友是一个提纲挈领式的人物，代康熙说不能说的话，替康熙做不便做的事，让故事更圆满好看。如果缺乏这样的人物，小说是直接按照正史记录的内容铺陈下来，那样将会乏味很多。其实二月河早就从其名字解密了，告诉读者历史上并无此人：伍次友，"无此友"矣。包括雍正身边的清客邬思道，也是虚构人物，邬思道，"无斯人为之道也"，寄托着二月河"致君尧舜上""修身齐家治国平天下"的传统文人的憧憬与渴望。

自古以来，传统文化中有"鸟择良木而栖"情怀，百姓心中怀大道有德之人追随明主的观念，周文王有姜尚，汉高祖有张良萧何，刘备有诸葛亮，梁山有吴用，朱元璋有徐达、刘基。二月河就在书中安放了一位帝师伍次友，出场伊始，就颇显一个洒脱狂放、美才而耿介，且忧国忧民、颇有正义感的书生，一个近乎完美的人物形象。他有文采，有政治能力，性格也有点呆萌可爱。与小康熙相识，风云际会，谱出一段师生情谊。他忧虑国家命运前途，在科举考试中仗笔执言，以《论圈地乱国》痛陈朝政之弊，因此触怒权贵落榜。他与少年康熙有深厚的友谊，常常相互探讨时事，可以说是康熙的民间师父。属于满腹经纶、博古通今、算无遗策、叱咤风云的世外高人，深得康熙帝倚重，大事已决，政局稳定，功成不居，退隐林泉，"事了拂衣去，深藏身与名"。伍次友是一位理想化的人物，是胸藏经之道、笔下锦绣文章的大儒，是知识分子包括二月河心中的完人。

真实的人物，受事实左右，不可能过多发挥，正因为是虚构人物，少了束缚，给了二月河汪洋恣肆随意创作的广阔天地，由伍次友之眼、之口、之手挥洒了多少跌宕起伏扣人心弦的故事。

譬如有个情节，伍次友笑评科举取士，有"七似"之趣，让人大开眼界，讽刺入木三分，入骨入髓。一番讲谈，深入浅出化繁为简，把一道千年难解的官场生相及选拔难题，轻轻巧巧清清楚楚地罗列出来，一眼看穿，一针见血，一剑封喉。

他还以伍次友之笔，写出《论圈地乱国》，直指清初政弊之本：

> 夫田地乃养生之本，布帛菽粟、膏腴纨绢皆从土出。黔首小民赖以为食，宗庙社稷赖以富强。而圈地换田之令所到之处，沃野化为麇鹿之

乡，阡陌顿生荒榛寒荆。人民流离，百业凋敝，悍而不化者为匪为盗，循法良善者冻饿沟渠。朝廷难征库府之粮，纲纪不张；三军不堪饥馑之苦，何以用命？内忧外患何以平息？民心浮动，国本难固，人怨而神怒，国将不国矣！……方今天子圣明在上，自康熙元年至兹，数颁停禁圈换民田之旨。而卒不能止者，盖以朝有乱国贼臣，野有悍顽痞奴，表里为奸，狼狈相结……城狐社鼠霸民产业，吮民膏血。自王莽天凤年以来，千又五百余载，未尝有此乖戾之政焉！

端的是风采斐然，痛快淋漓，以虚有之人，谈实在之政，吹去浮华，直抵根本，曲线救国之妙。读之痛快，不由得击节再三为之赞赏。

作家以伍次友的虚构，让其去烘托和丰富康熙形象，使其成为帝师，顺情节发展，他当然不能在重大历史事件上突出表现，便自然隐退，竟然由"帝师"而"师于帝"，顺治大和尚来点化他，从无形中来，化无影中去，从此淡化踪迹，这情节设计固然匪夷所思，脑洞大开，却值得称道，甚为绝妙，"可浮一大白"。

但作家为了真实可信，煞有其事地让他有个父亲伍稚逊，并成为周培公的老师。作家也明确告诉读者，伍父是假的，伍稚逊，谐音五指狲，五指山下压着的猢狲，意这是一位底蕴丰厚富有神通的人。作家以一个真实的侯方域教育一个虚假的徒弟伍次友，再以一个虚假的伍稚逊培养一个真实的徒弟周培公，真真假假，假假真真，真亦假来假亦真，双兔傍地走，让人难辨雄与雌，误为历史真实，正体现了作家的狡黠和顽皮。当读者感慨神妙或懵懂无措时，可能作家正在一边偷笑，乐不可支，嘻嘻。

历史真实中，康熙身边同样没有魏东亭这个人。

二月河作为红学专家，终生喜读《红楼梦》，爱屋及乌，他在小说中，为了剧情需要，更易驾驭，就创造了一个崭新的人物，他依据曹雪芹的爷爷曹寅的真实形象，塑造了一位有胆有识、足智多谋、文武全才、忠心耿耿的名臣魏东亭。

小说中，魏东亭是康熙亲信。他自小与康熙一块长大，建立了深厚的犹如兄弟一般的情谊，长大后成为康熙的贴身护卫，虽然慢慢主仆情谊大过了兄弟情，但是他始终对康熙极为忠诚。

曹寅，康熙名臣、文学家、藏书家，字子清，号荔轩，又号楝亭，内务府正白旗包衣，官至通政使司通政使、管理苏州织造、江宁织造、巡视两淮盐漕监察御史。善骑射，能诗及词曲。康熙六次南巡，其中四次住曹寅家。

魏东亭的姓，魏，三国时期的曹魏政权，魏即曹，曹即魏，"曹""魏"二字，一体不可分割。曹寅号楝亭，有亭，并拿来直接用。楝中有东的繁体字。寅在天干地支列三位，计时法是三点位置，地图上，左西右东，三点位置正是东方，"寅"代"东"。

无数红学家考证，曹寅的母亲正是康熙的乳母孙氏。曹寅后来能有那么大的成就，除了从小陪皇帝长大，是皇帝亲信，并且也有能力之外，便是其母孙氏与康熙有这么一段恩情在。小说中的魏东亭，从小伴读幼皇，后任江宁织造。其母也是康熙乳母，竟然也是"孙氏"。小说中，康熙南巡，也驻跸魏东亭家。曹寅为人风雅，喜交名士，著中魏东亭亦然。

是以，魏东亭的历史原型，即康熙的亲信曹寅。

"缘何临去目难瞑？恐教儿子着芦花"情节中，"明珠起身时瞟了一眼周培公，周培公正低头谢恩，没瞧见。索额图用感激的目光扫视周培公，却与明珠目光相遇。两对目光相撞，微微迸出一闪火花……"为以后明、索数十年朋党相争，悄然埋下引子。

推出一代名士李光地，形象亦如此。

> 一个年轻举人掀帘进来，笑道："这个谜底太穿凿了，'生而能言'是'子产曰'——可对么？"说着便向桌上取了利物——二钱一块的小银角子。

由此既体现李光地的博览群书才思敏捷，又显示其性格中浮躁贪利的一面。后来，康熙觉察明珠和索额图两人之间的争斗，重用李光地正好可以平衡两者的势力。最初的李光地仗义执言、正直单纯、书生气十足，然而在经历了明珠和索额图两派斗争之后，本性中两面三刀、自作聪明的劣性显露，他变得狡黠圆滑、狠毒卑鄙，公报私仇扳倒了明珠和索额图两党，康熙失望地看出李光地的聪慧与凶狠，担心其为第二个明珠或者索额图，因此将他贬为远官。

二月河视《红楼梦》为绝好矿藏，深耕细挖，学习致敬，借鉴汲取其优秀的创作手法，尤其善于排布伏笔，草蛇灰线，勾连长远，运用到自己的作品中，由生涩到逐渐纯熟老练，自成风格，行文中大开大合，张弛有度，收放自如，时时铺垫埋伏，穿插变化，一时有高屋建瓴的宏论，一时有毫发毕现的透视，平静中不时生出波澜，让情节发展曲折离奇。捧本饶有兴趣，把手难舍，久读不厌。

文字表达，分明展示读书的收获。二月河如此烹文煮字，善于烹饪文学大餐，这渊博的知识从哪里学来的呢？得益于他阅览群书，各地民俗风情，方志史料，无不涉猎，搜罗胸中。其文史之学的精微远大，看作品的读者，恐怕没有不震惊他的"博学鸿词"的，牛溲马勃、赤箭青芝，待用无遗者俱收并蓄。有一细节足证。

雍正还在潜邸时，同胤祥一块追缴官员亏空，因太子欠款甚巨而彷徨，邬思道献策语出惊人，他侃侃而谈："记得《啸风杂记》里记载，李永贞，李朝领建魏瓛生祠，塑魏忠贤像'冕旒，执笏，俨如帝王……像以沉香木为之，眼耳口鼻手足宛转一如生人。腹中肺腑皆以金珠宝玉为之，衣服奇丽……'"有心人查证，《啸风杂记》系乌有，想必是作者杜撰。抑或是作者仿录载奇闻逸事与民情风俗的《啸亭杂录》而化名，此为作者写作中的狡黠。然顺着魏忠贤生祠这蛛丝马迹，从古书中发现了有详细的记载，说的是浙江巡抚潘汝桢，第一个给魏忠贤造生祠，书中此样描写："匠石万余人，耶许斧石之声，如轰雷礔裂，湖水震撼。一月功成。像以沉香为身，象牙为首，五官手足，宛转一如生人。腹中肠肺，皆以金玉珠宝为之。蟒服奇严，髻上穴空其一，以簪四时香花……"

这和书作十分吻合，能从魏忠贤生祠这件事想到宝藏，说得有鼻子有眼，可谓以假乱真，不得不佩服二月河的学富五车博闻强识和驾驭文史资料的娴熟技巧。再者，以太子欠款甚巨、官员亏空，却说到建魏阉生祠，既讽刺，亦伏笔，魏奸被谀九千岁，地位仅在皇帝之下，隐喻太子如魏阉，始终"硬不起来"，扶不上马，是以才有被废、又废之虞。那些亏空官员，亦如魏奸，逐名夺利，伤国之根本，一个个多是"国蠹""城狐"，国之大奸。二月河览之广、心之慧、思之巧、笔之辣、架构之宏、经营之妙，管中可窥全豹。如此的叙述，诚实地记录清早中叶的那个时代风貌，再现官场百态、世情人心、生活方式、思想文化等，是以有人给予其作"世情文化小说""红楼风味"的评价。

第二十四章

架构宏百年难遇　评论誉直追"红楼"

　　"康熙"的荣耀加持，以及梦幻般的广泛影响，使二月河胸中饱涨文化自信，他滋长了更宏大辽阔的创作"野心"。

　　1990 年春天，他挥手作别"康熙"带来的光荣，息下躁心，坚定信心，爆满决心，稳坐静心，巩固恒心，重新站在起跑线上，蓄势加力，再激浩荡奔流，开启了奉献不朽经典《雍正皇帝》的征程。

　　初获成功，社会的认可，读者的追捧，编辑的青睐，让他创作中的阻碍基本排除，断头路豁然打通，回顾这骤然成功的如梦如幻，如同一道灵光悄然由天而降，直入他的脑门。似正在闭关坐禅，经过艰苦炼心，瞬间灵窍顿开，打开智慧法门。天地俱在我心中，他俨然天地的主宰，他成了凝聚天地无穷造化的孙悟空，有了七十二变的神通，身怀伏魔斗神的本领，有着上天遁地的能力。

　　他达到随心所欲恣意畅游的化境，想成为哪个人物，摇身一变就是。他成了康熙、雍正，御极天下，统率八极，唯我独尊，纵横捭阖，操纵亿万生灵。

　　他想坐上金銮殿，就是大摇大摆高踞宝殿的九五之尊，夙夜宵旰孜孜求治，天下莫不相从。他想到养心殿休憩，就欣欣然走进，于锦绣软榻上打坐或安卧，左右随我，休憩由我。甚至，他想到坤宁宫会见皇后，或是到哪个偏殿调戏一下嫔妃，神思迷离中顷刻做到。他进入了自由世界，无拘无束，百无禁忌。

他拥有了马良的神笔，需要建筑风物，随意挥洒几下，就矗立起雄伟的殿台楼阁，龙楼凤阙金碧辉煌，气象万千蔚为壮观。就逶迤出庙宇道观，或建筑庄严，透出神圣，或绘奇山异水，妩媚奇秀，令人目酣神醉。

他胸装天地，壮志凌云，梦想实现古往今来文人的人生追求，立心立命继绝学开太平，俨然时下卧龙的伍次友、张苍、周培公、姚启圣、高士奇、邬思道、李光地等，佐明主，成王师，展所学，慰平生。

甚至他就与邬思道灵犀相通，完全契合。当邬思道捉弄扬州知府车铭，写下"苦苦苦苦苦皇天"……

这时候，邬思道的内心是窃喜的，是讽谑打击贪官酷吏的满足，是挥洒绝伦超凡智慧以弱胜强的舒畅，二月河也享受着这种睿智通彻的快感，痛快酣漓地渲泄着。他分外享受这种感觉，乐在其中，陶醉其间，物我两忘，飘飘欲仙。

他渐入佳境，挥起如椽大笔，成功塑造了康熙形象，如同愈战愈勇的战士，向着另一高地发起了冲锋，迅速准确完全彻底地占领阵地，干净利索毫不拖泥带水，复原、摆正和重塑、弘扬着雍正形象。

他站在时代和发展的高度，以中华大民族观指导和观瞻写作，其作就更具思想性、艺术性，更显科学化、人性化。历史是苍茫的、浑浊的，但历史也是前行的、发展的，他努力驱散乌云不让其遮挡眼睛，摆脱陈陋观念，正确看待各民族在历史发展进程中的正面作用，再来看待宫廷斗争、各方争战、社会万象、人生荣衰，一切是非、正误、主次，一切真假、善恶、美丑，自然就洞若观火、清澈明了。他既从时代的高度看待历史，跳出阶段性历史，从大历史角度，沐浴大中华五千年历史长河去回望，又站在同历史时期的中国之外，去更清晰地横纵比较，牢固站位"本史"。对历史事件的处理上，以大事要闻为主干，以正史资料为脉络，注重考据，全面衡量，作品突出严肃性和可信性，追求"实"的原则，"大事不虚"。他注重历史的借鉴和反思意义，虽然不是创作《资治通鉴》《国榷》《读通鉴论》，但要给人以启迪和教育，毕竟历史就是今天的过往，今天亦是历史的再现，唯有让历史照亮现实，指导今天看清方向，作品才具有称道的价值。是以，他"小事不拘",善于发挥想象力,敢于重构人物形象,大胆进行文艺创造,体现出"虚"的风格,这一点在其作品中处处体现。他抓住雍正一心改革实施新政、反腐治贪扭转政风、讼平赋均政通人和、关心民瘼救灾济困等核心政务施以浓墨重彩。

他摒弃狭隘的"民族正统论"观念,深刻探索清早中期知识分子的价值取向与精神向度,肯定了他们在历史的浩浩荡荡前行中,顺势而为,跨越民族心理障碍,以社会发展、人民利益为重,以天下为己任的勇于承担精神,在筑牢中华民族共同体意识的今天,他于文本中对知识分子这种可贵精神的肯定就具有了超越的、现实而深远的意义。地不分南北东西,人无论满汉蒙藏,皆有为中国一统、人民福祉努力之责,清中期形成的多民族一家团结的现象,在二月河笔下成为活泼、成功而珍贵的实践。

在对待雍正的政治文化定位和形象塑造上,他思想宏阔,意旨深远,把雍正内圣外王、勇于自省、正大光明、勤政爱民的面貌真实客观呈现。雍正在位仅十三年,但攒聚了充裕的国库,留下了清廉的官场、高效的行政机构,以及摊丁入亩所得的有力税制,正是乾隆得以挥霍的基础。他以鲜活生动栩栩如生的描写,成功颠覆了国人过去对雍正的看法。其笔下雍正有睿智清醒的头脑、勤于政事的作风、居安思危的忧患意识、如履薄冰的谨慎、见叶知秋的敏锐,突出了人性内涵,塑造其刻薄寡恩、不容辜负、难以侍候、睚眦必报的性格特点,好人也有坏,有金殿之上睥睨天下的威严,委屈愤懑的抒发,仁善和残酷复合,也有人所不知的一面,这是活生生的人。雍正大力整顿吏制,以一人之力翻天覆地,其形象深入人心。人们一直痛恨官场的腐败,所以从内心里希望能够有一个雍正这样的铁腕人物出现。

文学即人学,是人类心灵的皈依,再塑的精神家园,文学作品应该抚慰人的心灵,陶冶人的性情,二月河自身悲天悯人的情怀便印证了他文学上的创作,他以大爱的胸襟以及深厚的人文关怀去展现历史。《雍正皇帝》以夺嫡开篇,复以夺嫡收篇,萧墙暗祸,宦海沉浮,君臣猜忌,父子离析,锁杀亲儿,父辈党争稍止,子辈风波又起,种种萧墙之祸一触即发,新政与旧制的矛盾,夹杂各种势力的争斗内卷,觊觎皇位而引发的尔虞我诈腥风血雨的斗争，有冲破伦理纲常利用两性关系而展开的争权夺利，利益分配伴随着人性的泯灭与丧失……但作者并未因此而悲观消沉，立意高远洞察人心，以生花妙笔，塑造雍正忍受污蔑委屈，持续整饬吏治，苦心执着改革，调教出一代勤于政务忠心为国、耿介正直不畏艰险、公忠廉能政绩斐然的臣工，通过一系列打击墨吏，简拔能臣，关心民瘼，张扬公平的行动，让读者看到奋斗、昂扬、乐观和力量，并对人生和社会获得信任、温暖、希望和光明。

他挥舞大笔把历史搅得波浪滔天，却能使浪花朵朵现出晶莹美丽来，时不时跳出鱼儿来，吐出珍珠来。他是个聪明的作家，善于讲故事，架构宏大雄壮，四梁八柱起得壮丽巍峨，故事波澜壮阔，狂涛骇人，白浪掀天，一浪接连一浪，倏往倏来，目不暇给。总是在一个有趣的小故事中，一个偶然的小事件中，几个小人物的家长里短中，关注弱势人群的心理渴望与需求企盼，引出重大事件，拉开历史帷幕，他很好地借鉴了旧时说书人的优点，其行文全是中国传统程式，文分章回，题讲对仗，语言精当，结构严谨，忽文忽白，文白兼备，宫廷争斗的残酷，文人雅士的唱和，才子佳人的爱情，贩夫走卒的追求，让每章叙述都分外好看，情节张弛有致，疏密得体，吸引了读者追捧。再者，他怀着对传统文化的钟爱与敬仰，对古典文化进行了尽情展示。他潜心浸润浩如烟海的典籍古章，别人轻视的稗官野史、江湖杂学、野韵传说、民俗风情，传说趣谈，搜罗其中，运用得恰到好处，套诗词，笼戏曲，宿儒士子有嘉言懿行，远村山民说乡野俚语，官场笑谈酒肆接耳，插科打诨嬉笑怒骂，拈手即来随意挥洒，在提纲挈领之下又能驰骋纵横，俨然在读者面前打开了传统文化的百宝箱，让人眼花缭乱，美不胜收，既阅读消遣，又收获见识。使作品雅到殿堂又俗到家常，符合各类人士的口味，这样的创作风格，使其作最大范围地囊括读者。

《雍正皇帝》开篇第一回《瘦西湖他乡逢故知　天光楼布衣窘官宦》，完全体现了这种意境美感：

　　　游三吴不可缺扬州，冶扬州不可无虹桥。虹桥这地方，面湖临河，
　　西邻"长堤春柳"，东迎"荷浦薰风"，虹桥阁、曙光楼、来薰堂、海

云麂……诸多胜地横亘其间，粉墙碧瓦掩映竹树，天风云影山色湖光，只需一叶扁舟便览之无余，原是维扬北郊第一佳丽之地。这自然风光粉黛不施乃天生其美，就勾得离乡游子、骚人迁客到此一扫胸中积垢块垒，流连忘返。若论起风土，那就又是一回事。桥北有个庙，名字起得也怪，叫"虹桥灵土地庙"，每年正二月祀神庙会，俗名儿叫"增福财神会"。逢到会期，早早地就有城里商家赶来，错三落五搭起席棚，围着这座土神祠连绵起市，一二里地间耍百戏打莽式的、测字打卦的、锣鼓、"马上撞"、小曲、滩簧、对白、道情、评话、打十番鼓的……喧嚣连天，湖下游船如梭，岸上香客似蚁，夹着高一声低一声唱歌似的卖小吃的吆喝：

"吴逢圣的炒豆腐——谁要咪？康熙老佛爷金口亲尝，颁赐近臣！"

"走炸鸡——田家走炸鸡！香酥焦嫩！"

"施胖子梨丝炒肉，不吃算你没来扬州！"

"汪九公家拌鲟鳇——天下一绝啰……"

"猪头肉、猪头肉！江一郎十样猪头肉！"……

如此种种，更把庙会场子搅得开锅稀粥般热闹。

二月河神来之笔，举重若轻，短短几句寥寥数笔，就把江南佳丽地、烟花富庶城的形态尽致描绘，大治下的社会稳定经济繁荣景象跃然笔下。

涉及文化掌故，学养厚实博闻强识的二月河，可谓得心应手，游刃有余。

胤真一边走，一边从容说道："先生，我不是虚逢迎你。当年你的揭帖传到北京，真是倾动京华！记得里头对左玉兴、赵泰明二人有诛心警句——朝廷待其不为薄矣……二君设心何其谬也？独不念天听若雷，神目如电？呜呼！吾辈进退不苟，死生唯命，务请尚方之剑斩彼元凶，头悬国门，以儆天下墨吏！士立紫垣，噤口不言。一旦有义士者挺身而起，或刺之阙下，或杀之辇中，四方闻之，独不笑士大夫之无人耶?——这写得何等酣畅淋漓,真个骂死天下尸位素餐之徒!难怪圣上震怒之下又击节赞赏呢!"戴铎也在旁凑趣儿道:"难为主子记得这么清爽,奴才只记得那副对联——左丘明有眼无珠,不辨黑黄却认家兄;赵子龙一身是胆,但见孔方即是乃父!""是嘛!"胤真似乎变得随和了一些,格格一笑道,"万岁爷当时拿起来一看就说:'此人这笔字风骨不俗。'"

…………

……一阵琵琶穿壁而来,接着一个女子娇音细细曼声唱道:

> 扬州好……第一是虹桥。杨柳绿齐三尺雨,樱桃红破一声箫,处处住兰桡……醉扶湖中画舟,灯影看残街市月,晚风吹上笋儿梢……

"丢眼邀朋游妓馆,妍头结伴上湖船。"胤真不无感慨地叹道,"如今世道真正可叹,太后薨逝才半年多,这边早已没事人一般了!"

邬思道几杯酒下肚,苍白的脸泛上血色来,见胤真怅然若有所失,遂笑道:"这就是'亲戚或余悲,他人亦已歌'!无论天家骨肉市井小民概莫能外!先生何必伤感?譬如你我,还有隔壁的车铭,坐红楼、对翠袖、赏美景、听侑歌,可知那边半里之遥就是人市!山阳宝应一带难民在人市啼饥号寒以泪洗面,卖身求一温饱而不可得——心不一,情自然也就不一!"说罢,举箸击盂亢声唱道:

> 玉堂意消豪气空,可怜愁对虹桥东。
> 当年徒留书生恨,此日不再车笠逢。
> 推枕剑眉怅晓月,扶栏吴钩冷寒冰。
> 惟有耿耿对永夜,犹知难揾泪点红!

吟罢鼓掌大笑,却不自禁滚出两行泪来。

....

"啊嗬，这不是邬思道嘛!"车铭眼中放出光来，一下子坐直了，"我当是谁呢!原来是大闹天官的孙行者!是八卦炉倒了呢，还是佛祖不留心弄掉了五行山的镇山神咒，你居然又出来了——我给诸位介绍一下:你们看这位，架着双拐，行动如倩女荡秋千，站立似谢家碧玉树，一脸书卷气。当年可了得，我兄弟不敢望其项背!真的是一语既发词惊四座!当年——"

"当年同窗结社作八股。"邬思道静静地听他揶揄，抓住话口破颜一笑紧叮一句，"出题'昧昧'。好像就是车仁兄，把'日'字边写成了'女'，开篇惊人;说'妹妹我思之'，我只好接了句'哥哥你错了!'——不知如今可有长进?"

一句话说得众人哄堂大笑。几个名士捧背躬腰跌脚打顿，笑得换不过气来，胤禛"扑"地一口酒全喷到戴铎身上，几个歌伎拿手帕子捂着嘴咯儿咯儿笑得东倒西歪。

....

……邬思道趸回胤禛桌边，端起一杯酒，笑道:"要是做官就能长学问，天下可以无书。你今日无非以富贵骄人，岂不知我这贫贱也能骄人!比如这酒，我饮来是酒，你饮来就是祸水，这点子分别，不知你懂不懂?"

"唔?"

邬思道脸微微扬起，沉吟着说道:"我这酒，取粟于颜渊负郭之田，去秕于梁鸿赁春之白，量以才斗，盛以智囊，浸于廉泉之水，良药为曲，直木为槽，以尧之杯、孔之觚酌之。所以饮此酒，清者可以为圣，浊者可以为贤!你的酒不同，乃是盗跖之粟酿成，取贪泉之水，王孙公子烧灶，红巾翠袖洗器。误饮一杯，则廉者贪，谨者狂，聪者失听，明者昏视——这还不是祸水?"

"你依旧如此阴损!"车铭本想小辱邬思道几句就罢手的，不料反被邬思道所侮，顿时气得脸色发白，咬牙笑道:"我以俸禄沽酒，怎见得是贪？""你取笑我，我自然也可敬你几句。"邬思道淡然说道，"以你今日身份，我岂敢冤枉你？君为扬州太守，境内饥民遍地，嗷嗷待食，你却在此寻欢作乐！先贤有云：四境有一民不安，守牧之责也，难道我错说了你？我虽然闭门读书不问世事，也知道当今蝇营狗苟的事愈来愈多。嘴硬不如身硬，身硬不如心硬——记得当年同游中岳庙，你指着门前金刚叫我作诗，当时我口占一首说'金刚本是一团泥，张牙舞爪把人欺。人说你是硬汉子，敢同我去洗澡去？'车兄，你敢么？"说罢纵声大笑。车铭"啪"的一声拍案而起，想发作又按捺住了，格格阴笑道："静仁，没听说过'破家县令，灭门令尹'？"

邬思道笑道："这么俗的谚语有何不知？当日桓温游寺，和尚不拜。桓温说，'没见过杀人不眨眼将军么？'和尚反问，'没见过不怕杀头和尚么？'如今是盛世，此地乃名城大郡，你今日非礼欺人，我怕你什么？何况我飘零四海孑身一人，外无期功强近之亲，内无应门五尺之童，本来就无家可破无门可灭！"

…………

他这几句话不软不硬，似求情又似揶揄，众人都是一愣。邬思道微叹一声，踅到放着文房四宝的案前，一手拽袖、一手提笔，略一沉思，连着写了几个字。车铭伸着头看时，上头连着五个"苦"字，不禁喷地一笑，道："这早晚才知道苦？你要识点时务，我怎会难为你？"邬思道毫不理会，握管疾书：

苦苦苦苦苦皇天，圣母薨逝未经年。
江山草木犹带泪，扬州太守酒歌酣！
——无锡书生邬思道谨赠

写完展纸一吹，拈着踅至窗前，眺望一下，回头笑道："我这个多愁多病书生身，可是要打你这倾国倾城的乌纱帽了！这张诗稿对仁兄而言，也不亚当年我在贡院写的揭帖！你今日于国丧期间携妓高歌画楼，已经触了大清律，知道么？"

谁也不防这潦倒书生还有这一手，满楼人都惊得呆若木鸡，痴坐无语。胤禛先是一怔，心下大悟，不禁目中灼然生光：这真是个无双才士！良久，车铭方结结巴巴问道："你……你要干吗？"

"我要——"邬思道看了看楼下，"怎么说呢？这楼下人可真多！看见楼上飘下一张诗帖，凭我邬思道的文名，写的又是本朝本郡太守，三天之内，保你全扬州都知道了。若或碰巧有个皇阿哥或部院大臣什么的，或者有个御史、按察使什么的官儿，正愁着考功司察他的功课，没准儿连原诗奏明当今——仁兄，邬某可要与你同生死，共荣辱了……"说罢哈哈大笑。

…………

不长的几个段落，氛围烘托，浓淡相宜；情节铺设，夭矫跌宕；人物塑造，呼之欲出；环境描写，烟火飘逸。几人偶然的交际，使用烘云托月法，把扬州知府车铭的不学无术飞扬跋扈不可一世庸官模样、邬思道这位落魄举人的放荡不羁神思如电智慧超伦的谋士形象，刻画得入木三分，俨然拨云见日潮落石现，同时描摹出了雍正龙潜时的礼贤下士、谋事周全、年轻老成、体察民苦。二月河以他的上帝之手握生花妙笔，犹如胸藏乾坤的军事家，冷静合理地排兵列阵，谋篇布局，开篇即把两位主角推出，他泓涵演迤，随意调配腹中五车书，插进传统文化掌故，若春风拂处，山花烂漫，如佛说经，至玄奥处天花乱坠，尤显古典高雅，让读者展卷酣畅淋漓，大呼痛快，充分享受阅读的快感。

如同为康熙虚构帝师伍次友，他为雍正设置了师友邬思道，为著作增加可读性与趣味性，使其更加激越跌宕花团锦簇，也给作者更多的腾挪创作空间，好处显而易见。有"辅佐尧舜"之才的邬先生，每一次出场都在整个故事的关键节点上，同时为雍正增加神秘感。古时王侯将相，多养幕宾，种种有天地造化的奇才睿智者无不囊括其中，这是自古史实亦是现今实情。一些令人想象不到的处置手段，通过邬先生之手展示出来，特别能抓住观众的猎奇心。再者起到解说的妙处，在夺嫡过程中成为康熙隐形的代言人。现实中传位于谁，康熙皇帝是绝不可能对胤禛吐露半个字的，不论出于礼法制度，还是对继任者的保护。读者也就对于康熙的内心活动不得而知，邬先生在出谋划策时，仿佛就是另一个康熙，不断地对还有些迷茫的雍正，诉说着自己内心的真实想法，解密释惑，让观众开上帝视角，知奥妙玄秘，相信这正是设置邬先生的最大意义。当然，邬先生就是二月河自己。

帝王的庙谟独运，深沉高远，深不可测，写得深刻独到。古往今来，就是再无能的皇帝都会玩点帝王心术，坐稳帝位的一门必修课就是擅长恩威并施及招揽操纵人心。纵观中华五千年历史，但凡是成绩卓著的君主，必定雄才大略，城府极深，上则顺应天时天道，下则驭服百官万民。例如康熙幼年就读过《帝王心鉴》。据说《帝王心鉴》是民间禁书，失传了。宋代的龙昌期，陵州人，曾为《帝王心鉴》做过注解。康熙一生经历过无数的政治风浪，少年英雄，中年有为，老而弥坚，成为清朝最有作为的君主，其帝王心术更是炉火纯青，政治智慧让人叹服。康熙在临终之前将四子、八子、张廷玉、马齐、张英等能臣干吏纷纷削职罢免。胤禛对父亲这个举动非常不解，认为是年迈昏聩的糊涂作为。邬思道却指明：此举大概有三个目的，一是当时各个党派竞争非常激烈，文争武斗，双方剑拔弩张，一场前所未有的斗争即将开始，皇帝知道，这次斗争如果开始，最不利的是己，很有可能失去这场夺嫡之战的主导权，或许自己就要落得齐桓公的下场。二是这些大臣都非常有能力，先皇对他们有恩，新帝却没有。此时将其贬了，新帝登基再予以提拔，必然能让这些大臣感恩戴德，非常忠心。三是这个阶段是最后站队伍的时候，这些重臣很有可能就站错队伍，日后无论谁登基必然被报复，因此贬他们，甚至把他们关在监狱也是为了保护他们，为国留才，谁能想到，此时监狱反而是最好的场所。

康熙在生命垂危弥留之际，为了顺利实现安全过渡，必须让一个实权派人物听命于自己和新皇帝，控制住九门提督隆科多就控制住京城的局势，康熙用两道圣旨就把隆科多治服了，这就是恩威并用。第一道圣旨，说隆科多勾结八阿哥，试图谋反，要立即处死。把隆科多吓得半死。第二道圣旨，说隆科多是功臣，升为领侍卫内大臣，赐爵一等公。升职圣旨是明诏，但是第一道圣旨由张廷玉保管，一旦发现有不臣行为，就可以将其处死，这道圣旨就相当于悬在隆科多头上的一把钢刀，随时都能要命。着眼长远，平衡牵制，环环相扣，棋高数着，就能纵横捭阖控牢局势。

二月河把雍正的机敏深重、战略宏阔也表现得分外到位和深刻。雍正谋事用人总能深思熟虑尽其所长。盛气凌人的年羹尧屡次犯上，雍正却能做到一忍再忍。雍正为人刻薄多疑，向来重视权力，之所以容忍年羹尧大致有三个原因，首先是年羹尧有能力，军事水平非常高，西北战乱正是用人之际，这时候换将，对军心及平叛是非常不利的。其次年羹尧的忠心，虽然年飞扬跋扈，但还算忠心，且年的妹妹是雍正的宠妃，这个时候处置年羹尧，雍正无疑是自掘坟墓。再者当时的局势，军权永远都是非常重要的，胤祥病重，允禵等着重掌兵权，此时如果罢免年，很有可能军权就落到他人手里了，雍正是绝不可能容许这种情形发生的，最终年在朝局稳定之后才被拿下赐死，可谓朝政内外，尽在掌握。孙嘉诚为新钱铜铅比例咆哮宫殿，雍正为了朝局稳定，以示宽仁，对孙明斥暗褒，派张廷玉夜探安慰，予以重用，深谙驭下之道，亦颇显无奈现实及着眼长远。是以很多评论者说，二月河写帝王心术朝廷权谋，刻画皇帝真实丰满形象，当今无出其右。

二月河将帝王心术、百官权谋、阴谋算计刻画得入木三分鞭辟入里，描绘得合情合理淋漓尽致，虽然许多让人心生惊悚脊背一寒，却符合其时其境，丰富多彩，十分好看。正所谓"察明明之待莹，则以此而洗心"，书中的钩心斗角，人心险恶，"择其善者而从之，其不善者而改之"。读者是会鉴别的，不会麻子看成酒窝，视瑕疵为倾城。

二月河以神来之笔，以很高的艺术成就，在洋洋一百二十万言的长篇作品中，深刻把握严肃的创作主题，充分展开合理的艺术想象，展示一代名家的识见，着笔康熙末年至雍正十三年间，宫廷大内变幻莫测扣人心弦的重大政治斗争，紧张时烈风迅雷，暴风骤雨，千钧一发，舒缓时勾栏瓦舍，吟风弄月，心旷神怡，"真事不隐，也要假语村言"，真假虚实自由转换，故事连着故事，大事要事中套着逸闻趣事。读者爱不释手，紧紧追随着他的笔触，一页页走进去，恍然走进康、雍朝堂，欣赏帝王人生，官场生态，走进清早期的社会百花园，眼前飘展着一幅幅色彩斑斓美不胜收的历史人文画卷，使读者瞠目结舌，深受震撼……

"冷面王"胤禛头脑清醒，熟知政怠宦成，官场弊端，深察民间疾苦，并且秉性严肃，办事谨慎，为了清理国库亏空，逼得十几位官员上吊，避祸到安徽督办河工，又一下子参掉了数十府道官吏，他这样做诚然为了江山社稷，却落得"刻薄寡恩"的名声。但他为国担责替父分忧，胸装黎庶面冷心热，甘愿做"孤臣"。在《九王夺嫡》这出多幕剧中，突出了雍正这一艺术形象，其坚毅果敢、勇于担责、谋事周全、励精图治、勤政节俭，也狠辣猜忌、刻薄寡情、工于心计、喜怒无定，是一个性格复杂血肉饱满的帝王形象，同时也是一个悲剧性的历史人物。二月河大笔不简，在塑造主角多彩形象的同时，也成功地描绘了其他众多人物。胤禔轻狂愚妄；胤礽庸懦无能；胤祉清谈无用；胤禩貌似慈善，心怀异图；胤禟专门摇扇子出歪点子；胤䄉则鲁莽浮躁，是个"草包炮筒子"；胤祥与胤禵都勇敢机智，但胤祥刚柔相济，勇敢机智中很是忠诚仁慈，心至言随行必践之，因此多了几分"天不能拘，地不能束"的仁勇侠气，胤禵豪爽勇猛中带着心机，处处为己，气度上就不免少了一点坦荡大气。

胤禩威信极高，"八王最贤"，特别擅长拉拢人心，对有求者广施恩惠，不断拉帮结派，党羽众多。康熙看到"八爷党"实力庞大，也是非常担忧提防，任何皇帝都非常反感结党营私。八王如此伤害的是朝廷的利益，败坏的是江山社稷，以国家利益换取自己的人脉和声望，这不是为君之道，实属权臣之术。若以这般"宽仁"治国，上下皆放纵，吏治只会更加腐败，贪官污吏苛剥百姓，最终挖空朝廷，毁了江山。黄河洪灾，君臣商讨对策，八王竟然说历朝都有黄河水患，实乃天灾，并不主张全力救灾，漠视灾民流离失所，饿死街头，心里没有黎民社稷。八王处处与太子作对，不维护正统，不能坚决执行和维护朝廷决策，康熙如何喜欢并肯将大位传给他？胤禛采纳了邬思道的策略，以"不逐是逐，逐是不逐"，表现出对皇位不感兴趣的样子，埋头做事维护大局。犹如一个大家庭，老人有十几个儿女，大家都紧盯家财，唯有一个儿子每天只知道干活儿，还对父亲嘘寒问暖，安慰老人：你的健康就是我最大的幸福，你可要保持健康，快乐生活。是以康熙大为赞许。最终八王等机关算尽，还是胤禛笑到最后，登临大宝。

《雍正皇帝》的首部《九王夺嫡》与《康熙大帝》的尾部《乱起萧墙》叙述同一件事，内容高度一致，却又不尽相同，各得其妙。《九王夺嫡》迎接《乱起萧墙》，进行承接、补缀、推演、丰富、异化、重装，将一段历史中的重大事件剖开表述，将严酷政治中的斗争放大，矛盾更加集中，将各色人等错综复杂的关系，予以厘清辨明，一部比一部好看，各有不同的艺术特色，读出不同的观感和享受。虽然后本接续前本，如同寄生蟹，却长得旺，长得大，长得肥，不仅脱离母体，还跟母体分庭抗礼，颇有《金瓶梅》出自《水浒传》，青出于蓝却胜于蓝的妙处。《金》摘了《水》的几个人物、几件事，《九》却与《乱》同出一辙，叙述同样宏大的历史政治事件，大刀阔斧作了重新编辑剪裁，梳妆打扮，进行了从里到外面貌焕新的创造。这样的铺排架构，在长篇小说的结构美学方面，进行了大胆的、有益的、耳目一新的并卓有成效的探索，体现了文学中国风范和中国气派的继承和发展，公论成为二月河鲜明的、突出的、开创的艺术成就之一。

他挥动如椽大笔，继续对雍正进行深刻的、客观的、颠覆的图画。

备豫不虞，为国常道。雍正认为"防民之变，甚于防川"，继位伊始，国库空虚，吏治松弛，党争不断，外有叛乱，他这时的对手实际上是整个官贪政怠、文恬武嬉的腐败官僚阶层。在这种危机四伏的情况下，雍正没有只想守成维持现状，常怀远虑居安思危，毫不倦怠迎难而上，企图力挽康熙末年来的颓风，整顿吏治，彻查亏空，对待"国蠹"没有心慈手软，查处了山西巡抚诺敏为首的一大批贪官污吏，不论皇室宗亲还是一般官吏，硬起手腕抄家，使朝廷财政困难得以迅速缓解。雍正居安思危，忧患意识强，为着国泰民安，除弊图新，实行"摊丁入亩""火耗归公""官绅一体纳粮当差"等新政，一面促进生产，大力发展经济，一面大刀阔斧整顿吏治，反腐治贪。雍正积极推行一系列旨在稳固统治、缓和矛盾的新政，但是这些措施与良苦用心甚至连刚正有为的亲信大臣也不能理解，他急于做事追求成功的热望，在现实中总是受到来自各方面的羁绊和反对，但他心若铁坚志如金石，要做寡人，取法为则，但笑佳禾，唯利社稷百姓，就矢志不渝推行。

雍正不拘一格，用人唯才是举，打破资历威望和科举的限制，选派能吏到全国各地推行新政，尤以李卫、田文镜为体例。隆科多是镶黄旗佟佳氏人，算是贵胄，年羹尧则是汉八旗的镶黄旗，而且是进士出身。两个人论当官的先天条件和后天环境，都要比草根出身（捐资员外郎）的李卫好太多，但只有李卫不仅深得雍正信赖，官运亨通，兵部尚书又署理刑部尚书，后任直隶总督。历任康、雍、乾三朝，最后病故，朝廷大加褒奖，赐予祭葬仪式，谥敏达。为什么李卫能扶摇直上，得善终？因为李卫简朴、低调、口碑好，为政出于公心，不辞辛苦，两耳不闻窗外事，一心体察民间疾苦，踏实做事，无问西东，真正做到了清廉勤政，有胆有识。田文镜监生出身，不被官场看重，但其属于能臣干吏，直言无隐，剔除宿弊，推行新政不折不扣，从县丞的正八品，一步步提升到品秩从一品。

是以雍正曾痛心说："'文死谏，武死战'，都是讲忠臣的，其实朕不赏识'忠'臣。国乱出忠臣，势危出忠臣，君昏出忠臣，那是什么好事！朕赏识的是'孤臣'——于艰难竭蹶之中处荆棘榛莽之内，诚心事主不计得失，动心忍性，打碎门牙和血吞，创不世之奇勋，即一时为人误会，也能峭然孤立，特出于众——这才是真汉子，大丈夫。朕自己就是孤臣出来的，忍受了奇耻大辱，挺住了十面埋伏……"这是雍正个人为国做事历经孤臣之路的深刻体验，放置如今，岂不仍能振聋发聩警醒深思？

九五之尊丹陛之上，有的是不可告人的无尽的艰辛、落寞、孤独和促狭。雍正面冷心热，想做个好皇帝，不计前嫌，充分发挥众兄弟的才能，愿望"君臣父子兄弟雍雍穆穆揖让谦和些"，对存心与他为敌的胤禩、胤禵等也曾忍让，企图使他们安于既成事实而共同治理国家，使朝廷内部暂时出现了稳定局面，但九子夺嫡尔虞我诈，兄弟虎视眈眈前倨后恭，"八爷党"死灰复燃，三阿哥弘时阴谋恐怖，他们不顾雍正的宽宏大量，怙恶不悛，死不悔改，不仅在继位前妄图篡国，而且在整个雍正年间都猖狂作乱，从煽动社会风潮、策划宫廷阴谋直到发动军事政变，为破坏新政、谋害雍正而无所不用其极，家事国事天下事无不纷繁复杂。不知人苦，莫劝大度。雍正行稳致远，秉持"戒急用忍"，在仁至义尽忍无可忍时才发动最后的反击，但依然宽宏待敌，忠厚仁义，没有杀戮。雍正自己粗茶淡饭，却给大逆犯曾静享用丰盛御膳，大义灭亲杀子，对猪狗不如的政敌却"不忍加诛"。他为"振数百年颓风，刷新吏治"，隐忍勤政励精图治，有序进行了多项重大改革，却总得不到人们的理解支持，让他心寒而格外孤独压抑。尤其是当他消灭了胤禩、隆科多和弘时这些逆流之后，胤祥、太后死了，亲弟兄被圈禁了，不赞成新政的大臣也被下狱了，放眼朝堂内外，他却成了寡人，唯剩下绵绵不尽的高处不胜寒的悲凉、痛心和惘然。这都是一心想垂英名于青史的他不愿意为而又不得不为之的。在丹陛之上，他也曾有过君临天下的得意之感，但感受更多的是做皇帝的"苦"，是内心常常激烈挣扎斗争的矛盾哀情及寂寞孤独："如今你看看这些人，有的成心要气死朕，有的怀着异样的心思，面儿上奉承，背后不知做些什么勾当，说是垂拱九重，其实是坐在针毡上装神弄鬼，说吉利假话，看吉利假戏，连下棋也是假赢，思量起来真没意思透了!"

　　处死年羹尧，真不怪雍正鸟尽弓藏、卸磨杀驴，纯粹是年羹尧没有自知之明自作自受!雍正是年羹尧的妹夫，他甚宠年贵妃，即便卸磨杀驴也轮不到这个至亲国舅。

　　年羹尧无疑属雍正朝重臣，官至四川总督、川陕总督、抚远大将军，加封一等公，驰骋疆场参与平定西藏乱事，平息青海罗卜藏丹津叛乱，立下赫赫战功。因为自恃有护国功勋，放纵骄横，见事昏聩，僭越了臣子本分。"戍卫皇权"和"拥兵自重"往往只有一步之遥。其摆大将军的谱，发给同级的将军督抚的函件不用咨文（平行文），而用令谕。属员送礼称"恭进"，与人物品曰"赐"，属下禀谢称"谢恩"，接见新属员称"引见"。这些都是皇帝专用名词。皇帝下发的诏书，臣子要恭跪宣读的，年偏不，拿起来就看。雍正派到陕西的侍卫，被其充作仪仗队，当作下人使唤。雍正二年（1724）十月进京时，让直隶总督李维钧沿途跪迎。入京日，公卿跪接于广宁门外，年策马过，毫不动容。王公有下马问候者，年颔之而已。至御前，箕坐无人臣礼……除了贪腐，年结党营私，随意任用，一人得道，鸡犬升天。年府的家奴，竟能戴四品顶戴。妄图幸进的官员在年府门前排成长龙，年的荐官在分派时，排序在吏部铨选之前，号称"年选"。当他失宠，明知大祸临头时，还四处隐匿资财，用数百辆骡车装满财物，分赴京城、直隶、湖广等十余地藏匿。真是天作孽犹可恕，自作孽不可活。

雍正的孤独沮丧更来自他不被人理解的痛苦。他不奢靡，不好色，饮食简陋，穿衣舒适即可，甚至连戏都不看，继位后"耐烦不怕琐碎"的行事风格逐步发展到极致，孜孜不倦、夙兴夜寐、凡事慎微、事必躬亲，每天批折子几千上万字，对陛见述职的各级官员都恨不得能够逐个召见，真正焚膏继晷宵衣旰食，枵腹从公呕心沥血，甚至饿昏了堂堂宰相。在缓解外部压力的同时，着力解决内部矛盾，以仁心行德政，大到政策的制定及实施，小到官员的争吵斗殴，他都亲自认真处理，他重用能臣廉吏，着眼百代，施之以兴修水利、整修黄河、重视农业、增进民生福祉，努力掌舵清朝这艘巨轮，躲冰山避暗礁，得以乘风破浪前进。在位虽短却成效显著，使国家经济迅速恢复和发展，各业稳健有成累利叠润，库银收入达五千万两，为"乾隆盛世"打下良好基础。社会的繁荣，与雍正坚毅果敢、雷厉风行的勤政付出是截然不可分的。

雍正强留酷似旧情人的弟媳，承欢玉阙却是天家骨肉，引娣羞愧赴死，雍正随之自戕。这个结局，很多专家认为是"信口开河"，有的读者诟病不已，认为涉嫌低俗。后来胡玫拍电视剧《雍正王朝》时，避嫌采用此结尾，另作处理。而青年作家立岳却认为：荒诞有其逻辑，乱伦却不恶俗。二月河或是受了《俄狄浦斯王》和《雷雨》的影响，做了一次大胆的艺术尝试。

《俄狄浦斯王》是亚里士多德非常着迷的一部悲剧，并大赞其寓意无穷。而俄狄浦斯杀父娶母这一悲剧事件，被弗洛伊德解读为普通人的"恋母情结"而广为人知。亚里士多德在其《诗学》中说：俄狄浦斯"之所以陷于厄运，不是由于他为非作恶，而是由于他犯了错误"；"犯了错误"，在这里指的是人的"无知"，而不是指"道德上的缺陷"。俄狄浦斯用他母亲兼妻子伊俄卡斯特胸前金别针戳瞎了自己的双眼，放逐了自己。

这是一个"慧眼"取代"肉眼"，或者以"肉眼"为代价换取"慧眼"

的隐喻。它表明，俄狄浦斯的"智慧"成熟了，他"认识了自己"，就能够"遏住命运的咽喉"，斩断多米诺骨牌效应那样的悲剧，让可怕的"预言"终止，拥有了一双"慧眼"的俄狄浦斯，自己做了自己的主人，再也不受命运的摆弄了。

雍正之死史上留谜，给世人无数的猜测想象。二月河在这段文字的处理上不落窠臼，遵循历史，又跳出界外，大胆地进行艺术构思，虚构了一个乔引娣的人物，柔弱、立体、丰满、悲情，让人心痛。引娣用剪刀扎向心窝，最后雍正也用剪刀刺向自己的心脏，结束了这段离奇的父女孽情，自此悲剧缓缓闭幕，那个"刻薄但不寡恩，冷酷但非无情"的四爷最终"认识了自己"，也彻底解脱了。

鲁迅先生说过"悲剧将人生的有价值的东西毁灭给人看"，价值越大，毁灭之时给人的震撼就越大，读者也就越难忘，心灵的共鸣也是深层次的。洞察世事深谙人心的二月河早已摸准众生的脉搏——喜剧的"大团圆"虽然是大家所渴望的，但往往是"一笑而过"，笑过就忘了，尤其是那种滑稽的。进一层说，人性更喜欢从悲痛中思考，从悲剧中接受身外的痛感，认识矛盾、丑恶需要艰苦的斗争，在无限的遐想里，在荒诞无稽里，引导人们从悲走向喜。

深刻细析，二月河不仅"受了《俄狄浦斯王》和《雷雨》的影响"，也借鉴大宋开国时的"烛影斧声"，制造玄机。其实，创作狡黠而大事不虚的先生，透过设计的情节泡沫，从侧面隐喻雍正爱民如子的君父情怀，而且，还分明在回目标题中已然告诉读者拨开浮云的真相："鼎丹"，雍正分明是钟鼎炼丹，为药蚀毁。

历史的混沌，使作家得以充分想象任意发挥，他从中找到了新的解读方法，构建自我的创作理念：用欣赏和批判的矛盾，在矛盾中展现历史人物的必然的悲剧命运。是以，谋划人物的结局归宿，总是体现着作者的一种悲情。

《雍正皇帝》既出，被誉为历史小说的巅峰之作，在社会上享有巨大声誉，深受广大读者的喜爱，畅销长销，获奖无数。

1996 年 1 月，中国作家协会创作评论部、长江文艺出版社联合在北京文采阁召开了《雍正皇帝》作品研讨会。评论家及学者们分别从小说的故事情节、文学语言、人物形象、历史氛围、文化意蕴等方面进行探讨。《人民日报》《光明日报》《工人日报》《新闻出版报》《文艺报》《中华读书报》《中国图书商报》《中国青年报》《长江日报》以及中央电视台等媒体对这次研讨会分别进行了报道。《北京青年报》则用了半版的篇幅摘要发表了专家们的意见。标题醒目，《〈雍正皇帝〉横空出世　京都文坛好评如潮》，发表了评论家蔡葵、丁临一、白烨和胡平的笔谈，专家们高度评价《雍正皇帝》的艺术价值，认为小说是"现代乃至近代以来，历史小说创作的最为重大的收获"。接着，中央电视台又做了一期专题节目，请专家学者就《雍正皇帝》的艺术价值发表感受，大家再次强调"五十年不遇，甚至是百年不遇"、"《红楼梦》之后，就是这部《雍正皇帝》"。胡平认为，起初以为《雍正皇帝》只是一部普通的通俗读物，经过认真翻阅，才发现是一部不可多得的相当有分量的长篇小说。此作通过雍正夺嫡继位、励精图治、抱恨东逝三个人生阶段中一系列惊心动魄的政治斗争，全方位、多侧面地展现了从康熙中期到雍正王朝半个世纪间中国政治、经济、军事、文化及民族生活的全景画卷。湖北电视台也制作了关于《雍正皇帝》的专题节目，约请评论家陈美兰、张国光、蔚蓝等人谈该书的杰出艺术成就。

随着大众媒体上关于二月河及《雍正皇帝》各种消息的传播，《雍正皇帝》一书犹如一道美丽的风景线，呈现在中国文学界和读者的眼前。专家对小说的高度评介，引起了众多研究者的关注，也唤起了海内外读者的阅读兴趣。

由《雍正皇帝》改编的电视连续剧《雍正王朝》的艺术探索与成功实践，让出版界从此惊叹于影视对纸质出版物销售的拉动作用，在读者中掀起了一股对明清历史关注的热潮，对小说走进不同阶层的读者群和实现经典化起到了推波助澜的牵引作用。

据时任长江文艺出版社社长周百义回忆，纸质出版物的艺术魅力与电视剧影响的相互作用，散发巨大的市场光彩，使经典作品的艺术魅力得到尽可能的彰显。1999 年春节前，因为电视剧的带动，书本畅销得让人难以想象。备货的四万册全部发出去之后，出版社内添货的电话和订单仍络绎不绝。这种情景，出版社开始并没有估计到，只好临时采取措施，从一家印刷厂扩大到三家同时开印。发货不及，社里直好租车往全国各地送。押车送货的同志，最晚的一拨，到腊月二十九深夜才到家。据长江文艺出版社《社讯》记载："加印至十万套依然使我社发行部门捉襟见肘，不得不每每调整供货计划，勉强分出'轻重缓急'，以致造成要货者在电话中苦苦哀求，发货者在电话中频频道歉的场面不断出现。"

杭州的《钱江晚报》在头版曾刊载一条消息：

> 杭州告急，长江文艺千里送书解危（主标题）；今晨一千套《雍正皇帝》抵杭（副题）。

可见畅销的火爆程度。1999 年《雍正皇帝》一书正版销售达到创纪录的二十五万多套，多次登上全国畅销书排行榜。盗版不计其数。

周百义多次不无得意地说："印二月河的书，就像印钞票。"

从文学的经典化的过程来看，一部作品能够进入大学课堂，写进文学史，有深入持久的研究，进而影响一代代的读者，是体现作品成为经典的重要环节。理论专著和教科书对《雍正皇帝》的研究，从文学史角度肯定了小说的经典价值。

张炯主编的三卷本《中华文学发展史》中，写到近代的历史小说创作状况，将二月河、吴因易作为同一时代的作家来进行研究。他认为二月河的小说，特别是《雍正皇帝》，"人物形象鲜明，情节跌宕起伏，历史细节丰富，生活氛围浓郁，语言典雅中见平白晓畅，雅俗共赏"。

齐裕焜在《中国历史小说通史》中将"二月河、颜廷瑞、吴因易的帝后系列小说"列为一节进行研究。他对二月河小说的评价，已散见于一些报刊。在这本书中他指出："以正史为基本线索，重要人物和重大事件基本上是于史有据的，而在非主要人物和事件上又充分发挥了艺术虚构和创造的能力，展示了清代社会风俗和人文景观，使作品具有宏伟的'史诗'规模。"当然，他也认为小说还存在语言粗俗等方面的不足。

历史小说研究专家吴秀明认为，新时期以来历史小说的创作成绩是"继明代中叶首次高潮（以《三国演义》为标志）之后，在五百多年间中国历史小说所仅见的又一次高潮……而二月河小说就是其中的重要收获与代表性作品"。他在《中国当代长篇历史小说的文化阐释》一书中，对二月河小说进行了全方位的分析，肯定二月河小说不是一般的大众化小说，"而是努力站在国家、民族和百姓的文化立场，用历史唯物史观予以观照把握"。因为二月河认为凡是在历史上做出贡献的人，都应当大书特书，而康熙、雍正、乾隆正是这样为华夏文明做出了积极努力的帝王。在"权力叙事与文化重建"一节中，他分析认为二月河小说中描写的"宫斗"其实是作者"站在整个社稷民生和社会稳定高度来审视封建帝王个人作为的历史认识"。他肯定二月河在历史真实与艺术真实的关系上，更注重大众化叙事的艺术风格，"为历史叙事的雅俗共赏做了卓有成效的成功尝试"。

於可训在高校中文教材《中国当代文学概论》中认为，《雍正皇帝》《曾国藩》《白门柳》等三部历史小说是新时期历史小说的重要收获。他认同作者自己在《新年杂想》一文中关于"落霞三部曲"的定位，即康雍乾三朝是中国封建社会的回光返照，"雍正这十三年是这段长河中的'冲波逆折'流域。宏观地看它，是嵌在大悲剧中的一幕冲突激烈的悲剧"。因此，於可训认为二月河写出了雍正希望有所作为与整个官僚制度和皇族之间的悲剧性冲突，雍正为王朝的利益所做的努力和背后所隐含的个人私欲之间的悲剧性冲突，雍正在道德与情感方面的悲剧性冲突。当然，於可训也认为小说中的某些情节，如"番僧作祟、道士斗法等，因近于'神魔'而失其实，另有一些情节设置和艺术描写，如兄弟夺爱，父女乱伦等，因偏向'传奇'而失于'巧'……在一定程度上，也影响了作品的艺术效果"。

吴圣刚主编的《二月河研究》一书，是研究二月河作品资料比较集中的一部专著。另外，笔者创作或主编的《直面"皇叔"二月河》《二月河先生纪念文萃》等专著的出版，都为研究传播二月河学做出和正在做出努力。

河南文学评论家孙荪对二月河的文学成就进行了系统的评价，他说："二月河的三部十三卷系列长篇小说，以中国 17 世纪乃至 18 世纪上半叶接近一个半世纪的历史作为时间跨度，其思想的触角可以说在整个封建社会上下五千年逡巡。从长河的意义上，几乎是空前的。"

史学家杨启樵认为二月河具有丰富的历史知识，"著作颇读了一些清史资料，以文学笔触阐明历史，显得有根有据，并非杜撰"。

学者谭光辉认为，二月河的历史小说基本上都有正史作为依据，因此可以把他的小说看作"重述的历史"，用现代的语言，加上虚构的情节，大体上还是讲述了一个较为真实的历史故事。

文学评论家丁临一给予极高评价并多年坚持这种论断："《雍正皇帝》可以说是自《红楼梦》以来，最具思想与艺术光彩、最具可读性同时也最为耐读的中国长篇历史小说，称之为五十年不遇甚至百年不遇的佳构并不夸张。"

二月河却很清醒，时刻"将自己看小一点，放低一点"。有年，香港一家报纸的记者前来采访二月河，回去写了一篇文章，谈到初见二月河的印象，"好像很易欺侮的样子"，说"他绵善、柔弱，无横霸之气"。记者的敏锐目光真是令人佩服。他"务外非君子，守中是丈夫"，远离名利场，"心离'大家'远"，视"那纸糊的名号和荣耀算什么"！他谦虚地称自己"修不成佛祖，修个菩萨也罢"，"居然也学有小成，养有进益"……

二月河"甘小"之风不改，自视低微之心长存，始终视自己为小人物，与普通读者心连心，他说："我的书就是给千千万万肯从自己血汗钱中取出又买进他的书屋、店铺，甚至带到公交车上、厕所里去读的。""弱势群体无望的祝告与企盼永远是我关注的焦点。平常的读者，用他的血汗钱购书者，永是我神圣上帝。追求久远地拥有读者，是我著述的企盼。"

第二十五章

苦情苦干谁体味 "三睡三起"时如金

看待这几部作品，二月河如宠爱自己的孩子，没有高下贵贱重视轻看之分，但他也说过："要论起《雍正》这部，耗时比较多，颇为曲折，好像生孩子时难产，所以感情会比较特别一些，会更亲一点。"

二月河创作《雍正皇帝》，有一个神奇的天翻地覆的观念转变过程，由厌恶纠结到认可赞赏，"单为解决对胤禛的感情问题，就花了两年时间"。

起始，有沉重的复杂的郁结在心，让他踌躇不定难以下笔。史载雍正"刻薄寡恩""睚眦必报""专断多疑""狠辣猜忌""心口不一"，官场有传言"雍亲王，雍亲王，刻薄寡恩赛阎王"，印象极其不好的是，他抄了曹雪芹的家。如果不抄，《红楼梦》不就留下完整版了吗？民间流传的雍正，更是个有着"谋父、逼母、弑兄、屠弟、贪财、好杀、酗酒、淫色、诛忠、任佞"十大罪状的暴君独夫！就连他的皇帝位置，也不是合法合格的，是气死康熙、矫旨篡位的黑幕，将"传位十四子"篡改为"传位于四子"，其最后的结局，也是恶贯满盈，被女侠吕四娘夜入皇宫，取其项上人头，身首异处，不得善终。就连他的儿子乾隆，也不是亲生的，是偷换钱塘陈家的……

清朝是距离我们最近的封建王朝，留下的史料浩如烟海，二月河重点深入研究了《清史稿》《清圣祖实录》《清世宗实录》及皇帝《起居注》等一些正统史料，为相辅相成，从侧面以对照反证和充实启迪，也大量搜罗了诸如《清稗类钞》《清代笔记小说大观》《清朝野史大观》之类的稗官野史。

搜集掌握了大量资料，深入了解情况，驰骋想象，他对雍正有了别样看法，"矫旨篡位"是绝不可能的，各种史书及至今留存的圣旨文物，即康熙在乾清宫"正大光明"匾额后的《传位遗诏》清楚明白："雍亲王皇四子胤禛，人品贵重，深肖朕躬，必能克承大统。著继朕登基，即皇帝位！"

清代在提到阿哥们时，必然是"皇某子"，"皇"字无法涂改，而且清朝写诏书时是满汉合一的，改了汉字，满文咋办？"胤禛"二字也无法涂改。

雍正是因急病逝世于畅春园，并非在皇宫被吕四娘杀掉。

乾隆不是雍正亲生，就更离谱了。在皇室族谱《玉牒》中可以发现，乾隆出生时，雍正的长子、次子虽然夭折，但三子已经8岁，且一个王妃三个月后又为他添了一个儿子。并且此时的雍正才34岁正值壮年，他怎会弱智到在已经有儿子，一个王妃即将临产的情况下，用自己的女儿换陈家的儿子？并且政敌众多，耳目处处，哪有那么容易想换就能换的。被康熙知道，是什么罪过？可想而知，这种说法纯粹无稽之谈。

评论家张书恒在《评二月河"清代帝王系列"小说》中认为："作者通过对诸多正史、野史，以及民间文学和传说的条分缕析，探幽烛微，艺术地再现了康熙临终之即那惊心动魄的一幕，并把作者自己对这一问题的研究结论形象化地展示了出来。作品不仅得出了雍正合法皇位继承人的结论，而且也使这一结论在具体历史场景的演示下显得更加真实可信。这是作家发挥自己的艺术想象力，对历史进行自我重构的结果。"

雍正全年除了大年初一稍事休闲外，《起居注》记载几乎全在工作，无教逸欲，万几宸函，留下朱批谕旨近两千万字，康熙理政六十一年，也难以望其项背。这是多大的工作量啊，这得多么勤政操劳方能做到。他懒吗？他荒淫无耻吗？二月河说自己卓苦读写二十年，才写下六百万字的作品，两相比较，九五之尊尚能如此辛劳，实在千古罕见。

"先是一条'勤政'就令人钦佩，我对他的'荒淫'印象就此土崩瓦解。"再看其政绩，康熙晚年库银账面七百万两，至雍正骤增到五千多万两，这是"振数百年之颓风"、力图刷新吏治的功效。"天下万苦人最苦，人最苦的是雍正。"他有雷霆手段，行菩萨心肠，十三年的励精图治，勤政为民，履行节俭，唯才是举，奖罚分明，严惩贪官。一扫城狐社鼠，赃银入库，不但给乾隆的"十全武功""极盛之世"垫下厚实家底，也留下了一个不错的吏治环境。

再看这位"冷面王"的阴狠冷峻。"这既有个人性格因素，也有政治斗争的关联。""文恬武嬉，官场贪墨污吏，乡里豪绅强梁"，"康熙扔给他一个烂摊子，是他的锐意进取改革，才打下乾隆时期的辉煌。他固然手腕最硬，行的却是义政"。二月河评价说。

《雍正皇帝》说的是宫廷争斗，宦海沉浮，江湖恩怨，儿女情长，内涵却围绕"革新"二字。雍正在登基前及继位后，他和其核心团队，顶着重重阻力，千方百计革故鼎新，殚精竭虑倾尽全力，在尝试企图解决困扰朝廷的一个大问题，愿望分化和削弱两千年封建王朝最大的既得利益群体，即地主官僚阶层。皇权的建立，靠的是兵戈征战，朝廷的运行，靠的是地主官僚阶层。这个阶层过于庞大，威胁皇权，而且国家太平久了，会出现大量的土地兼并，就会出现贫富分化，社会人口增长，贫富分化急剧扩大到一定程度，遇到水旱蝗雹等天灾，民不聊生，必然是揭竿而起，颠覆政权。或者国力衰弱，遇有外来侵略，不堪一击，迅速垮台灭亡。是以，他们是矛盾统一的关系。朝廷与地主官僚是相辅相成、上下一致的同体，但也充满着对立分隔、有着不可避免的矛盾。

皇帝眼里最大的问题是什么？就是"皇图永固"，追求的是"社会长治久安，百姓安分守己"，有作为的皇帝会认识到，农民是社会生产力发展的主干，农民受地租、税赋重压，难以存活，是农民起义的物质基础，官府与豪门巨富残酷统治，是农民起义的社会条件。要想社会长治久安，就得百姓和谐生活，必须控制地主官僚阶层，防止扩大贫富分化。

"天高皇帝远。"封建时代基层行政效率低下，信息沟通不畅，皇权不下县，县下唯宗族，导致大量的基层权力掌控在乡绅地主手上。这些强梁恶霸兼并土地，隐瞒人口，盘剥百姓，这就导致这个阶层越富裕，国库就越亏空，底层老百姓也就越贫苦。

自古以来，哪个王朝不想皇图永固帝道遐昌？开明的皇帝也知道国家由百姓支撑，"水能载舟，亦能覆舟"，要想稳定社会，让百姓过好日子，求国祚绵长，万世更替，那就要从地主官僚身上开刀，把他们的切身利益割一块，给底层民众一点好处，国库也能多得银子，但这好比要了他们的命。

"上有政策，下有对策。"普通老百姓无能为力，地方乡绅奇计百出，"对策"多多。譬如中央要加收田亩税，本意是抑制兼并，但地主转头就给佃户加税，吮民膏血后，还可以把锅甩到中央头上去。中央说你们地主的高利贷利息太高了，简直是吃人，以后农民都从国家银行贷款，利息低，风控严，结果地方官僚和士绅地主蛇鼠一窝，直接把国家贷款外包给地主，这伙人两头吃，能把高利贷合法化，最后还把锅甩给中央——都怪你的乱政。

雍正做了三件事：摊丁入亩、火耗归公、士绅一体纳粮当差。这些新政，是冒天下之大不韪的，因为他要得罪的，是整个既得利益集团，是普天之下的"读书人"。

摊丁入亩，是因为天下贫富不均，按照人头收税，本来就极不公平，所以雍正决定，把人口摊入田亩之中，按照田亩的多少、好坏收税。放到现在，类似于房产税和财产税。其实就是一种针对富人地主的税收，是在"劫富济贫"，这完完全全是与既得利益阶层对着干，而既得利益阶层，又是社会的掌权阶层，可想而知，阻力有多么大。

火耗归公，解决的其实也是地方和中央的财政矛盾，火耗是地方官征收钱税时，会以耗损为由，多征钱银。明清时候公务员工资比较低，官至极品俸银不过一百八十两、禄米一百八十斛，七品知县年俸仅四十五两。很多官员自称不能维持生活，所以就在国家所征的税收中动手脚，故意增收钱粮。雍正下令，以后这一项，不许官员私下征收，而是由国家统筹，合理再分配，给那些清廉的官员发"养廉银子"，或用于赈灾济困。

士绅一体纳粮当差，是雍正得罪读书人最狠的地方，以至于在后世的各类稗官野史小说中，雍正被读书人黑得体无完肤。封建时代，只要是考取功名的读书人，就是相公，高人一等，享受社会诸多福利，个人及家庭被免除赋税和各种繁杂差役。在那些地方大族中，只要出现一个考取功名在朝当官的，全族都不纳税了。你想想，读书人、富人、官员都不纳税了，赋税劳役就全砸到贫民头上了。所以，雍正就对士绅动手了，逼着他们纳税，要求他们服役。

雍正还剥夺了这些人的政治特权。当时的士绅地主，拥有极大的权力和影响，他们"出入官署，包揽词讼"，勾结地方官，分享政府的司法权；"武断乡曲，欺压平民"，称霸一方；"抗违钱粮，藐视国法"，"代民纳课，私润身家"，抗赋偷税，还揽纳钱粮，加以侵吞。他们甚至还能肆意虐待佃户，霸民产业及妻女，拥有生杀予夺的大权。雍正规定"凡不法绅衿，私置板棍，擅责佃户"，"将佃户妇女占为婢妾"，"勘实，乡绅照违制律议处，衿监吏员，皆革去衣顶职衔，按律治罪，杖八十"……许多不法乡霸立毙杖下。

雍正这下可是捅了马蜂窝，动了最大的奶酪，要知道，在当时读书人是得罪不得的，他们一口一个先王之道，一口一个子曰诗云，就能把你的名声搞臭了。所以，小说中出现了最惊心动魄的一幕——河南考生罢考，以对抗雍正和田文镜的"恶政"。考生扛着至圣先师的牌位上街游行，大骂田文镜"令斯文扫地"。南京"赛神会"，贡院扛孔子牌位游街，百官回避。李卫不愧"鬼难缠"，做一面丈二的幡，上书孔子他爹"叔梁纥"大名，扛孔子牌位的队伍遇到也只好三揖避道而行！

锐意革新志如金石的雍正并没有屈服，我行我素，敢以"但为天下纵横事，何计刀笔善恶名"的面孔示人，他直接镇压了这次罢考，派刑部侍郎赴豫审理，将为首考生处斩。雷厉风行，没有丝毫的犹豫，并且继续坚定支持田文镜、李卫等人的改革。

其实，雍正做的事情，王安石做过，张居正也做过，很简单，四个字"劫富济贫"！从这群铁公鸡身上拔毛，从城狐社鼠身上榨油，既可以充盈国库，又可以缓和社会矛盾，给穷人活路。但这个阶层不是好惹的，那些阡陌纵横田广万顷的地主，往往从地方到中央都有很深的政治背景，想要从他们身上挤油水，那要冒极大风险的。王安石在保守派的围攻下失败，张居正死后也被反攻倒算。

古往今来，中国历史上的改革，商鞅变法、王莽改制、两税法、王安石变法、一条鞭法、摊丁入亩、洋务运动、戊戌变法及今天的改革开放等，富有成效的有：商鞅变法、摊丁入亩、改革开放。因为变法势必触犯保守派的利益，损害的是既得利益集团，是以变法自古以来都是阻力天大难以推行，贵族的保守派根深蒂固，势力强大，都会有流血事件发生，胜利来之不易，多数壮志未酬，英雄泪襟。

特别值得称道的是，雍正废除了贱民贱籍制度。贱籍世袭，社会地位低下，不得与平民通婚，子女不能受教育，更不得参加科举，只能一生从事低贱的职业，永无出头之日。所谓"贱民"去籍，从此一视同仁，促进社会和谐公平。

雍正一朝，用铁腕手段进行改革、反腐，解决财政亏空和社会矛盾，充实了国库，更改善了民生，让一直尾大不掉的文官和地方势力收敛，这才有了乾隆朝的国家富庶社会安定，才有了给后人挥霍的资本。

了解掌握了这一切，深思熟虑明辨是非，二月河透彻识见，拨云见日，豁然开朗，盘绕在心的多年的疑问顿然烟消云散，一时释怀欢喜无限。

与传统雍正狠辣阴险的形象不同，二月河赋予雍正"改革者"的标签。他革故鼎新，大刀阔斧推施新政，他勤勉图治体恤民情，他身上有对父亲的敬仰之情，有对兄弟的棠棣之情，有对儿子的舐犊之情，有对做事大臣的体谅信任，有对天下苍生的由衷同情，有对下层弱者发乎内心的怜悯扶助……他冷面热心，以金石可镂的精神革新图强，不畏艰难向前冲。在他身上我们可以看到作为皇帝的难处和为人的辛酸。

二月河擅长以细节体现：

李卫出任外官有年，雍正当了皇帝还是头一回吃饭时见面。因见雍正膳案上放着一盘烧豆筋，一盘芹菜爆里脊，一盘清蒸素丸子，一盘清炒豆芽，饭只是一碗糙米，已经吃残了。李卫一边行礼，笑道："奴才以为主子已是皇上，就是节俭，先帝爷那御膳奴才已领赐过的。皇上位居九五，君临天下，万几宸函间作养龙体，就不讲皇家规模体统，自己万金之躯要紧的——如今外任官，别说奴才这么大的官，就是州县官，正餐也不至于这么寒伧的。"

"所以朕的志向，从来没有打过帝位的主意。万万没有想到，皇考会将这万里江山托付给朕！朕在藩邸几十年，托先帝福，富贵荣耀不减今日，而安逸舒适不及当时千百倍。一个月来每念及此，不禁黯然泪下！朕这一生一世，再也休想适志逍遥的了！"

　　雍正径至西书房炕上盘膝端坐了，亲手整理了张廷玉送来的奏折，吩咐"多调些朱砂，朕要熬通宵"……

　　雍正脸上泛出一丝冷峻的微笑，"当今天下贪风炽盛，朋结党援小大官员不为利就图名，朕就是冲这两个字痛下针砭。矫枉不能不过正，你见过扁担没有？用弯了，你把它压直，松开手，它仍旧弯！你把他扳过来弯，弯些时候再松手，它就直了。"

　　"人都说朕刻薄，是吧？"雍正心绪极好，漫步踱着，似乎自言自语地说道，"这个名声不好听，朕有什么不知道的？有些人百伶百俐，参不透今日天下事，原是宽纵得过了。朕贵为天子，富有四海，想施恩那还不容易？但《左传》你们读过没有？里头有句话说'小惠未徧，民弗从也'。你宽纵诺敏这样的，就是刻薄百姓，老百姓——那么好得罪的？我德如风，民用如草。朕开了枉法徇情的例，上行下效，要不了几年，国库中都只是存些烂账簿子陈年借据，一旦有水旱灾，或者兵戈之事，怎么办？"说罢怃然叹息一声。

　　"至于你（允禟），自认'八爷党'，朕看倒也不尽然。就是允禩，只要安分，也还是朕的兄弟。但谁要阻挡朕当个好皇帝，兄弟也罢，父子也罢，君臣也罢，朕就难以顾及私情。朕受命于天，自要对得起皇天后土，列祖列宗！"

"朕兄弟二十四人，允禵是一母同胞。"雍正叹道，"朕发落他到景陵，为的是让他收收野性，也为的是让他远离那起子小人，不要挑唆得他到了不可救药的地步儿。朕不愿做郑庄公，惯纵弟弟无法无天，然后再杀掉，那不是仁者之心……"

"——这是今儿个朕批的奏章，一万多字，那是昨天批的，不到八千字。朕还要接见大臣，要到家庙祭祀……朕每天四更起身，做事做到子时才睡——狗儿（李卫），你想不到朕有多累——朕听你说的那些，与其说是震怒，不如说是沮丧，不如说是伤情……"

用虚构的情节，带出真正的历史面貌，这就是二月河帝王系列小说的优胜之处，使遥不可及的宫廷历史变得鲜活可视又耐人寻味。在那小小的紫禁城中，阿哥阋墙，党争纷扰，尔虞我诈，杀机隐隐，龙庭易主，雍正险胜，紫禁城新桃换旧符……尽管有许多创作的历史人物和历史事件，呈现的却是历史真实的样子，是读者爱看的有情怀的历史。

二月河曾感慨："从康熙初政虎虎灵动的生气，勃然崛起到乾隆晚期江河日下穷途末路，时光流淌了近一百四十年，是中国封建社会回光返照，所谓'最后的辉煌'，可看的东西实在太多了。雍正这十三年是这段长河中的'冲波逆折'流域，宏观地看，它是嵌在大悲剧中的一幕激烈的悲剧冲突。"他放下思想包袱，克服对雍正皇帝的固有观念，恢复其历史面貌。

二月河围绕雍正的苦心苦情，那种自觉无辞的责任担当，愿望承担起康熙所托付的万几宸函，一个有为明君——是一个能够"于艰难竭蹶之中处荆棘榛莽之内……不计得失，动心忍性。打碎门牙和血吞，创不世之奇勋"的"真汉子，大丈夫"。他的勤政、改革让人动容，即使不为人理解，也要抓住写好"吏治是当今第一要务，是一篇真文章"！为垂治天下，以身作则，他清心寡欲，不嗜烟酒，勤俭节约，没有不良嗜好。于是张书恒说："除了对重大历史事件进行自我认知的重构外，还以独特的方式，在自己擅长的领域表现了他对中国传统文化的深刻理解和重构力……儒与道是支撑中国传统文化主体的两大柱石，也是中国古代文人处理政治事务，应对猝然巨变的理论依据。这种进可攻，退可守的圆滑哲学也培养出了一代代封建政治的牺牲品。二月河在作品中对这种文化特征的理解和表现是颇有见地和深刻性的。"得于这种高瞻远瞩的眼光和认识，二月河掌握了平衡历史与现实的杠杆，运用自我的文化视角和社会标准，对历史事件和历史人物，进行唯我独有的重塑和创造，对儒道学说作了新的阐释和再现。于是，他的作品在葆有"历史的真实"的同时，也达到"艺术的真实"。

小说中，雍正感情充沛，却是内热外冷，甫一出场，就是一副冷峻严肃的面孔。不苟言笑，不徇私情，阴郁刻薄，冷漠而孤独，十足"冷面王"形象。做事严谨周密，条理清晰，雷厉风行；研判案件坚持原则，毫不通融，严酷执法；与人打交道永远国家利益第一，不讲情面。表面上，让人感觉他是一个没有人情味的冷冰冰的执政者，但他始终保持"警世意识"，警醒反省，做到励精图治、勤政廉政、惩治腐败、整饬吏治。小说中几次描写到雍正的着装，从没有富丽堂皇、珠宝横溢的装饰，只是清雅干净大方，甚至简朴到让人有点"冷"的感觉。在继位之前，为了国家和社稷利益，不惧骂名，得罪盐商，不怕得罪众官僚，执着清欠亏空，继位之后，继续贯彻"以民为本"的治国政策，继续抓住藩库欠银，不怕得罪群臣，不拘一格用人，超常破规用官，大刀阔斧刷新吏治。大胆实施摊丁入亩、实行养廉银等，革除官僚利益，反腐败空前严厉。改土归流，征服叛乱，维护国家统一……由之，对雍正的历史还原也就有了颇扎实的思想基础，它比之道德化的历史翻案更加有力也殊为可信。

二月河说："人物都是按照历史的真实性和艺术的真实性相结合塑造的……重大历史事件和重要人物，以及这些历史人物在历史事件中总的走向，都是真实的。""我写这书主观意识是灌注我血液中的两种东西。一是爱国，二是中华文明中认为美的文化遗产。我们现在太需要这两点了，我想借满族人初入关时那虎虎生气，振作一下有些萎靡的精神。"

就在中原边城南阳一个小巷的陋室内，当时一家三口蜗居在两间瓦房中，二月河毫不讳言当时是住在贫民窟。"房间被我从旧市场上淘来的发黄的书和报纸堆得满满的，妻子和女儿要从堂屋里过都迈不开腿。"孩子小，调皮，经常把书本资料踢得到处乱飞，他只好耐着性子一遍遍整理。

万籁俱寂灯光熹微，二月河不求"想当然"，追求"所以然"，遵循历史若隐若现的线索，执着去走近雍正，走进宫廷中枢，感知皇帝与权臣的内心追求，然后酝酿发酵，化成纸上锦绣。冬寒夏酷，锲而不舍，每日少则千余字，多则数千言。文坛中他的艰苦笔耕是出了名的。夏天酷暑季节，他挥汗坚持创作，那时无空调，只在天花板上装了个吊扇，即使有吊扇也是很时髦的，但扇轮呼呼的风把稿纸吹得四处飞舞，只好关了。他自制"土空调"，桌下放一桶井水，两脚放进去，这样既清凉驱暑又可防止蚊虫叮咬。手腕上缠绕着毛巾，用来吸汗防止洇湿稿纸。寒冬的南阳，人们没有安装暖气的习惯，寒风刺骨，墨水都能结成冰。他冷得受不了，就狠劲地搓搓手，或把开水倒在毛巾上，捂住手暖一暖。他抽烟喝酒，因为经济拮据，只能抽南阳本地出产的白河桥牌劣质烟，喝南阳酒精厂的红薯干或玉米酿的散烧酒，条件艰苦他不以为然，深深沉浸在自己博大辽远的精神世界里，一台蜂窝煤炉放在脚下，借以取暖，几次鞋被烧烂浑然不觉，还有几次差点煤气中毒。

当时他也得上班"为稻粱谋"，生活琐事要接送孩子，就自我加压，自励自奋，努力挤时间。早晨起来捅煤炉子煮粥，送孩子上学，到办公室忙工作，抽空整理资料。中午休息一会儿，下午接孩子，下班就往家赶，做饭，睡觉，晚上十点许起来开始写作，直到凌晨三点，再睡觉，清晨再起床。"一天三睡三起，我的时间都是偷来的。"这就是他的创作程序。朝斯夕斯，此心不越。这不是一星期，而是近二十年。正因为这种碎片化的作息，二月河练就了独特的"睡功"，他常坐在沙发上就能睡着。

人们常用"头悬梁，锥刺股"形容读书人的勤奋，在二月河这里，还需加上"烟炙腕""烤脑门"。夜以继日的写作，他实在困得睁不开眼了，就把台灯拉过来对着脑门烤烫，用以醒神。或猛抽几口烟，然后用火红的烟头照着自己的手腕"吱吱"烧去，烫得一串激灵，以驱赶疲惫，清醒头脑，接着继续伏案写作。二月河的手腕上，多年后仍留下斑斑烟炙伤痕。为了挤出时间来写作，他选择了这种极端的自虐方式。黾勉苦辛朝乾夕惕，宵衣旰食胼手胝足，是他创作的真实写照，孜孜矻矻磨砺自己成为文化名片。

二月河"烟炙腕""烤脑门""拼命创'落霞'"的故事，至今盛传不衰，于是青年作者路漫漫说"羡慕名传柳井处，宁死不当二月河"。

二月河将全部精力投入卓苦创作中，时间对于他太重要了，因为珍惜时光，也导致了他在说话时有短句绝不用长语。一则故事，可真切反映他的惜字如金。

那年，宣传部一位领导，二月河的同人，因事到他家里去，当时他尚住在解放路民主街一个小院落中，这位同事走过狭窄逼仄的老城街道，走进曲折幽深的小巷，来到了二月河的蜗居前。门掩着，里面静悄悄的，偶有翻书咳嗽声，才确定里面有人。同事敲了敲门，室内一声咳嗽，传出了二月河的声音：

谁？

来客答应着报上名字，室内传话：

进。

房屋十分局促。桌上床上，地上凳上，到处是二月河苦心搜集的古籍善本、清人笔记等，还有牛皮纸裁制的资料册，或者是花花绿绿的纸条，起着书签的作用。一个二尺小案上，放着个小盆，里面是一只炖熟的鸡，已吃了大半，凉冰冰地放着。这是凌夫人为他补充营养特意做的。旁边还有半瓶南阳当地酿造的红薯干烧酒，他创作间隙随时抿一口提神。二月河面朝放鸡的盆，努了努嘴：

吃？

同人赶紧摇手谢绝，看到室内无立锥之地，不敢久留打扰，就匆匆说了事由，二月河闻后表示知晓，鼻腔里哼出了一声：

嗯。

来客就识趣地摇手退出。二月河并未再送。

前后只四个字，足表二月河是何等惜字如金。

我闻此逸事，到他家中签书时顺便求证，先生听到后一笑：

哦？

之后，并未说什么。

我再三追问，此事真伪到底如何。

二月河又是一声：

咳！

再无余话。

创作初期，处处高门槛，时时拦路虎，让凌解放颇为郁闷无奈。市图书馆有一套珍贵难觅的古籍，属罕见的清代史料，他急切地想借来查阅参考，找到管理员，被迎头泼下一盆冷水："处级以上领导才能借阅，你还不够资格。"他面红耳赤，只好讪讪而退。别人越是轻视和挤对，倔强的他越是努力，不屈服，不妥协，不遗余力地在社会上刨出一点属于自己的生存空间。

他在小说中现出雍正笼罩难散的孤独、忧郁和焦虑，推行新政改革吏制不为人理解支持的沮丧、哀伤和绝望，许多地方读来十分压抑，让人窒息。其实，这何尝不是二月河的处境隐喻？他不愿屈服，亦无法征服，世网尘缨，他努力挣扎，却无能为力，摆脱不开。社会上虽不是锦衣怒马，形象也是光鲜亮丽，光芒四射，然而无法言说的生活，时时来自身边人的明枪暗箭，各种无语的羁绊，包括身体的疾患，家庭关系，让他苦不堪言，造成他隐忍又刚劲、卑微又高贵的复杂性格，处处保留着警惕心，甚至有点偏执。但无论如何，他描写雍正人性如阳光的明亮，赞美善良和勇敢，激发人们憎恨丑恶落后和虚伪，歌颂战胜一切邪恶的正义和智慧，他把经典带给了我们。

少年时凌解放与哥嫂一起出外游玩，至某庙院时，出于嬉戏心理便抽了一签，卦语是"进一道门庭，添十分春色"。数十年后，在逼仄窘迫境况里，他以智慧、胆略和勤奋，呕心沥血，三睡三起，博求广收日渐精进，大刀阔斧长驱直入神圣文坛"门庭"，闯进繁花似锦的文学殿堂，终于获得了"十分春色"。

盼望着"修不成佛，修成个菩萨也成"，他修炼成了"二月河"，修成了一颗闪耀的"文曲星"。

第二十六章

与"黄河"倾盖如故　君子交"打过长江"

读者可能未曾想到，旷世佳构《雍正皇帝》，是被强逼出来的产品。

这就得回顾从前，了解二月河与责任编辑顾仕鹏、周百义乌发白首莫逆于心的道义之交。

出版是总结、积累和传承文化的。优秀的文化典籍，如果不是编辑出版者刊布流传，我们今天就可能看不到如此多传承智慧、催人向善、给人教益、励人奋进的优秀作品了。同理，如果不是编辑出版，没有"落霞"的发行，就没有了文学青年凌解放成为著名作家二月河的华丽蝶变。二月河打过交道的编辑数不胜数，但交往最久最深的有两位：顾仕鹏和周百义，是他们发现并推举了二月河。

鲜为人知，"落霞"并没有严格按照康、雍、乾祖孙三代的时间顺序创作，而是《康熙大帝》第四卷尚未结笔，开始写《雍正皇帝》的首卷《九王夺嫡》，当《雍正皇帝》第三卷《恨水东逝》没缩住篇，就动笔撰写《乾隆皇帝》第一卷《风华初露》，其中的波折缘由，凸显的是作家与两位编辑家的动人故事。

冯其庸先生当年激励二月河写作："不要担心出版，我从北京给你找出版社。"但二月河生性腼腆，"哪儿能事事去打扰仰仗冯先生""不知可否符合京城出版水平"，当时"心内惴惴，不敢奢望京城国家级"，犹疑良久，就按另一位朋友推荐，结识了颇严谨真诚的黄河文艺出版社的编辑顾仕鹏。

顾仕鹏如何能够得知和欣赏二月河？牵线人是周熠。

周熠是南阳作家群骨干作家，在《南阳日报》社历任编辑、主任编辑、部主任、副总编辑，兼职南阳作协副主席。著有小说集《杏儿黄熟时》，诗歌集《夏雨与雪思》，散文集《遥远的风景》《水之湄》《周熠散文自选集》，多次获全国报纸副刊奖，曾获河南省作协颁发的"河南省优秀文学青年组织者奖"。

1984年夏末，南阳地区举办了一期文学作者培训班，邀请了省城几位作家和出版社、杂志社的编辑老师讲课，其中有黄河文艺出版社资深编辑顾仕鹏。作家周熠已经成名，是《南阳日报》社文艺部主任，顾是周熠著作的责任编辑。

顾编辑询问："南阳有啥写小说的苗子？"周熠想了想，老老实实回答："听说有个叫凌解放的转业军人，是市委宣传部科长，在写康熙，我没看过，不知道水平到底咋样。"顾仕鹏听说后，心中一动。

因为顾编辑紧张地备课，讲授，单位里有工作，就匆匆忙忙回郑州了，但他牢牢记住了这个极有时代特色也很好记的名字。顾编辑忙完手头琐事，爱才心切，专程由郑至宛寻凌解放来了。

二月河这条文学大河起源的编辑，是慧眼识珠的顾仕鹏。顾仕鹏予二月河有知遇之恩，他是二月河心中常念的人。

那是1984年冬，尚是无名小卒的凌解放苦心撰写的《康熙大帝》第一卷《夺宫》搁笔不久，正昏天黑地搜集素材，提炼纲领，准备攻《惊风密雨》的山头。听上级宣传部和文联领导通知，有出版社编辑找上门来了，可谓大吃一惊，很是意外。

"没人出书我头发都掉光了。"二月河说，当时最大的困难并不是写书，而是在出版界、新闻媒体没有门路。"写出书来往哪里投稿都不知道，找了很多出版社都吃了闭门羹。"

是以顾仕鹏能够登门审稿，让他喜出望外，对顾先生专程到来和周熠的牵线颇为感动。

二月河回忆说，当时作家们内部流传着顺口溜："写短篇现过现，写中篇连月干（工作），写电视剧本是傻蛋，写长篇小说是胡球干。"他每天就是埋头在斗室里翻资料，通宵达旦"胡球干"。

二月河记得清晰，省城出版社来了两位编辑王汉章、顾仕鹏，在南阳一家小旅馆里，小作者见到了大城市的名编辑，十分惴惴不安。两位老师没有架子，待人很亲切，尤其是顾仕鹏，操着江苏和河南两地混合得不太协调的口音，却努力追求着普通话，听起来某些地方有点怪怪的，有时他感觉到对方没有适应他的口语，听不懂时，便发出歉意的爽朗笑声，给人第一印象是个诚恳、直率和善意的人。

二月河心中忐忑，甚至说是有些惶恐，因为之前他多受打击。

正如二月河在《我与我的编辑》一文中所述：《康熙大帝》的第一卷是昏天黑地偷着写出来的，心里一点数也没有，既不知自己的作品是否达到发表水平，也不知写出来投给哪个出版社、怎样一个投法。天下文艺刊物多如牛毛，文艺出版社林林总总，没有二月河的杯水之交。

就在这时候，当时的黄河文艺出版社社长王汉章和顾老师来了，他们读了稿子，还面试考问了两天半，并当场拍板出书。就这样，二月河开始了与顾仕鹏的合作，二月河的处女作同时也是成名作《康熙大帝》第一卷《夺宫》顺利出版。

其时其景，二月河总觉犹如昨日，历历在目。"他们看稿子只用了半天，考核我用了两天半。"当时王汉章和顾仕鹏在小旅馆里，俩人坐在一张床上，凌解放坐在另一张床上，旅店临时成了考场，面对面"交锋"，颇有点弓戈烈马、剑鸣流镝的感觉。他们在这里住了几天，看看稿子，天马行空随心所欲信马由缰地在那里轮流提问题，测验二月河的历史知识及综合能力。顺治、康熙、乾隆……皇祖关系、满人性格、宫廷格局、节庆礼仪、典章制度、满汉矛盾等，不单是《清史稿》，也包括野史，皇帝的穿衣吃饭、出行车马、军政事件、显位要职的提升谪免变动等，还有清代的图版疆域、山川名物、诗词歌赋、三教九流、生活习俗、人情世故……所有他们能想到的问题，尽皆罗掘俱穷详明追寻。

一番考核下来，他们很满意，当即表态：我们给你出书。后来二月河问顾仕鹏："顾老师，考察这些干啥？"顾编辑对他说："我们毕竟对你一无所知，我们知道你研究《红楼梦》，不知道你形象思维怎样，得知道你能写不能写，当然要全方位地考考你。"二月河问："结果怎样？"顾仕鹏说："对答如流，基本满分。"

读了文稿并考核合格之后，王汉章与顾仕鹏当场将《康熙大帝》定为该社的出版重点。但是，受当时改革开放初期思想还不解放的影响，顾仕鹏亦如其他编辑那样要求："你得体现出康熙这个人的阴险毒辣、虚伪残忍……"凌解放当时答道："不能这样写。康熙是'大帝'，一定要把'大'字写足。"凌解放没按顾仕鹏的意思去写作和删改。然而，顾仕鹏似乎没有"店大欺客"的思维。《夺宫》就在顾仕鹏编辑认真且严厉、严谨到苛刻的审阅下，一次次交锋磨合下，终于拍板定稿，决定出版了。

《康熙大帝》第一卷小磨小擦，第二卷则大磨大擦，几乎翻天覆地。有时二人争得面红耳赤，有时甚或拍案而起，但终究没有把稿子出书的事给废了。可见顾仕鹏是没有私意的，永远是一副朋友和老大哥的严肃面目：你来郑州住我家来，我吃什么你吃什么，没有床就睡沙发。没有客气，有的只是真切的照拂。说到"事上"，各说各的。吵红了脸，出一头汗，该吃饭时"请坐，拿家里最好的东西给你吃"，吃完饭咱们接着吵，为的是把问题整真切明白，为的是把书出版好。

《夺宫》出版后，二月河深受鼓舞，投入写作，《惊风密雨》《玉宇呈祥》《乱起萧墙》陆续推出。其中第三卷的卷名《玉宇呈祥》还是顾仕鹏的动议。于是，当时的中国读书界就出现了前所未有的"康熙热"，每年出版一卷的《康熙大帝》牵引了千千万万个读者的心。1989 年底，当二月河的四大卷长篇历史小说《康熙大帝》全部出齐时，正版盗版一纸飞行，一时间真所谓"洛阳纸贵"。

从此二月河与顾仕鹏成为至交。二月河盛名文坛时，正创作《雍正皇帝》第三卷，顾仕鹏面临退休，满心希望在休息前与二月河再合作一次，二月河考虑到这位品质极好的老编辑的期望，还有多年的真挚感情，他立即停了手头《雍正皇帝》的写作，先写了《乾隆皇帝》第一卷《风华初露》给顾，回头才又写《雍正皇帝》第三卷。

只要到了郑州，二月河总要到顾仕鹏家看望。每逢年节，二月河总要电话或短信道个康乐。那年，顾仕鹏有病，长期卧床，二月河听说后，此时已收入不菲，就给顾老师寄了三千元，"这也是根据他平时为人的廉正表示的一点点心意，老实说，很薄了"。但没几天顾老师就托人把钱给二月河退了回来，二月河言："闹得我微汗。"呵呵。

　　倾盖如故，交即交心。顾仕鹏与二月河，以书结交，青春白头，不曾改变。

　　二月河生前曾评价与周百义的数十年往来——"属君子之交"。

　　二月河驾鹤西去，在南阳紫山的先生陵墓前，树立一块生平事迹纪念碑。受二月河夫人邀请，碑文由周百义撰写。

　　周百义评价，凌解放先生远离我们，但作家二月河会长存于世。先生的十三卷雄文，将会镌刻在时间的年轮上，书写在中国文学史上，一代一代热心的读者，将会永远记住那冰化雪消时的黄河之子。正如他多年前说到的，二月河在，文学即在；文学在，二月河会永远存在。作为二月河生前好友，数十年来的责任编辑，他在碑文中，对好友一生进行梳理，予巨著高度评价，表达深切的思念之情。

　　碑文内容如下：

　　　　二月河者，凌解放也。黄河二月，冰凌崩解，状若奔马，嘶声如雷，先生慕其浩大之气，遂为笔名。从此，人知二月河而不知南阳凌解放矣。

　　　　先生少时，踢天弄井，字若春蚓秋蛇，师斥为不舞之鹤。岂知三十载后，先生一鸣惊人，撰著帝王系列皇皇一十三卷，写清室百年沉浮，绘三朝万千气象。小说上陈宫廷大计，下叙江湖草莽；情节铺设，夭矫跌宕；人物塑造，呼之欲出；氛围烘托，浓淡相宜。书甫问世，问津者少，殆不知先生何许人也。然达官显贵，市井平民，开卷率把手难舍；海峡内外，炎黄子孙，展读均赞口不绝。于是口耳相传，不胫而走，上下好评如潮。金赞曰：红楼遗韵，三国余墨，神州百年难遇之佳构；大家气象，文史相彰，赓续传统小说之文脉。

人知先生风光无限，不知先生撰述之苦辛。青年从军，砥砺十余载，地底掏煤，坑道挖土，艰险不减其志，困乏更增体魄。借烛光而向学，得须臾便读书。三更灯火，五更不眠，情系落霞瑰玮，笔写盛世风云。老茧磨断秃笔，黑发渐染白霜。投书无门，退稿遑论盈尺，笔耕不辍，明珠终遇慧眼。康熙英姿，三百年后再现；雍正伸眉，一洗夺嫡恶谥；乾隆风流，六十年文章锦绣。

书生报国，兼济天下，为人生一快。先生晚年，大会堂议政，灼见一出惊四座；中枢垂询，直言不讳显风骨。年年三月，年年京都论国是；届届代表，届届荧屏说民瘼。心系苍生，屡屡捐资扶弱势；意在旧典，解囊助刊话红楼。人说先生富豪，先生却赁居公屋；人说先生名动寰球，先生却独恋豫西一隅。

天不假时日，先生殁年方七十有三。人曰先生归山憾早，吾以为，先生焚膏继晷，著述议政，有生一日可当千万祀，又何必较以岁月短长？先生著述六百万言，人因书寿，会当日月经天。先生驾鹤之时，上自国家要人，下到普通读者，灵前致祭，心香缕缕，备极哀荣之至。白河有幸，迎才俊而归宛，卧龙不孤，得知音以相侣。

二月河与周百义的交往，从一件微不足道的小细节，可以看出。

那年，我因为一件事情，想电话传音千里采访编辑家周百义先生，因不知电话号码，就向"皇叔"索要，叔叔很是认真地对我说："我有周社长的电话，但是我不能给你，我得先问一问他行不行。"说完之后，叔叔当着我的面，用一口浓重的南阳话，给周百义打去电话："百义，鲁钊是我的侄娃子，这孩子有点事，想直接跟你联系哩，我把你的手机号码给他，你看中不中？"听得周社长在那端爽快地回答："可以，完全可以。解放兄太客气了。"二月河也呵呵笑了："中了就行，我也不愿让人多打扰你呀。"二人叙话，其情之深之重之远之长溢于言表。

二月河与周百义交往有三十一年了。对于大器晚成四十多岁才出书的二月河来说，人生及成名有几个三十一年？答案一目了然：周百义予二月河有推介之谊，在出书之初即与其交往，知心至今。

在二月河家里，周百义一个电话，不用报名，全家人都能够听出是谁。二月河称"百义"，其夫人呼"老周"，其女喊"周叔"，其弟其妹认"周哥"，热热乎乎亲亲切切的一家人。

周百义与二月河初识，是在1987年8月，南阳二月河真正的陋室里。

其时因《康熙大帝》的出版，省市几家广播电台跟进连播，二月河"有了区域性的小名声"。国内几家出版社闻风而动，都想承揽二月河的后续创作，培植"潜力股"，为举步维艰的出版业务拓展市场。

远在华中的长江文艺出版社也不例外。日后红遍出版界、被誉为"金牌编辑"的周百义，当时刚过而立，还是助理，才进单位工作不久，急需业绩站稳脚跟。他寻思自己的老家在河南信阳，与南阳地头搭界，算起来与二月河是河南老乡，可以此拉近心理距离，便抱着试试看的想法，跟出版社领导主动请缨，急匆匆赶回了河南。

懵懂间只知道南阳有个二月河，啥单位，住在哪儿，咋联系，人咋样，一切俱未知，得先找熟悉的人联络。是年8月，霏霏秋雨中，周百义从工作地武汉乘车到郑州，在河南省文联，找到了文学启蒙老师涂白玉。涂老师带着周百义在郑州拜访了田中禾、张宇、李佩甫等，但他们对二月河也不了解，只是听了一点传闻，说南阳有一位业余作者，将小说写在笔记本上，质量颇为不错，得到了北京一些名家很高的评价。但是有办法，省文联下面有地区、市文联，于是，涂老师给写了拜托南阳地区文联的同志带其联系二月河的信。身上挎个帆布书包，怀揣引荐信，周百义坐长途汽车，辗转赶到南阳，与当时尚未成气候的南阳作家群诸君见面，但文联的作家没有太重视，还有人似不经意向其传播，二月河是"通俗小说作家，意义不大"，或者说"二郎才尽"。

周百义很执着，要去见这个刚冒出头就众说纷纭评价不一的作者。时在南阳市文化局创研室工作的当地作家吕樵主动引领，二人同骑一辆自行车前往二月河家。瘦削的吕樵弓腰使劲，歪歪斜斜地蹬着自行车，周百义在后座上左顾右盼，提心吊胆，经过一个幽深破旧、曲曲折折的小胡同，终于七扭八拐后找到了住在小巷深处的二月河。周百义的模样颇寒伧枯瘠，自我介绍说："我在湖北工作，但我是信阳人。"

在阴暗逼仄的斗室里，三人坐着小板凳，嚼着花生米，用搪瓷缸喝着散装的南阳红薯干酿的烧酒，周百义与躬耕卧龙岗下的二月河言谈甚欢，谈到了恩师冯其庸对其的热情鼓励，谈到了夜以继日的写作习惯，谈到了工作与创作矛盾冲突的无奈，与领导相处关系的困惑，当然，也谈到了家庭港湾的温馨，对老婆付出的感谢。

吃饭喝酒闲聊热火朝天，但论及出版的事，气氛有点尴尬。显然，《康熙大帝》的初露锋芒，二月河的创作方兴未艾，有十几家出版社纷至沓来。"皇帝的女儿不愁嫁"，况且周百义只是个初出茅庐的年轻人，二月河与他素昧平生，毫无交集。

重要的是二月河讲情重义，他快人快语直言明说，毫不忌讳隐瞒："我和黄河文艺出版社合作得很好，与顾仕鹏老师关系很好，不打算也不可能在你们那儿出。"周百义则说："没有听说哪个作家专门给一个出版社写书，也没听说哪个出版社把一个作家'包起来的'。"周很执着，坚持磨缠，施放优越条件："我们将最大限度地保持您的作品风貌，不做大的修改。书一出，即支付稿费，百分之百尊重维护您的权益。""我要《雍正皇帝》，包括以后的作品。""我就住在南阳，你写一章我带走一章。"言外之意很明了，没道理，"赖"上了。好说歹说，锲而不舍，周百义嘴唇磨破，"不撞南墙不回头"，精诚所至，金石为开，终于以自己的执拗顽强，"截流"了二月河，由"北上"到"南下"，二月河初步勉强同意将酝酿中的下一部作品交给长江文艺出版社。

"走过了'黄河'，再跨过'长江'，你就占领了全中国。"或许是周的这句玩笑话打动了倔强的二月河，他终从嘴里吐出个"中"字，条件是"《雍正》的（书稿）给你（长江文艺出版社）"。

二月河金口松动，周百义仍软磨硬泡，每周都打来电话催稿，"再不发来，我急得要跳楼了"，得以"逼稿"成功。1988年5月，周百义第二次到南阳，与二月河拟定出版协议。从此，成为二月河的编辑，开始了数十年的友谊。

二月河暂时放下《康熙大帝》最终卷，为应付约稿，先开始《雍正皇帝》的写作。

1990年6月，周百义收到了《雍正皇帝》首卷《九王夺嫡》的书稿，但意想不到，在编辑部的选题论证会上，居然卡壳了。

周百义回忆："此时出版社还没有自办发行，图书的征订和销售主要靠省级新华书店。当时，出版社对二月河的长篇小说销售前景并没有信心，作为只有初审权的助理编辑，我也担心审稿通不过，在审稿单上'大胆'夸口说希望能征订五千册，并表示如果宣传到位，后续还有销售潜力。为什么当时对二月河如此没有信心呢？一是因为二月河在黄河文艺出版社虽然出版了《康熙大帝》的前三卷，但在图书市场上并没有产生多大影响，用二月河本人的话说，'名气'还只是'区域性的'。二是1988年，农村读物出版社出版了由王云高、计红绪创作的同名长篇历史小说《雍正皇帝》。这本《雍正皇帝》虽然有中央电视台一频道的同名电视剧配套播放，但也没有产生相应的效应。所以二月河的《雍正皇帝》未有付印，1990年8月，出版社就先通过省新华书店率先向全国征订，目的是试探下市场的反应。出乎我们意料的是，各地报来征订数有一万零七百册，这让出版社有了信心。我将稿子整理完并经二审三审后，方于1991年7月与二月河签订出版合同。"

周百义说得平淡无奇，其实中间有太多的曲折难堪。

当时还只是一个普通助理编辑的周百义，在出版社里缺乏话语权，没有复审权、终审权。有领导认为同一题材重复出版无意义，选题论证会上直接"枪毙"，不予通过。在这种情况下，周百义显示出了日后成为"金牌编辑"的过人胆识和魄力，坚持自己对小说艺术价值的判断，写了长长的推荐语及市场评估意见，不怕得罪人，"越级上诉"，贸然面见出版社总编辑田中全，将书稿直接呈送过目，为《雍正皇帝》在长江文艺出版社"死而复生"争取最后一丝机会。过了很长一段时间，田中全在审读意见中批示"难得的历史小说佳作"，最终决定及时出版。

其间，有个情节特别值得一提：在编辑时，由于二月河"字若春蚓秋蛇"，书稿非常难认，周百义便将模糊的字迹一一描清，每一页稿子往往描上几十处才能看清楚，不仅三审有困难，连排版、校对都很棘手。甚至在付印前，他还将有的章节重新誊抄了一遍。小说中所写的宫廷礼仪、官员等级、日常穿戴、往来称呼和典章制度是否准确，从京都宫苑到乡野一隅，从皇帝阿哥到平民百姓，涉及的范围之大、人物之多、时间之长对于周百义来说，是一个巨大的工程。周百义有高昂的热心和耐心，有极强的敬业精神，一点点给吃下来了，而且还把作家激情创作时许多不加注意的别字简字、标点符号、张冠李戴的人名地名等也予以订正，用心之苦可见一斑。可以说，优秀典籍得以流播千古，作者原创当然主要，也得益于付出苦心、立汗马功劳的编辑和出版家们。

有点意外的是，《雍正皇帝》第一卷《九王夺嫡》在长江文艺出版社出版后，二月河把余卷书稿《雕弓天狼》和《恨水东逝》陆续寄去。因为某些原因，周百义"惹了点麻烦"，被人忌恨，人事争斗后，1992 年 3 月，周被调离了出版社，到湖北省新闻出版局工作了。再意外的是，周百义拿到书稿后，视为神笔，认为《雍正皇帝》是"传世之作"，虽被调离长江文艺出版社，但周性格倔强，"藏宝""护食"心切，抱住不放，反复强调，不能退稿，坚持自己仍要当这部经典的责任编辑。《雕弓天狼》的征订是 1992 年11 月，预计出版是 1993 年 2 月。人不在社，但《雕弓天狼》的征订单仍然是周百义写的。

当时的情况是，《雍正皇帝》稿子在出版社，周百义却不是出版社的人，却又坚持当责编。若许情形，谁都能明了其中说不清道不明的不便、无奈与尴尬。好在，过了两年多，周百义终于调回出版社了，当了社长，掌握了话语权，这才艰难曲折地在 1994 年初夏把《雍正皇帝》三卷书全都出齐了。

酒香也怕巷子深，经典也有一个被逐渐认识的过程。这个阶段，业内的专家和评论家普遍认为，二月河的小说，充其量是"通俗历史小说"。他们不屑于浪费笔墨评价一个地方业余作者的"通俗"作品。这个时段的二月河，在专业评论圈是寂寞的，他的作品，并没有进入精英阶层和专家的视野。

周百义相信自己的眼光，为了宣传推介《雍正皇帝》，亲自设计每卷小说的"广告语"。他满怀激情，撰写评论《不同凡响的艺术魅力——读长篇历史小说〈雍正皇帝·九王夺嫡〉》，在《小说评论》杂志发表。这是1992年，全国范围内第二篇关于二月河的评论。

后来，周百义在《当代作家》《长江文艺评论》《小说评论》《编辑学刊》《新阅读》《中国出版》等杂志上，撰写了各种评论文章，主要有《二月河和他的长篇历史小说：兼谈当代历史小说的走向》《咬定青山不放松——〈雍正皇帝〉一书营销体会》《二月河怎样流进"长江"》《我有一个愿望》《周百义口述：二月河的〈雍正王朝〉与改革谋略》《文学经典化、普及化过程中媒介传播的效能——以二月河长篇历史小说〈雍正皇帝〉为例》等，又先后在英、法文版《中国文学》《书讯》《理论与创作》上写过几篇关于二月河小说的评介。可谓竭尽所能，不遗余力。

周百义较早认可二月河小说为严肃文学，推崇其经典气质，他评论："二月河以严肃的态度和忠实的立场，展现了封建社会末期是如何由晚霞般灿烂辉煌而又走向黑暗的历史过程，通过对宫廷上下权力斗争描写，揭露封建社会政治黑暗与文化上的反人性，体现了作者的批判精神。因而，小说在思想史和文化史上是有贡献的，所以称它是一部严肃的文学作品。同时，小说大雅若俗，在小说的叙事方式上，采用大众喜闻乐见的章回体，情节张弛有致，疏密得体，体现了中国古典小说的美学风范；借鉴话本小说的艺术形式，运用俚语、俗语和民间谜语、民间故事、笑话，结合武侠、公案小说的表现方法，充分发挥文学想象和形象思维，刻画出了一批栩栩如生的人物，丰富了中国历史小说画廊。同时小说采取拟古的语言，大量使用诗词歌赋，用来渲染环境和表现人物的性格，更说明作品的内在精神气质与文化内涵。"

出版界精英荟萃，能人辈出，但为了经营二月河一套书而坚守苦待八年之久的人或许并不多见，精干而敏锐、独到且坚韧如此者，唯周百义耳。

多年来，周百义两次积极推荐《雍正皇帝》入围茅盾文学奖，并不遗余力召开研讨会、记者会、征订会、撰写书评、精制宣传品和十万重金悬赏打击盗版、聘请律师打侵权官司，还以组织作家签售、赴外讲座等形式，制造大众关注话题，努力营造宣传氛围，向全国读者推介二月河。

围绕着作品的编辑、出版、宣传、评奖，乃至版权的保护、转移、衍生，周百义与二月河先生有过无数次沟通与交流，他们的交往日渐加深，心照神交。

后来，周百义又从国家大社、领导交嘱、亲戚牵线、竞相出价的各方激烈竞争中，顺利出版《二月河文集》并把版权买断了。

二月河说："除了长江文艺出版社，我不同意其他单位出我的小说!"《二月河文集》结集前，二月河即使已有经纪人，仍我行我素把文集的版权授予长江文艺出版社，因为周百义。

近年来，长江文艺出版社积极对接"一带一路"，开展"《二月河文集》走出去"项目。此项目于 2015 年入选"丝路书香工程"。自 2015 年起，《二月河文集》版权陆续输出到越南、韩国、泰国、马来西亚等国，特别是在泰国，文集之一《康熙大帝》引发了销售和阅读热潮，吸引到泰国出版界和媒体的高度关注，该书面世仅半年，六千套便迅速售罄。

谁能知道，周百义与二月河的惺惺相惜，君子之交，还曾受到了小人攻讦。

长江文艺出版社与二月河最初签约实行稿费制，考虑到作家实际的经济情况，周百义想让二月河的生活能够改善一些，主动提出，作品先在长江文艺出版社自办的刊物《当代作家》连载，然后再出书。合同未到期，又主动把稿费改为版税，并一再提高，为的就是能让二月河"多得一点"。二月河说："这个心自己不得不领情。"

周百义如此，其实也是为了出版社的长远利益，担心二月河被其他社挖走了。其苦心却遭小人垢污。2005 年卸下长江文艺出版社社长职务后，周百义麻烦不断，有人多次向司法机关举报，云其策划并担任二月河帝王系列的责任编辑，支付了数目不菲的版税，一定吃了回扣。

二月河是位很重交情的作家，时时不忘知遇之恩，并给予高度的评价，听到这些闲言碎语后并非一笑了之，他说，我得写篇文章发言了。这就是后来在全国百余家报刊转载的《我与两个责任编辑》一文，分外真诚、真切和朴素、朴实：

> 听湖北有人说闲话，说周百义吃了我版税酬劳的"回扣"。我一听便哑然失笑。现在湖北长江文艺出版社能出我的《落霞系列》三部曲，是"物竞天演"的结果，周百义在激烈的较量中击败了河南，甚至击败了中国作家出版社，才把出版权夺在手中。很多人现在还不甘心，还在打这部书版权的主意，直到今天上午还有人来电问我"与长江社的合同到期没有？我们的实力比他们大得多"——这么多的人争抢给我出版，条件也都不菲于湖北，我凭什么让周百义吃我的"回扣"，又拿去出版？白痴才会有如此举为。

二月河浮想联翩，激情难抑，发短信安慰周百义道："君子相知，贵在温不增华，寒不改弃。贯四时而不衰，历坦险而益固。心善胸宽天地鉴，意在心中万事圆。"周百义诵读多遍，胸中热浪翻涌，潸然泪下。

二月河与周百义的友谊在理解和欣赏中建立起来，在艰难时互相扶持，携手同行。

2011年4月，二月河应邀到武汉大学讲座，班荆道旧，当然要与"老周"相聚。席间，二月河夫人突然问道："你还有几年退休？""老周"笑着反问她："是不是担心我退休以后主席的版权交给谁管理呀？"大家都笑了。

只有君子之间的交往，才能博得这会心一笑。

"人要活出精神来。人与人之间有远比金钱更重要的东西在支撑。"二月河在诉及与编辑的朋友关系时，感慨地说道。周百义在谈到他与二月河的交往时认为："理解作品，理解作家，才能组到优质的稿子。"二月河认可周百义："他的坚忍与韧柔个性，真的十分突出。"

2014年，收录周百义多年文学创作、理论研究成果的《周百义文存》出版，二月河撰文《一个作者对编辑的祝福》为他推介，怀念了二人一起走过的岁月，文中说"友谊却如一杯浓酒，越久越醇厚"。他们的情谊在理解和欣赏中建立起来，在艰难时不改初衷，辉煌时一如既往。

第二十七章

荧屏播万人空巷　"茅盾奖"遗憾擦肩

　　《康熙大帝》《雍正皇帝》接续出版，基本上一年一卷，把雄才大略开疆拓域促进一统的康熙、勤政为民改革弊政促进发展的雍正的夺目形象，给予栩栩如生的描绘，满篇充斥着阶级、民族、军政、文化、经济、人伦的矛盾冲突，对中国封建王朝社会百态刻画得淋漓尽致，波谲云诡的权位斗争，翻云覆雨的边疆战事，事关全局的政治改革，可歌可泣的人物命运，故事环环相扣，高潮波波迭起，很多情节对今天颇有借鉴警醒意义。上自朝堂高层、社会精英，下至闾阎黔首、贩夫走卒，人们爱不释手，竞相阅读，引为一快。

　　向来以镜头语言和观众交流的制片人或导演，也爱从书本中汲取营养和寻找创作灵感，并改编拍摄成影视剧。从文字到影视，这是一个生机勃勃的转换与改造的广阔空间，传播性更高，受众更多，可以推广和提升小说知名度，观众也能达到内心的期望，尤其好的观影体验，甚至能让读者产生恍若再读的收获感，是以经典小说多数拍摄有相应影视剧。

　　《雍正皇帝》《康熙大帝》先后被改编成电视连续剧，都产生了轰动而深远的影响。这两部小说的改编，有许多鲜为人知的幕后往事。

　　说起《雍正王朝》，得从出品人兼制作人刘文武说起。

　　刘文武是湖南桑植人，出生在民歌流溢的地方，少年时显露文学天赋，吉首大学中文系毕业后先当刊物编辑，后策划营销出版物。他在海南出版社运作成功多套图书，成立文化传媒公司，影响日隆。

1994 年 5 月，《九王夺嫡》出版没多久，刘文武看到了，沉浸书中如醉如痴，觉得这么强的故事性，很适合做电视剧，决定联系二月河购买版权。

当时，刘文武已名扬出版界，对《九王夺嫡》的喜爱，促使他决意到影视圈闯荡一番。

说干就干，刘文武打听到联系方式，先是坐飞机到郑州，距离南阳尚有三百公里，当时还没有今天这么好的公路条件。刘文武打了个出租车，转赴南阳。沿途公路被平顶山煤矿的大车碾得凹凸不平，坐在车上相当辛苦，被颠簸得吐了几次。头昏难受摇晃着寻摸到二月河家，刘文武开门见山毫无遮拦："我要买你的版权。"二月河很高兴很爽快，说："中。"当时，《康熙皇帝》的改编授权给了东北一家公司，对方还没有付钱。《九王夺嫡》仍然待字闺中。

刘文武出价十五万元，二月河没有经验，认为对方出价挺干脆，符合期望值，当场应允。其实当年行情这是低到尘埃的白菜价。刘文武付了现金，然后在一张纸上写了几行字，两人分别签字，算是版权转让的合同。

多年后，二月河曾对朋友提起与刘文武合作的事。当时他想，小说在杂志上发表了，连载了，得了稿费，又出了书，重复得到了稿费，竟然卖相好，又得版税，就十分心满意足了。所以，有人上门来商谈改编的事，心中是"大年三十逮只兔子，有它过年，没它也过年"的想法，没过多考虑，人家问转让费多少，他以一个街边摆摊小贩的心理，就喊价十五万，十万为好，如果对方再讨价还价，就保底八万，心中足矣。这个能全心浸入历史、把帝王心术揣摩得透彻的作家，却不明了商品经济下的市场形势，不知在这经济大潮中游刃有余的人的心眼。

对于刘文武来说，原想得百万以上的转让费，拿的十五万元，是预付的订金，没想到以极低价顺利买下全部版权，真的是出乎意料捡漏，大喜过望。待到二月河期期艾艾，张口说了一个十五万的数字，刘文武赶快表态，是凌老师忠实到底的粉丝，对凌老师敬重得恰如黄河之水滔滔不绝，您说多少就是多少，自己绝不讨价还价，一副友谊第一心甘情愿、即便吃亏上当也绝不反悔的格外真诚模样。说完，不慌不忙从拎的包里掏出十五万现金，看着有点目瞪口呆的二月河："签合同吧，凌老师。"

二月河确实没有强烈的金钱观念，曾经一段时间，他的版税全国最高，居中国作家收入榜前列。出版社给予高额版税，本来是为了长期拥有版权，因为"出版二月河的书，相当于印钞票"。但他并不看重物质，携夫人到出版社，真诚表示，要求把版税降下来："觉得已经够多了，够我生活了。"责任编辑周百义却坚决不同意："在我们心里，你的作品值这个数字。"二月河主动求编辑降版税减稿费，成为文艺界一段佳话。

有些人拿着盗版书找他签字，他也答应："盗版书价格低，能够便宜点让更多人读到书也不错。"虽然不符合《著作权法》，却体现了他宽以待人、悲天悯人的心地。作为全国人大代表，他多次在提案中呼吁，降低版税和书价，给作家免税，以此回馈读者繁荣图书市场，"让更多人读得起书"。

那些年，屡屡有人抢注"二月河"商标，"河风"很生气，他得悉，仅让与注册者联系，撤下即可，不可弄僵。"抢注者，也是看中了二月河的些微名声。""抢注商标，从另一角度，说明爱你，但爱不能滥无节制。""都是为了生活。"体现他心贴弱势、情系民生的博大胸怀。

多年呕心沥血卓苦写作，二月河透支健康，患上数种疾病，稿费每分钱都来之不易，却在不声不响间捐献二百多万元，还要求"三不"：不指定捐款流向、不让受捐人知道是谁捐赠、不要对捐赠行为作任何报道。他担任郑州大学文学院院长后，明确向郑大校党委提出：发的工资，不取一文，用在学生身上。学校就设立"二月河奖学金"，救助贫困学生或奖励优秀师生，几年时间，资助奖励数百人。

二月河终生无私产，至逝仍住公寓，家具使用几十年，只要能用就绝不更换。有人提出要给他换更好的住处，甚至曾有地产集团送他一套别墅，他很干脆地拒绝："我有住的地方，不走风漏雨，要这个干什么？"他生活简朴，炎热时喜欢自己结绳织草鞋穿，衬衫破了再三缝补，十几年舍不得扔。五毛钱的大蒲扇，摇来摇去十余夏。

所以说，二月河不缺钱，也不怎么花钱，他对钱财的追求感基本为零，只要解决温饱的基本需求即可。

再说刘文武以个人名义拿到了《雍正皇帝》的影视改编权，回来就着手做剧本。接连找了几位，与自己的理念不符，经人推荐联系到衡阳艺术馆的戏曲编剧刘和平，讲述了自己的构想，不提过多要求，没有写提纲，也不要求多少集，刘和平上手就开始写剧本，他们由此开始了多年合作。刘和平懂戏，戏剧结构和台词功夫过硬，其舞台剧《甲申祭》获得文华奖和曹禺戏剧文学奖。

影视筹备工作从 1996 年就开始了，1997 年初，剧本基本定型，刘文武着手确定导演和演员。

从筹备到拍摄直到后期制作，这部剧都由刘文武的自有资金和个人融资支撑。他对成片有明确的想象，要在剧本创作和影像转化的过程中全面贯彻自己的理念。自然，这部剧的主创人员必须由他亲自选定。

他选择了第五代导演胡玫。胡玫当时还没有历史剧创作经验，通过几次激烈争辩，观点碰撞，检验胡玫是否理解他的创作理念。最终，他们和衷共济，开始了以经典再现经典的合作。

当时，刘文武是跨界而来，一心一意要主导完成一部佳作，事无巨细参与所有环节，也不大在意制片人和导演的职能分工。事实上，也正是这股霸蛮的劲头，保障了《雍正王朝》的强烈风格。

最开始时，选定唐国强饰演胤禩，其儒雅形象很合适。但是唐国强一边准备八王爷这个角色，一边读了很多关于雍正的资料，暗自做足功课。当时他们经常在一起吃饭，聊天只谈对雍正这个人的理解，绝口不提八王爷。刘文武就问为什么不聊自己的角色，唐国强胸有成竹：八王爷形象早已有数，不谈也能演好。唐的书法特别好，还特意抄了雍正的诗词，给胡玫导演看，因为镜头中有大量雍正批阅奏折的场面。刘文武邀请演雍正的演员档期排不开，得知雍正这个角色空下来，唐国强非常谦和地对胡玫说，不是一定非要演雍正，不要有压力，能否给我做一个雍正的造型看看效果？造型做出来后，分外满意，刘文武觉得他对角色如此上心，一定能演好，就拍板不再等，推了其他演员。唐国强果然把雍正励精图治的一面、腹黑和冷酷的另面，以及其复杂丰满的形象演绎到了极致。剧中演员可以说集体演技大爆发，即兴发挥都恰到好处，形象塑造无比传神。

《雍正王朝》1997年10月开机，隔年3月拍摄完毕，史诗性展现雍正王朝的风雨沧桑。胤禛勤恳笃学，在九王夺嫡中脱颖而出，兢慎中艰险即位，继续查补国库亏空，推行"摊丁入亩""火耗归公""士绅一体纳粮当差"新政，抑制官绅敛财，艰难迎对边疆叛乱、河南罢考案、八大铁帽子王发难逼宫，诛杀年羹尧，为承继者拔桩铺路避免宫廷党争含泪杀子，等等，一幕幕平流中有旋涡，铁血中蕴柔情，私欲沉沦让人扼腕，忠诚谋国荡气回肠，情节精彩绝伦。

刘文武首先找中国国际电视总公司收购，报价三千二百万元。老总一听就烦了：一部剧竟然要这么多，抢钱哪？不要！发愁中，他们到各省走了一趟，没人敢要。最后又返回中央电视台影视部，人家正在九华山庄封闭审看《开国领袖毛泽东》，刘文武托人送进《雍正王朝》的带子，"抽时间看一下"，心里七上八下。看到审片人都是来回跑着上厕所，知道被吸引住了，心里一下安定了。影视部同志汇报后，时任台长杨伟光看了几集，感到拍得确实好，指示立即买下，价钱降到两千六百万元成交。安排播出时，感到有个问题，就是历史和现实惊人的相似。1998年，我国南北方水灾，同时中央反腐力度很大。《雍正王朝》的主要内容也是赈灾和反贪。所以，何时安排播出，有点把握不准了。为此，复制了多套录像带，送中央领导同志参看，不久有三位中央领导明确表态，此片不错。在中央电视台1998年第255期简报上，刊载了中央领导称赞这部电视剧拍得精彩的信息。其中一位领导还指出一个瑕疵：有个镜头背景上的"县"是简体字，作为历史事实，应该是繁体"縣"。

1999年1月3日，《雍正王朝》在中央电视台综合频道黄金时间播出，由于故事情节的紧凑精彩，人物命运的跌宕起伏，演员演技的传神与灵动，以及对历史的重新解读与认识，收视率一飞冲天，出现"千家万户守荧屏，街头巷尾说雍正"的局面，收视率达到19%，迄今保持国产历史正剧再难逾越的纪录。舆情高热不退，海内外报刊竞相评论。首次播出的广告费回收资金六千多万元，销售也很好。中国国际电视总公司趁热打铁推出VCD（影音光碟），一套售价一千八百八十元。地方政府争相购买，作为干部培训的教学参考片。仅此一单生意，中国国际电视总公司的利润破亿，还向海外发行不少。

多年来，中央电视台不停重播，各省市电视台也在暑假春节档一遍遍播放。该剧海外版权被美国、日本、韩国、越南、马来西亚、新加坡等购买。

影视评论家认为，以《雍正王朝》等为代表的极具轰动效应的历史剧开创了中国电视剧创新、发展、扬眉吐气的年代，一扫日本片、美国片占领我国荧屏的现象。

虽然《雍正王朝》有一些争议，但是不能否认它在国产电视剧发展史上具有里程碑式意义。

以电视剧资政的角度看，《雍正王朝》几乎成了领导干部的必看片，影响是极其深远的。以艺术成就看，有长篇历史小说提供的肥沃厚实的文学基础，有富有挑战创新性的编剧工作，有一帮艺术家的倾情演出，使其显得格外优秀和完美。评论家认为，在当时的条件下，这部剧是历史正剧的巅峰作品。《雍正王朝》斩获十四项金鹰奖和飞天奖，整剧获得金鹰奖优秀长篇连续剧和飞天奖长篇电视剧一等奖、全国"五个一工程"奖。当时还算不上一线导演的胡玫，一举成名。唐国强获得金鹰奖最佳男主角，从此成为"帝王专业户"。刘和平获得金鹰奖和飞天奖双料最佳编剧、焦晃获飞天奖和金鹰奖最佳男配角，均一炮双响。该剧的剪辑、美术、音乐等也都获大奖，主题曲高票入选改革开放 30 年优秀电视剧歌曲。所有参与者，基本都成为各自领域顶尖的人物，人才产出系数极高。由小说到电视剧，真是经典成就经典。

剧作中各类参与者都斩获所在专业最高奖，原著作家却没能获得小说领域的"茅盾文学奖"，实在令人唏嘘。

《康熙王朝》根据《康熙大帝》改编，是 2001 年播出的一部大型历史电视连续剧，由陈家林、刘大印执导，陈道明、斯琴高娃、茹萍、李建群、高兰村、胡天鸽等主演。该剧从顺治皇帝哀痛爱妃董鄂妃病故讲起，主要讲述了顺治末年和康熙帝在位时的事迹，直至康熙驾崩而止，首次从正剧的角度浓墨重彩刻画了清初期政坛风云及康熙的传奇一生。在台湾和香港播出的是五十集版本，原名《康熙帝国》，内地播出的是四十六集的版本，均盛况空前，创下纪录，收视率全面超过了同时期的许多连续剧。

2011 年 12 月，《康熙王朝》与《雍正王朝》均入选中国电视剧产业二十年"百部优秀电视剧"奖。

由电视剧《雍正王朝》的火热，开国内清宫戏先河，成星火燎原之势。后来的《还珠格格》《李卫当官》《康熙微服私访记》《步步惊心》《甄嬛传》《宫》等一系列清宫戏，尤其与胤禛有关的戏层出不穷，以至于戏谑文艺圈"四阿哥很忙"，"始作俑者"是二月河，由他的作品散枝开叶。

二月河作品的爆红，如日当午光焰灼目，烧红了某些人的眼睛，烧毁了其良知，使得《雍正皇帝》参评"茅盾文学奖"时，呼声极高，却两次擦肩而过，令人遗憾。

周百义了解台前幕后的经过，深明大义的周编辑，对于此事，律己自责："作为责任编辑的我当时太书生气了。"他回忆：

> 1996 年 1 月 6 日，出版社在北京文采阁召开《雍正皇帝》研讨会时，"茅盾文学奖"初评已经结束了。二十三位评委，《雍正皇帝》得了十九票。据参加初评的武汉大学的老师陈美兰在参加中国作协第四届茅盾奖读书班时告诉他说，评委们对《雍正皇帝》普遍评价很高。尤其评委丁临一认为是自《红楼梦》以来最好的一部历史小说，是五十年乃至百年不遇的佳构。后来中央电视台、《文艺报》、《北京青年报》等采访，丁临一都坚持自己的判断。但由于社会上很多人对这部小说并不了解，中国作协创研部主任陈建功建议我们到北京做一些宣传。所以，我们有了这次研讨会。除了请了中国作协、中宣部、新闻出版署的领导和专家，还请了各地书店的业务人员。会上，专家们对《雍正皇帝》给予了好评，中央和地方媒体纷纷报道，也让与会的新华书店业务人员有了信心，当年这套书销售了六万多套。
>
> 在此之前，《雍正皇帝》曾经获得了"河南省政府奖"，获得了

"八五期间全国优秀长篇小说奖"，后来也获首届"姚雪垠长篇历史小说奖"。这些奖项虽然都很重要，但在中国文学界，谁都知道只有"茅盾文学奖"是长篇小说的最高奖项。因为这个奖项评选数量少，四年才评一次，一届只有四至五部，评奖的程序比较严格。

1997年10月第四届茅盾文学奖开始终评。终评投票是三轮，到了最后一轮，只有七本书了，《雍正皇帝》还在其中。我在办公室里静候着北京方面的消息。终评前两轮时，我给中国作协在现场的工作人员打电话，他们说《雍正皇帝》票数在前面。但到了下午，负责组织评选的中国作协书记处书记、创研部主任陈建功来电话告诉我，《雍正皇帝》落选了。如果通过需要十四票，结果只有十三票。

落选的原因很多，有位教授坚持认为《雍正皇帝》中的有些情节和人物不符合历史，如雍正的死因，李卫的出身，特别是引娣与雍正的"乱伦"之嫌，还有人提出小说中的诗词歌赋有些不符合格律。还有一位评委是中宣部文艺局的副局长，他在会上提到中央政策研究室副主任卫建林对二月河小说的高度肯定，当时据说引起了个别评委的不快。卫建林对二月河的小说推崇备至，我曾亲耳所闻。他告诉我，他退休后要成立一个"二月河研究会"，要系统研究二月河的作品。

落选后，周百义沮丧地与二月河通电话。二月河很豁达，说得不得奖无所谓，只要读者喜欢就行。周认为，这并非二月河的真心话。首届"姚雪垠长篇历史小说奖"颁奖，他曾亲自去领奖。这说明他并不拒绝别人对他作品的认可。但事已至此，也只能在心中遗憾了。

陈建功是评奖的组织者，也对《雍正皇帝》的落选表达遗憾，表示虽然他本人也很喜欢二月河的作品，但作为作协的负责人，也不能左右评委的喜好、立场及投票取向。因此，希望下一届茅盾文学奖评选时，再次推荐参评。

针对个别评委提出的意见，周百义希望二月河能够做一些修改。二月河却表示，坚决不修改。他说，小说就是小说，不存在符不符合历史。周百义见不能说服他，打算找一位专家对小说中的诗词格律把把关，之后请了湖北省文史馆的吴丈蜀，他是长江文艺出版社的老同志，在电话里一口答应了。后来周杂事缠身，加之重视不够，始终没有将书送达。

周百义回忆：

> 转眼第五届茅盾文学奖评选活动又开始了，这一次是中国作协推荐申报的。我因事去中国作协，其中有几位是茅奖评委，大多数人认为此次《雍正皇帝》获奖是应当没有问题的。但终评时，上次批评二月河的那位教授又是此届的评委，在会上始终坚持认为《雍正皇帝》中的某些情节不符合史实，意见在一定程度上影响了个别评委的态度。但《雍正皇帝》在第一轮和第二轮的投票中仍以高票领先，肯定《雍正皇帝》的评委们都松了一口气，到了第三轮终评，票数一宣布，《雍正皇帝》仍然是少一票。事后我见到中国作协书记处金坚范、张锲两位书记，提起《雍正皇帝》落选，都感慨万分。当时可能评委们皆认为此次获奖非《雍正皇帝》莫属了，有评委看人多，就改投了别的票。两位书记说，投票结束后，针对《雍正皇帝》落选，有人提议，再投一次。但茅盾文学奖评选规则中没有第四轮投票一说，他们最后只好忍痛割爱。

《雍正皇帝》两次与茅盾文学奖擦肩而过，一时间舆论汹汹，读者很是费解，许多名家也纷纷为之鸣不平。

首届鲁迅文学奖获得者、诗人王久辛说："茅奖之前错过了唐浩明、二月河，这次又错过了孙皓晖，这些鸿儒的巨著未拿奖，不是他们个人的损失，是茅奖自身的损失！这几位是能给茅奖带来荣誉的好作家。茅奖评了这么多年，评到了这儿似乎可以作个停顿，反思一下了……只有这样，才不会一而再再而三地与伟大的作家、伟大的作品失之交臂。何以至此，我认为是部分评委基于一些误读。"

而河南省作协原主席张宇也表达了"落选茅奖，不是二月河的遗憾，是茅奖的遗憾"意思的话。

中国艺术研究院原常务副院长、著名作家李希凡先生为此耿耿于怀，多次说："二月河咋没资格拿茅盾文学奖？他早该拿了。"

作为金牌出版家，从业数十年的周百义，从工作角度写下《从出版人角度看"茅奖"》一文，肯定"茅盾文学奖的获得是作家奠定其在文学界地位的一个重要标志，因为长篇小说成功与否基本是一位作家生活积淀、创作能力与表现水平的集中体现"。同时他也认为："一部作品的价值与能否流传于世，并不在于获什么奖。中国古典四大名著，当时并没有获什么奖项，却流传至今。《红楼梦》一书甚至是作者在世时还没有写完，经后人续补才臻于完善。但这些小说却与我们的民族、与我们的文化紧紧地焊接在一起了。"

茅盾文学奖三届评委、资深出版评论家雷达先生在《我所知道的茅盾文学奖》中说："茅奖也有一些作品，当时轰动一时，时过境迁，因艺术粗糙而少有人提起。"诗人叶匡政评论："茅盾文学奖体现的从来就是文学在中国的矛盾。"

二月河虽然没有获得"茅盾文学奖"，但读者认可，其作品畅销长销全国，在台湾地区和香港特别行政区出版繁体字本。日本、美国、加拿大、韩国、马来西亚、泰国、越南等国的出版社先后引进，以本国文字出版。马来西亚、新加坡等成立了"二月河读友会"，定期交流阅读心得体会。张炯在《中华文学史》中认为，二月河小说"为新时期历史小说赢得了声誉"。

读者和学术界，始终给予二月河持续的热切关注，百度搜索"二月河"，有一千二百万条，搜索"二月河小说"，有五百五十万条。各种学术论文相继发表。在"中国知网""读秀"等平台上输入关键词"二月河"或"二月河历史小说"均有数千篇。以二月河小说为研究对象的硕士论文和博士论文，有千余篇。据不完全统计，迄今出版二月河研究专著十余本，设立二月河专门章节的另有数十本。

因为研究二月河，许多人评上中高级职称，评为副教授、教授等高校专业技术职务，副研究员、研究员等社科职称，获得学士、硕士和博士等各级学位，赢得社会荣誉和地位。包括鲁钊不才，亦是受惠人，因为崇仰二月河先生，作了一些极其粗略浅薄的研究，也收获了众多读者的好评，实在愧不敢当。我时刻铭记于心，感恩先生。

二月河与"茅盾文学奖"无缘，但他很重视两个奖项，一个是 2000 年 3 月，美国中国书刊、音像制品展览会授予他"最受海外读者欢迎的中国作家"奖，获奖是国家文化部通知他的，他在家什么也不知道。事后才晓得这个奖的评法：书店的销售率、图书馆的借阅率、读者的投票率，"三率"都是电脑控制，再加上社会机构的随机调查，最后加上专业评委的意见，评出获奖者。二月河还获得"香港中学生最喜爱的作家"奖，很是开心，他说，中学生没有成人界的恶劣龌龊，孩子的心比较纯真，喜欢就是喜欢，不喜欢就是不喜欢，他们不去推敲人际关系，没有想得多么复杂。

二月河一直客气地称呼他的书迷为"我的老师"。他认为，读者应当和作者是平等的关系，甚至应该要接受读者的指教，把读者当老师，甚至是上帝和衣食父母："读者买我的书，才有版税养活我啊。"二月河很直率，所以他写作的心理状态是"像追求情人一般，讨读者欢心"。

有人认为二月河说这样的话，是吃不到葡萄说酸心态，但是，二月河语"若合符节"，得到了读者的认可和欢迎。

第二十八章
乾隆朝盛极而衰　绚烂笔长河落日

　　1995 年 2 月，二月河在给朋友的信中说："现在已开始《乾隆皇帝》第三卷的写作。不瞒您说，我觉得累极了，用一句'身心交瘁'来形容是一点也不过分的。这其实是一件自带干粮自携水、孤身穿越一个又一个沙漠的工作。我已穿越了九个，现在面临第十个撒哈拉大沙漠。我用比以往更多的时间、运气、定心、准备能源，也要身体心灵'统一'的健康，才有可能取胜。我希望走这样的道儿天降甘霖，但无论如何是要走下去的，因为我停不下来。我愈来愈强烈地意识到，命中注定我是必死在沙漠里。'知其不可为而为之'，义之所在唯命是听耳……"

　　字里行间，流溢在二月河心中的是一种浪迹天涯渐行渐远的苍凉和孤寂，是一种我行我素环顾四周唯独我在的忧伤和无助感，有历经沧桑美人迟暮的惆怅和英雄老去的悲壮情怀，甚至是知其难为而执着必为的烈士心态。但是，他毕竟是勇士，是斗士，是猛士，是战士，他的目光坚定洞穿遥远，他跋涉的初心不曾改变，"风劲处，酒鳞起"，他保持着狂放，洒脱，叱咤经战。"抬望眼，仰天长啸"，擦一把汗，挺直了腰身，把疲惫甩下，步伐依然沉稳铿锵，把孤独的背影留在身后，向着远方的绿洲和树立的目标，向着胜利，努力前进着，前进着。

　　他的头顶笼罩着久久不散伤感的乌云。"最是人间留不住，朱颜辞镜花辞树"，已然知天命之年，十几年的笔耕，"三睡三起"阴阳颠倒，透支了健康，总是感觉身体不适，各种疾病已经萌生，看着虎背熊腰，但他知道自己的身体状况。正式出版四百万字的作品了，既虚弱了身体，也快要掏空了脑袋，"二郎才尽"的情况可能会出现。在对乾隆中后期执政的创作把握上，对其"金玉其外败絮其中"的特质，更加伤感。

他对乾隆的态度，可谓毁誉参半。几卷的书名，对其从执政初期到禅让帝位的各个历史时期，可清晰无误淋漓尽致地作一个鲜明的阶段性总结，可以说是乾隆的心态情境，亦俨然是一个帝国的现实写照。

《风华初露》：登基伊始，万事革新，初露风华，挥斥方遒，这是对乾隆刚即位时壮怀激烈、信心百倍、放飞自我、张扬气魄的反映。颇有指点江山、激扬文字、尧天舜日、天地俱在怀中的感觉。

《夕照空山》：书名让人感觉突兀，毕竟才第二部，是壮年的乾隆励精图治走向盛世的阶段，夕照空山怎么都给了人很颓废的感觉。这是作家隐晦地用一个精练的词语来精准地表达对其时社会的看法。小说就体现了这种社会气象，边境战事，官吏颓废，民不聊生，邪教作乱，这部书里不管是金川失利还是追捕邪教的频败，整体感觉虽然乾隆很努力，仍旧捉襟见肘、力不从心。即便有一些成功，也是打起精神、粉饰太平的感觉，国家气象日薄西山。"夕""空"两字，悲从中来。

《日落长河》：此名很典型，大约化自王维《使至塞上》的"大漠孤烟直，长河落日圆"句，或范仲淹《渔家傲》"千嶂里，长烟落日孤城闭"。国家机器的各个器件出现毛病，社会弊端不断涌现，朝中贪腐、战场失利、后宫不宁、天灾人祸，一切都如长河落日一样，景色虽美，却滑向暗夜，难以挽回。无可奈何花落去，"落"字入书，满卷悲情。

《天步艰难》：这个名字挺写实也挺无奈的。朝廷内外矛盾的激化，皇后的逝世，一切都艰难万分。纵使乾隆旰衣宵食，枵腹从公，夙夜不懈，事事亲为，也是亦步亦趋，步步维艰，如履薄冰，真正做起来方才体味，要当个合格的帝王却是这世间最难之事。

《月昏五鼓》：隐喻生动的书名。傅恒去世，和珅崛起，内忧外患，危机四伏。虽然一切还没有爆发，但山雨欲来风满楼，云暗风动之间必有雷霆阴霾。

《秋声紫苑》：这是最凄凉的一个名字。秋声，文人认为是肃杀冷落的季节，是走向冬季没有生机的季节，引申为走下坡路的意思。紫苑，意紫禁城，借代皇权和国家。辉煌已过，末世之路，乾隆朝虽然是清最繁盛一代，后期已暴露种种不可克服的问题和弊端，乾隆已无能为力，从此之后，清开始滑向下坡路。最后一章里新茶旧茶、太上今上的描述，其实挺让人满腹心酸的。一代帝王即便英雄人生威赫一世，也逃不掉人情冷暖世态炎凉的打击。

乾隆在位六十年，禅位后又继续训政，实际行使最高权力六十四年，是古代统治时间最长的君王，在位期间清朝达到了康乾盛世以来的高峰，他在康、雍两朝文治武功的基础上，进一步完成了多民族国家的统一，政治经济文化有了稳定发展。重视社会的稳定，关心受灾百姓，在位期间五次普免天下钱粮，三免八省漕粮，减轻了农民的负担，并且重视水利建设，起到了保护农业生产的作用，使得国库日渐充实。武功赫赫，开疆拓域，在平定边疆叛乱方面做出了巨大成绩，完善了对西藏的统治，正式收复新疆成为中国领土，维护祖国统一并奠定了今天的固有版图，清朝疆域由此达到最大，巩固和繁荣了中国多民族国家，打赢与越南、缅甸、廓尔喀（尼泊尔）的边境战争，严厉拒止了英国特使马嘎尔尼提出的侵略性要求。其间汉学得到了很大发展，民间艺术兴盛，京剧就始成于乾隆年间。学术及文化方面，乾隆向慕风雅，精于骑射，曾先后六次下江南，遍游名城，笔墨留于大江南北。他还是著名的文物收藏家，清宫书画古籍大多是他收藏的，在位期间编纂的《四库全书》，成为中国古代思想文化遗产的总汇。但是乾隆后期奢靡浪费，好大喜功，任用贪官和珅，致使政治腐朽吏治败坏，多地爆发起义。他故步自封，行闭关锁国政策，使中国错过了解融入世界的最佳机会。西方世界这艘新式战舰，正是在乾隆自我陶醉之际，与中国擦肩而过，迅速超越。真实客观评价，乾隆是一个雄才大略、颇有作为，也傲慢无知、缺点突出的政治家。

但这样的叙述，呆板枯燥，乏而无味，作家就用他的想象，让我们感受乾隆如同希腊神话中的西西弗斯，把一块巨石推上山顶，生命就在这样辛勤又无望的劳作当中慢慢消耗殆尽。封建王朝的腐朽没落，导致清廷成为一艘飓风狂浪中的破船，时代的风浪即将把其摧毁，因为整体的破旧毁伤，避免不了这可悲的结局，船长努力去掌舵，去修补涂漆，鼓舞船手的勇气，但也只是延缓沉沦的时间而已。即便太平盛世，基础性的腐烂导致危机四伏，纵督促官吏各司其职，但贪赃枉法之流太多，处处是封豕长蛇，城狐社鼠，他无可奈何。从最初的初露锋芒到后来的天步艰难，是乾隆的人生悲剧，也是国家的悲剧。在那个封建王朝大厦将倾之时，他竭尽心力也无法力挽狂澜，个人的奋斗在历史进程面前显得那么无能为力，他一生追求的理想盛世成为泡影。

《乾隆皇帝》是"帝王系列"的收官之作，展现了乾隆朝政治社会、经济军事等各方面的历史形象，浸润着丰富深厚的文化意蕴，堪称清代中期的一部百科全书。同时将政治斗争的权谋机变、军事战场的运筹帷幄、文人儒士的形形色色、世情的炎凉百态琢磨得玲珑剔透，表现得入木三分，淋漓尽致，具有很强的艺术感染力，着重描绘了乾隆竭尽心智、一心谋国，总想持久鼎盛的终生努力，展示了皇帝为上驭下、分权制衡的官场艺术，写尽乾隆的治国御人之术和历史的波谲云诡。

他以新的方法解读历史，就是用欣赏和批判的双重矛盾，再在矛盾中展现历史人物的必然悲剧命运。乾隆胸怀大志，要做超迈千古之帝，一心开创大清盛世，执政理念一直以康熙为榜样，推行"以宽为政"的施政方略，革除前朝苛政，适当地减少官员的对立情绪；重视直臣能吏，简拔新秀，努力整顿吏治，对贪官污吏严加惩处；励精图治，蠲免赋税，使民休养生息，并不断微服私访，体察民情，派能吏赈灾济民，杜塞乱源，国力日渐昌盛，万方辐辏，国靖民安，一片盛世之态。但未能建立惩治吏治败坏的政治机制，官场贪贿荒淫糜烂不堪，土地兼并矛盾愈演愈烈，且边患不已危机四伏，邪教蔓延蛊惑愚氓。栋梁被蛀虫狂噬成空，大厦将倾，任谁想修补加固，也是枉自费力。大小金川叛乱，征剿两次败北；杀了川陕总督张广泗、领班军机大臣讷亲，最后靠傅恒稳扎稳打，步步为营才平定；刘统勋联络江湖豪杰剿灭一枝花叛乱；红袍双将军兆惠、海兰察，"儒将"济度合力平定西疆霍占集；福康安、李侍尧荡平台湾林爽文起义；平越南、缅甸和廓尔喀惨胜。他费尽国力，加上晚年好大喜功，多有失政，任用佞臣，黜退贤良，国势江河日下，导致最大贪官和珅崛起直到其树大根深富可敌国……所谓盛世，渐成明日黄花。在接续的重大政军经文事件中，二月河以极其从容之笔塑造了清朝乃至封建时代的最后一位杰出帝王，以悲悯的态度来审视，用悲剧的手法来凸显，越把乾隆描写得勤奋能干，却又身不由己，越显示其浓郁悲情意味。

二月河生花妙笔，深刻揭示乾隆对待三朝老臣、四十年太平宰相张廷玉的态度，真切体现了其政治理想的追求、自信到无奈。乾隆最初是礼遇，不肯放其归山，因雍正曾答应让其配享太庙，张廷玉求乾隆做个保证，惹恼圣心，遭训斥、软禁、监视、抄家，令其悔过，最后又怀念，下诏赦免，仍旧配享太庙。太庙是皇帝家的祠堂，配享太庙意味着被后世的皇帝像祖宗一样供奉，是大臣毕生及其家族最大的荣耀。有清一代，汉人享此遗荣唯有张廷玉而已。乾隆才明白："他进贤良祠，可以安定官场，给臣子立榜样，也是他应有的英名……"他多想通过标杆的示范带动效应，让臣子们都能清明做事励精图治共克时艰。

乾隆发出这样的感慨："文事武备，我都尽了最大的力。有人上请安折本，说如今国运如日中天。但'日中而仄'可不警惕？所以，要把'极盛'的峰尖拔得再高些，一直精进求治，一直到不了这个峰尖。你想，一旦到了山顶，一览众山小，无论朝哪边迈步，都是下坡道儿啊！"

"履霜坚冰至"，看到一些苗头就警戒其发展。二月河借乾隆之口传达一种信息：这其实已到了峰顶，盛极必衰，而由盛极到衰败的过程因落差之大就更显得悲壮。他处心积虑写了一位勤奋能干的皇帝，但也精心地铺设了重重伏笔，无一处不在昭示着作者的"落霞"理论：因为有盛极之艳，所以衰落之惨也就让人很为叹惋。在整体情感的把握上，让人咬牙顿足，扼腕叹息，这个分寸掌握得很好。读者看到乾隆王朝宏大，欣赏灿烂，随着时间的流逝，却满怀惆怅和伤感，如同看到烟花的绚烂，很美好可是也很短暂，就像天上的晚霞一样，晚霞退尽就湮没无垠的黑夜。他时时处处或明或暗都在告诉读者，所谓的"盛世"，其实是一个千疮百孔、外强中干、危机潜伏、暗潮汹涌的大危之世。

一腔惆怅，满卷感慨。他以一种悲悯伤怀的情感态度来审视、组织和塑造这位帝王，用悲剧的手法来解读历史，对中国社会文化进入一段衰落期进行解剖，以求后人有所反省和沉思。在其笔下，乾隆、雍正等虽位至极尊抚有天下，深层里亦如推石上山的西西弗斯，知道终归滑落，仍然坚持，努力，不气馁，不懈怠，不放弃，只为巨石在山顶保持的时间长一些，知其难为而勇为，上下求索持之以恒，这正是中华民族得以屹立世界民族之林，得以在落后时站起来、富起来、强起来、走向复兴的民族精神之一。

作者高屋建瓴，站在时代的制高点俯视和审视历史事件，但他在虚和实之间掌握了一个平衡，在保持史实的基础上，将要闻大事叙述得跌宕曲折波澜壮阔。在"如何对待历史的真实"这一最具争议性的问题上，二月河采取了严肃谨慎的态度，对于重大历史事件及重要历史人物，他注重考据与实证，力求做到"博考文献，言必有据"，"以真实的历史为依据，以正史资料为脉络，作品突出严肃性和可信性，即追求'实'的原则"。美国清史学者欧立德在《乾隆帝》一书的"书目介绍"中，提到了二月河的《乾隆皇帝》，认为二月河的著述依据了"基本史实"。

二月河积累的史学素养和娴熟的故事构架能力，使其作品充满了他自己的情节设计和合理想象，他高超的环境造设能力，增加了人物个性形成的真实感。傅恒的忠贞体国，纪昀的诙谐幽默，李侍尧的人品优异，阿桂的治事勤勉，和珅的窃权弄术，等等，使读者有较多认同契合，读起来畅快过瘾，因而造就成功的小说人物。他善于以小搏大，在不经意间安插一个个微不足道的小人物，却可以四两拨千斤，由小人物偶然牵动全局，注入了传奇性，增强了趣味性，既能读出风云人物的热血悲壮，也能读出普通百姓命运的无常。如果历史作品一直是大气磅礴、血脉偾张的大场景，作品很难持续。二月河使小人物置身其间，偶然卷入风波，甚至参与历史的进程。一个个小人物很有特色，令人忍俊不禁，或是黯然神伤，小人物的遭遇如何，命运起伏结局如何，尤能挑动读者心思和兴趣，这是最能体现历史温情和让人流连的地方。读其小说，宛若眼前端坐大儒名师，正娓娓述说着引人入胜的世情教育。

尤其是他在著中，精彩地为曹雪芹刻画了神采焕然的形象。落拓文人曹雪芹资料甚少，留给世人朦胧难辨之感。二月河觉得"为他写点什么，我是千情万愿"，施展合理想象，以春秋笔法，自况式描绘曹雪芹的追求："天若怜我能成全我写出一部奇书，余愿足矣!"重现其光辉、贫寒且悲惨的命运，生前寥落身后荣的悲剧打动人心，满足自己研《红》崇曹的心愿，满足《红》粉们对旷世奇才跌宕人生的好奇心，他以独特的方式阐释了曹雪芹形象在中国文学思想史上永恒的美学价值。

创作历史小说需要掌握大量史料，二月河掌握的历史素材和综合积累，丰厚得让人惊叹，上知天文下晓地理，中知人心，以史立著，以文叙事，庙堂之高，江湖之远，无不尽收笔底，其文史底蕴、诗词水平等方面都是当代顶级水准，并为群像架构、情境描摹的需要，穿插一些《周易》打卦、乡谚俚语、字画收藏、金石鉴赏等方面的知识，写得惟妙惟肖，难能可贵，还饶有趣味。从书中一些细节，还可看出二月河的勤勉、好学和聪慧。在许多章节开篇，会来上一段地域、环境、天气以及自然景观的描述，这些文字不仅描写生动精彩，同时也可松弛一下读者的眼脑神经。他俯视历史，指陈得失，警醒当世，警言惕句接续不断，笔下有盛世、疾苦、明君、忠臣、义士、烈女、清官、污吏、商贩、歌伎、百姓、秀士，有忧乐天下的文人情怀，诗酒人生的梦幻意境，主贵仆义的忠诚人品，贩夫走卒的经营日常，厚黑充斥的阴谋哲学，深情铭心的凄美爱情。特别是在人的外貌和服装描写上，二月河是严谨的。满人的服饰，汉人的衣着，朝会的盛装，泥腿子的打扮，关于每人的描写和语言都符合身份，一点都不违和，化成一幅壮丽的文字长卷，如打开浩瀚百科。他自己也认为"在塑人物上下功夫最大的是《乾隆皇帝》"。

二月河睿智通彻，胸藏万卷，随手拿来为己所用，总能合理融洽，恰到好处。譬如《假傧相淫乱马家宅　真土匪借粮太平镇》一回的婚礼，司仪铺排的繁文缛节蕴含民俗文化，兴歌郎唱的颂词既古朴雅致，又佶屈聱牙，借鉴了宋朝陈元靓编写的《事林广记》，采用和改编其中的婚礼仪式歌，读来让人眼花缭乱，耳旁歌声不绝，说明了他惊人的阅读量和深厚的古文学根基。

捧读这样的作品，让人为我们的民族文化油然而生自豪。

许多读者认为，其作品那么大的篇幅却能保持每一章节的质量，真是令人叹为观止。可以说在小说中没有一个自然段是可以被略过的，没有一处描写是可以被疏忽而没有用意的，这是一部丝毫没有注水的小说。

香港有著名评论家撰文："读完《乾隆皇帝》，顿感失落。因为不知何时二月河才会有另一套旷世之作。看过'落霞系列'后，似乎当今作家的长篇小说都没有意思了。"

人们的评价各有千秋，也极为有趣。有人认为《乾隆皇帝》不如《康熙大帝》纵横捭阖，没有《雍正皇帝》惊心动魄；有人赞赏大气磅礴，篇幅宏伟壮观，阅读得很是过瘾；有的认为故事性不强了，有些拖拉疲沓；有人认为作家视野辽阔，覆盖经度漫长，事件、人物、故事行止有度，大开大阖，简直要盖过四大名著中的某些；有的认为作家有些漫不经心了，前后时间、地点、人物名字错误翔集。

仁者见仁，智者见智，各人有各人的爱好和欣赏角度，各人有各人的口味和艺术见解，"一千个人眼中有一千个哈姆雷特"，这是极为正常的。

赞誉的不作评论，负面的批评之语，这里可以作简要解释。毕竟乾隆比起祖父那种雄才大略，在位期间相比平"三藩"、收台湾、战罗刹、三征噶尔丹、九王争位等，重大历史事件不多，所以纵横捭阖的故事不多。作为古代实握权柄时间最长的皇帝，需要撰写的事情太多，而重大历史事件了了，是以读来有拖拉之感。再者，撰写到第六部时，二月河脑梗中风，在病床上忍疾耐痛写作，手头缺乏资料，记忆衰退，依着惯性，凭着感觉往下写，是以前后时间、地点和人物有误差，后来再版时，作了一定的修订和更正。

但是，在"落霞"三部里，《乾隆皇帝》的篇幅最长，整整有六本，是《雍正皇帝》的两倍。同样是在位六十多年，康熙传奇故事层出不穷，相关英雄人物罗列不尽。《康熙大帝》才写了四本，《乾隆皇帝》居然写了六本。

可见在作者心目中，《乾隆皇帝》的分量和位置。

我曾当面向先生求证，采访其对《乾隆皇帝》的看法，得到回答："这是我用心最多、付出至巨的作品。"

我认为，这是二月河较为舒心畅意的下笔如神、多彩斑斓的作品，一部成熟的大气的旷世巨著。

《康熙大帝》有如《水浒传》，带有通俗武侠的味道，可读性比较强，一片打打杀杀，处处头颅血泊。《雍正皇帝》时的创作力旺盛，似《三国演义》，权谋帷幄，钩心斗角，陷阱遍布，惊心动魄，思想性和可读性都得到保证。《乾隆皇帝》好像《红楼梦》，不乏刀光剑影鼓角铮鸣，但充斥其间的以风花雪月儿女情长生活百态居多，文化内涵和人情味加强了，更加体现中华传统文化的精髓。

这个时期，确是二月河事业有成、生活宽裕、社会地位如日中天时节，不像《康熙大帝》刚写出时，不知如何投稿和出版，发行后批判之声不绝于耳，批判帽子不由分说一顶顶扣下，风刀霜剑劈头盖脸而来，令人提心吊胆。《雍正皇帝》属"逼迫"之作，有对雍正的重新评价和认识过程，世人眼中暴虐残忍嗜杀成性之人，笔墨重塑为励精图治关护苍生形象，如此"翻案"能否得到社会容忍和肯定？让人时刻惴惴难安，稍有风吹草动，就揪心紧张。

随着《康熙大帝》《雍正皇帝》的接连推出，二月河在文坛获得大名，引人追捧，稿费和版税收入增多，日子宽裕了太多，出版社到处追着约稿，等米下锅。他可以不用考虑生活琐事，不用思谋出版问题，不用看人脸色担心打击，可以随心所欲无所顾忌，放松情绪写己所愿。

作为"落霞"系列收官之作，从创作经验上来说，有前两部的摸索积累，《乾隆皇帝》在之前的基础上精进了一层，架构技巧愈来愈纯熟老练，意境宏大壮阔，创作思想更加深刻辽远，情节铺展波涌浪卷，一瀑三叠，语言也日臻成熟，描写圆润雅致，分外舒缓从容，自成风格，融入大量传统文化的诗词歌赋，有《红楼梦》《三国演义》等明清文言白话小说的格调，其间融入大量中原地区的民谚俗语，简洁流畅，有着大地的坦荡无拘，具备伏牛山的苍茫气势，白话与文言转换自如，文笔厚重凝练，追求谨严典雅，读来令人胸臆畅快，欲罢不能。

《乾隆皇帝》是二月河倾注心血之作，或许是过度劳累，或许是心境压抑，他得了脑卒中，正值创作激情期，从来认为自己体壮如牛，怎么也不相信来到了江河日下时刻，竟然到鬼门关走了一遭，中风偏瘫让他不得不躺在床上。接下来，心肌炎、糖尿病、前列腺炎等疾病接踵而来。可此时《乾隆皇帝》还没有结稿，他心急如焚。"朝亦嗟发落，暮亦嗟发落。"他很是茂密的头发，这时候一绺绺往下掉，几乎成了秃顶。"脱发纷满梳，衰颜不堪照。"即使后来抢救过来后，仍半身不遂，感觉身子麻木。

身体初步恢复，他就咬牙坚持创作。读者不会知道，《秋声紫苑》最后的十五万多字，是在病床上的产品。当时医生多次"严正警告"："扳不回来就有大麻烦了。""假若再不注意，病情反复后恐怕就不可逆转了。"脑卒中病人最需要的是安静休养，医生嘱他不敢再劳累，再动脑，但他不愿意留下大的遗憾，不能像《红楼梦》那样残月成憾，留下千古一叹，不能让"落霞三部曲"不圆满，即使是"落霞"，也要让它绚丽多姿完整无缺。他忍痛写作，不计后果。家人劝阻时，他解释并安慰说："长篇小说的创作就像盖楼房过程中的水泥浇筑，中途不能停，我哪怕是累死了，也要把这座大楼封顶。"护士刚把针头拔了，他就在病床上支撑起病体，胸腹部放个月饼盒子，垫块小木板，就成了简陋的书桌，病床俨然是书房。

处在这样不可思议的境况，2000年初秋，二月河在病床上把《秋声紫苑》绾住了篇，《乾隆皇帝》终成一部完璧之作。至此，共五百二十多万字的"落霞三部曲"全部大功告成。

梦中惊回首，风雨自难忘。二月河怀揣对历史重新审美解读的情怀，紧盯远方的目标，以朝圣的姿态踽踽苦旅，策杖踢屐，无人陪伴，忍受着孑孑独行的孤寂，克服着身心疲惫不堪，跋涉过十三个精神上的撒哈拉大沙漠，终于寻觅到水草丰美牛羊欢歌的绿洲。

按二月河的人生划分，从1982年至2000年这十八载，是岩浆汹涌澎湃、磅礴喷发的创作阶段。《秋声紫苑》杀青后，进入冰冷的冬季，犹如一座火山，到喷发后期，因气体、高压、热能与岩浆物质等综合因素，会渐冷，趋于休眠。

遗憾的偶然与巧合，二月河在病床上为"落霞"系列画下了句号，康乾盛世后是日薄西山，让人惆怅。他的身体也每况愈下，再也没有能力创作长篇巨著，他规划中的"陨雨"系列，想书写晚清重臣，搜集了一些资料，唯留存脑海构思，未能开花成果，收获纸上锦绣。

"千古文章未尽才。"这是二月河的深深悲哀，也成为中国历史小说创作不可估量的损失。

第二十九章

洛阳纸贵俨新贵 "当代卧龙"居卧龙

字字心血，二月河开凌解放。斑斑炙痕，留下经典"落霞三部曲"。

"拼命二郎"蜗居中原边城南阳，放眼京畿紫禁大内，深邃的目光拨开浮云，透视历史过往，以灵秀的思想、如椽的大笔，忍受孤寂，苦心孤诣，近二十年之功潜心创作，至 2000 年初秋，皇皇巨著"落霞"锦绣既成。他在浩如云烟的历史中仔细甄辨，由自己深厚根底精纯学养阐释，打造唯我独有的文学解读，大气磅礴又细致入微地把康乾盛世既空前辉煌又行将没落的历史晚霞画卷，活色生香地呈现在了世人面前，再现了封建社会复杂的矛盾本相，化为别有情味灿烂多姿的一番文化风景。史诗般的鸿篇巨制，赓续清流，恢复古风，若黄钟大吕，高邈幽远，引起了极大反响，以其丰厚深邃的历史社会内蕴，生动传神的人物形象，磅礴大气的叙事布局，波谲云诡的宫廷争斗，精彩灵性的文学语言，独具一格的艺术魅力，代表了中国长篇历史小说的高度和成就，是当代乃至近代以来历史小说创作的最为重大收获。其著作历时光漉洗，成为文化宝典，畅销长销，数十年一直深受海内外读者喜爱，被誉"凡有柳井处，皆读二月河"。

二月河开凌解放，三部曲唱乾雍康。执卷沉醉百科在，读出花月鼙鼓响。

"落霞三部曲"，创中原文学纪录，成全国历史小说创作标本，矗立成不可逾越的高峰，走进千家万户，为海内外读者所熟悉，引领了一个时代的阅读浪潮，其影响至今不衰。20 世纪 90 年代，被称为中国历史小说二月河时代。

我曾当面问询二月河先生："如何自己评价这三部著作？"二月河机敏圆滑地回答："《康熙》是成名之作，《雍正》是获奖最多之作，《乾隆》是用心最盛付出最多之作。"

我打破砂锅纹（问）到底："你最喜欢哪部作品？《康》《雍》还是《乾》？"先生认真地说："这三部作品好像我的三个女儿，我都付出了巨大的劳动和很多的心血，这三部作品我都爱。"回答看似真诚老实，客观正确，又云山雾罩，没有答案，却滴水不漏，无懈可击。"皇帝作家"挺有"心机"，也很"狡黠"。

国内外的评奖和译介，使二月河在中华文化圈产生了广泛的影响，尤其是海外的华人读者力捧，推动小说成为走向世界的经典。

"落霞"自出版以来，获得河南、湖北两省的政府文学成果奖、"八五"期间全国优秀长篇小说奖、姚雪垠长篇历史小说奖、中国出版政府奖等林林总总的国家级、省级奖项数十项。2001 年，香港《亚洲周刊》组织海内外专家学者评选"20 世纪中文小说 100 强"，《雍正皇帝》入选。美国中国书刊、音像制品展览会授予二月河"最受海外读者欢迎的中国作家"奖。"60 年中国最具影响力的 600 本书"和"新中国 70 年 70 部长篇小说典藏"，《雍正皇帝》都荣幸入选，还在十几年前被评论誉为"改革开放三十年文学创作重要收获的作品"。

二月河的历史小说在大陆以中文简体字出版之后，在台湾地区和香港特别行政区出版繁体字本。十余个国家的相关出版社先后引进，以本国文字出版。文坛定鼎三部曲，井水是处二月河。因此，我们走进世界上规模大的华文书店，几乎都可以看见"有华人处就有二月河小说"的景观。

如此名扬天下，引得洛阳纸贵，二月河收入暴涨，在 21 世纪之初，中原地区普通市民工资大多在三五百元的状态，二月河凭稿费收入，跨入千万元富翁行列，俨然新贵，引得文坛一片惊诧。

周百义作为《雍正皇帝》的责任编辑和《二月河文集》的策划者，他非常熟悉内幕，对其收入也拥有发言权。早在 2006 年时，记者采访，他介绍说，二月河的作品，已接连被中央电视台改编成电视连续剧播出，收视盛况空前，二月河成为人气最旺的中国作家之一，也是仅靠稿费收入，跻身中国高收入的作家行列。

周百义透露，他们已经通过市场之力，把二月河造就成一个作家富翁，其版税收入已超过一千万元。在当时的中国作家中，二月河的收入是排在前列的。

由于拥有二月河《雍正皇帝》的出版权，长江文艺出版社也"火"了好几年。据周百义介绍，1991年，长江文艺出版社拿到首卷《九王夺嫡》，在犹犹豫豫中出版，当年就售出一万多本。给二月河的稿费，从第一部每千字二十五元，涨到第三部的四十五元。另外，二月河还可以拿到百分之一的版税。

到1995年，《雍正皇帝》行情看涨，每套定价五十八元，当年销售八万多套。长江文艺出版社主动将二月河的版税从百分之一调高到百分之六。到2000年，中央电视台播出根据其小说改编的电视剧，长江文艺出版社趁机把每套定价涨到八十元，当年售出达二十五万多套。

仅此一部小说，长江文艺出版社共销售五十万套，总码洋为两千万元，一共付给二月河一百五十多万元。与此同时，二月河在河南出版了他的另外两部《康熙大帝》《乾隆皇帝》，获得四百多万元稿费和版税收入。

2000年，长江文艺出版社又与二月河签订出版合同，于2001年推出《二月河文集》，每套分成平装、精装和豪华，定价由三百多元到近八百元不等，上架即售出三万套。合同规定，长江文艺出版社在五年内销售不少于十万套，并按百分之十二的标准付给二月河版税。长江文艺出版社付清版税三百三十万元。

中央电视台改编二月河的小说，也要付给他一大笔版税；这几部作品还被改编成广播剧，并予出版。周百义给采访的记者算了一笔账，二月河的收入，肯定远超一千万元。

这就是闹得沸沸扬扬的"二月河写书成千万富翁"的文坛舆情，不经意揭了"逆鳞"，惹得二月河怫然不悦，立马给周社长打去一通电话，好一顿"斥责"，周作为好友，身为出版社社长知根知底，确实给付了这么多，实事求是啊，有什么不可说的？心中当然也是委屈十分。

二月河后来在面对采访时，用"不要去猜测别人兜里有多少钱""老替别人算账有什么意思"来糊弄，这是少数几次在采访中推诿搪塞。平常，他可是知无不言，"信口开河"，以善说敢说而为记者们称道。

若记者们了解一些关于他的家族史，就会理解他的"心悸"和"恐慌"。

这是二月河的哥哥凌振祥先生回忆童年的事：

> 平静的村庄，像爆炸了一颗原子弹，相邻而居的这个大群体，一下子裂变为地主、富农、中农、贫农四个阶层；几百口人丁的凌氏大家族，也突然间分成了两个阶级。
>
> 当时，中共中央还没有发布《中国土地法大纲》，土地改革的政策大概依据某位领袖的一篇"报告"行事。这一运动从老解放区首先发动，干部有砸烂旧世界的坚定决心，人民有翻身求解放的热情，因而土地改革在短期内就形成势如破竹的局面。是时，东、西、南三个李家庄从建制上是一个行政村。如前所述，南庄凌氏家族富裕人家较多，穷人较少。所以土改时村公所的干部，东、西两庄较多，而南庄只有两个配角。这就有效地打破了南庄的家族"保护主义"，工作更加顺畅，方法也就更加激进。南庄凌氏的富人们慌了手足，有的外出躲避；有的给村干部送礼，以求庇护；有的则忍痛割爱地将自己十七八岁的闺女，嫁给东庄那个四十多岁的光棍汉——他是掌"帅印"的村干部……
>
> 祖父因为曾用过一个"长工"，因而"富农"这顶帽子就不大不小地戴在了他的头上，似乎连他自己也感觉合适而无可非议。
>
> 于是，革命的矛头几乎是顺理成章地指向了这个家庭。
>
> 祖父祖母被绳索捆绑在"福"字院的大门前，受了皮肉之苦，我吓得坐在墙角颤抖，不敢出声不敢哭。据说此时县委派人来，说这家人不能"动"，因而保住了两位老人的"命"未被"革"掉。

二月河在《密云不雨》中回忆幼时所见所闻，父母因为工资收入高，惹人眼红，背后挨整：

作为儿子，我当然难以听到人们对父亲的反面评价，我感觉到有刺的有这么几次。一次是他在军分区门口，他走过去，几个战士在背后议论：

"他叫什么名字，怎么老在院里转悠？"

"叫凌尔文，别看是少校，工资高着呢！216元呢！"

"都是少校，他凭什么这么多？"

"资格老呗，四六年的兵，加上入伍前的资格，军龄补助就高。"

"入伍前也算，那也算军龄？"

"谁知道呢？"

他们的不屑、羡妒，我都听出来了。当时我也不懂，只是心里想：气死你们。

再一次是他搭档的一位同事，粗放又"豪爽"的，也是父亲从他面前走过，我就在他们身边，他瞟着父亲的背影，对周围的人说："我才不管他有多老的资格，该整他我就整他！"这是爸爸的战友？我差点气死。

但后来此人冒犯了首长，我见首长来谈，说他"混账"，父亲说："他是刀子嘴豆腐心。"首长却不肯宽容："刀子嘴，也是刀子心。"

二月河在当年工作的宣传部机关里，也或明或暗地受到讽刺、排挤和打击。

"有的同志，不好好上班，光想着出名挂号。"这是领导说的。

"不务正业，上班时间带着孩子，用公家稿纸写自己的小说。"这仍然是领导说的。

"就那样个信球样，还想出书当作家？想出名想疯了吧？呸！"这是同事说的。

"他工资一分不少拿着，还偷偷摸摸着写小说挣外快，来一次稿费，顶着我们几年工资，他凭啥哩？"同事作了比较，深感恼怒。

"凌解放烧毛炸屁的，竟然出名了，成名人了。"身边有人红眼了，表达不愿、不满和不理解。

甚至在二月河出了《夺宫》后，虔诚地手挎篮子，给同侪人人签名钤印赠送新书，"敬请雅正"，还有的同事不屑一顾：

"我不要，我忙哩很，哪儿有时间看书？""我不识字，从来不看书。"这是当面拒绝。

"哼，这书正好拿来垫桌腿。""烧毛哩，显摆哩，看尾巴能翘多高，戳到天上哩。"这是二月河走后，同事在背后取笑奚落。

二月河很是无奈，他性格耿直，憨直不拐弯，有一说一，不会耍心眼，弯弯绕，是以就得不到领导和同事的欣赏。再者，"看近不看远"，身边人都有一种攀比心理："大家都这样，平庸无为多好，凭啥你要出众？"好比一群猴子，大家都在地上玩耍，不亦乐乎，可能处得很是愉快。忽然有一只猴子，爬到了树干上，众猴子一抬头：咪，看他的红屁股哩。大家所能看到的，多是这只猴子的缺点毛病。若此猴能爬到九霄云外，众猴就叹服为齐天大圣，唯有叩首膜拜了。好在，二月河经卓苦努力，混到了"大圣"级别。

二月河不是没有向往过仕途。"致君尧舜上，再使风俗淳"，执印掌衙，教化一地，使官无狱讼，邑无盗贼，野无饥民，市贾不二，道不拾遗，政声人去后，百姓闲谈间，多好。哪位知识分子没有叱咤官场光耀门楣的想法？他笔下的伍次友、张苍、邬思道形象，其实就是一种政治追求。

"如果当官，你想当多大的官？想做哪些事情？"有人问他。"起码做一个将军，要建功立业。'宁作百夫长，胜作一书生'，我父亲从小给我讲过，薛仁贵为朝廷效力卖命。我要当官的话，我会在自己的本职工作当中、管辖的范围内，对文史知识有所运用。"很快，他感到一切建立在假设上，了无意义——"我要当个省长，将把一个省治理成什么样，那是做梦。"

二月河曾有过通过当官有所作为的想法，但是在走上文学道路后转变了。成名后，省委组织部领导找他谈话，想让他担任省文联主席。据说，省委组织部同志曾受省委领导委托，若刘备三顾茅庐，三次前往南阳，与二月河谈话。

二月河可能也曾有过短暂的欣喜激动，但他经过深思熟虑，愿做烟波一钓徒，感觉处江湖之远也挺好，对组织部领导表示感谢，但直接予以拒绝："我不会管人、不会管事、不会管钱，你叫我来干什么？找一个省文联主席容易，找一个二月河难。又想做官又想做事，也可能官也做不好，事也做不好。鱼和熊掌不可兼得，想发财就做生意，要做官就不能想发财。"

从此，官场上少了一个可能碌碌无为的官员，文坛上多了一个迎春奔腾的二月河。

用勤奋和定力解冻自己的人生，雕刻自己的作品，这样的作家，值得铭记。

但无论如何，官方对有实力有影响的作家，其实是非常认可的。二月河被推荐为党的十五大代表，被评为全国优秀共产党员、全国优秀工作者，获得全国五一劳动奖章，享受国务院政府特殊津贴，被推选为全国人大代表……在南阳，市委内部规定，凡当地报纸、电（视）台发表有关二月河出席活动的新闻，待遇是市委常委级。"地级"是过去的高干级别，二月河不管有意无意，愿意与否，一步踏入了新贵行列。"市里把他当成一张'名片'，但凡上面来人，或有重大会议，都邀他出席。"

但二月河保持着清醒，他知道，作家圈内对他的作品还有更为强烈的质疑。包括在河南，有一两个作家表面上对二月河毕恭毕敬，转身尖锐批他的书是歌颂帝王将相。

"一个给皇帝树碑立传的人，永远都有歌功颂德的喜好。"认为他"媚上"。

"二月河的作品？我看是《故事会》的水平。"表示不屑一顾。

"二月河的作品就是通俗小说，就是非常成功的畅销书。"有人居高临下评论。

"不靠电视，他有啥名声？无非策划推销得好而已。"有人俨然"旁观者清"。

一位作家多次对二月河作品表达异议："这类书自有其价值，满足大众文化需求的选项。但畅销书可以类别化写作的,纯文学与严肃文学不可以。"有评论家发文认为:"那就是当代作家知识分子立场的丧失。从文化的角度说,作家的职责就是社会批判……在二月河的清帝系列小说中,我们不但看不到这种社会批判,却相反地看到了他站在皇帝的立场上……"批判质疑声音中,主流论调是"二月河历史小说误导读者",语气如出一辙,基本仍是"为皇帝唱赞歌"的陈词滥调。

对于这些非议,他一概过耳秋风,稳如泰山,淡然处之,他说:"大狗汪汪叫,也得让小狗叫,群狗一起叫,看谁叫得妙。哈哈哈哈。"辛辣,尖锐,无拘,有趣。

半生著书淯水畔,江湖杂学谈何易,沉潜古纸图破壁,横空出世天下知。

他很快成了大狗,是一头藏獒,雄狮模样,威风凛凛,顿显王者气象,却性格温驯如乖巧的金毛,友善待人,乐呵呵的,一身轻快,什么时候都是"小可爱"。

二月河本人,"虽然有了几本书,却一直找不到'作家'的感觉。始终觉得自己还没进入'文界'"。老作家乔典运活着时,二月河曾向他吐露心里的感触:"好比买火车票,出版社是火车站的票房,外面作家在排队出书,而作协只是维持排队秩序的车站工作人员。他们研究某某现在创作成就大,该给他出书了,就和出版社联系、推荐、介绍……我是在旁不懂规矩的作家,加队了,不管三七二十一,挤到票房口一伸手进窗口,我买票!——一下领到了《康熙大帝》的出版权。长篇小说——是'卧铺'吧。印数头一版就七万多册——是'下铺'吧。这怎的不叫别的排队人,还有维持队伍的人'心里别是一番滋味'?"乔典运安慰他:"别这样想,作家还是看作品……"

尽管社会上或个别专业评论家不以为然,但二月河的小说得到了读者喜爱,得到了社会普遍认可。有读者说得好:我们在正史在教科书铺就的大道上奔驰,欣赏高山大河的壮美景观,也可以通过此类小说的崎岖羊肠坂道,在荒村僻乡里偶然相见,处野寺古庙中避雨邂逅,闲话油盐家常,关怀雨停风驻,让沧桑岁月显一丝温情脉脉,享受这歪柳古槐下话旧的静谧。

乡野奇谈往来事，一怀烟雨几卷书。二月河的小说从京城海子，走进偏乡僻壤，成为人们茶余饭后的谈资，消遣的话题，带来无穷乐趣。

大家说，无论其他，仅一部《雍正皇帝》，就足以奠定其在文坛的不可撼摇的位置。

无论是何境况，"阔了"，有"地位"了，二月河保持着个性，依旧耿直爽快，口无遮拦，疏拙于官场逢迎。

地委、市委的领导重视二月河，感谢他为南阳赢得好名声，那年春节去看望他，他也热情地留领导们在家吃饭。菜肴上桌，众官员依次坐定，二月河搬出一箱名酒，颇带自得地说："哥儿们，喝吧，我敢保证，我的酒是最干净的。"

说话肆无忌惮，上来就掭了个"冰壶"。哥哥凌振祥瞪了一眼："不会说话，谁的酒不是干净的？"

二月河赶快解释："我的意思，我的酒是自己买的。"哥哥哭笑不得："谁的酒不是自己买的？"

犹如小品台词："比你还难看呢……不，你没她好看，哦，你比她难看……"越描越黑，说不清了。

好在领导们颇见修养，知道二月河的意思是表达真诚接待心意，微笑而过，并无丝毫愠意。哥哥赶快热情应酬，一口一个"书记""部长"称呼着，谁知二月河两杯酒下肚，渐入"佳境"，打断哥哥的话："这里没有书记，也没有部长。"他食指依次频捣，指名道姓，如同点名。好在领导们崇文重人，亦无五味杂陈之感，反而认为二月河性情率真。

不知变通，心有所想，即由口出，不假思索，不过脑子，直抒胸襟，二月河成了现实中的"孙嘉淦"之流。

经岁月的历练沉淀，参加社会活动多了，二月河收拢"尖喙利爪"，削弱了咄咄逼人的气势，代之以静水深流波澜不兴，以厚重、包容、诚恳、娓娓而打动人心，以真诚坦率，毫无做作的形态而具有说服力。

成名后，他有多次机会离开南阳，到京城、省会等条件优越的大城市，但他对南阳不弃不离，至终都悠然生活在卧龙岗下，被热爱他的南阳人民尊称为"当代卧龙"。

二月河与卧龙岗有数十年不解之缘，他幼年成长在卧龙岗下，生活读书，到卧龙岗上掏鸟蛋，做游戏，到武侯祠内爬古柏，对古文字有天然的痴爱，他拓碑，研读碑文。碑廊里，"务外非君子，守中是丈夫"的碑文，深深打动教育了少年凌解放。成年后到岗上接送上班的夫人，成名天下后，仍悠然住在岗下河畔一个开满辛夷，月季、牡丹、蔷薇、凌霄爬满墙的幽静小院。

管他外面名声显赫，大河平静无波，他与老伴布衣素食，除非有关文化活动，平素深居简出，悠悠然享受着自己恬静安然的生活。

"爱看书，那是至死也改不了的。"二月河这样说，每天也这样做，翻看《适园丛书》《宋六十名家词》《十八家诗钞》等，随缘适性，欣赏借鉴。由于身体状况欠佳，他无奈放弃鸿篇巨制创作，每周应约稿写篇小文，或读《红楼梦》有感，或南阳人文风物的随想、诗词等，以娱身心。二月河是小说大师，也是写散文随笔的高手。如同他平素生活中的随心所欲，自由散漫，似乎是大河历经了高原雪峰，看惯了跌宕九曲，出了峡谷，就成静水深流，是以古今多少事，都付笑谈中。他的散文性灵洒脱，不着意于谋篇布局，没有固定章法，更不雕琢文字，一任所见所闻所思，任意而为，率性而谈，他回眸历史一瞬，联想今天生活，从社会政治到文化现象，纵横恣肆而又收放自如，如水银泻地，行所当行，止所当止，任意挥洒，散淡无羁。结集成《二月河语》《佛像前的沉吟》《随性随缘》等，他的散文随笔虽然不如"落霞"系列那样著名，却有别样的精彩，深得散文界好评。

他笔下的皇帝都深藏心机，让人难以揣摩，有如雷神一般，冷漠而孤独地坐在奥林匹斯山上，尤其是他笔下的雍正阴郁、刻薄、易怒，他本人，却有着极好的脾气，格外热情、友善，充满同情心，满身是幽默和愉悦的因子。文友、战友来了，"烟酒棋扑克茶"，小院里欢声笑语，人声鼎沸。陪着家人亲戚出去逛街，他收入高，傲娇地自称为"钱包"，亲戚家人在前"扫荡"，他屁颠颠跟后"结账"。几位老友来访，他厚实的大手一挥，"请客喽"，到书店放开手脚，凡感兴趣的一顿"搜罗"，人人抱一怀的丰厚，他呵呵笑着"买单"。

卧龙岗下，他生活在亲情、友谊、尊重和快乐中。这里的人文气息，这里美好的一切，让他感觉分外舒心惬意。

书法可以养气修身，朋友们赠送他不少上等的宣纸，各家手工精制毛笔，他开始着意练字，横平竖直，"永"字八法，王行怀草，褚体柳章，他全不理会，他不按规矩来，不照字帖练，无视章法，意就笔走，随心所欲，平的不平，直的不直，该挑不挑，该钩未钩，曲里拐弯，支楞八叉，从想不到处变笔，真是丑到了极处。

但是，二月河省亲、讲学或访友，每到一地，总要有一个"法定节目"：一张单子上写满当地人士姓名，有省部级高官，有市县级领导，有各界名士，总列一长串，二月河照单涂抹，额前晶莹，手上濡墨，挥起大手，笔走偏锋，闪电霹雳，展示"书法"，忙碌得大汗淋漓。常常是他一人埋头奋笔疾书，一帮人忙着抻纸添墨摊晒作品，散漫着一室墨香，犹如正举办二月河独家书法展览会，得到者如获珍宝欣喜若狂，未得者抓耳挠腮翘首以待……

就二月河这一笔丑字，居然搅乱池水兴风作浪？其实别小瞧二月河的字丑，那是形成了自己的风格，不按章法练习，不受条框限制，从不刻意追求，满纸意到笔随，结果是写出了一笔丑字，而事物是辩证的，丑到极处，便是美到极处。他的丑，达到了笔尽其妙、格调天成、形神兼备的境界，如此便是好了。试想，初曙到暮烟，酷暑又霜雪，二月河著述"落霞三部曲"和随笔散文，已近千万字，他整理和搜集笔记资料，达千万字之多，而他对电脑打字一窍不通，这些作品全是一笔一画徒手写就的，有这几千万字，不早就把书法练成了？他的"丑字"已经岁月磨炼，打造得别具一格，自成一体，不用署名，便可看出。而且，二月河字画还有一好，因不在帖，没有路数，不管什么规矩，甭临什么碑帖，只一个不犹豫，放笔写去就是，神鬼难仿，绝无赝品之虞。更何况他这是名副其实的"名人字画"，文坛上他是与金庸齐名的"南北二侠"，华人文学大家，享有莫大的名声，久来评论界又呼其为"皇帝作家"，能够"惠存"二月河的"御笔"，人们藏之为快，奇货可居，则是顺理成章的事情了。

在河南殷墟，珍藏有一片片甲骨，刀刻凿琢，就成了历史文化的记录，就具备了书法艺术完美的特征。在甲骨无语神秘了三千多年后，南阳出了个董作宾，天目一开竟深谙了甲骨文的美，读懂了这些天书，成了名噪海内外的文字大师。二月河气象挺然，二十年卓苦作文，徒手秃笔而巨著等身，其字当然要比甲骨文圆润丰满，流利顺畅，精彩韵致多了，能不美乎？

何管美丑，二月河因文字而成名，他热爱和感恩文字，对绮丽大方、神秘艺术且有趣味的中国文字有着厚重的爱好，他痴，他醉，他真，他乐，他纵情，他率真，他狂放，他豁达，而众多"河风"们喜欢二月河那稚拙朴素而胸藏万壑、张扬个性且蕴含自我的字，这就是爱，这就是缘。有爱，有缘，就足够了。

他竟然还习画，营造自己的纸上世界。他喜欢花草芬芳、瓜果飘香的花草画，画牡丹，描葡萄，勾古藤，绘南瓜，泗兰草，润荷花，染葫芦，写蔷薇……胸有百花，溢光流彩在他的笔下，葳蕤峥嵘在宣纸上，酝酿出蓬勃的生机。

燃上炉香，沏上清茶，气定神笃，开窗迎风，铺纸作画。笔洗灌半池净水，次第打开颜料盒，挤到盘里碗里盏里，随意调好，艳紫殷红墨绿深浅均可，悠然踱过，把九紫一羊毫取了，执手，把紫毫尖探在口中濡湿，这才探入颜料盒中，漫浸，觉得可以，抽出来，就在面前四尺宣纸上飞舞，刷刷的几笔，由怀到外，穿插直入，再在宣纸上端画几个圆圈，然后换一羊毫，在墨中吸足，又在水中泗润，然后在宣纸上画筋络，等一会儿，再换小毫，沾上艳艳喜庆的红，三涂两抹，画面就无限生动起来。看啊，五七茎莲梗，擎起一片如盘圆满的叶，有的荷叶上，还可见几珠甘露，似在滚来滚去，三两朵荷花，有的正值丰盛，红中托出黄蕊来，有的含苞欲放，欲说还羞娇态样。宛若一阵荷风，摇动满池青翠，把清香远远逸来，沁人心脾。二月河胸盛荷花，自是信心在笔，画面极是简约，内蕴却丰厚无比，几笔勾勒挥洒，让人眼前却是"接天莲叶无穷碧，映日荷花别样红"的醉境意象来。

二月河笔下的累累葡萄，甚是水灵。以皴皴法勾擦，显出大块假山石，巧秀蕴含着雄壮，上方再描出墙及架的轮廓，然后，以焦笔法绘藤，峭拔劲硬，坚韧莽曲，老干新枝上，叶如乌盖，遮天蔽日，看一眼，心头就有了森森凉意。就在这虬枝满叶间，这勃勃的生命滋养中，一扯一拉，坠出一嘟噜一嘟噜、一大串一大串的晶莹葡萄，白亮的，粉色的，黑红的，紫薇色的，洋溢着饱满，流盈出质感，透着光，透着水，透着香，透着甜，透着美，令人垂涎欲滴，伸手欲摘。那葡萄硕果累株，看上去沉甸甸的，难负其重，再长大些恐怕就要掉落下来。面对这满架葡萄，忍不住要唱起："搭起那藤架让阳光照耀，葡萄根儿扎根在沃土，长长蔓儿在心头缠绕……当枝头结满了果实的时候，传来克里木立功的喜报。……吐鲁番的葡萄熟了，阿娜尔罕的心儿醉了……"还有题记："累累葡萄满架，棋酒知友清荫下，哪里讨这闲暇。竹床木椅坦腹倚，说说秋月，谈谈春花。高兴了夸夸，不高兴骂骂。神仙也没有这神农架。"在这美妙的水灵灵的葡萄前，观者无不为之心醉神畅了。

他画的牡丹尤其出众。提起少用的中号兼毫笔，饱蘸大红色，在盘中调和，使颜色向笔根润透，再用笔尖沾胭脂色，再做调和，然后动腕点画，二月河大手抓笔，一笔挨一笔，一笔紧一笔，画出朵大如斗粉瓣簇拥的花片，再去点那花头，换执一小毫，浸上墨色，在水中润了，出手如枪击，斜刺像剑击，甩笔似流星镖，一笔笔由浓到淡的色点，乘那颜色未干尚湿间，在花瓣与枝头的交接处，乱点胭脂重色，进行些微调整，花瓣的交接清晰而生动。换笔用石青润色，再用黄色调白粉，在花蕊处点色润笔，色彩就丰富起来，花便生动起来，摇曳起来，富贵起来。旁边再配以绿片墨叶，烘衬出花的娇艳。二月河不以规矩来，不按路数走，随心所欲，想添叶就添叶，愿加花就加花，连留白也不管不顾，肆意为之，却也画风独到，漫流芳郁，满纸富贵。果然是"竞夸天下无双艳，独占人间第一香"。真是"诗兴悠悠，画兴悠悠，临池挥毫龙蛇斗，万千意绪不胜收"。二月河的牡丹，十数年前在深圳、北京等地拍卖会上大受欢迎，一幅四尺斗方牡丹，开槌就拍出了数万元高价。他的大南瓜葡萄架，那也是价高而不沽。

《福禄图》葆有吉祥意韵：小毫饱蘸天一阁的浓墨，在水中调和了，出腕带风，几笔蜿蜒，就在宣纸上显出老皮枯藤来，粗杆若蟒，细枝乌蛇，盘曲如虬，显见岁月沧桑，再泼墨勾叶，浓如乌云盖顶，酣畅淋漓，就满纸葳蕤葱碧，似能感应到叶间透出的凉风习习。枝头扭转，有几缕脉络丝须小心翼翼，透钻出来，恰似美女的蛾眉长睫。就在这浓淡枝叶间，这架厚荫下，挂出了一大一小葫芦来，两个葫芦线条简洁，丰满肥胖，隐约可见绒毛，端的是生机勃勃，甚至其中一个半勾，却质感丰富，韵味俏生，如美少女和羞掩门，半掩墨叶间，自然天成，分外有趣。二月河还在空白处以著名的"二体"着笔"福禄"。葫芦，谐音福禄，真好彩头。收藏"皇家（皇帝作家）"真迹，沾染其福禄气，心神俱醉，焉不美哉！

"二月河是作家，没学过绘画，他那是瞎画哩，糊弄人哩。""二月河捉笔瞎戳，那能叫画？羞死人。"杂音过耳，无痕留之，无所谓之，二月河只当修身养性，赠送喜爱的朋友，报社节前义卖捐助贫困家庭，奉献一二，管他"专业人士"如何聒噪。"我的画，只赠有缘人。"他惬意地说。

他还很时髦地在网上下棋。二月河爱棋源远流长，初中时就与父亲对弈。老爷子爱好下围棋，棋龄超长，是抗日战争时在抗大分校学的。老爷子教二月河兄妹学下围棋，把子女培养成"棋友"，两代鏖战，棋子砰啪，哭笑交融。二月河回忆："一家人常为悔棋的事闹得不可开交。大妹气得号啕大哭，二妹拂袖而去，我是拧着脖子干瞪眼看。"现在，闲暇时与棋友杀一盘，没人来陪，好办，网上下棋，许多棋友不知，当阵厮杀的是二月河哩。

每天还总要品几盅茶：二月河喝茶，品茶，识茶，爱茶，更爱写茶。据笔者粗略统计，其"落霞"中有《少主用谋入虎穴　猛将勇饮女儿茶》《天真武夫饮茶吹牛　边将驱驰道析敌情》《世情浇漓新茶旧茶　授受相疑太上今上》等十数个章节标题涉及茶，而文中以茶掩饰、以茶用计、以茶说事、以茶喻理、以茶传情、以茶述恩、以茶疗疾、以茶毒人、以茶借代等关于茶、叙述茶的句段，更是多达近千处。二月河说，酒是贵客，须到饭店宾馆菜肴上桌才能饮，而茶是布衣朋友，随烹随品。茶为其作增色不少，一杯清茶，氤氲有香，就灵感喷薄，下笔如神。

品茶，还少不了散步。居家南阳白河畔，清晨顺河边优哉游哉散步，已多年成规。二月河大名家喻户晓，老幼皆知。河边闲走，见者纷纷问好："大作家也出来散步了！""先生近来可好？"间或有人拦住他，或聊《九王夺嫡》，或请签个名，或与他合个影。二月河菩萨心肠，为人和善，每遇这种情况，他总是停下脚步，有求必应。坚持散步，他的体重有所下降，神清气爽，感觉好多了。

二月河还寄情方寸间。邮票方寸，缤纷大世界，自然风光，历史年轮，政文世经，包罗万象，魅力无限。

许多人只知道作家二月河，却不晓集邮家凌解放。

论起集邮家凌解放，有内容，有特点，笔者概括之，谓之"四深"。

资深。凌解放在说皇论帝之前先"写邮"。1978 年 10 月，凌解放从部队转业回到家乡南阳，战友情牵，他与天南海北的战友经常通信往来联系，频繁买邮票，就对这些花花绿绿的片纸产生兴趣，由此开始集邮。他家还是一个集邮家庭，全家都是集邮爱好者，妹妹凌建华在河南油田邮界是知名人士，弟弟凌皆兵也是南阳邮市活跃分子。凌解放起步早，成绩好。1983 年 6 月 9 日，因为爱好集邮，他出席了南阳市集邮协会第一次代表大会，并被选入由十三人组成的首届理事会。其时的凌解放尚未著书成名，他却以本名在《南阳日报》等发表邮事活动的新闻报道和集邮感悟。在南阳第二、三届邮协会上，他再次被推选为理事。1999 年，南阳市邮协第四次代表大会，二月河欣然成为名誉会长。

情深。二月河著述时，时间殊为宝贵，绝不愿人打扰，但若邮界活动，必挤时参与，邮友来访，多要拨冗会面。2010 年 1 月 5 日，为宣传南阳汉画艺术和迎接虎年，南阳市邮政部门申请发行了一版十六枚的汉画虎邮票，并举办"国宝汉画·虎福中原"南阳市首届生肖文化艺术展览。二月河抱病参加，为庚寅年生肖邮票和汉画虎邮票揭幕，还现场为广大邮迷免费签名。许多人知道，二月河为拒访免扰，规定签书要向希望工程交费的，他却经常参加邮展并欣然为邮友题签。他写作繁忙，应酬日增，却仍然醉心于集邮，作为调整身心状态、松弛紧张精神的休息方式，时常到集邮市场走访品赏，挑选一些心仪的邮品。在写作疲倦或不畅时，就打开邮册，看看票品，换换脑筋，舒展精神。他深有感触地说："集邮对于我的写作是有促进、有帮助的。写作之余，翻开集邮册，感觉上有一份清新、一份愉快，这种味道是很难用语言表达出来的。"他低调内敛，远离名利场，不愿兼职社会组织的主席、评委、客座之类，视"那纸糊的名号和荣耀算什么"！鲜为人知的是，二月河却多年兼职南阳邮协的职务，足见其情深。

知深。二月河对集邮有自己的一番见解："邮票是人们乐于收藏的小型艺术品和珍贵文物。随着社会的发展，集邮的商业功能凸显，但是作为集邮事业本身，我们不应该把它当作一种商业行为，而应该作为一种文化来体味来研究，作为精神生活中的一项很重要的内容。邮票作为国家名片，浓缩辉煌，浓缩精华，浓缩人文，容纳大千世界。"他还用佛教的一句偈语比喻集邮的博大精深："'毛容大海，芥纳须弥。'小小邮票就有这种功能。在方寸之中，我们可以看到万里长城，可以看到很壮阔的战争场面，也可以把一篇很长的小说浓缩在这小小方寸间。所以，邮票是一种非常了不得的艺术。通过集邮获取精神上的升华，在欣赏邮票画面时会不自觉地把自己融汇在其中，愉悦精神，美化生活，获取一种艺术感知，这种感知不是完全能用语言所表达的。"二月河出席全国党代会和人代会，都要购买大会纪念邮封，自己留，送朋友。

技深。二月河对集邮情有独钟，邮界掌故，世邮历史，人物传奇，纪特文票，珍票大观，他都了如指掌。他知英黑便士的来龙，也知大清龙票的去脉，他能预测邮市的走向行情，也能说出纪特票的发展趋势。他收藏有万余枚各类邮品，堆放好几柜，形成系列，洋洋洒洒，蔚为大观。二月河善于总结归纳，他的专题邮品获得过数次展览奖，他手中既有高歌猛进的"庚申猴"，也有稳扎稳打的"红楼梦"、"文"票系列等，有近年流行却难以搜集的个性化邮票，还有蕴含最新科技的能听、能看、能动、能闻香的新邮票等。2002年12月，二月河荣获河南省集邮先进个人称号，他曾自得：我这个先进那是金牌的先进。2000年秋，《集邮在中国》专题摄制组及《中国集邮报》记者同来南阳，采访了二月河。他侃侃而谈两个小时，其精湛的邮技，渊博的知识，清晰的思维，独到的见解，令摄制组和记者惊奇赞叹。

二月河收束激荡，缓缓流淌，伴之清风明月，松木山冈。

第三十章

誉满天下谤随影　蚍蜉撼树螳挡车

誉满天下，谤亦随之。

"夫庸者无咎无誉"，自古亦然。二月河身处中原边城，获得罕有盛名，必然惹得一些人心态难静。

自《夺宫》初版，"唯皇史观"、"帝王将相"鼓吹手、"愚忠思想"的封建残余、"通俗小说，不登大雅之堂"、"对帝王缺乏批判性"、"存在巨大政治缺陷"……各种议论批判此消彼起，认为他热情讴歌封建帝王，将康、雍、乾塑造为明君形象，不仅价值观错乱，而且严重误导读者，是一种思想倒退，不符合历史发展趋势。还有一些历史学者批评二月河的作品有很多史实错误，康雍乾时期发生的大屠杀、文字狱，被二月河"视若无睹"，"精心掩饰"。网络上甚至有诸多谩骂，已经违背了文学批评的范畴，属于泼妇当街，不值一驳，这里不再赘言。直到二月河逝世，其作品再度被一些"大神"攻讦，借机无底线炒作。

"此间曾著星星火，到处皆闻殷殷雷"，作始虽简，其成必巨。二月河高掌远跖，筚路蓝缕，开辟一条历史小说创作的新路，成为后来明清小说热潮和清宫戏的源流。这些批判和攻讦者，不知不管这些，犹如祖先在茹毛饮血中披荆斩棘走出丛林，在河边砍树伐木烧荒垦地，营建生活家园，篝火做饭，有人在旁边指责他砍伐了树木，毁坏了环境，增加了$PM_{2.5}$，怎不搞笑？

曾国藩谴责这种旁观不做者，曾说得深刻："天下事在局外呐喊议论总是无益，必须躬身入局，挺膺负责，乃有成事之可冀。"

不过，二月河本人并不认为他的作品是刻意为皇帝和封建制度歌功颂德。他曾经解释，将小说命名为"落霞三部曲"，一方面因为康雍乾时期的华夏文明像落霞一样，非常灿烂美丽；可另一方面，这也是中国封建文明极盛而衰的时期，"它像落霞一样，日薄西山，黑暗即将到来"。

　　"落霞"系列对整体康雍乾时代的历史予观瞻把握，充满伤感情怀，是从初唐王勃《滕王阁序》"落霞与孤鹜齐飞，秋水共长天一色"，或者宋朝曹勋《酒泉子》句"惨惨西风。人与两州俱不见，一江残照落霞红"，所摘取的最凄美揪心的词语。

　　落霞即夕阳的余辉。晚唐诗人李商隐在《乐游原》中写到"夕阳无限好，只是近黄昏"，意思是说落霞美则美矣，可惜不能长久，稍纵即逝。而放眼历史长河，多少王朝更替，兴衰成败，都如过山车般起起伏伏，有的兴盛如霞光照万里，有的衰败如夜黑白难分，用其美也极致、其逝也极速的落霞来形容分外贴切。

　　清朝自康熙朝扭转乾坤，以成大统，与民休息，国势蒸蒸日上。纵观其波澜壮阔的一生，多少战战兢兢时刻，曾经举步维艰局面，但凭借其运筹深远的智慧和追求一统的期望，网罗人才，任用贤良，得以天步艰难走过风雨，守得云散彩虹长天。虽曰守成，实同开创。雍正性格刚烈，杀伐果断，雷厉风行，多少年如一日以身作则，呕心沥血，业精于勤，整顿吏治，刷新朝纲，国势为之一振；到乾隆朝孜孜不倦，兢兢业业，勤勉竭力，文治武功，国势直达顶峰。然而物极必反，盛极而衰，所有的光鲜亮丽到最后遮盖了百般丑陋。乾隆朝后期贪墨成风，反叛横行，典型的国富而民贫，国盛而民饥，国势自此江河日下，日薄西山，正应了"落霞"之蕴。

　　至于落霞之后，便是盛极而衰。历史长河浩荡，淘尽英雄无数小人不计。痴过嗔过，爱过恨过，穷过惨过，富过强过，到头来，终究是浪花一瞬。好在二月河以一己之力，把这几朵历史浪花定格精彩。那些攻讦的人呢？自己笔下有什么样的诱人故事呢，是否能够放下谩骂，拿出精力写进书里，即便不能让人拍手称赞，或者唏嘘得直摇脑袋，哪怕就是让人看得哈欠连天也成，嫌弃别人炒菜不好，那就自己下厨掂勺？我们拭目以待好吗？

二月河说，我们的文明在那时像晚霞一样绚丽，同时又存在一些很要命的东西，这就是太阳就要落山时的美丽与忧虑。忧虑的是我们的文明当中不只有精华，也存在糟粕，比如对于权力无原则地崇拜，对个人名利无止境地渴望和追求，文化上故步自封，夜郎自大，等等。

很多研究者认为二月河小说的成功就在于将历史真实与艺术真实很好地结合在一起。胡平认为："长期以来我们看惯了两种历史小说：一种是由历史学家写的充满史实而缺少情趣的小说，一种是由小说家写的不乏想象力而缺少实感的小说。现在有了《雍正皇帝》，便令人大喜过望。"他阐释"大喜过望"因由："很长时间没有读到过这种作品了，那是真正的小说。读小说应该是一种享受，这部小说给人带来的享受是全方位的，要什么有什么。"白烨认为作品体现历史真实："作者是以忠实历史的态度，去全方位地恢复历史和再现历史。"蔡葵评论："它是那种真正意义上的历史小说。它通过丰富生动的细节描写，展现出了康熙雍正时期富有生活气息的民俗风情，人间百态，从而营造出了一种极其浓厚的历史氛围。"作为历史文学，历史真实与艺术真实的处理与统一显得尤为重要。在这个方面，专家对此多持肯定态度，杨世伟认为："把真实的历史人物和事件的具象与人物和情节的虚构相互穿插、融合，使之浑然一体，呈现出一幅活生生的历史图景，完成了一次成功的艺术再创造。"齐裕焜认为："作者摒弃了狭隘的大汉族主义观念，以开放的心胸，选择了最能表现历史发展的重大事件，公允、客观地肯定康熙、雍正、乾隆这三位杰出的历史人物的历史作用，逼真地再现了当时惊心动魄的斗争和经济繁荣的景象。"

至于批判二月河的作品不符合历史事实，这有点像批判一位吹唢呐的艺术家手风琴拉得走了调，毕竟属于文学创作，"大事不虚，小事不拘"即可，非纯粹史学研究，不必为所有历史真实负责，批评他的作品有很多史实错误似乎有些吹毛求疵。假若这也能够批评，那批评家该把罗贯中从棺材里拉起来扇耳光了，如此抹黑曹操形象，扭曲历史！"幻即是真，世态人情描写得淋漓尽致；今亦是昔，新闻旧事扮演来毫发无差。"舞台上惟妙惟肖地演义古往今来的人物，能吹毛求疵刻舟求剑，批判这些人物形象不符历史不够真实吗？二月河在小说中把皇帝当作正面人物来写，那终究也还是文学虚构，最多只是一家之言，用不着承担"严重误导读者和观众"的政治责任。再说，读者看了二月河小说就可能犯错误，读者如此弱智吗？

其实读者认可的是，二月河不仅有着丰富的知识储备和娴熟的故事构架能力，而且他在历史题材的虚和实之间掌握了一个微妙的平衡。

面对各种诽谤和攻讦，他不再作任何解释和回应，总是报之以沉默和忍耐，视之为忍辱心的砥磨锤炼。

齐白石语："人誉之，一笑，人骂之，亦一笑。"这条大河波澜不兴，平静如昔。湖南岳麓山峰下长联中，有几句说得甚好："是非审之于己，毁誉听之于人，得失安之于数。"二月河无动于衷，耻于之辩，安卧如山。他守望生活，沉浸史学，观天望地，心怀一片澄明。

二月河为什么这些年不停受到个别人"独辟蹊径""匠心别具"，作"自由谈"的大加鞭挞、攻讦，甚至诋毁和谩骂？佛教禅宗六祖慧能被人不停追杀十余年的遭遇可以类比。

慧能就是吟出偈语"菩提本无树，明镜亦非台。本来无一物，何处惹尘埃"的那位伙头扫地僧，大倡顿悟法门，得五祖认可，密室夜授，秘传衣钵信物，佛家讲慈悲，为何还有杀戮？自古匹夫无罪，怀璧其罪，怨就怨慧能手握禅宗信物，木棉袈裟和紫金钵盂，其珍相当于和氏璧、国玺，难怪凶险如此。

社会和文坛对二月河的客观评价："以'帝王三部曲'享誉文坛，皇皇五百余万字，代表了中国长篇历史小说的高度和成就，为海内外读者所熟知。""他以'落霞三部曲'的皇皇巨著及散文随笔等精品力作，为河南和中国文坛做出了杰出的贡献！"想必诸位读友已明白了，"代表了中国长篇历史小说的高度"等定论，无疑就是那件木棉袈裟，霞明玉映光灼眼目，引来了宣泄熊熊心火的"语言追杀"。

盗亦得有道，师出须有名，"追杀"二月河，总得给个理由先。贬其人物形象不鲜明？其作经典地塑造了康熙、雍正、乾隆、伍次友、邬思道、胤祥、胤禩、张廷玉、马齐、李卫、年羹尧、田文镜、明珠、隆科多、熊赐履、傅恒等众多栩栩如生的人物形象，富有立体感，贴近人心，让人读来分外入眼有趣。二月河的小说，在全国人民心中树立了康熙大帝的英名和雍正皇帝勤政爱民的形象。二月河凭一人之力，破除了人们对雍正谋父、逼母、弑兄、屠弟、贪财、好杀、酗酒淫色、多疑诛忠、好谀任佞的刻板印象，塑造了雍正皇帝大胆革新政治、励精图治、勤政廉洁、礼贤下士、忧国忧民、正大光明、机智果敢、关爱臣民的积极正面形象。斥其故事情节不生动？二月河是公认的讲故事高手，总是开篇即以故事引人入胜，接着导入一个故事，如洋葱层层剥开，各有其美，精妙绝伦，展现了高超的艺术构造能力。批其环境描写不佳？则更"莫须有"了，作品百科全书式描绘了清代最强盛的 130 多年历史生活的广阔画卷，全方位展示了当时的政治、军事、经济、风俗及人文景观，具有宏伟壮丽的"史诗规模"。详尽交代和描写了当时的宫廷礼仪、典章制度、机构设置、官员配置、饮食起居、衣帽服饰、嫔妃侍御等，渲染了浓郁的宫廷文化氛围，对塑造帝王和臣工形象起了重要的衬托作用。他还把笔触伸向市井社会，里巷杂业、蓬门荜户、瓦舍勾栏、佛道流派、侠客娼妓、茶肆赌场、江湖卖艺诸般，形象描绘三教九流各色人等，惟妙惟肖，呼之欲出。二月河的文学语言也极有特色，不仅有魅力十足的现代汉语，还有美妙精彩的古代汉语精髓，又结合地方特色，半文半白，夹糅俗言俚语，转换自如，文心雅韵足以显示其非同一般的语言驾驭能力，单文学语言灵性在中国作家中实属一流的评论绝不过誉。

那些持刀夹棍者，你若有补天济世之才，利物济人之德，也整几部同治皇帝、光绪皇帝的大作精品出来，经典传世，从此名传柳井，岂不美哉？岂不闻此等人物久在花柳繁华地，富贵温柔乡里享受，哪肯如二月河胼手胝足宵衣旰食卓苦读写，唯能在黑暗处攒眉恶相、扯衣插刀了。

那些"追杀者"，当年你做什么了？循规蹈矩，四平八稳，亦步亦趋，眼观六路耳听八方，体态奇贵，骨骼不凡，丰神迥异，雍容华丽，不屑一顾亲自动脑动手，待别人把路铺好了，阳光明媚莺歌燕舞了，你才欣欣然陶陶然悠悠然昏昏然而去，却善于向栉风沐雨披荆斩棘跋涉开道的先行者投刀放箭，你踏尸垫足，你舒心而行，你自在逍遥，你真可以！

"追杀者"从作品中找不到挞伐之处，就从小说外寻觅，从"政治正确"上搜肠刮肚吹毛求疵：二月河为皇帝歌功颂德，唯皇史观，是反时代、开倒车、不讲政治……

其实二月河生前对此等言论向来是熟视无睹，习以为常。因为，这类批判并非空前激烈的，而是从二月河"横空出世"就伴随着的。

二月河若真是那种谄媚附势的小人，就该跟在"老爷们"身后做喽啰，作文数篇紧趋跟前察言观色，敛色攒笑，恳求指教，一旦得到首肯，就进了这个圈子，写作若干年，结集出书，求各路大神来吃酒研讨，就成了作家，仍然俯首帖耳，定然能获赞誉一片。实际情况呢？二月河不同凡响，横空出世，"硬着陆"成功，由写几篇红学论文者，"要整就整大的"，一下就整出了几本奇睹罕闻的大作，还那么让读者爱不释手，街谈巷议，"南阳纸比洛阳贵"，不削你削谁！

《康熙大帝》刚出版，作为当时河南新思维下的首部皇帝小说，影响很大，但是就有报纸不吝宝贵版面，用了一整版篇幅，以通栏标题《二月河的唯皇史观》予以评判：二月河在为封建帝王树碑立传。皇帝是应被打倒的，踏上一脚万世不得翻身的，因为皇帝是封建、落后、腐朽的独裁者，压迫、剥削、奴役着所有的臣民。皇帝的性质由封建专制制度所决定，"明君"与"昏君"没有本质上的不同。皇帝是封建专制的象征和代表，万恶之源。这种批判作为很严肃的政治问题提出来，可能让二月河陷入万劫不复。此声绕梁四十年，至今缕缕不绝，时翻沉浆，简直恨不得有血滴子，去取其项上人头。冯其庸获知弟子苦闷于此，曾写了一幅字寄给他："浊浪排空君莫怕，老夫看惯海潮生。"

无论再批判"唯皇史观"，批判者可否认秦始皇的功劳？能否抹掉汉武帝的功勋，唐宗宋祖的文治武功？何况康熙雄才大略，毕生致力于国泰民安，金瓯无缺，使大中华保持统一。我们的党和国家领导人，一直对康熙是持肯定赞赏态度的，认为对中华民族大家庭做出过伟大贡献。20世纪60年代，在一次全国人大会议休息间隙，毛泽东与老舍论及康熙，毛泽东夸奖说，满族了不起，对中华民族大家族做出过伟大贡献，清朝开始有几位皇帝都很有本事的，尤其是康熙皇帝。康熙头一个贡献就是打下了今天我们国家所拥有的这块领土，我们今天继承的大块版图，基本上是康熙皇帝时牢固地确定了的。康熙还善于运用统一战线政策……

以为二月河写清朝历史背景的小说就是汉奸？这是极端狭隘的民族主义思维。各民族、地域、部落是在不断融合繁衍交融才构成华夏文明的，《孟子》读过吗？孟子曰："舜生于诸冯，迁于负夏，卒于鸣条，东夷之人也。文王生于岐周，卒于毕郢，西夷之人也。地之相去也，千有余里；世之相后也，千有余岁。得志行乎中国，若合符节。先圣后圣，其揆一也。"那么，孟子是不是也得划为汉奸？

中华民族是一家，这是历任领导人都深刻阐述的民族工作大政方针。习近平主席也指出，中华民族和各民族的关系，是一个大家庭和家庭成员的关系，各民族的关系，是一个大家庭里不同成员的关系。这些追杀者，猪油蒙心，也悍然否定人民领袖的指示？中国只有一个，各民族是家庭里的成员，民族关系绝不能成为攻击的话题。

果不其然，二月河打而未倒，被愈打愈壮，声名传播广远，红透海内外，还成为"最受海外读者欢迎的中国作家"。

那年，忽有消息，二月河成国内版税最高的作家之一，登上了作家"富豪榜"，一时间又惹得某些人红眼病泛滥，质疑他是否偷税漏税。其实，二月河一生磊落，正大光明，向来严己宽人，舍己为人，真正做到了芒鞋蓑衣任平生，他自己结绳织草鞋，衬衫、裤衩破了，缝缝补补，十几年舍不得扔，五毛钱的大蒲扇，摇来摇去十余夏。先生不做官不经商，焚膏继晷呕心沥血码字为生，脚浸水桶烟炙手腕长夜读写，一笔一画洋洋五百二十万言，手肘生茧，头顶斑秃，他透支健康来写作，换来中风等多种疾病，在七十三岁并不高寿的年纪就逝世了。二月河先生的每分钱都浸透卓苦，来之不易，却在不声不响中捐献达二百万之巨，先生任职郑州大学文学院院长，工资分文未取，捐资设立"二月河奖学金"，累计资助师生数百名。他与老伴一直住在机关的公寓房，每月交房租，没有自己的房产，作家中恐怕无人相类。试问，有哪位富家翁能将家财捐赠，还一生无房产？可能国内唯有先生而已。"追杀者"可曾做到其中一二？可长有人的心肝肠肺？

二月河认为现在的反腐力度，翻遍二十五史都找不到，他在全国"两会"上评价反腐时说，现在的反腐势头令人感到兴奋，可以说是蛟龙愤怒，鱼鳖惊慌，春雷一击，震撼四野，中央高度重视，腐官高度紧张。就有人马上胃泛酸水，赶紧攻击：二月河"媚上""蹭热""挠痒""拍马"。

论史就唯史实。二月河讲过，史上反腐最强的三位皇帝：武则天以铜匦告密制，允许老百姓投诉，任用酷吏去整治，杀了不少官员，当时太监指着诰封新进士说，"看又一批死鬼来了"，造就来俊臣、万国俊、周兴等酷吏；朱元璋对贪官"剥皮楦草"，不可谓不狠，临终却长叹一声，说朕早晨杀掉一批，晚上又来一批，如之奈何；雍正是密折制度，让官员之间互相告密，这些都是领导者的个人行为，结果不言而喻。我们现在反腐是全党共做之，全民共讨之，全国共缉之，潜逃外国也发"红通令"缉捕，让腐败者无处可匿，无地可逃，形成不敢腐、不能腐、不想腐的有效机制。条分缕析，入脑入心，让人叹服。还有，早在三十多年前，二月河就在小说中提出反腐问题，倡导反腐理念，可谓前瞻。"追杀者"，那时的你们在干啥？凌解放读史研红，修炼成了二月河，你们脸厚心黑，修炼得好令人恶心。

先天下之忧而忧，后天下之乐而乐，文人风骨立地顶天。作为多届全国人大代表、全国党代表，二月河多次替基层民众出头，向高层建言，他呼吁为农民减负，给作家减税，执言要促进文化繁荣发展，弘扬优秀传统文化，为此他数次撰文发声。先生振臂，不说则已，一说就引起全国关注。

其实二月河自视微小，从没认为自己有啥高度，常自比小二，自甘小二，其文章随手拈来即是："二月河小小的，在学术界算不上个角儿"、"看来还真叫小二说中了"（《把诸葛亮让给谁》），"何况二月河小小的"（《小说装扮》），"小子何敢？"（《怎一个"敬畏"了得》），"将自己看小一点，放低一点"（《心离"大家"远》）。称小自低，文中俯拾皆是。有人认为他是一代大家，他却谦虚地称自己"居然也学有小成，养有进益"，"修不成佛祖，修个菩萨也罢"。评论家认为"'落霞三部'直追《红楼梦》"，他老老实实说："我承受不起中又存一分感动，什么时候你们听到二月河说这样的话，请你们带着体温计来找我。……仍是敬畏与臣服。"

有这样那样的人攻讦，二月河默然无应，他不用说什么。二月河可能有过许多敌人，但他未必有一个私敌。

六祖慧能坐化后，还有人思谋割他的头，这倒不是为了伤害，而是极为崇拜才要偷头供奉。二月河的文学成果和精神，早已鼎铭在每一位热爱他的读者的心里。

时光流去，生活繁芜，网络上总有人毁辱"追杀"二月河，但青山遮不住，毕竟东流去。蚍蜉何能撼大树，可笑障目不自量。"追杀者"请继续，尔曹身与名俱灭，贻笑大方，只惹得"河风"掩鼻而已。

首届鲁迅文学奖获得者、著名散文家周同宾认为，谁知其中味？真正领会二月河的思想、领略其艺术的人太少。其书总名为"落霞"，就大有深意存焉。他不是在歌颂皇权，而是在揭露专制，不是在美化皇帝，而是形神兼备地写出了即便如康、雍、乾这样有作为的圣明天子也医治不了制度酿就的痼疾，挽救不了封建专制的最终灭亡。三部书都是悲剧，历史的悲剧，民族的悲剧。三部书都是挽歌，唱给两千年封建社会的最后的凄美挽歌。他的书是感时伤世之书、寄情言志之书。多少人能理解二月河的满腹忧患，一腔悲悯，无量苍凉？

周同宾有七言诗写给二月河：

　　　心通幽微凌解放，笔走龙蛇二月河。
　　　图写落霞成锦绣，谁知心上泪滂沱？

周同宾说，二月河头上闪耀着熠熠光环，他征服了海内外那么多读者、仰慕者、崇拜者。其实二月河寸心深处是孤独的、寂寞的、苍凉的。

一切历史都是当代史。"替古人画像，让今人照镜"——这是二月河多年来申明的著书的信条。有些人自以为读了点历史就了不起了，实不甚了了不知所以，幼稚得可笑。读史使人明智，文化带来智慧。如果读了半天历史就读出了种族主义，学了半天传统文化就学会了骂人，那是学到狗肚子里了，还不如不学。

胡印斌先生的大作《二月河的作品是值得沉思默察的标本》，是评论抑或随笔吧，类属读札笔记，内容不长，文笔生动，将二月河"还将旧事从新演"的初衷，观察解说得客观真切。

二月河用几乎毕生的精力，创作出来的"落霞三部曲"，为他带来巨大的声誉和现实利益。这位从40岁才开始出版著作的作家，到了人生的后半段才登上了个人生涯的顶峰。时也势也，命也运也。"帝王"成了他其后身份地位的依凭，也成为他挥之不去的争议原点。

不必讳言，二月河的书读起来亲切，熟悉，一点也不隔。书中乾坤，就是传统中国人浸淫了几千年的世界。那里边的逻辑关系闭着眼也能想象得到，那里边的人伦道德不假思索就能够身体力行……

成名之后的二月河也曾努力在公共空间发言，他的一些表达也带有浓厚的历史味道，比如他曾说过："查遍二十四史，没有哪一个朝代的反腐力度能跟今天相比。""不能因为怕肚子疼，不生孩子，反腐当中任何一个举措，都有认识、接受的过程。"……这些表达每每在舆论场引发围观，但无论如何，二月河作为一个写作者、一个历史作家的本色意识，十分清醒。

或许，他与他笔下的帝王，只是一种作家与人物形象的关系。他重新塑造了康熙，特别是塑造雍正的正面形象，得出一个石破天惊的结论：雍正是个少有的勤、正、善、公，体恤为民的好皇帝，撇开历史真实，至少从文学创作的意义上讲，此举无可厚非。

然而，文学从来与历史、政治难舍难分。早前有姚雪垠笔下的李自成，现在则有二月河笔下的皇帝们，均纠缠往复，难以扯清。很多的批评者可能也确实无视事实上的疏离，而习惯性地把"帝王意识""奴才心理"置换到二月河身上。某种程度上讲，这未尝不是一种霸凌与强加。

现代社会当然需要警觉这种"帝王意识"和"奴才心理"，但我们或许可以把"落霞三部曲"当作一个标本，一份文学档案，警醒社会，警醒世人，警醒我们往往习焉不察的细微心理变化。

立人之难，走向公民社会之难，正在于此。从这个意义上讲，二月河与他的作品为我们提供了一个值得沉思默察的标本……

老舍说："我想写一出最悲的悲剧，里面充满了无耻的笑声。"这笑声的余响，至今仍存。

无论如何，三十年了，二月河小说，仍然摆在大小书店最显眼的位置。

主流也好，草根也罢，读者的眼睛是雪亮的，读者的需求是公正的。

第三十一章

共商国是"双代表"　为民鼓呼一志士

　　无论是当年在太行吕梁山夹缝中幽深的山洞抱风枪构建国防工程，还是在塞外地底井巷挥汗如雨挖煤，二月河都以精进、执着和专注的精神，数十年卓苦读学和笔耕，最终因其作品影响海内外，成为全国党代表和人大代表，中国作家中罕有的"双料代表"。

　　当年河南省委组织部研究，准备让二月河到省文联工作，他拒绝了。此事属实，但也并不能说明二月河真就不想"当官"。

　　是良驹，就愿日行千里；是将军，就当扫荡六合。人世走一遭，谁不愿明堂玉衣金簪头？

　　二月河曾坦然说道："老实说，我原想走仕途，做'一代名臣'，冠冕地说想做个'大公仆'，为社会尽点责任。但仕途终于没有走通，因为我发现这路不是单用人品加学识才能就走得通的。实践不成，只好纸上谈兵，把自己想的变成别人做的给人去读去想。"

　　他又说过："也曾想通过当官有所作为，在走上文学道路后这种想法转变了。"冯唐易老，李广难封，世事沧桑，许多雄心壮志唯随风远去。

　　年轻做不成官，后来不做官，反而成就了二月河，他活得潇洒、率真、自我，由着性子爱好，做自己的事，也算是人生幸事。

　　"万般皆下品，唯有读书高"，二月河的父亲对他这个大儿子曾给予厚望，他自己职务是副地师级待遇，跻身高干行列。望子成龙是天下父母的心愿，他有一次跟家人说，解放应该青出于蓝胜于蓝，到时候进入地师级，自己就满足了。但凌解放难以让他如愿，读书不成，上学总是"留级"，字迹支楞八叉，让人看得头疼。随着政治运动的一波波兴起，家庭屡遭变故，父母的要求不再高了，一降再降，只愿他健健康康成长就行。当二月河奋笔写书，成就美名后，老爷子拿着书本，很是感慨："祖上追求文运昌盛，这做到'立言'了！"

二月河内心到底想不想出人头地，让父亲荣耀，走功名之路？他并不脑残，相反，他天资聪颖，志向高远，他当然会想。

在外面疯跑着玩，回到家，也会疯狂读书，只不过，他爱看的是古书，文史、地方志、名人传记。

他幻想金戈铁马，气吞万里如虎，成为登高一呼山鸣谷应的将军，却钻在地底挖山洞，更甚者被派到塞北挖煤，九死一生。

当他在宣传部工作，因为颇感青春流逝，时光不再，抓紧时间写作，受到部长批评，同人鄙弃。他学习成绩不好，却从小被诗书熏陶；上天给了他一身才华，他有远大的政治抱负，想为百姓和社会做事，却在仕途停滞不前；他始终保持着文人的清高，连身边人都在伤害他。

所以，他在笔记中写下"秋来纨扇合收藏""何事秋风悲画扇"等句子。秋天了，谁还用扇子呢？他用班婕妤的典故来自嘲自己，顾影自怜，觉得自己就像是搁置的扇子，在这个群体里显得这么多余。他是孤寂的苦闷的，在孤独当中等待，他很想等有一个翻盘的机会。

其实，终其一生，他的内心还是没有放下那一份读书人的心高气傲和他对于功名的那一份念想。生活拿他开玩笑，他反过来给生活开了无数的玩笑。他在皇皇巨著里，在自己营造的绚烂多姿的政治和文化的世界里，化身成了饱学读书、儒雅倜傥的伍次友、张苍、张廷玉、李光地、邬思道或周培公、高士奇、刘墉、纪昀等，指点江山，激扬文字，纵横捭阖，运筹帷幄，成为王佐帝师，登峰知识分子的极致，为国为民施展才华，做到了立德立功立言。

二月河这才稍解胸中块垒。

鉴于二月河的作品在华人读者群中的巨大影响力，鉴于其人一身正气，品德高尚，光明磊落，自己取得巨额稿费版税，且生活依旧艰苦朴素，拿稿费捐助贫困职工、希望工程，洁身自好，从不参与商业活动，积极参加各类公益和文化活动，公开或私下场合言行举止时刻保持共产党员的先进性，爱党爱国爱南阳，时刻宣传推介家乡形象，受到了南阳人民的衷心热爱，被誉为"形象大使""文化名片"。他被推举成为多届全国党代表和人大代表，代表着党和政府的高度认可，享有一定的社会政治地位。

"读书人做官是为天下为社稷，不是为自己谋私利。"有了话语权，有了参政议政权，有了神圣的投票权，二月河骨子里的为天下苍生谋福祉、为世间弱者代言的思想就蓬勃萌发了。"我还是想把心更贴近一点破亡屋里的潦倒人。"他具有强烈的责任心和使命感，始终关注国计民生和文化发展方向等热点问题，积极建言献策，多方奔走呼吁，为构建和谐社会、弘扬民族文化亲力亲为，殚精竭虑。

二月河显示出抱负和担当，他的多个议案和献策，都被高层采纳，引起巨大而深远的社会影响。

自古以来，历朝历代政府都靠着农民交纳的税赋维持运转，农业税也成为农民负担中最大的一块。从战国时代开始，农民就一直被各种农业税费困扰，两千六百多年来，只有中国共产党取消了农业税，实实在在减轻了农民负担，又一次解放了农村生产力。此后，反哺农业、扶贫攻坚、乡村振兴的步伐不断加快，国家与农民关系实现由取到予的历史性转变。

鲜为人知的是，当年提交此提案的有二月河代表。他深知农民生活的苦与痛，所以他生前尤其关注这个群体。他创作中的康熙、雍正，就分外关注天下得以稳定的农民问题，立下"永不加赋"的政治誓言，乾隆也多次蠲免钱粮。他在倾心创作深入了解古代农民问题的同时，还深入研究现实中的"三农"问题。2003年他当选第十届全国人大代表，隔年3月8日，向全国"两会"提交议案，建议全免农业税，得到许多代表的赞同和支持。"时隔一年，《政府工作报告》中宣布，中国明年（2006年1月1日）开始全部免收农业税！这完全出乎我的意料，没想到这么快能够得到推行！"二月河每回忆起这件事，得意之中更有些感动。"皇粮国税"从此彻底退出历史舞台，这无疑是件"惊世之举"。

2007 年他在接受媒体联合采访时，还进一步阐释他的愿景。不收农业税并不是说就是不准备收税了，不收税是为了将来收税，是要给农民更为宽松的环境，使他们迅速富裕起来。富到什么程度呢？富到他们的生活基础和城市群众的基础相一致。"全面取消农业税促进了粮食增产、农民增收、农业增效，使全国农民每年减轻负担一千三百三十五亿元。但这还只是解决'三农'问题的第一步。如果农村农业生产资料价格上涨，也会冲淡免征农业税后农民得到的好处。"二月河希望政策不断给力，能够真正使"三农"问题得到显著改进。

"作家免税"建议，使二月河被推上了风口浪尖。2008 年，他因为在"两会"上提出"作家免税"，饱受争议，包括阎连科、余华、韩寒、张一一等作家都参与了这场论战。直到很久，还在文学界和网络上争论不断。后来，他在参会时面对记者，多次做了阐释，"作家免税"不是为了提高作家的待遇，而是为了激发作家的原创力，全面降低书价，让多数人都能读得起书。他还针对能大幅调低书价的出版体制提了一些建议。

无论如何，作家免税，激发原动力，创作好作品，全面降低书价，让读者看得起书，看更好的书，这是二月河的初衷，获得了普通读者的支持。

"这些年他一直呼吁给图书出版减税，给作家减税、免税，有见识，有担当，不坐而论道夸夸其谈，难得知行合一，是有境界之人，能者不忧，知者不惑，作家不易，劳力劳心，各自珍重吧。"二月河因病逝世后，编剧汪海林缅怀道。

2011 年 10 月，党的十七届六中全会在北京召开，在这少有的中共决策层集中探讨文化课题的中央全会上，二月河以党的十七大代表、从事文化研究的专家学者身份受邀列席会议，与党和国家领导人面对面交流，就文化事业发展和繁荣问题阐释自己的思考。

他认为当前文化创新的力度还是不足，不能满足群众对精神生活的需求。他拿"春晚"说事，年年的节目都有似曾相识的感觉，不看感到失落，看了感到失望，反响越来越平淡，这是为什么呢？就是节目缺乏原创。这不是电视台出了问题，没有好本子，再好的导演、再大的腕儿、再新的技术也无能为力。他还举例，近年来流行改编四大名著、重拍金庸作品、改编《小兵张嘎》等，也从另一个方面给出答案，这些归根结底是文艺原创动力不足的问题。他拿中国著名高产作家张恨水举例，为与会人员算了一笔账，张恨水平均一天写作一千七百字，如果按现在的千字五十元计算，每天就是八十五元。即使稿子卖得出去，每天挣八十五元钱，放在东莞这些经济发达的城市，靠写稿为生又有任何意义呢？针对这一问题，他建议国家设立一个类似诺贝尔文学奖、斯大林奖的中国文学艺术最高成果奖，激励文艺工作者深入生活，不断创作出能够经久不衰的经典作品。他再次提出作家免税，将免去的税补贴进书价，把书价降下来，让穷人也买得起书看。这样书也便宜了，盗版商也无利可图了。他当时直言不讳提出，在文化共享方面，我们的文化成果不少，但是不能公道地享受。文化产品也要减免税收，尤其是一些中低档的文化产品，让穷人家的孩子也能买得起玩具。对于文化产品在偏远地区的普及，他有着悲天悯人之心，关注着普通百姓，尤其是穷困人家的孩子。他经常这样形容，对买羽毛球的不收税，向打高尔夫球的人收重税。

他还谈到中原经济区建设，他说河南是中国文化资源最丰富的地区，河洛文化、儒释道文化、宗教文化、历史文化、民族文化、寻根文化在河南都有无与伦比的资源。建设中原经济区，必须要有与之相匹配的文化发展。所以，我们呈现的应该是一个金尊玉贵、如花似玉的中原经济区。

"治污治霾如治腐，政府要有壮士断腕之雄心。"二月河的建议引起高层重视。

2014年3月3日，二月河代表接受记者采访时说，应该"修改《环保法》，确保处罚法制化"，"治理雾霾要老虎苍蝇一起抓，要和打击腐败一样"。他认为，对重点排污企业这样的"大老虎"绝不能手软，对汽车排污等"小苍蝇"也要抓紧治理。还需要从修改《环保法》等方面确保处罚的法制化，保卫好我们的蓝天，保护好我们的嗓子和眼睛。

2014年3月4日，二月河应邀做客中新网"两会一线"会客厅栏目。当主持人问他"今年两会你最关注的是什么"时，二月河说："让我最关注，也是最头疼的问题是雾霾。"他笑称，古代的鬼故事当中就有霾，说明霾并不是新鲜事物。在他看来，一方面要建立广泛的群众举报监督制度，用全民力量推动大气污染治理；另一方面，治霾要像反腐一样，"老虎"和"苍蝇"一起打，不光盯着那些小企业，在某些地方，支撑地方经济发展的电厂、煤炭、钢铁等大企业，只要污染严重，也要像切除癌症一样把它切掉，同时，要深挖破坏生态环境领域背后的"蛀虫"，从而确保经济发展与生态保护齐头并进。

二月河对国家经济发展与生态环境建设做过一番深入调研。作为代表，他多次深入南阳市的企业、厂矿和党政机关，围绕市委、市政府中心工作调研；作为人民监督员，他通过参加南阳市卧龙区检察院开展的"保护母亲河"生态环境治理专项行动，积极发挥监督作用。2013 年 8 月，二月河在走访中发现流经城区的潦河水被污染，严重影响周边居民的生活，他建议卧龙区检察院展开调查，协调相关职能部门依法关闭污染源，潦河恢复碧水清流。

党的十九大报告提出要把我国建成富强民主文明和谐美丽的社会主义现代化强国。报告中提到的防范化解重大风险、精准脱贫、污染防治三大攻坚战中的"污染防治"，关系到"美丽"的目标能否实现，尤其是大气污染防治，引人注目。

经过几年来的牺牲和付出，坚持全民共治、源头防治，持续实施治理大气污染行动，我们打赢了蓝天保卫战，得以生活在一个美好环境之中，享受天蓝水清土净风畅的日子。

早在 2012 年的全国"两会"上，二月河就提出了克服贫富差距的问题，很具前瞻性。他说："克服贫富差距拉大的问题，是改革开放大背景下我们党面临的很现实的问题。近年来，各地发生的群体性事件，从深层次上分析，都与此有关系，我们应当正视它，通过深化改革解决它。"二月河深谙民情，体恤百姓，认为："社会底层的和谐，是中国社会真正的和谐；社会弱势群体的安康，是中国社会真正的安康，社会弱势群体的生活文明和现代化，是中国社会真正的文明和现代化。我们不仅要关注弱势群体的物质生活状况，而且要关注他们的文化生活状况。"他欣然为采访记者题词："君子爱人，仁者无敌。关注弱者乃进步社会之天经地义。"

2020年10月，党的十九届五中全会通过了《中共中央关于制定国民经济和社会发展第十四个五年规划和二〇三五年远景目标的建议》，首次把"全体人民共同富裕取得更为明显的实质性进展"作为远景目标提出来。习近平总书记多次强调，共同富裕是社会主义的本质要求，是中国式现代化的重要特征，要坚持以人民为中心的发展思想，在高质量发展中促进共同富裕。

我国脱贫攻坚战取得了全面胜利，标志着我们党在团结带领人民创造美好生活、实现共同富裕的道路上迈出了坚实的一大步，但解决发展不平衡不充分问题、缩小城乡区域发展差距、实现人的全面发展和全体人民共同富裕仍然任重道远。国家实施乡村振兴，做到在新的征程上，在高质量发展中促进共同富裕。

二月河以他壮阔的胸怀，敏锐的目光，站在船头瞭望，能够走在时代前列。党中央如此重视和力促走向共同富裕，十年前就提出建议的二月河先生，当可含笑瞑目了。

在履职党代表和人大代表十几年间，二月河还先后关注了老龄化社会、推广普通话、为文化产品减免税促进文化繁荣发展、做好水污染治理、倡导"忠孝"传统文化构筑和谐社会、倡导全民读书、护水节水、保护和促进移民权益及发展、发挥好南水北调工程效益、读书是腐败的"防腐剂"社会发展的"催化剂"等关系国家发展、群众切身利益、助促社会文明的议题十余项，积极提交议案，持续关注进展，为相关问题的解决和社会治理的不断完善起到了很好的助推作用。

在作为"双料代表"参政议政、共商国是的履职尽责中，二月河表现出了一个成熟政治家的能力和水平，虽然他未任要职，但他总能奉献社会关注、百姓赞赏、国家高层认可的提案，是因为他沉在底层，又善于调查研究，知上究下。虽然他在文艺圈内以说话办事憨直不拐弯著称，但他会审时度势，把自己蜗牛的触角伸出，小心翼翼探察出一个适宜的足够的空间，他既充当窦光鼐、史贻直之辈，博学活用，敢说实话，也绝不会像孙嘉淦面对雍正那样"秉性浮躁，孟浪无知"，所以，在国是政议之地，他学会迂回，知道委婉，掌握技巧，深谙留余及理性。如同写小说一样，一个人很是悲伤哀怨，平庸者会直接说出这个词，而聪慧者有技巧者则会通过描绘一件事或者几个动作，可以体现出此人很是悲伤哀怨，但笔下根本不提这几个词。这就是他作为一个最基层人士成为代表且直通顶层，所能做的最大至好的回旋和施展。

二月河毕竟是聪慧的，灵慧加持通古贯今，他在合适的时机合适的场合遇到合适的人，也会暴露一下顽憨。2014 年 3 月 7 日，十二届全国人大二次会议中，时任中央纪委书记王岐山参加河南代表团的审议，与二月河笑论"知音"。二月河从历史角度谈反腐，认为时下是"蛟龙愤怒，鱼鳖惊慌，春雷一击，震撼四野"。高论淏漾弥漫，一时间惹得全国舆论兴奋，纷纷报道，以至于多年后，各地媒体尚在回顾这一精言。

是以，文艺圈同人们说，二月河"是从故纸堆里钻出来的人"，"几斤几两，心里有数哩"，"'帝王作家'，朝堂高远，庙谟运筹，衡量得精准着哪"。

鲁迅先生曾讲过："我们从古以来，就有埋头苦干的人……有为民请命的人……掩不住他们的光耀，这就是中国的脊梁。"敢进净言，不务虚名，眼里有底层百姓，心里装民生福祉，经得起批评和风浪，为普通群众代言，向党和政府高层积极献策，促进社会风清气正，文化繁荣发展，促使民族具有高度的凝聚力、向心力，二月河走出中原边城，做出了自己应有的贡献。

第三十二章
"三月天"朗吉隆坡　"南北二侠"会深圳

二月河属典型的"宅男",过去是创作惜时,"落霞"收笔,成名之后,仍做小姐安待绣楼,悠闲地窝在家里,看看书,练练字画,有兴了写篇随笔。他很少离宛,除了作为"双料代表"赴京开会,参加中国红学会活动,多年来,仅有应驻马大使馆邀请到马来西亚、河南省委安排"中原文化宝岛行"、应深圳市邀请与金庸对话等少数几次出行活动。

二月河有点"土",确如香港报纸专访时的描绘,认为他是大作家、土老帽,他不修边幅,光脚穿皮鞋,鞋还经常不擦,总是灰蒙蒙的。20 世纪90 年代末的一天,他到某县访担任县委书记的老同学,传达室值班人员认定他是上访告状或申请化肥指标的,说啥不让进。他只好用烟盒制作个简易名片递进去,县委书记赶快迎进。门房者惊叹,名家这么土气!

他多年来基本不动也不轻易远足。新加坡、韩国和中国台湾、中国香港等多方邀请讲学,都拒绝了。就连 2000 年,他获得美国中国书刊、音像制品展览会授予的"最受海外读者欢迎的中国作家"奖,也没有亲自去领,是由驻美大使馆的文化参赞代替领奖。他说:"飞机那么大的一坨钢,里面还塞了满满一肚子人和货,恁重,飞起来行,掉下去咋办?火车汽车出了事,还在地上,飞机没有刹车片,可咋办?"当然,大智慧著作等身,不可能愚蠢至此,这是他的幽默而已。实际原因是,他当时患了中风,虽然身体"扳"过来了,但医生告诫,"不敢再有下次,再次中风,可能就扳不过来了"。他平常又惜时如金,搜集资料,读书充电,还想继续创作,当时他有个规划，受老友的软磨硬泡，答允为长江文艺出版社创作"隂雨"系列。

但中国驻马大使馆为了弘扬中国文化，郑重发出了邀请；而且，冯其庸先生也欣受邀请并代表二月河答应了。冯先生说："这是个外交问题，不去不好。"

在二月河心中，"冯先生的话是不能不考虑的，且是要认真考虑"。他就这么"被动"地出访了马来西亚。

当时的新闻多这样报道：2002 年 12 月底，马来西亚政府委托我国驻该国大使邀请，由中国驻马大使馆、马来西亚华人总会、绿野仙踪集团、《星洲日报》集团联办"二月河·三月天"文学讲座，二月河与恩师冯其庸先生等人，前往马来西亚访问。

这是二月河首次出国，而且还是头一次坐飞机。他确如陈奂生进城，梁三宝住旅社，刘姥姥走进大观园。稀里糊涂，懵懵懂懂，任由中国红学会秘书处的同志操办乘机事务，径直飞到了吉隆坡。

为迎接二月河等的到来，马来西亚方面做足了功课，除了举办主题为"二月河·三月天"的文学讲座外，还举办读友联谊会、旅游观光和多场高档晚宴活动。为配合营造活动氛围，专门从中国香港调来他的作品，充实到早已脱销的华文书店。现场布置雅致，很是隆重宏大。马来西亚有关文化领导、中国驻马大使胡正跃先生及使馆工作人员、在马华侨领袖和商业、文化方面的精英等都参与了这次活动，主场安排在金马皇宫，嘉宾云集，座无虚席，足有两千多人。

平安之夜，中华文化在金马皇宫展示了无与伦比的魅力，几人进行了精彩的讲座。时任中国艺术研究院红楼梦研究所所长、中国红学会秘书长孙玉明，作了以"《红楼梦》与明清历史"为题的讲座，敲响了开场的锣鼓，然后冯其庸先生讲《红楼梦》的影响及现在的研究情况，最后二月河压轴，讲他的"落霞三部曲"的前世今生。

在讲座之前，根据马来西亚二月河读友会的要求，先给"河风"签名。本来只安排了半个小时，但二月河看到恳求签名的人太多，为满足读友的愿望，与主办方商量，又延长了半个小时。随行的妹妹凌卫萍在旁边盖章，手都摁红了。别人要替她一会儿，她坚决不干，怕哥哥批评她偷懒。长时间的签字，使二月河"手腕酸疼了好几天"。

第二天，一直追踪报道的《星洲日报》等几家华文主流媒体，将这次讲座称为"高水平的文学洗礼"，均以重要位置，或给予整版，把他们讲座的内容刊登出来，冯其庸先生及孙玉明秘书长的讲座都是原标题，报道二月河的讲座题目，却变成了《河南话 很难懂》。看到这个标题，大家都捧腹大笑，而笑得最开心的，却是二月河，直接都能看到嗓子眼儿，他为能够把中原文化推向马来西亚而高兴。

那几天，无论到哪里，大聚或小叙，二月河总要宣传弘扬中原文化，给外国朋友讲河洛文化在中华文明中，是根，是魂，是基，自豪地宣传南阳是"帝乡""南都"，东汉时是全国经济文化和重工业中心，有百里奚、范蠡、张衡、张仲景、诸葛亮，有刘备三顾茅庐的卧龙岗，《古诗十九首》中"驱车策驽马，游戏宛与洛"，南阳排名还在古都洛阳之前……

超越曹操款待关羽的规模，每天一小宴，三天一大宴。当地为了招待好贵客，费尽心思了解二月河的饮食喜好，最终把他曾经接受媒体采访时说的一句话"我当时的理想是上街看到烧鸡想吃而掏钱不迟疑"奉为圭臬，认为他特别喜欢吃烧鸡，便兴奋地安排厨师做。谁知马来西亚的厨师哪知烧鸡为何物何烹？无奈之下就用制作烤鸭的方法，做了一只"烤鸡"，这让他大为感动。

接待如此用心，当地华侨朋友还诚意推荐，无论到什么地方，一定要去吃一次地摊或者大排档，以便真正品尝到特色小吃。但那次行程安排得非常满，白天晚上都有活动。某天晚上，公干结束后已经十点多钟，又相邀"尝尝马来西亚的地摊"，就试探着问了一句，没想到二月河大手一挥，毫不犹豫地说："中，走！"在一个华人开的小饭馆里喝啤酒，侃大山，讲笑话，聊趣事，个个乐不可支。大家都没想到二月河会如此平易近人。酒叙分外轻松，快到凌晨三点时，才意犹未尽回到住处稍作歇息。

与冯其庸先生等人同行马来西亚，受到"四天八宴"式的高规格接待，再加上马方官员、中国驻马大使胡正跃亲自出面陪同，使得已算是见多识广的二月河也不禁生出几多感慨。

谈及这次走出国门的马来西亚之行，二月河说："是华夏文化的根，是我书中的历史民族文化气息，让我与海外的读者相融相通了。我深深感到了我们民族优秀文化的凝聚力和召唤力。全球的华夏子孙、华人华侨同一条文化之根。包括宫廷文化，对我们都有不同程度的感染与影响。"是以 2000年，美中贸易中心邀其题字，他命笔书曰："中华人文之因根不由时迁，不为世移，不从风流，不随物化。永以灿烂光华弘扬于世界民族之林。"

二月河的"中原文化宝岛行"，掀起了热烈的"大河风"。

此行的背景是，为了促进中原与台湾的地方经济文化诸方面沟通交流，2009 年 12 月 14 日至 21 日，河南省举办了为期一周的"中原文化宝岛行"活动。

河南是中华民族主要发祥地之一，以黄帝文化、姓氏文化、河洛文化、客家文化、根亲文化、宗教文化等为主要的多元人文资源非常丰富、厚重、经典、深远，当之无愧是华夏文化的根基、核心和精华。是以台湾方面非常重视两地间的大型交谊联姻。

得知二月河受邀随团赴台，不少台湾读者提前半月探问行程。二月河下了飞机，台北众多读者前来"接驾"，打出"世界最受欢迎的华文作家"横幅，热情夹道相迎。台湾的舆情兴奋了，因为其作在台湾非常受热捧，读者横跨各行各业，有数不胜数的"河风"，台湾、香港两地的主流媒体，进行了热情的专题采访深入报道。

台港媒体称，首次登岛台湾的二月河，乍看像阿伯，没有大作家的骄气，听他演讲宛若在村庄榕树下听阿伯说书谈古，笑语间充满了人生哲理。"是真僧只说家常"，二月河身上蕴蓄渊博丰厚的传统文化，却虚怀若谷宽仁厚德，毫无卖弄十分朴素，二月河的作品深受欢迎，见到本尊，更是感觉到特别有个人魅力，是个可亲可敬值得信任交往的人。

那些天，二月河除了随总团参加活动外，在台北市的几个地方，进行了多场次讲学，并与读者进行面对面交流与智慧碰撞，共享他笔下灿烂精彩的历史世界。

他的签名作品成为最受欢迎的礼物。由于在台湾拥有超高人气，访问团团长——时任河南省委书记、省人大常委会主任徐光春因此表示，二月河是中原文化的最佳代言人，更是此行最受人瞩目的文化使者。徐光春赠给国民党荣誉主席连战、吴伯雄等政商界要人的礼物中，就有二月河亲笔签名的《二月河文集》，特别受追捧。

因为二月河参与读友活动，导致连战主席在与徐光春书记会面时一再问："二月河先生怎么没有来？"得知情况，连战点着头说："二月河先生在台湾有很大的读者群。"连战夫人也说："我是二月河先生的'粉丝'。"

二月河心中，河南是永远的文化热土。他在文化高峰论坛上演讲，张扬厚重的中原文化及其对华夏文化的深远影响。在哲学方面，主要谈了以"河图""洛书"为标志的河洛文化，谈了鹿邑人老子的"阴阳相济的道之和、人与天的自然之和"，还有民权人庄子的道家思想。在宗教方面，他首推白马寺、少林寺——与其他寺庙不同的是，这两座寺带有"纲"的性质。他还介绍了南阳文化的源远流长及丰厚博大，认为"南阳是世界上最美的最宜居的城市"。

二月河先生享有世界声誉，作为"中原文化名片"，他对党对国家忠贞不贰，有着深沉的红色情结。他面对记者询问党派回答的妙语"我属共产党，全家都是""我是多年的优秀共产党员"，曾引发广泛影响，被台湾数十家报刊、电（视）台作为花絮报道。

"落霞"在台湾读者中深受喜爱，特别是《雍正皇帝》的出版引起轰动，台湾较早成立了"二月河读友会"，定期举办研讨活动。这次莅台，在代表团活动之外，二月河应邀参加了读友会组织的座谈，回答提问。他在论其作品真实性时表示，若能掌握当时的社会文化和情感的真实，就能到达历史的真实。当提及初写康熙受到评论家指责时，颇不以为意："封建社会的坏处，不是扣个帽子说打倒封建，就能解决的，而是要从故事中，让读者了解封建制度的落后本质。"读者说从他的作品中，读不到完美的爱情，他回答，相信在这样的封建制度下，不可能有完美的爱情。他称"康熙是中国的潘多拉"。而康、雍、乾三代是中国传统封建社会的"回光返照组",藏着诸多的落后和衰败。"光明与落后,其实是在一起的。"对于他在写《乾隆皇帝》后期突然中风,坦承当时预计下一步书写太平天国,这需要比以往耗费数倍心力。"上帝发现了我的野心,于是让我中风了。"等他强撑着完成《乾隆皇帝》,再也不能将这野心付诸实施了。对此,二月河甚表释怀:"我的人生和浮潜一样,上升时,不论怎么努力,都是一种准备下降的过程。"二月河以一个唯物主义者的博大胸怀,冷静客观地凝视自己的人生,让人感慨和动容。

读友会众首次见到"本尊",无不欢欣鼓舞。二月河也深受感动,客气地称呼书迷为"我的老师",并称读者是上帝和衣食父母,所以他写作"像追求情人一般"讨读者欢心。他将读者与作者的缘分描述为贾宝玉和林黛玉初会时的"似曾相识",是一种缘分和心灵桥梁。他还认为喜欢他的书迷,无非是感受到他笔下的华夏民族传统以及文化生命力。他关于"读者像情人,要讨她欢心"的名言,深受台湾读者的推崇、欣慰和传播。

还有个小花絮,二月河是唯一"非正装"参会的人,他多次参加党的全国代表大会、全国"两会",都是最高级的公众场合,除了党的十五大是打了领带的,他很少严格"着正装"。有一次到省委参加一个重要会议,守会议室的公务员见他,举手敬礼道:"请您着正装。"他说:"我的脖颈受不了,开十七大,我就这样去。"人家也就不说什么了。到台北依然不束领带。时任省委书记徐光春在电梯里与他不期而遇,疑惑问:"二月河同志,你的领带呢?"他实话实说:"书记,我的脖子粗,带上领带,很不舒适。"徐书记也就没再余话。二月河就这么松松垮垮休闲自得地参加各类活动,大家也觉得自然而然。

在花莲,读友们特地请他吃当地最著名的特色包子,他们怕二月河到的时候没有座位,派人先进去把位置占着。要离开那天,刚好要过冬至,几个读友就带上元宵和米酒——在台湾过冬至的习俗是吃这些,特地到宾馆给他过节。

"难忘的文化之旅:乡情、亲情、温情还有热情;难忘的探亲之旅:相趋、相亲、相近还有相敬。"二月河用两个"难忘"来概括他的首次宝岛之行。

金庸与二月河同年离世，是中国文学的巨大损失。他们成为熠烁的星辰，闪耀历史的天空。

2018 年 10 月，新武侠小说一代宗师金庸永别江湖，从此不问古今侠义儿女英雄事。两个月后，长篇历史小说巨匠二月河与世长辞，宫廷内幕帝王人生挥袖从兹去。"南北二侠"的同年离世，武林痛心，文坛致哀，读者悲伤成河，再不能闻睹大侠谈笑古今。

许多年来，二月河与金庸，相隔甚远，却惺惺相惜，互怀深情。

"有华人的地方，就一定有金庸的武侠小说。"金庸继承了古典武侠小说的写作传统，又在现代的阅读氛围中对这一传统进行了空前的技法与思想革命，开创了"新派武侠"风格。

"凡有柳井处，皆读二月河"，"落霞三部曲"百科全书式展示了康乾盛世广阔宏丽的画卷，作品体现广博深邃的历史文化内蕴，成为经典，盛名海内外。

一个铁血丹心，以卓越的文学能力、视野和襟怀，"飞雪连天射白鹿，笑书神侠倚碧鸳"，冠绝华文文坛。一个纵横历史，刻画清代帝王三部曲，一手写尽康乾盛世，迷醉天下读者。他们是世界华文小说的两座高峰，并肩耸峙。

大家都知道二月河是由研究红学起家的，鲜为人知二月河特别爱看金庸著作，深为书中曲折离奇的故事、天马行空的想象、闻所未闻的武林秘籍而吸引，他和女儿都爱看，当年常一起阅读，一起讨论，乐此不疲。金庸也非常喜欢二月河的小说，对《康熙大帝》赞不绝口，视为奇书。

是以 2005 年 12 月 16 日，深圳在全国率先开展全民读书月活动，邀请金庸、二月河参加，他俩推托繁忙的创作和应酬事务，欣然会合在中国改革开放的窗口，会聚"在历史的天空下——南北二侠金庸、二月河深圳对话"高端活动现场，吸引了海内外的目光。是年适逢金庸武侠小说创作五十周年，二月河刚度花甲寿辰，81 岁的金庸与 60 岁的二月河，历经沧桑，体察人情，两个老顽童，开心论侠道，成文坛盛事。

二月河认为前一百年没有出现金庸，再过一百年上帝也不可能再赐我们一个金庸。这是一种机遇，是天、人、地互相感应，才能出这样的作品、这样的人。中国最早的武侠小说可以推远到《史记》的《游侠列传》，到《唐人传奇》出现了红线女这样一些带有武侠特色的传说，经过了多个百年，才出现了《三侠五义》《七侠五义》《江湖奇侠传》《儿女英雄传》这类的书。又是许多年的空档，才出现了以金庸先生为领军的新武侠小说，我们怎么可能指望在一百年内再出一个金庸？文学上的突破是很不容易的。

金庸听得呵呵直乐。他说当时看二月河小说的时候，感慨他把康熙塑造得特别好，最被吸引和受感动的是《雍正皇帝》，本来中国写雍正的小说很多，都是把他作为反派角色来写，二月河首把雍正作为正面人物来创作，使大家对雍正的处境很同情，而且也是有史据的，从此改变了国人的观念。他直言非常喜欢二月河的作品，看出二月河就是个很典型的小说里的北方人物（意谓乔峰），豪爽健谈很风趣，是个好人，愿意跟二月河交好朋友。二月河说他有个感觉，觉得金庸有点像老顽童。虽是首会，互相捧场，两座奇峰无意一争高下，金庸的刀光剑影早已成了平沙秋水，二月河的百炼钢也化作了绕指柔，两颗智慧的头脑灵光辉映，机敏的谈吐参透古今，荧屏内外迷倒一片。

金庸认为人生最大的乐趣就是做学生，要活到老学到老，写时遇到问题就查书，如果查不到就不写进去。所以要加强学习。二月河表示佩服，说他几十年不改的兴趣是读书，他的书借鉴了古典四大名著和《聊斋》《金瓶梅》等体例，吸收最多的是《红楼梦》，在语言的运用上吸收了很多，觉得中国传统回目小说并不过时，自己创作的是有中国特色的小说，当然有模仿的成分，其实就是"你学我也学，看谁学得妙"。

二月河评价金庸是天才，自己充其量是人才。说看到电视上侠客住店，经常是大块银子往柜台上一拍，店小二就马上给铺床、打水，再摆上一桌好菜，这是把今天星级宾馆的标准安到古代了。过去住店全是自带行李伙食的。而且，过去十两银子就能盖三间房，哪儿能这么挥霍钱啊。但是金庸先生的很多小说里没有衣食住行那些细节。比如黄蓉和郭靖全国旅行，谁给他们发工资，谁给他们路费；张无忌在蝴蝶谷里来回窜，吃喝要花费，看病也要掏钱；小龙女在古墓中如何采买、生活和赚钱，查先生统统不讲。而自己就要替康熙、雍正考虑，国库是否有银，能否够军事、赈灾需要，北京城里不能种庄稼，百姓官吏吃饭，得从江南调拨，大米漕运需要多少，应该说更讲究历史真实和艺术真实的整合，更多地接触到人文的方面，因此评价，查先生是天才，写得那么传神到位，让读者爱不释手，这就是了不得的能力。金庸谦虚说，实际上天才就是乱七八糟的，逗乐了荧屏内外的观众。

侠之大者为国为民，金庸愿称二月河为大侠。两位都对康熙有高度评价。金庸认为《鹿鼎记》真正的主人公是康熙，而不是韦小宝，同时二月河也对康熙有非常高的评价，将小说命名为《康熙大帝》，所以有人说两位都有一种开明君主情结。

二月河说自己这样判断：就是说在中国历史上不论他是什么出身，我们不要考虑他是地主还是富农，是农民、乞丐，还是道士、和尚、太监，只要他对当时国家的统一、民族的团结、人民生活水平的提高、生产力的发展做出过贡献，不论是康熙还是雍正、乾隆，太监蔡伦、郑和，还是黄道婆、毕昇，只要他做出过贡献，就应该给予肯定，不要去过多考虑人家的出身。金庸很同意二月河的提法，只要这个人对社会发展有促进，对人民有好处，那我们就肯定。

他们的作品中有很多侠义精神，什么是侠义的最基本精神？金庸说，侠义就是可以牺牲自己去帮助人家，拔刀相助。二月河从金庸著作领会更多，他说为国为民方面做出过贡献，更是侠义精神，是侠之大者也。

面对今天的社会好像侠义精神生存的土壤和空间越来越小的问题，金庸认为，侠义精神现在变得越来越差了，所以我们更加需要提倡侠义精神，只要你能够助人为乐，经常帮助别人，就是有侠义精神。比如捡起路上的垃圾，对他人有帮助，这也是个小小的侠义精神。二月河也深表赞同。

金庸说，有人称呼他金大侠，万不敢当，称二月河为凌大侠，愿意这样讲。金庸虽言不敢当大侠，但他说要做个好人，希望做一点好事，不要做坏事。要以此为目标，尽可能地帮助别人，使人高兴，不要去损害别人。二月河表示赞赏，认为善良的秉性是我们中华民族的传统美德，要求我们从善趋好，做善良的人，做善良的事，去除恶念，不做恶事，无论其大小。善事愈小愈能彰显人之高尚情操。

两位大家通览世事，却痴如老顽童，口无遮拦，欢笑纵情，俯瞰历史，剖析作品，探究人生，睿智而幽默的言谈让会场充满笑声，也让人们在笑声中思考。他们的智慧，如冬阳金鸦，温暖着我们的文化和灵魂。

此后二月河与金庸虽不多见，却保持联系，二月河对金庸洵洵然执晚辈礼，言必恭，称先生。

现在，金庸与二月河携手远行。他们互敬互惜的深情，成为经年佳酿，熏香文坛，他们的星光，熠烁历史的天空。

第三十三章

反腐作家皆关注　随笔小品亦耐读

　　沉醉历史古籍，创作历史小说，身上忽然贴牢了一个"反腐作家"的标签，这是二月河自己也没有想到的事。

　　二月河不是第一个写反腐的作家，不是第一个提反腐的作家，当然也绝不是最后一个写反腐、提反腐的作家，但毫无疑问，他是因为涉猎反腐问题引起特别关注并具有巨大影响的作家。

　　但他说："我不是反腐专家，我是小说家，是偶然介入进来。对社会的思考是每个人的责任。腐败的问题关系到每个人。"

　　二月河创作中恢复雍正坚毅果敢、沉着冷静、谋事周全、励精图治、敬天爱民、勤政俭朴、视贪如仇、反腐有术的一面，同时描绘他是一个刻薄猜忌、阴鸷不容、心狠手辣的皇帝；是一个心怀天下、愿意付出、刚柔相济、性格复杂的帝王，同时也是一个因时代局限而具有悲剧性的历史人物。二月河在小说中写道，雍正因为要维护统治，追求国祚绵长，努力要清除国蠹民贼、城狐社鼠，势必要大张旗鼓、浓墨重彩地写到雍正如何抓贪官污吏，清除吮民膏血之徒，有拨云见日之感，让人看得大呼痛快。小说被改编成电视连续剧《雍正王朝》后，一时万人空巷，成为经典，在国内外不断重播。20世纪90年代正是中央提倡反腐、社会关注反腐之时，不经意间，迎合了这股潮流，在一些人士眼里，对号入座，《雍正皇帝》无疑成了"反腐小说"。

　　早在2000年初，二月河因患上脑栓塞，导致偏瘫，又有糖尿病、肺气肿、"三高"等多种病症，身体不允许他再进行大部头的创作，就以读史研文为乐，修身养性，隔三岔五，写篇读史心得的散文随笔，就涉猎了反腐领域，他把腐败比喻成人身体上的糖尿病，"不会立即要命，但最终会要命"。

他把贪官比喻成太阳山晒死的人，贪腐行为无论怎样都逃不过最终的惩罚。他讲了一个寓言：太阳山遍地黄金，人们可以随便捡取。只是这件事只能在黎明前去做，太阳升起时，没有下山的人就会被烤死在山上。贪官就像在太阳山上拾金子，因为控制不住内心的贪欲，总免不了被晒死的命运。即便是侥幸在太阳临出之际逃脱，去国外做了寓公，也绝不会比乡里的放羊汉或城里的板车爷舒心自在，因为内心仍然躲不过太阳的照射。贪腐之罪，自然是可以得到短期的物质利益，但法律之剑与内心道德之罚时刻如影随形，这就是贪官无法摆脱的宿命。

他撰文认为，对权力无原则的崇拜是导致腐败的一个重要原因，官员们把升官与发财放一起，如同把炸药和雷管放一起。腐败根源是人性，不是社会意识形态。腐败是反社会的、反人性的东西，好比鸦片、海洛因，谁吃上谁完。不管你是什么人，也不管你是什么政权、什么党派，一个样。他说，现在社会教育、家庭教育多为不吃亏的教育，我们小时候接受的多是吃亏教育，老话讲吃亏是福，不要欺负人，实际上腐败就是欺负人，不是你的钱就不要拿。目前我们对官员的教育只是注重物质上别贪，这是最基本的。过去我们讲光宗耀祖，一个人做官了，祖宗也觉得光荣，不一定要发财。但现在的官员没有把尊崇的地位、人们的敬仰、自己对家族的贡献算进去，这很可怕。所以，要加强这方面的宣传，对自己家族的贡献、社会的尊崇，都应算成是官员的"收入"。应该把这种"隐性收入"的概念放在学校、家庭教育中，让他们从小就知道什么叫体面、什么叫无耻。官员要对自己负责，对家庭、家族负责，就要有担当，就要有做官的底线。突破了这个底线，就对不起亲人。

他评价：什么叫正能量？人民在追求光明，追求幸福，追求健康，向往人人都美好的世界，那么这种信仰支撑可以说是民族力量的现实所在。这个问题要综合利用。所以说我们党一定要把自身的这种力量，通过各个领域层次把党的阳光折射到各个层面去，让各个领域沐浴这种阳光，那么整个社会的正气便可培育起来了。中央是太阳，阳光照射到每个人心中，需要折射，折射到每个角落，同时要注入信仰的力量。警醒每一个官员要守住底线，找到属于自己的位置，安分守己把自己的日子过好，也是对社会做了贡献。

二月河成为人大代表和党代表，就在多次议案、多种场合提出，要重视反腐败问题，不能养痈为患。

2014 年"两会"上，他通过对历史的研究，曾大胆提出反对高薪养廉。他认为低薪一定不养廉，但高薪未必养廉。中国封建王朝里，宋代"公务员"的薪水是最高的，可宋代也是最腐败的。宋代只养了包拯等极少清官，不仅不养廉，倒是养出了像王钦若、丁谓、蔡确、章惇、吕惠卿、高俅、蔡京、蔡卞、童贯、张邦昌、韩侂胄、史弥远、秦桧、张浚、贾似道等层出不穷的贪官，谄上诳下、投降乞和、荒淫奢侈、误国害民，逼得人们上了梁山。腐败是人性的堕落，因为人的欲望是无止境的，待遇再高也是无法满足的。只有通过建立完善的制度和法规，在反腐败高压下，使人不敢腐；然后通过不断地完善体制机制，使人不能腐；最后做到综合衡量，使人不愿腐。这样才能保持长效发展下去。另外，像我们如此庞大的公务员队伍，高薪养廉增加国家财力承重，加大了人民的供养负担，得多交多少税赋？

二月河用"蛟龙愤怒、鱼鳖惊慌、春雷震撼、四野震动"十六个字评价当前的反腐力度，一时引得全国热议。

二月河认为，现在说权力制约，把权力关进制度笼子里面，这句话说得非常到位。但是笼子的钥匙在谁那儿？钥匙要放在人民群众的手里面。

二月河还说：我们党的反腐力度，读遍二十四史都找不到。

他分析，腐败问题实际上是一些文化糟粕带来的直接后果，对权力无原则崇拜是导致腐败的一个重要原因。他提议，可以借鉴历史经验，把古今清廉之士的故事编进教科书，比如古代鞠躬尽瘁的诸葛亮、刚直不阿的海瑞、执法如山的包拯，还有党的好干部焦裕禄、深藏功与名的战斗英雄李文祥等。

《二月河说反腐》由人民出版社出版，二月河的文章鲜见纯理论的论述，多的是出入典章、史册、志怪、逸闻、民间传说，用老百姓喜闻乐见的手法，呈现出腐败问题的种种面相。信手拈来，皆成华章。

2017年10月，党的十九大上，二月河在"党代表通道"接受中外记者采访时，论说这五年反腐倡廉以及从严治党的管理和成效，在全国人民心目中乃至于全世界产生震撼性效应，他引用毛泽东诗词说，"天翻地覆慨而慷"，全党全国对反腐下了决心之后，采取一系列的措施，可以说是出乎意外，做的比说的还要强烈。

…………

诸如此类，二月河在全国掀起了一波波反腐话题，引起广泛持久的影响。他就是一位金牌的投弹手，一次次把最引人注目的手榴弹投向十环。他如同一位娴熟的交响乐指挥家，不时把舆论引向燃烧和沸点。

在一层层的新闻浪潮中，2014年7月二月河接受中央纪委、国家监委网站的专访，则将这一轮接续一轮的反腐话题推向巅峰。他的访谈，当年7月22日在该网站推出的《聆听大家》栏目首期发出，《人民日报》"深度关注"专版予以转载。这样空前的力度、重视和安排，对于一位作家来说，可谓殊荣。人民网、《新华每日电讯》、海外网、新华网等全国数百家媒体跟进，在国内外引发巨大影响。

国家一级作家、河南省政府参事、省文史馆员、二月河研究学会顾问、南阳市人大常委会原常务副主任秦俊认为，二月河先生虽是作家，但他是名党员，政治思想上与党中央保持高度一致。他基于对历史的深入研究和独到思考，多次痛批腐败现象，言语中饱含智慧的历史洞见和人生感悟，这在全国作家中是十分少见的，体现了作家的担当。

二月河被冠以"著名反腐作家"，他并不承认："我就是个作家，一个卖文为生的秀才，多少懂那么点儿历史。不是什么反腐专家。"认为"作家本身就是社会思想的传递人，要通过自己的作品影响别人"。他能够引发如此大的反响，是因为他博览群书，了解往今，他能够潜心下来，深入思考，真正从人民中来，代表人民发声，说出人民的意愿，他岿崎渊淳，胸有丘壑，以艺术性较强的话语，去介入现实，诉说生活，维护民生，他敢于说话，敢于反映，这是赤子之心、家国情怀，这是作家的使命感、责任感使然。是以人民网评论说：作家二月河上中纪委官网"头条"，不仅具有强烈的社会意义，更有鲜明的文学意义。这何尝不是对作家深入社会生活，反映社会现实的提醒和督促呢。面临这样一个反腐败的时代，有中央做最强大的后盾，作家应该敏锐地感知老百姓的反腐愿望，潜下心来，不负众望，创作出让中央满意，让作家佩服，让老百姓欢喜的反腐败等好作品来，不辜负这个时代。如果像二月河这样的反腐作家愈来愈多，那么作家幸甚，反腐败幸甚，国泰民安幸甚，繁荣昌盛幸甚！

二月河因为中风导致身体偏瘫，进入老境的后十几年，终于重视了养生，不能再进行长篇写作，就在家中看看古籍，侍弄花草，散步养生，写点小文章，不经意间，撰写了数百篇散文随笔，结集为《二月河语》《密云不雨》《佛像前的沉吟》《人间世》《旧事儿》等，深受读者喜爱和好评。

阅读二月河的散文随笔集，看了几章，复看，品味，再看，深入进去，眼前就忽然闪现了青铜的红斑绿锈，古玉的漫漶沁痕，想去俯身轻嗅这些宝贝，伸展掌心去抚摸它们，屈起指节去叩击它们，轻贴面颊去倾听它们……去感触那倏忽闪现出的苍凉厚重、悠远神秘的古韵。

二月河是小说大家，转向致力于散文随笔创作，没想到也如此了得，虽说是随笔，但他照样是列大话题，谈大想法，展大胸襟，现大手笔。他谈读史心得，俯瞰历史，搜遗解疑；他研书边感悟，说长道短，视角别致；他说人心世情，鞭辟入里，笑谈古今；他描旅游见闻，指点江山，指点英雄；他参佛理禅机，引人入胜，开发思维。

他曾钻大山腹里建国防工程，整天都是一头泥一身尘，泥尘冷凝后，恍若兵马俑。读其散文随笔，沧桑古朴，让人突发奇想：二月河就是一个兵马俑，一个深思历史而倏尔复活的兵马俑，所以，他还保留着春秋的潇洒秦汉的风韵。他从幼年就酷爱文史，"与古文物典籍有与生俱来的缘分"，从中读古风诗词、歌赋骈散、诸子百家，到寺庙去看碑铭匾额、建筑雕塑、石刻碑帖等诸般艺术，他探微钩隐，洞烛史实，掌握了解古时的文化风情，为以后创作奠定了丰厚的文史基础，尤其是养成了高人一等的古文语言。细品他的文字语言，直追古人，亦文亦白，亦老亦壮，亦曲亦涩，古朴方正，精炼素拙，却大象之形，大气蔚然。

内心古风荡漾，笔下意境遥远，是其散文随笔的又一特征。古代传统文人不仅求立身安命，修心齐家，更求指点江山，心怀天下。文以载道，文以言志，二月河章法求古，心意在古，于纵横捭阖的激扬文字中，守其初心，鸟瞰历史，纵横驰骋，关注社会，忧国忧民，剖肝沥胆，激浊扬清，即便一篇游记文，也要由景生情，上溯古时，剖析现影，再结合现实，鞭挞批评，针砭时事，抒胸浊气，以激浊扬清。深入其文字，感觉古风扑面，举重若轻，缓步从容，为其牵引，随喜随悲，随怒随爱，发人深省，颇受悟彻，如饥似渴，手不释卷，愿望一目十行一气呵成阅读下去。

生活中的二月河不修边幅随心所欲，似乎是经历过大的阵仗，看惯了春风秋月，古今多少事，都付笑谈中。岁月老迈，心怀空灵，但笔触愈辣愈拙，他也不受内容局限，有啥想法，信笔挥洒，其随笔涉猎，丰富又辽阔，古远且古旷，《红楼》、《聊斋》、博弈戏玩、参禅悟道、神鬼传奇、人情世故，笔头所至，无所不备，无所不有，涉猎繁杂，烛照历史之虫眼，针挑当世之玉瑕，惯读非圣贤文章，常惦平凡人琐屑，柔情侠骨，耿直旷达，铁笔丹心，辣手著文，气象挺然，透脱窠臼，其情丰沛充盈，其意皎然性情，时时流溢字里行间。让人读之如饴，会心一乐，继而有悟，颇受启迪和教益。尤其是他的怀史随笔，不是重述历史，显摆学问，而是搜遗解疑，说长道短，于小事中悟出大道理，甚至独持一说，令人读后或凛然，或莞尔，无论如何，颇具意趣。

古玩大项莫过于青铜玉瓷，真正的古物都有自己的形态资质。青铜器由于埋藏地下历史过于悠久，自然形成的铜锈往往几层，所谓的红斑绿锈。古玉多有沁，水银沁、土沁、石灰沁、地火沁、血沁、铜锈沁等多种颜色，因质而异。青铜有红斑绿锈，远古的玉器有混浊沁色，这是经历了数千年岁月的沉淀方能如此模样，才是真品、正品、优品、上品、绝品，而愈加贵重奇珍，值得收藏鉴赏。细品研读二月河先生的散文随笔，亦如此。

先生以历史小说大家名世，数十年的研史功力自然在身。其读史谈悟别有眼光，古淡洗练的文笔、信手拈来地织缀叙事、写景、考据、评论、造境的技巧，都值得作文者效法。先生出行不多，受邀随行，总会随手写下观感，他的数十篇散文随记，涉及宛地及市外景点，无论何处，有与他人不同的视角和收获，谈说古今，文史、地理方面的知识密度很高，读来颇能受益。

二月河先生散文随笔的语言有的直抒胸襟，有的云烟平淡，无论何文，都大俗大雅，无拘无束，韵致悠长。

下面摘录二月河的句子片段，供文友体味。

幽默风趣型：

我承受不起中又存一分感动，什么时候你们听到二月河说这样的话，请你们带着体温计来找我。（面对读者评论"'落霞'三部直追《红楼梦》"）

金庸是天才，王朔是鬼才，二月是人才。（论作家）

天才可以不老实，人才得老实。（论作家）

拿起笔来老子天下第一，放下笔夹着尾巴做人。（论作文与做人）

夜里想了千条路，早上起来还是卖豆腐。（现实的无奈）

大狗咬大狗一嘴血，小狗咬小狗一嘴毛。（论宫廷斗争）

没什么目的，就像一只饥饿的羊，到了一片草地，见什么草都拼命吃，那叫"羊狼"。（论读书）

猪八戒吃人参果，囫囵吞下肚，不见得营养就流失。（论读书）

许多人认了出来，三五成群手指目眙评头论足，像是在看动物园新到的大河马。（趣言遇到"河风"）

城外一片土包子，城里都是包子馅。（论死生大义）

不被人注意是路边的石头，总被人敬是庙里的塑像，总被人恨是恶棍，被关注又爱又恨才是人，活人。（论褒贬评介）

世界上一般的人都耐不住寂寞，真正耐得住的人都不一般。（论学习成才）

从少年起就谨记保姆老太太的告诫：看女人要这样看——离着四五

十步，看脸，看身个儿；二三十步看腿；再近就看脚。这么着"每况愈下"地看，弄得我一辈子都不能迎视对面过来的女子。（趣说不会写女人）

情真意切型：

弱势群体无望的祝告与企盼永远是我关注的焦点。追求久远地拥有读者，是我著述的企盼。（面对读者）

数量比纸薄，爱心比天厚。二月河捐款比起那些慈善家，是小小的，微不足道，只是表达爱心罢了。（捐款时说）

南阳风土好，南阳人好，就是我的衣食生活之地，我已须臾不能离。我有太深的感情，死了也要埋在南阳。（回答是否离开南阳到外地发展）

我是尽自己心而已，但问做事，不问前程。（接受采访）

自己不是作为什么党代表、人大代表、作家身份捐款的，是作为二月河，作为有爱人心的社会人，作为有责任感的党员去捐款的。（捐款时接受采访）

嬉笑怒骂型：

先生们不必再去研究古地图、地形地貌沿革了，回过头来念念《三字经》，学习一下中华文明传承美德，似乎更必要一点。（讥专家确认诸葛亮躬耕地在湖北襄樊）

我笨得到现在才晓得，原来只要"做工作"，南阳便可以属襄阳。（论专家认定诸葛亮躬耕地不在南阳）

眼睛是横排的所以文字应该横排？那电线杆子还没法看了。（论恢复繁体竖排）

学术地位不是人选出来的，是自己挣的。丢人的事也是自己做出

的、自己挣的。（论襄阳"做工作"某些专家就凭空将诸葛亮躬耕地确认为襄阳）

虚怀若谷型：

一窝红薯娃，我是其中一个大红薯。（论说南阳作家群）

居然也学有小成，养有进益。修不成佛祖，修个菩萨也罢。（当有人称其为大家时）

二月河小小的，在学术界算不上个角儿。（评价自己）

视那纸糊的名号和荣耀算什么！（评价荣誉）

读者永是我神圣的上帝。（论与读者关系）

文坛上没有不落的太阳，二月河说死就死。（论生死）

我就是个大蛤蟆。（参加校庆，有人说他从小蝌蚪长成大青蛙了，他回答）

赞扬、鲜花、掌声都是人生的作料，人不能把作料当饭吃。（论荣誉）

随机应变型：

我喜看"沉舟侧畔千帆过，病树前头万木春"，但也有"老夫聊发少年狂"的愿景意气。（回答记者能否再创佳绩）

君住长江头，我住长江尾。（与孙皓晖对话，论起秦为封建社会第一国，清为封建社会最后一国）

我觉得一个人的成功要有三气，力气、才气，加上运气。（论成功）

我就不讲别的贡献，诗词、书法、音乐、医学、数学、写三篇地震论、培植两季稻，发明治水仪器，我都不说这个，我就说外语，你们哪个人能站出来说，我懂七门语言。（与大学生论康熙）

太阳下山了，你还能把它再拽回来？（说复出搞长篇创作）

绵里藏针型：

超越是极好的，读者可以读到更好的书……我决计不与人比赛。能写的话，凭自己的能耐写点什么就是了。（面对《中华读书报》载《两作家扬言超越二月河》）

巴尔扎克写了《葛朗台》，葛朗台数的是自己的钱，现在有人也数钱，数别人的钱，连葛朗台的品位都达不到。（论自己入中国作家富豪榜）

那么大的农业税都免了，还缺作家这点税？（论作家免税降低书价）

谁都想干坏事，但是你得想到后果。（论情人现象）

人世间再没有什么东西能吓倒我，禁锢得了我。（论人生磨难）

我是社会大学毕业的，学的是苦难系拼命专业。（论人生）

避重就轻型：

我从黄河边走来，来到白河边，二条河汇到一起，所以二月河是一条混浊的河。（当有人夸奖二月河是一条浩荡大河时说）

假如因此永远不能入大雅之堂，我只好永远不进去也罢。（应对评论界尖锐批评）

我写完清帝系列后，想写太平天国，写第二次鸦片战争，写洪秀全，后来老天爷说，二月河你身体不行了，你歇歇吧。（谓身体原因影响创作）

大狗汪汪叫，也得让小狗叫，狗们都来叫，看谁叫得妙。（论创作）

老百姓喜欢的东西是颠扑不破地要存在下去的。一部作品，无论是什么形式，它的生命力在时间和人群之中。（针对专家批判）

我的女儿爱读琼瑶、三毛，爱啃她的青苹果，谁能说她"不对"呢？我会因为她不爱读我的书而不爱她吗？别人也一样。（论小说）

饱学睿智型：

因为康熙、雍正、乾隆他们三个是一组，叫作"回光返照组"。封建政治、经济、文化都达到了极度成熟的阶段，写好康雍乾，好比从含量最丰富的水质里面折射出来很多东西。你再写嘉庆、道光、咸丰，文化上没有刻意的变化。（被问及为何不再继续把清帝系列写下去时的回应）

整个历史就是一个抛物线，秦王朝可以看到抛物线刚刚上抛的时候，产生激烈的灿烂的火花。到了康雍乾时候，是抛物线开始下落了。下落也是美丽的，一种流星的灿烂的曲线美。（论秦与清的区别）

蔡伦是太监、郑和是太监，毕昇是平民，黄道婆是道姑，我们要歌颂，康熙是个帝王，我们一样要歌颂。（面对批判）

朋友就要平等，是哥们，是兄弟，"朋"是两个"月"，两个"月"要一般大，不能写成一个大一个小，那就不是朋友的"朋"。（妙解朋友）

棋，属于人间，无论庙堂无论地摊，共享真趣。（论棋趣）

有的东西吃了进去，害得我们肚子拉稀不说也罢，说起来辱没煞人。（论崇洋盲目引进）

奔流东去之水浩荡，内中不含我这一滴。（面对退稿）

天下没有免费的午餐，天下没有不散的筵席，天下老鸹一般黑。（论生活）

二月河先生博古通今，云水襟怀，千锤百炼后的炉火纯青映现在语言上，或内敛含蓄，或洗练精干，或开朗坦率，或话藏机锋，或随机应变，或风趣幽默，时不时爆出精妙之语，读之爽目，品咂有味，睿智才华如同细泉涌出，给人绵绵启迪。

第三十四章

上智弘宛竭心智　大河已然化天河

南阳人民热爱二月河，亲切地称其为这座城市最好的文化名片、形象大使。这是最高的褒扬和认可，比得什么奖更有含金量。尤其在南阳这个城市。

南阳有三千年建城史，是春秋战国时全国七大都会，西汉时全国冶铁中心，东汉陪都，经济文化中心，有着"帝乡""南都"之称，有丰富悠久的历史文化内蕴，是一个值得三顾的地方。古往今来南阳一直是人才高地，除"四圣"外，二十四史载南阳名人有八百多位，波澜壮阔的人文故事接续精彩。今天的南阳是伏牛山世界地质公园核心区，南水北调中线渠首和主水源所在地、干流经过地，以"如花似玉、有情有爱"著称，世界产量第一的月季花、全球唯一的独玉，中国最大的艾草产加工基地，道德模范引领社会正能量，"时代楷模""全国道德模范"层出不穷，"南阳好人"现象引发关注。

二月河成为南阳人文的优秀代表，这是最高成就和收获。

法国历史家泰纳以写《英国文学史》而著名，在这本书的导言里，他提出文学的产生决定于时代、种族、环境三种要素的理论。二月河这块璞玉，有且唯有在南阳，方能去璞存真，雕琢成一方巧夺天工的美玉。

南阳盆地的山水灵气、人文历史浸润，这里的组织关怀以及在这里的无尽缘分，都组成了二月河创作的外部条件，博学多思，世事洞明，不乏诸葛孔明之睿智，安卧静思，潜心写作，与先贤往圣薪火相传，与南阳历史文化一脉相承；善待生活，随缘如水，守中为荣，宽怀容物，畅达乐观，为文为人有着宗教般的虔诚与执着，二月河在南阳成就了自己。文学评论家孙荪说："二月河的清帝系列小说的写成也许特别是得力于南阳的自然历史文化化育的人文氛围，得力于有包藏宇宙吞并天地肯于周密谋划善于深长思考的卧龙精神的滋养。"

是以，二月河唯有在南阳，方能汇聚百川，水量丰沛，形成浩荡澎湃的大河。

虽然南阳是中原边地，三线小城，他有更多的机会到郑州等"大地界"去发展，过生活，就像孩子离不开母亲，他从来没想过离开南阳。他热爱南阳，利用一切时机宣传南阳。

2006年夏秋之交，二月河四十年来首次回祖籍地南庄叩祭祖宗，他面对山西省的多家媒体记者采访：有没有可能以后选择到山西定居？他没有丝毫犹豫，毫不隐讳，坦率直言，作了否定回答："没有这种可能。南阳！南阳是我家，须臾不能离。南阳是我永远的归宿之地！"

二月河成名后，多次有记者问，是否会到郑州、北京等条件优越的大城市去发展，他说："我生长在南阳，成功于南阳，现在也生活定居在南阳。你们问过这个问题，我肯定地说，我不会离开南阳。我过去在南阳，现时在南阳，以后仍然在南阳。这个地方的环境氛围非常好，南阳有一个非常好的作家群，这个'群'相当团结，不像别地方的那些文人互相拆台。南阳这个作家群是全国最好的作家队伍之一。南阳的人民非常喜欢我，我感觉非常好。一个作家如果没有良好的心境，没有那种良好的氛围，就算有再好的天分，也只能在创作中夭折。曹雪芹不就是那样死的吗？当然，我这是在类比，不是攀比。南阳风土好，南阳人好，我已须臾不能离。"

那年，香港《明报》一记者采访，问："心目中哪个城市好？"二月河直接回答："我认为世界上最好的城市就是南阳。"记者又问："归宿地是何处？"他回答："'归宿地'通俗地说也就是'死了埋在哪里'。南阳是家园，南阳人民养育我成长抚育我成才，南阳就是我的衣食生活之地。我要说，我对南阳有太深的感情，死了也要埋在南阳。"

2011 年 5 月，二月河受邀，出任郑州大学文学院院长，对于市民、网友有关"二月河要离开南阳了"的担忧，二月河说："谢谢大家对我的关注，只有爱我才会如此挂怀担心，二月河记心中了。在我心里，我对南阳始终是'三不'，人不走，情不变，不放弃，所以担心都是多余的。"他表示，无论什么时候，他都是南阳作家群的光荣一员；无论什么时候，他与南阳都割舍不断；无论什么场合，他都努力维护推介南阳的美好形象。二月河说，他生活在南阳，做事在南阳，随着时间的流逝，只会与南阳、与南阳父老乡亲的情更融，谊更浓，心更近。

二月河很是欣赏黄裳的《金陵五记》，"反复不忍释手"。这本《金陵五记》，说的是金陵，又似游记散文，又似新闻简评，又似有感随笔。"我每次读它，常常废书而叹：倘使二月河有黄先生那样殷实的底蕴——富甲天下的学识，那肯定，我也要为南阳写个三记五记什么的。"因为"南阳有可记的东西"。

二月河谦虚地说，愿望仿黄裳先生那样，更落实于行动。他不是出色的行者，却是一个深邃的思者。逝世前的数年间，他拨冗走了一些地方，为南阳的风物人文，写了数十篇随笔，在《人民日报》（海外版）发表，影响很好，之后收录在《佛像前的沉吟》《人间世》等集中。

他视自己就是一个普通的南阳人，过着最平常的南阳世俗生活，早上一碗得月楼的火烧牛肉汤，或几个水煎包、油烙馍果腹，中午放下笔，到对门老陕西餐馆朵颐爽口耐饥的大海碗烩面。

后来，他与世长辞，几天内数万南阳人为他送行，许多人怆然涕下。这么多人来送行告别，是因为他并不平常；而这么多人不能自已唏嘘流涕，是因为他其实平常。

二月河是个勤俭过日子的人，早年，他院里编织铁丝笼子，养上几只鸡丰富生活，去菜市场捡别人嫌弃不要的红薯、萝卜、丝瓜、土豆等，剁剁拌拌正好养鸡。他是一位豁达的人，不因为捡菜叶而嫌丢人。"菜叶扔了也是浪费，捡起来养鸡，还省了环卫工打扫。"他就这样纯朴，明朗，豁达，开阔。

在南阳市七一路菜市场和同乐巷那一块，好多小生意者都认识穿大裤头、穿鞋不穿袜、常挂弥勒笑、表象显邋遢的大文豪，见面寒暄几句，招招手成为好朋友。是以他永别后，网友满怀伤情地说："这个曾经温暖启迪无数后人的文学前辈和文化大师，他手提菜篮步履蹒跚的身影，何曾在南阳的街巷里隐去？"

在外地人心中，二月河是一个大作家。在南阳人的心中，他更像是一位亲切的老邻居。未必每个南阳人都看过他的书，但几十年来，南阳人早已习惯了听他说话。

市里有什么文化活动，领导喜欢邀请"凌代表"露个脸，说说看法。

南阳的新闻记者，大事小事，也喜欢请"凌主席"出来讲两句话，做个评论。

市政府召开干部学习会议，请"凌老师"去讲一讲历史。

学校里送毕业生，请"二先生"给青年鼓鼓劲儿。

南阳作协开会，众作家喜欢请"二老师"出来传帮带。

要员视察，名流至宛，都想方设法与"大作家"晤面，畅谈一番。

青年作家出书，他热情地题词作序，他是青年作家心中最亲可敬的"皇叔"……

作为名家，平时有参加不完的各种会议，社会活动、来客应酬、接待文友，但有一点人们都知道，凡属商业活动他拒绝参加，公益活动文化活动，只要在家，无要事羁绊，随邀随到。无论是内乡县衙的衙署文化研讨会、元好问文化研讨、鸭河工区打造长寿之乡，还是赊店古镇恢复说唱书市，南阳师范学院、南阳理工学院等几所院校的文学讲座，他先后参与十余次，让学生们备受激励。《作文指导报》举办小学生作文竞赛，二月河亲自当评委，为小作者写评语，出席颁奖会，让这些文学的小蓓蕾，享受河水的沏润。仲景宛西制药公司举办张仲景医圣庆典、丹江大观苑举行楚汉文化启动仪式、邓州花洲书院采风恳谈会、范仲淹文化研讨、南阳的范蠡思想研讨会、纪念张衡活动，他都不辞辛劳，欣然参加。他乐意为古镇文化、人文景点代言，为南阳卧龙岗张目写作，为诸葛亮躬耕地之辩撰文，为张衡发明候风地动仪浑天仪遭人质疑而正名。

2016 年夏，年逾七旬的二月河不顾身体不适，带领一帮作家采风。当到达目的地时，他突然头晕目眩，瘫软在座位上起不来。大家都劝他回去看病，但他仅在车上吃了药，歇息半小时，待病情缓解后，执意继续进行，坚持与作家们一起采风访谈。2017 年 12 月，南水北调通水三周年，南阳新闻广播推出特别节目《中国梦·水之梦》。策划二月河、阎崇年通过电波再次畅聊，一起回顾南阳人民做出的极大牺牲，展望未来促进发展。很多听众根本不知道，这期节目是二月河躺在医院病床上完成的。当时二月河身体虚弱，说话都有些困难，带病坚持参与节目，他对家乡的热爱，拼力推介南阳的精神令人感动。"我干不了别的，借我的一点名气为文学上的事情助助威鼓鼓劲。"忍着疲惫难受，但他是那么诚恳迫切。

他淡泊名利，心系家园，却积极参与各类文学论坛、作品研讨会、座谈会，为中原文化传承发展把脉建言，帮助支持青年作家，亲自为青年作家培训班授课，推动南阳作家群成为盆地的文化形象和文化品牌，为"文学宛军"这面全国文艺界的旗帜增添了夺目光彩。

他认为南阳楚文化源远流长，与屈原颇有些渊源。南阳古属楚，淅川丹阳原为楚都，丹淅流域，屈原多次涉足和生活，今天的淅川县、内乡县、西峡县等地留有屈原岗、岵山、丹阳、白羽城、屈原祠、碑碣等许多与屈原有关的地名、传说、遗址和遗迹。南阳人要把端午过得再"丰盛些"，打造屈原端午文化品牌。南阳有美丽的白河，宽阔丰盈的水面，为长江以北城市所少见，而且几个县有漂流等游戏设施，应倡导先民遗风，举办龙舟赛等水上体育活动，邀请兄弟县市，甚至外省市来参赛，如果可能，形成南国以江浙、北方以豫宛为标志和盛名的龙舟赛事，这样我们不仅过好了端午，弘扬宣传爱国主义，更促进了南阳文化大市的构建，提高历史文化名城的知名度。

南阳月季花会上，二月河说："月季这花真是招人爱。无论她的色、香、味还是她的形、韵、神，哪一样都不输于牡丹……我们就不用羡慕人家洛阳的牡丹，更不要嫉妒开封的菊花——花都是好花，谁的最好，咱们骑驴看唱本——走着瞧!"二月河对南阳月季充满自信。

医圣祠,二月河说张仲景"医门之仲景,即儒门之孔子"。他为诸葛亮题词:"最大男子,极伟丈夫。"赊店古镇、内乡县衙、花洲书院等,都能看到他的踪影和留下的字句。五朵山,他说"神秘有兴味";香严寺,"是了不得的唐代大寺院";宝天曼,"北方少有之奇秀深幽"……他为内乡古县衙宣传,是赊店古镇的形象大使,乐作武侯祠、宝天曼、水帘寺的旅游推介人……二月河说:"我为南阳名胜代言。"

对于打造卧龙岗文化园区,二月河很为赞赏。他说,卧龙岗是南阳城区最值得关注的地方,是辉映宛城妖娆风姿的风景带,是豫西南风景首善之地,也是伏牛山之阳的美丽明珠,挖掘提炼,保护开发,对维护南阳历史文化名城形象非常重要。他提醒要注意做到"三结合",一是与历史事件结合起来,就是挖掘和开发故事,大的历史政治文化事件,代表一段历史进程,具有故事性、神秘性、传播性,分外诱人,比如天下人所皆知的三顾茅庐、庐中对策、三分天下,还有光武中兴等故事,都特别值得开发。二是与南阳文化结合起来,突出卧龙文化,诸葛亮身在草庐,心怀天下,淡泊明志,修身养性,立志报国,终不顾家,鞠躬尽瘁,死而后已等精神可歌可泣。百里奚、张衡、张仲景、范蠡、诸葛亮……这些千古人龙的智慧文化,还要与南阳特有的三国文化、玉文化、汉画文化、宗教文化、民俗文化、烙画文化等结合起来,强化南阳历史文化名城建设。三是与南阳百姓的期望结合起来,规划建设不能仅是几个专家跑跑转转写写看看、几个领导一拍板就可以的,要与南阳百姓的喜闻乐见结合起来,集众人智慧,要多征集、参考和借鉴百姓的感想建议,不断完善,真正使之成为集万众智慧美好风光之岗,以卧龙岗之智之美推介文化名市,走向世界。

二月河希望南阳能够从"有文凭村姑"蝶变"白领丽人"。他说,南阳有深厚的文化内涵,是个"有文凭村姑",尚未被世人识美。杭州美在西湖,扬州媚在瘦西湖,其实白河的市区段已经形成了两万多亩水面的碧波长湖。论面积,论水质,论水边景致的规划和建设水准,丝毫不比西湖差。要说人文内涵,西湖周遭有断桥、岳王坟等风物,据考证白河沿岸至少有三处古钓台，此外还有"更始拜坛""阴皇浣纱""李白望月"等风物传说，只要稍加开发，分量一点儿都不轻；西湖有柳浪闻莺，难道白河的"柳浪"就不"闻莺"？杭州风月无边，难道南阳的风月就有边？南阳在过去的岁月中过于内敛，她的美还待彰显和装扮罢了。我们常为南阳文化厚重而感奋，为她的魅力所陶醉。但南阳文化发展还受盆地意识影响，不会推介自己，随着物质与精神文明的不断进步，挖掘开发，建设好文化强市，南阳的美一旦彰显便会博得世人的惊叹和青睐。

二月河充分发挥自身影响，利用各种时机，不遗余力地宣传推介南阳，无论到马来西亚，还是全国各地，利用讲座、参会、游访的契机，时刻弘扬南阳文化。他先后走上中央电视台《百家讲坛》《走遍中国》《焦点访谈》《开讲啦》等栏目，讲述南阳故事、中原传说，向海内外展示了勤劳质朴中开拓创新、任劳任怨又大气担当的新时代河南人形象。

他生活朴素、热心公益事业，致力于关心帮助弱势群体，多年来，陆续为南阳文学艺术奖励基金、希望工程、贫困大学生、下岗工人、残障人士、贫困农民和校园文化建设、乡村振兴等捐款共计两百余万元。

这么些年来，在南阳人民心中，二月河没有任何负面消息，他是隔街招呼的邻家大伯，他是文化界人所称颂的"二先生"，他是一千万南阳人民深情可亲的形象大使。

南阳市委、市政府数任领导对二月河有个共论：二月河先生是南阳的骄傲，南阳人杰地灵，人杰靠什么，人杰靠名人，名山名水因名人而名，南阳历史上有很多名人，诸葛亮、张仲景、张衡、范蠡，而二月河就是南阳当代名人中的主要代表者，堪称"德艺双馨"。

2000年初，二月河突患中风，经过及时治疗，基本得到痊愈，但半边身子仍然麻木。他很是达观，把生命看得很透彻，"每一个人都是一个抛物线，上升时力度不可遏制，下落时，坠落的趋势也是不可逆转，弧线也是美丽的，二月河像所有人一样都要死"。

无论二月河再豁达、开朗，但由于年轻时不注意，过度透支，年事已高，身体素质的迅速下滑是无法逆转的。

2017 年 10 月，二月河参加了党的十九大，鉴于他的巨大影响力，大会组织的"代表通道"和各大报的"代表寄语"，都尽力邀请他参加。二月河的慧目论断，精言妙语，频频引发社会的高度关注。

党的十九大胜利闭幕，各地各单位想近距离听取党代表传达十九大精神，群众也想目睹党代表风采，二月河连轴参加省、市的报告会，受邀请为《人民日报》写稿，赴中央电视台参加《开讲啦》节目。持续不断的活动，让他不堪重负，累倒了。

这年深秋，他感觉到心慌胸闷，半边身子麻木得厉害，就入住南阳医专附属医院，这儿的医生护士他很熟悉，大家对"二先生"很是敬重，环境氛围相当好。检查中，发现他的脑血管有些堵，糖尿病、前列腺炎也加重了。厉害时，一晚上需要排便十几次，几乎睡不成觉。庆幸的是，在这里，他得到专家会诊精心救治，受到了护士们的最好照料，身体慢慢恢复了大部分机能。2018 年 2 月，他高高兴兴出院了，回家里安稳快乐地过了春节。

2018 年 4 月 18 日，农历三月三，中国社旗·赊店书会，在"中国历史文化名镇"盛装开幕，吸引了数万民众前来观看。早在 2015 年，他受邀担任古镇旅游推介形象大使，尽管属义务担任，他还热情地为保护古镇捐款六万元。所以这样的活动，他势必要参加，他很高兴，并且即席讲话。他说，恢复举办传统赊店书会，是传承优秀传统民俗文化、塑造地域特色文化品牌的重要举措，相信通过成功举办赊店书会，一定能够进一步丰富群众的精神文化生活，满足群众对美好生活的向往，打造社旗文化旅游的亮丽名片，使其成为南阳乃至中原文化旅游的盛大节会。

现场的文艺演出不久，他感觉不舒服。南阳到赊店数十公里，为赶时间不耽误开幕式，他没有吃早饭，或者休息不好，潜伏身上的病症复发了，他当时头昏目眩，感觉不妙，有点面僵，嘴角歪斜，不时有涎水滴落，与组委会同志说了情况，急忙离场返回南阳，又住进了医院。

医院做了检查，果不其然，中风复发。院方第一时间对二月河进行了很好的救治。

一个多月后，二月河的疾病得到控制，身体恢复了些，按照他的女儿多次的强烈的要求，他从南阳转院到了京城。

他的女儿在北京 301 医院上班，恐怕想让父亲得到更好的医术治疗，女儿的孝心和出发点，值得理解和肯定。

转诊去北京 301 医院，看起来先生身无大碍，是自己走上的救护车，还双手合十向送行的医护人员连连表达感谢。一家人本以为只是去短暂治疗，很快就能回来。这么些年来，南阳人民与先生也从没有分开过多长时间。

没想到，就此一别，再无归期。

在北京住院期间，二月河先生的夫人、弟弟、女儿和女婿一直侍奉在侧，精心照顾。

专家们对二月河的身体状况做了全面的检查，给予了客观评估，会诊后拿出几套方案，是先治中风，还是先治心脏病、糖尿病，是否同意下支架，或者齐头并进，全面介入治疗？家属商议后，抓主要矛盾或矛盾的主要方面，做出决定，哪种病严重就先治哪儿，就先主攻治疗脑梗，应该说，这是多项中的最佳选择。

京城专家们的治疗手段立竿见影，治疗情况很好，恢复得相当不错。4 月底，南阳老朋友们去医院看望二月河，他很激动，强坐起来，安慰朋友说："放心吧，没事，过段时间我就回去了。"可以说治疗状态很理想，他对自己很有信心。

没想到，6 月初的一天，突然心梗激发病情恶化，陷入昏厥，不省人事，立即送进重症监护室抢救。几天的惊心动魄紧急治疗，好在有惊无险，抢救了过来。

如大河有峭壁束缚，危崖挡道，有波折逆流，惊涛骇浪。他的病情一直不稳，时好时危，很揪人心。

家人十分惶恐不安。因为早在十几年前，医生就慎重交嘱，若再复发，有可能"扳不过来"，留下严重后遗症，甚至可能"龙驭上宾"。所以，稍复稳定时，家人在安慰他的同时，也征求了他的意见。二月河是个唯物主义者，在清醒中思考了后事，对身边人一个个做了郑重的深情的嘱咐。

他对夫人说，好好活下去，好好过日子。只要活着，就是胜利。

他嘱托弟弟说，照顾好你嫂子，长嫂比母，你嫂子不容易，为家庭，为我们大家，付出了太多，假若自己真的走了，一定要照顾好你嫂子的晚年。

他对女儿说，人生七十古来稀，要有看淡生死的观念。即便这一次治愈出院，还有下一次的生病，万里长城今犹在，不见当年秦始皇。所以，生病正常，死亡也正常。他再三强调，不管是这一次或是下一次，不管他在哪里、啥时候病逝，一定要把他运回南阳，安葬在家乡。

他勉励家人们，都要好好工作，好好生活，把每一天过好，过得有价值。他就是这么乐观，向上，平静，从容。

年轻时就潜伏的气管炎，时时跑出来发作，此阶段又乘机发威捣乱。为了保障顺利呼吸，在后期，专家组讨论后，对其喉部动了手术，进行了气管切开术，他失去了发声能力。

二月河顽强地挺过，又一次转危为安，回到普通病房。这让家人很宽心。当时，在亲戚拍摄传过来安慰笔者的视频里，可以看到他的情况很好，穿着宽松的病号服，脸色苍白，浮肿，虚弱，稀疏的头发，更疏落了不少，但行动已能自如，恐怕是鼻尖处有蚊虫或是痒痒，他一边看着电视，一边自己挠痒，精神状态已复如正常。

看到他的身体逐渐好转，家人朋友都长呼口气，放下了紧绷的心。

然而情况又时好时坏。2018 年 8 月，他再次入重症监护室抢救，全身插满管子，各种机器闪烁指示灯，显示着他正同病魔进行着艰难的搏斗。

可能大河缺乏了源流的滋补，于是，各种各样的液体，清澈的，浑浊的，乳白的，红色的，源源不断地补充，输入。

通过观察传来的视频，可以看到，他成为一条搁浅的鲸鱼，大张着嘴，似乎呼吸不畅，感觉到很是缺氧。他目光涣散，呆滞，无神，眼睛时张时闭，缺乏了精气神。

那个说话底气十足、豪爽磊落的汉子，现如今每天则只是昏睡，似乎要把这些年没睡好的觉，一下子补回来。

他给人的感觉，好像又完成了一部长篇巨著那样，刚进行了一段浩瀚的沙漠之旅似的，实在疲惫不堪，元气了无。

先生数十年的知交好友、"军中儒将"田永清政委，让爱人陪同二月河家人，未雨绸缪，为他预先置备好了寿衣。

有稍微好点的时候，他就在重症监护室的病床上，两眼望天，一动不动，一望就是好久，是在回顾过往，还是在构思下一部作品，没人知道，不敢打断他的思绪。

进入12月初，他情况又很是好了起来，精气神振作了不少，脸色也日渐红润。大家欢欣鼓舞，还乐观地讨论，照此下去，春节能够回家过年了。

谁也没想到情况急转直下，突发意外，突然巨星陨落。这尊胸怀历史风云、写尽帝王悲欢的躯体，终于在使完移山心力后，油尽灯枯。12月15日凌晨2点17分，因糖尿病突然引发了心衰及多脏器衰竭，经医院大力抢救，仍然回天无力，二月河不幸辞世。

江河奔流，日薄西山。

夕阳如血，霞光灿烂，映照着北京浩大庄严神秘无语的龙楼凤阙，映照着一个昔日雄壮强盛王朝的暮色中的沉丧。

千古兴亡多少事，悠悠。不尽长江滚滚流。

就在离这片掌控数百年权力核心的宏大建筑群的不远处，写尽它辉煌的一代小说大师，那颗不屈跳动了七十三年的心脏，渐渐羸弱，慢慢停息，从此弦断琴毁，广陵散绝。

恰似一江春水向东流，永不回首。

三部巨著论沉浮，沉浮已定警后世，二月河里赏春秋，春秋不再醒未来。

第三十五章

哀荣中外是高度　遗作"落霞"足千秋

多年之前，看淡生死的二月河在谈到自己的疾病时说："我承认我不是太阳，我只是一个小星星，没有不落的太阳，也没有不落的星星。"现在，这颗星辰真的陨落了，人们抑制不住无尽的怀念。

"星辰的陨落，这令人可怕可恨、心悲恸绝的一切，猝然降临在 2018 年 12 月 15 日，一个黑色的、冰冷的、沉痛的、心碎的日子。"

"这天，一颗奋斗的心脏停止了跳动，一具智慧的头脑歇息了思考，一条澎湃的大河瞬间断流，一位可敬的亲人永离了我们。"

"二月河先生驾鹤仙去，'红学'苑圃憾枯奇葩，小说丛林倾颓大树，中原文化残缺名片，华文文坛顿失一极。"

从当日清晨始，人民网、新华网、央广网、中国网、海外网、国际在线、央视国际、中国日报网、中青在线、中国经济网、光明网、中工网、中国新闻网、求是网、学习时报网、中国军网等新闻网，以及凤凰、搜狐、新浪、网易、环球、中国台湾网等著名网站，《人民日报》等各大报刊的公众号、电（视）台，全国数百家各级网络媒体，都先后播发了二月河先生去世的消息。

许多媒介，包括自媒体报道："中原南阳，更陷入深沉久长的悲痛。从政府官员到文化名宿，由繁华城区到穷乡僻壤，各行各业不同阶层的群众，包括贩夫走卒引车卖浆者，许多人哽咽失声，泪落如雨。"

第二天，《人民日报》（海外版）、《光明日报》、《中国青年报》、《新华每日电讯》、《河南日报》等全国数百家纸媒，发表了二月河辞世的新闻。美、日、加、韩、法、英、德、越、印尼、马来西亚、新加坡等国外的华文、英文报纸及网站，以及我国的台湾地区、香港特别行政区和澳门特别行政区的媒体，也竞相发表新闻，悼念"最受海外读者欢迎的中国作家"二月河先生。

自12月15日二月河去世，到12月19日追悼会举行，河南省及南阳市的各大报刊《河南日报》《大河报》《东方今报》《郑州日报》《郑州晚报》《南阳日报》《南阳晚报》《南都晨报》等报刊的编辑记者压抑悲伤，采访撰写，加班加点，纷纷接连编辑专版，对先生生平事迹进行介绍，刊登社会各界的怀念文章。河南广播电视台、南阳广播电视台都精心制作音（视）频，回顾缅怀二月河光荣曲折的一生。

那些天，数万人次到灵堂拜祭先生，有京、晋、鲁、鄂、湘等十余省，河南省的郑、洛、汴、许、商、鹰城、新乡等城的政府领导、文艺团体、文化名人及二月河生前好友或发来唁电致哀，或专程前来参加追悼会，作最后的告别。更有千万计的读者们，在网络上表达缅怀追思。

这是人们发乎内心的敬重，这是读者至真至性的爱戴。

因为先生是一位奇人，一位仁人，一位巨人，一位贤人。

追悼会上，官方撰颁诔辞。由南阳市委宣传部起草、河南省文联修改、河南省委办公厅和省委宣传部定稿的《二月河（凌解放）同志生平简介》中认为：

> 二月河同志是"文学豫军"和"南阳作家群"的领军人物，他创作的长篇历史小说"落霞三部曲"《康熙大帝》《雍正皇帝》《乾隆皇帝》，是史诗般的鸿篇巨制。
>
> 二月河同志是信念坚定、对党忠诚的优秀共产党员。
>
> 二月河同志是坚守初心、笔耕不辍的杰出楷模。
>
> 二月河同志是党和人民的好代表，是德艺双馨的文化大家。
>
> 二月河同志的一生，是自觉坚持马克思主义世界观、人生观、价值观的一生，是坚守共产党人理想信念的一生，是勤勉耕耘、硕果累累的一生，是为党的文艺事业努力奋斗做出重大贡献的一生。

二月河同志的逝世，是中国文学界的重大损失。

二月河同志的文学遗产，是中华文学的宝贵财富。

国家级的报刊、电（视）台，海内外的各种媒体，或引用宣传部、文联（作协）领导的评价，或引用理论界名家的评论，或根据社会风闻给予高度的认可：

在当代，二月河写的长篇历史小说至今是没人能超越的高峰，从艺术性、流传性的角度，没有什么人可以超越他。

他以史诗般的规模，打造了一座文学高峰。

二月河先生是河南文学界的一面旗帜……20 世纪 90 年代就以帝王三部曲享誉文坛，皇皇五百余万字，代表了中国长篇历史小说的高度和成就，为海内外读者所熟知。

著名作家二月河是南阳文艺界的旗帜，他以康、雍、乾"落霞三部曲"的皇皇巨著及散文随笔等精品力作，为河南和中国文坛做出了杰出的贡献！

二月河的作品……是当代华文历史小说创作的里程碑，代表了一种高度。

他是中国当代文学的重量级作家，一个在海内外有广泛影响的历史题材文学大家，一个在文学上呕心沥血的长途跋涉者。

他为河南文学事业乃至中国文学事业做出了突出贡献，是中原作家群、南阳作家群的杰出代表，他的去世是河南文坛乃至中国文坛的重大损失。

文坛巨匠陨落……他的精神值得我们所有人学习。

二月河和他的作品再次给人们以启迪：只有那些真正把读者放在心上，包含家国情怀、展现中国气派、遍览历史风云、打磨时代镜鉴的作品才能真正深入人心。

他的作品也因此受到各阶层读者的普遍欢迎，一度成为重要的文化现象。

二月河是重量级的华文世界作家，为中华文化的精神传承做出了杰出贡献。

有华人处就有二月河小说，二月河先生留下的精神财富永远与我们同在，与中华民族同在。

…………

各级新闻媒体，从不同角度给予二月河客观的评价，高度的认可。盖棺论定，可以告慰二月河，先生足以瞑目。

党和国家领导人，从中央到省市各单位，或送花圈、送挽幛，或亲来告别，对二月河同志逝世表示悼念和慰问。

2018 年 12 月 19 日，二月河面目安详，静静躺在苍松翠柏丛中，鲜花环绕，身盖中国共产党党旗，给世界留下了最后的影像，永别热爱他的亿万读者。

往来千里路长在，聚散十年人不同，凌解放从人生的道路踽踽散去。"落霞"息隐西山，轰轰烈烈的"康雍乾"舞台锣罢鼓歇，从此谢幕，烟波连天横无际涯的故事真正画上句号。

刊载于 2018 年 12 月 20 日《南阳日报》头版头条新闻报道：

二月河同志遗体送别仪式举行

黄坤明朱镕基李岚清吴官正刘云山等对二月河同志逝世表示悼念和慰问

王国生陈润儿等表示悼念和慰问

赵素萍穆为民代表省委省政府看望慰问二月河家属

并参加遗体送别仪式 张文深霍好胜等参加

本报讯（记者陈琰炜 张提）12 月 19 日，中国共产党的优秀党员、当代著名作家二月河（凌解放）同志遗体送别仪式在南阳市殡仪馆举行。

二月河同志因病医治无效，于 2018 年 12 月 15 日凌晨逝世，享年 73 岁。

黄坤明、朱镕基、李岚清、吴官正、刘云山、张春贤、吉炳轩、刘奇葆、肖捷、刘延东、陈至立、孙家正、常万全对二月河同志逝世表示悼念和慰问。

对二月河同志逝世表示哀悼并向其亲属表示慰问的还有：铁凝、李屹、钱小芊、陈宝生、谢伏瞻、王国生、陈润儿、南振中、宋照肃、金炳华、彭小枫、支树平、李金明、戚建国、郭旭恒、刘伟、叶冬松、申长雨、陈冬、习远平、赵实、翟泰丰、李冰、李敬泽、赵素萍、任正晓、孔昌生、穆为民、毛超峰、李文慧、王保存、戴柏华、程志明、谢玉安、刘炯天、罗益昌、任国荃、徐宝龙、徐航、杜祥琬、夏林、李慎明、陶克、卢长健、袁启彤、王全书、尹晋华、曹维新、张大卫、王菊梅、刘满仓、孔玉芳、张璞、王和平、田永清、万昌鸿、刘殿长、莫言、熊召政、周大新、柳建伟、阎崇年、吕启祥、张庆善、李庚辰、孙伟科、陈长琦、夏渌娟、张文深、霍好胜等。

全国人大常委会办公厅、中宣部、中国文联、中国作协、教育部、中国社会科学院、河南省委、省人大常委会、省政府、省政协等中央、省、市有关单位敬送了花圈。

二月河同志生前的亲朋、战友、同事等，在二月河同志病重住院期间和逝世后，也前往医院探望或通过各种形式表示沉痛哀悼。社会各界人士、单位企业、团体组织等也纷纷通过电话、唁电、微信、微博等形式志哀悼念。

赵素萍、穆为民代表省委、省政府看望慰问二月河家属并参加遗体送别仪式。李金明、李敬泽、罗益昌、田永清、何东成、陶克、王守国、邵丽、牛书成、周百义、赵钢、张庆善、李兴成、吴宏阳、魏一明、董焕琳、杨炳旭、张国臣、刘海程、尹志勇、康志刚、张文深、霍好胜等参加二月河同志遗体送别仪式。参加遗体送别仪式的还有离退休老干部、二月河同志的亲属、生前亲朋好友、社会各界人士以及二月河原籍山西省昔阳县的同志等。

灵堂中，"生于晋长于洛成才于宛巨星一轮耀四海　砺于武磨于史建树于文落霞三部传千秋"的挽联高悬，低沉回荡的哀乐中，二月河同志的遗体面容安详，安然静卧在鲜花丛中。各界人士排队肃立默哀，深深鞠躬，为二月河同志送别。

…………

文坛巨擘书长风，彩霞云散落南阳。因为二月河先生是南阳城市的形象大使，是中原文化的绝好名片，是一千万南阳人民心中可亲可敬的不可或缺的亲人。他手提菜篮步履蹒跚的身影，他伏案刻苦创作的形象，他在报刊、电（视）台宣传南阳的影像，永远铭刻在家乡人的心中。数万市民自发地聚到南阳殡仪馆，参加二月河的告别仪式，瞻仰遗容，送先生最后一程。告别大厅内外，俱是一片悲泣声。让人感动的，不仅仅是他的书，更有他的人，他的精神。

二月河最终魂归他念兹在兹的南阳，安厝休息在紫山陵园。

"霞落三部曲，冰开二月河。"先生率性朴实，豪爽大气，是一位卓越的大家，是一位可促膝长谈的长者。二月河生前对南阳心心系念，南阳人民更对先生时时不忘，以举办烛光追思会、共读先生著作、举办研讨会等活动，抒发深沉的缅怀之情。青年作家们成立二月河研学会，化悲痛为力量，研讨汲取，继承遗志，成为燎原的星火，正在为弘扬矢志不渝、敢为人先、负重前行、追求卓越的二月河文学精神做着努力。

八千里路星和月，一路风尘一路歌。2019 年 8 月，南阳青年作家围绕"报国爱党、崇文尚学"主题，缅怀铭记二月河先生，擎起"重走二月河人生路"旗帜，行进豫、晋两省十余城市，进行文学采风，重叠二月河早年人生经历，感悟先生博大的文学精神。八位青年作家冒着酷暑，跨河走川，翻山越岭，历黄河、汾河、桑干河、湍河、白河，越伏牛、太行、太岳、中条群山，行程八千里路，赶赴晋省昔阳县、武乡县、太原市、大同市、运城市，豫省三门峡市陕州区、栾川县、邓州市、南阳市卧龙区等，拜谒二月河当年出生的大院，到凌氏祠堂替其祭祖，参访他军旅时老部队，挖煤的矿井，幼年所生活和学习的地方，采撷感悟二月河早年的动人风采，领略促进二月河成长的风土人情，并与当地作家文友联谊座谈，互相赠送创作出版的书籍，赠送著名书画家的精品力作和关于南阳人文的杂志，促进了两省间的文化沟通交流。《南都晨报》开辟专栏跟踪报道，全国许多报刊和网站给予关注。

永别二月河先生，是中国文坛和华文文学的巨大损失，研究整理二月河的创作成果，追随探究二月河的成长历程，缅怀致敬二月河的文化贡献，学习承继二月河的文学精神，成为广大读者的渴望。二月河研究学会、卧龙作协的作家们编纂出版了国内外首部缅怀先生的文集《二月河先生纪念文萃》，分"亦师亦友""高山仰止""落霞焕映""文学风流""诗心哀思"五部分，包含散文随笔、文学评论、诗歌挽联等内容，既有文坛名家，青年作者，先生的至交亲朋，更多是普通文友，包括奔波劳碌的打工者，大家含泪写稿，不同角度追思，或深情回忆与他的交往，述说鲜为人知的故事，怀念其人格魅力，或谈读其著作的感悟，受到的教益。

南阳红学会编辑了《落霞满天：二月河先生纪念文集》，郑州大学二月河艺术研究中心编纂了《永远的记忆：二月河先生纪念画册》。

这一本本真诚记录、畅述内心、共同纪念的书作出版，对于中原文化、华文文学、名人研究等方面，都富有深远意义。

每到清明、先生的忌日，或者春节期间，络绎不绝的文学爱好者、青年作家、普通市民等，到先生墓地，焚一炷香，烧一沓纸，奠一杯酒，默默地致哀，在先生身边待一会儿，让先生在大地之中，不会感觉到孤寂和苍凉。

文脉承延的南阳铭记着二月河，崇文向学的南阳始终敬仰着二月河。二月河的作品，二月河的精神，二月河的一切，与南阳文化息息相关，须臾不离。

因为二月河的率先之举、经典之作，金庸先生称二月河为"凌大侠"。二月河在那个倏然转向的年代，以思想的澎湃解放，迸发无畏的破冰勇气，以极大的创新意识，敢为人先的光芒魄力，创作了大气磅礴别具一格、亿万读者喜闻乐见的优秀作品。在长篇历史小说创作领域，他当然是英雄，是大侠，是先锋。大河奔流，势不可当，二月河作品走出中原，走向海外，走向世界华人读者群，收获了那么多人的喜欢，几乎影响了一个时代的文学创作和影视潮流。

这个民族有希望，厚爱自己的英雄；这个民族有前途，崇仰自己的先锋。

因为其作的阅读趣味，人世间那么多的孩子知晓了历史，开始喜欢和热衷阅读历史，沉浸历史，这是多么美好的景象。

因为其作的启蒙开发，全世界华人的孩子由一条便捷的路程，伊始接触、了解、学习和喜爱、承继、弘扬中华传统文化。

因为其作的滉漾弥漫，流布广远，青年一代增智明理，树立文化自信，深入研究和承继祖国经典文化，更加热爱伟大的祖国。

因为其作的家喻户晓深入人心，伴随了一代代青少年的成长，同样陪伴了一位位读者的老去。是以，人们感谢二月河，感谢他的付出，他的陪伴。

云山苍苍，江水泱泱，先生之风，山高水长。先生正大，千秋敬仰。

二月河先生已然逝世，衷心祈祷：仁厚亲爱的大地呵，愿渗泅在你的怀里，永安一条大河的魂灵。

有哲人说过，宇宙里生命不息，当每一个人的一世进入其中，它就活在了整体，活在了无限，而不仅是一个家庭，一块地域。当任何一个人的离去，如果说是这个整体的部分失去，那仅仅是带走了一部分病毒、疼痛和恐惧，但生命依然不息。

日月经天，江河行地。先生久远地活在文化中，活在读者的阅读中，活在喜欢他的人的心中。

在中国乃至世界华文文学的宏大版图上，二月河奔腾不息，滔滔永恒。

世上已无凌解放，人间长有二月河。

2021 年 7 月撰于龙王沟陡沟村

附录一

二月河著作出版年表

1985 年 11 月,《康熙大帝·夺宫》,黄河文艺出版社。

1987 年 6 月,《康熙大帝·惊风密雨》,黄河文艺出版社。

1988 年 8 月,《康熙大帝·玉宇呈祥》,黄河文艺出版社。

1989 年 12 月,《康熙大帝·乱起萧墙》,黄河文艺出版社。

1991 年 6 月,《雍正皇帝·九王夺嫡》,长江文艺出版社。

1993 年 5 月,《雍正皇帝·雕弓天狼》,长江文艺出版社。

1994 年 1 月,《乾隆皇帝·风华初露》,河南人民出版社。

1994 年 5 月,《雍正皇帝·恨水东逝》,长江文艺出版社。

1995 年 12 月,《乾隆皇帝·夕照空山》,河南人民出版社。

1996 年 11 月,《乾隆皇帝·日落长河》,河南文艺出版社。

1997 年 9 月,《乾隆皇帝·天步艰难》,新世界出版社。

1998 年 12 月,《匣剑帷灯》,长江文艺出版社。

1999 年 4 月,《二月河作品自选集》,河南文艺出版社。

1999 年 7 月,《乾隆皇帝·月昏五鼓》,河南文艺出版社。

1999 年 9 月,《乾隆皇帝·秋声紫苑》,河南文艺出版社。

2001 年 2 月,《二月河文集》,长江文艺出版社。

2004 年 1 月,《二月河语》,昆仑出版社。

2005 年 8 月,《二月河妙解〈红楼梦〉》,长江文艺出版社。

2007 年 9 月，《密云不雨》，作家出版社。

2007 年 9 月，《胡雪岩》（与薛家柱合著），长江文艺出版社。

2009 年 2 月，《佛像前的沉吟》，河南文艺出版社。

2009 年 7 月，《雍正皇帝·评注本（全三册）》（二月河著，蔡葵评注），长江文艺出版社。

2011 年 10 月，《随性随缘》（二月河著，凌晓编选），长江文艺出版社。

2014 年 4 月，《人间世》（二月河著，凌晓编选），时代文艺出版社。

2015 年 9 月，《二月河说反腐》，人民出版社。

2016 年 9 月，《旧事儿》，大象出版社。

（备注：二月河作品有多种版本，重印累计数十次，本著只录最初版本，重印忽略。盗版甚多，不列入研究。自 20 世纪 90 年代以来，其部分作品及文集，在中国台湾地区、香港特别行政区以繁体字多次出版，并在美国、日本、加拿大、韩国、英国、法国、德国、瑞典、马来西亚、新加坡、越南、泰国、缅甸等数十个国家翻译出版，没有收录。）

附录二

二月河生平年表

一、1945—1981 年

1945 年 11 月 3 日，出生于山西省昔阳县南庄。

1947 年 12 月，与母亲随刘邓大军南下，到河南省洛阳地区。

1948 年 4 月至 1949 年 9 月，在河南省栾川县生活。

1949 年 10 月至 1958 年 6 月，在陕县、洛阳生活，上小学，经常在两地间搬家，学校间转学。

1953 年 4 月，随父亲凌尔文首次到山西昔阳省亲。

1958 年至 1962 年，在邓县四中读书。

1962 年至 1963 年，在邓县一高中读书。

1963 年 9 月至 1966 年 6 月，在南阳三中读书。

1966 年 8 月，与堂兄凌振祥到昔阳故宅祭祖。

1968 年 3 月，入伍到解放军总后勤部大同办事处太原兵站基地。

1968 年 10 月至 1969 年 12 月，在大同市郊区胡家湾煤矿挖煤。

1970 年 1 月至 1978 年 11 月，部队换防至辽宁省凌源县，先后任政治处干事、连副指导员。

1978 年 12 月至 1984 年 11 月，在南阳市（县级）委宣传部工作，先后任科员、副科长、科长。

二、1982—2000 年

1982 年 9 月，出席在上海召开的第二届全国《红楼梦》学术研讨会暨红学会年会。

1983 年 6 月，南阳市集邮协会成立和召开第一次代表大会，当选理事。

1984 年 12 月至 1995 年 5 月，任南阳市（县级）文联主席。

1986 年 5 月 24 日，黄河文艺出版社举办《康熙大帝》座谈会，冯其庸、周远廉、邓庆佑、冯统一等名家参会。

1987 年 8 月，时任长江文艺出版社助理编辑周百义到南阳拜访二月河。

1988 年 5 月，周百义二赴南阳，与二月河签下《雍正皇帝》的出版合同。

1989 年 10 月，《康熙大帝》获"河南省改革十年优秀图书一等奖"。

1992 年 5 月，《康熙大帝》获河南省首届文学艺术优秀成果奖。

1992 年 10 月，获国务院政府特殊津贴。

1994 年，根据《康熙大帝》第一卷改编的同名电视剧在中央电视台黄金时间播出。

1994 年，获评创作一级职称。

1995 年 3 月 16 日，发起成立南阳市红楼梦研究会，当选会长。

1995 年，《雍正皇帝》获湖北省优秀图书奖，次年获河南省第二届文学艺术优秀成果奖。

1995 年 6 月，任南阳市文联副主席。

1996 年 1 月 6 日，《雍正皇帝》研讨会在京举行。《北京青年报》发表了题为"《雍正皇帝》横空出世，首都文坛好评如潮"的文章，认为《雍正皇帝》是"现代乃至近代以来，历史小说创作的最为重大的收获"。《新闻出版报》发表《不可多得的历史小说》，盛赞《雍正皇帝》"堪称一部清代中华民族文化的百科全书"。

1996 年 2 月，中央电视台邀请二月河做电视专题节目——《二月河与〈雍正皇帝〉》。

1996 年 8 月，参加河南省第三次作代会，当选为副主席。

1996 年 12 月，"南阳市首届《红楼梦》学术理论研讨会"举办，二月河参会并致辞。

1997 年 7 月，当选中共十五大代表。

1999 年 1 月 3 日，根据《雍正皇帝》改编的电视剧《雍正王朝》在中央电视台播出，引起全国轰动，拿下中央电视台收视率冠军，受到文艺界及广大观众好评。

1999 年 5 月，南阳市集邮协会召开第四次代表会，凌解放被推举为名誉会长。

2000 年 5 月，被评选为全国先进工作者。

三、2001—2018 年

2001 年 1 月，根据《康熙大帝》改编的电视剧《康熙王朝》在中央电视台播出。

2001 年 2 月，被中国红学会特聘为中国红楼梦研究所研究员。

2001 年 6 月，任河南省文联副主席（兼），8 月，当选河南省作协副主席。

2001 年 12 月，被河南省集邮协会授予"河南省集邮先进个人"荣誉。

2001 年 12 月，参加中国作协第六次全国代表大会。

2002 年 7 月，当选中共十六大代表。

2003 年 2 月，当选第十届全国人大代表。

2003 年 7 月，受聘为河南师范大学文学院名誉院长、教授。

2006 年 8 月 8 日，四十年来首次回晋省亲，晋、豫两地的数十家媒体进行了报道。

2006 年，版税收入 1200 万元，为该年度中国作家收入排行榜第二名。

2006 年 11 月，参加中国作协第七次全国代表大会，当选主席团委员。

2007 年 7 月，当选中共十七大代表。

2007 年 9 月，参加河南省第五次作代会，被选举为河南省作协名誉主席。

2008 年 2 月，当选第十一届全国人大代表。

2008 年 5 月，受聘为安阳师范学院兼职教授。

2010 年 3 月，受聘为广东海洋大学客座教授。

2011 年 5 月 24 日，受聘为聊城大学名誉教授。

2011 年 6 月 26 日，受聘为郑州大学文学院院长。

2011 年 10 月 15 日—18 日，作为特邀代表列席十七届六中全会，就促进社会主义文化大繁荣大发展建言献策。

2011 年 11 月，参加中国作协第八次全国代表大会，当选主席团委员。

2012 年 7 月，当选中共十八大代表。

2012 年 12 月 26 日，南阳红学会年会，二月河、秦俊为"红坛"揭幕。

2013 年 2 月，当选第十二届全国人大代表。

2013 年 3 月 5 日，全国人大代表履职，接受访谈，表示要为民讲好三种话——讲好普通话，讲好河南话，讲好南阳话。

2013 年 12 月 27 日，被推举为河南省文联名誉主席，同时任南阳文学院院长。

2014 年 3 月 7 日，参加第十二届全国人大二次会议。

2014 年 7 月 22 日，中纪委监察部网站推出《聆听大家》栏目，首访二月河。

2015 年 1 月 9 日，大型纪录片《鉴史问廉》在中央电视台播出，二月河评说中国廉吏。

2015 年 4 月 3 日，应公安部政治部邀请，为公安英烈题词："碧血碧血化为蝴蝶，你们因鲜血和生命换来人民的幸福与安宁，你们的生命融化在我们的事业中，你们是最可敬最可爱的大写的人。"《人民公安报》等刊发新闻。

2015 年 10 月 25 日，南阳红学会成立二十周年，致辞认为红学研究与火热时代相连才能出成果。

2016 年 3 月 6 日，以人大代表身份接受人民网、海外网等记者专访，提出应为文化产品减税，中国反腐力度史无前例，让贫困地区群众也享受到与城市居民同等的文化服务。

2016 年 10 月 31 日，出席中共河南省第十次代表大会。

2016 年 11 月，参加中国作协第九次全国代表大会，当选为主席团委员。

2017 年 7 月，当选中共十九大代表。

2017 年 9 月，第十一届中国（郑州）国际园林博览会举办，为永久性园林馆"南阳园"题名。

2017 年 10 月，参加中共第十九次全国代表大会。

2017 年 11 月 18 日，参与中央电视台《开讲啦》节目，与全国观众分享对读书和生命的感悟。

2018 年 12 月 15 日，因病在北京 301 医院辞世。

附录三

二月河研究专著

陈春建：《奔腾的二月河》，人民日报出版社，2000 年。

冯兴阁、梁桦等主编《聚焦"皇帝作家"二月河》，广东人民出版社，2003 年。

张德礼等著《二月河历史叙事的文化审美建构》，人民出版社，2005 年。

鲁钊：《直面"皇叔"二月河》，河南文艺出版社，2011 年。

郭尊：《姚雪垠与二月河历史小说比较研究》，中国矿业大学出版社，2012 年。

吴圣刚编著《二月河研究》，河南大学出版社，2015 年。

鲁钊主编《二月河先生纪念文萃》，河南文艺出版社，2019 年。

郝敬波：《二月河论》，作家出版社，2020 年。

郑州大学二月河文学艺术研究中心编著《永远的记忆——二月河先生纪念画册》，河南文艺出版社，2021 年。

此外，《中国历史小说通史》《中国当代文学概论》《河南文学史·当代卷》《中国现代文学作品导引 1917—2000（第三卷）》《最后的浪漫：二十世纪九十年代文学研究》《中国文学世纪初与世纪末》《中国当代长篇历史小说的文化阐释》《历史与文学的想象》《文学的星群——南阳作家群论》

《南阳当代作家评论》《感知与阐释》《南阳当代名人录》《南阳名人研究》《河南当代名作家传略（1919—1980）》《中国百年流行小说：1900—2010》《中国历史文学的世纪之旅——现当代历史题材创作国际研讨会论文集》等专著中，都有专门章节介绍二月河的小说艺术成就。

附录四

关于二月河的文学评论

冯其庸：《龙腾虎跃 波谲云诡——读长篇系列小说〈康熙大帝〉》，《奔流》1987 年第 9 期。

周百义：《不同凡响的艺术魅力——读长篇历史小说〈雍正皇帝·九王夺嫡〉》，《小说评论》1992 年第 2 期。

张书恒、王志尧：《论历史小说的内在机制与审美特性——兼评二月河的〈康熙大帝〉》，《南都学坛》（社会科学版）1992 年第 1 期。

陈继会、陈贞权：《〈康熙大帝〉的意义——兼论"大众文学"的历史走向》，《中州学刊》1994 年第 5 期。

刘学明：《长篇历史小说〈雍正皇帝〉研讨会纪要》，《当代作家》1996 年第 2 期。

胡平：《评〈曾国藩〉与〈雍正皇帝〉的竞领风骚》，《当代文坛》1997 年第 4 期。

杨世伟：《评二月河的长篇历史小说》，《文学评论》1997 年第 5 期。

周百义：《二月河和他的长篇历史小说：兼谈当代历史小说的走向》，《当代作家》1998 年第 1 期。

张书恒：《评二月河"清代帝王系列"小说》，《文学评论》1999 年第 2 期。

卫庶：《文学真实与历史真实——访二月河》，《社会科学论坛》1999 年第 2 期。

武嘉路：《以史著文　以文立史——谈长篇历史小说〈雍正皇帝〉的现实价值》，《中国图书评论》1999 年第 2 期。

潘峰：《历史·人性·现代性——读二月河的历史小说〈雍正皇帝〉》，《语文教学与研究》1999 年第 6 期。

秦都雍、木易生：《"二月河现象"浅析》，《平原大学学报》1999 年第 3 期。

齐裕焜：《二月河"清帝系列"小说得失谈》，《福建师范大学学报》（哲学社会科学版）2000 年第 2 期。

曾镇南：《碧海掣鲸手，云蒸霞蔚文——读〈乾隆皇帝〉》，《中国图书评论》2000 年第 11 期。

张喜田：《性别话语下的历史叙述——凌力、二月河历史小说创作比较》，《河南师范大学学报》（哲学社会科学版）2001 年第 5 期。

刘克：《全球化语境下文学发展的理性：二月河给予我们的启示》，《涪陵师范学院学报》2002 年第 3 期。

李治国：《风云帝王的形象塑造——〈康熙大帝〉与〈维多利亚女王传〉的比较分析》，《荆门职业技术学院学报》2002 年第 4 期。

涂珍兰：《浅析〈雍正皇帝〉中道德倾向与平民化倾向》，《湖北大学成人教育学院学报》2002 年第 6 期。

徐亚东：《二月河"帝王系列"小说审美品格论》，《南阳师范学院学报》（社会科学版）2003 年第 1 期。

庄若江：《历史的"重写"与文化的"展呈"：二月河与高阳历史小说比较》，《无锡南洋学院学报》2003 年第 2 期。

田小枫：《千古文人名士梦——论二月河小说的名士情怀》，《郑州大学学报》（哲学社会科学版）2003 年第 4 期。

王美英：《〈雍正皇帝〉——〈红楼梦〉神韵的张扬》，《北京工业职业技术学院学报》2003 年第 3 期。

孙玉明：《二月河的"红楼情"》，《红楼梦学刊》2004 年第 3 期。

张法：《在康—雍—乾帝王系列文体选择的背后》，《江汉论坛》2004 年第 10 期。

张德礼、桓晓虹：《缺失体验：二月河创作心理动因探寻》，《南都学坛》2004 年第 5 期。

徐亚东：《冷与热的背后——"二月河现象"文化解读》，《文艺评论》2004 年第 6 期。

王育红：《二月河历史小说的"大众化"特征》，《山东省青年管理干部学院学报》2005 年第 4 期。

庄若江：《"民间立场"与"政治话语"——高阳、二月河的清史文本比较》，《江苏社会科学》2004 年第 5 期。

张德礼：《实践理性：二月河历史小说的哲理意蕴》，《南都学坛》2006 年第 6 期。

吕静：《二月河清帝系列女性形象的生存抗争及女性意识》，《平顶山学院学报》2006 年第 6 期。

吴秀明、王军宁：《大众文化视野中的二月河历史小说创作》，《海南师范学院学报》（社会科学版）2006 年第 6 期。

秦其良：《情系百姓平民心——二月河散文解读》，《重庆工学院学报》2006 年第 12 期。

张一凡：《长篇小说〈雍正皇帝〉得失论》，《唐山师范学院学报》2007 年第 1 期。

郑先彬：《浅谈"落霞"系列小说中的"帝师"形象》，《十堰职业技术学院学报》2007 年第 2 期。

黄尚文：《从区域文化角度比较唐浩明与二月河历史小说的差异》，《中南林业科技大学学报》（社会科学版）2007 年第 2 期。

许宛春：《百年盛世的再现与重构——论二月河"落霞三部曲"创作的历史观》，《时代文学》（理论学术版）2007 年第 1 期。

王文霞：《家国视野下的艰难"承担"——析二月河历史小说中知识分子形象》，《昭通师范高等专科学校学报》2007 年第 3 期。

许宛春：《论二月河"落霞三部曲"的思想文化内涵》，《河南师范大学学报》（哲学社会科学版）2007 年第 5 期。

秦晓帆：《同源异质的历史诠释——对高阳、唐浩明、二月河文化观的考察》，《小说评论》2008 年第 2 期。

赵玉芬：《"帝王作家"的人文情怀——二月河历史小说论》，《河南理工大学学报》（社会科学版）2008 年第 2 期。

姜宛铮：《被遮蔽的文学意蕴——二月河清帝系列小说论》，《时代文学》（下半月）2008 年第 6 期。

刘淑一：《从二月河"落霞三部曲"看历史题材小说创作史学边界问题》，《职业时空》2008 年第 8 期。

徐从辉：《认同还是颠覆——二月河历史小说中的权谋文化解读》，《合肥学院学报》（社会科学版）2008 年第 5 期。

鲁钊：《凌解放能成为二月河，正是源于思想解放》，《人民文学》2008 年增刊（纪念中国改革开放三十周年大型征文获奖作品专辑）。

方哲：《论二月河历史小说中的辅助叙事》，《文学教育》（上）2009 年第 8 期。

黄国景、何希凡：《被遮蔽的诗性诉求——试析"帝王作家"的"出世"情结》，《西安石油大学学报》（社会科学版）2009 年第 3 期。

李向珂：《浅析〈乾隆皇帝〉中女性形象的塑造手法》，《魅力中国》2009 年第 30 期。

彭月星、白彩香：《二月河小说〈康熙大帝〉中南阳方言词语考释》，《大众文艺》2010 年第 15 期。

周文超、王辉：《权力政治下的异化灵魂：二月河〈康熙大帝〉中康熙形象初探》，《西江月》2010 年第 16 期。

丁怡琴：《论儒家思想对二月河"清帝系列"创作的渗透》，《宿州学院学报》2010 年第 9 期。

方婉先：《帝王历史的两种经典书写——凌力"百年辉煌"系列与二月河"落霞"系列比较》，《文史博览》（理论）2010 年第 10 期。

朱洁：《浅析二月河帝王小说的艺术特色》，《青年文学家》2010年第12期。

樊金丰：《浅析〈雍正皇帝〉对大众心理的关照》，《文教资料》2011年第36期。

张磊：《二月河笔下传奇人物形象的深层次内涵》，《安阳师范学院学报》2012年第4期。

黄书宇：《二月河小说创作理念与社会效应研究》，《芒种》2012年第20期。

周思明：《二月河"帝王系列小说"论析》，《南方论丛》2013年第2期。

包艳宇：《"博考文献，言必有据"——谈二月河历史小说创作中的"虚"与"实"》，《芒种》2013年第21期。

李雨涓：《传统的继承与坚守：评二月河帝王系列小说》，《芒种》2013年第13期。

范阳阳：《从二月河"落霞三部曲"看90年代文学场》，《小说评论》2014年第1期。

焦艳娜：《试论二月河的帝王小说的艺术特色》，《芒种》2014年第5期。

吴圣刚：《二月河历史小说研究综论》，《江汉论坛》2015年第9期。

李芳：《浅析二月河笔下的雍正形象》，《文学教育》（下）2015年第9期。

张娅丽：《二月河笔下的曹雪芹形象研究》，《河南教育学院学报》（哲学社会科学版）2018年第6期。

高起：《浅析〈红楼梦〉对二月河创作的影响——以二月河小说〈雍正皇帝〉为例》，《青年文学家》2018年第35期。

乔峰：《王朝天空惊心动魄的雪》，《南阳日报》2019年12月20日。

后记

写在不能停息的思念里

我写得停不下来，是因，我沉浸在不能停息的思念里。

世事苍茫，每天如陀螺忙转不歇，但先生的音容笑貌总是清晰如昨，时时浮现眼前，梦境亦常相见，然白驹过隙，倏忽之间，先生已离去三年了。

鲁钊这些年工作生活在先生身边，作为先生宠溺的弟子，绝好的纪念，是创作《二月河评传》。我压抑着折磨和思念，"扁舟惯听浪淘声"，荡漾先生波澜壮阔的人生之河。

一叶扁舟大河，心与沧浪清。我发现荣光之下，苦难充斥。在先生成功的光环外，犹如沉敏机辩才智犀利的邬思道与扬州太守斗酒戏谑写下的诗句"苦苦苦苦苦皇天"……

先生的经历，怎一个"苦"字写得。诞即离母、婴幼窒息、险入狼腹、房圮被埋、少年失恃、深山掘洞、塞外挖煤、水泡电击、密洞坍塌、艰苦创作、煤气中毒、各界攻讦、多次中风、倏忽辞世、污水续泼……在经受波连浪接的苦难之中，相伴唯有孤寂，江湖清绝孤雁独云。

扬名海内外的南阳作家群中，多是"泥腿子"作家，"进城"成"家"后，无不西装革履，倒是出身高干家庭的二月河，常赤膊大裤衩，光脚草鞋，毫不讲究衣着。这位干部子弟，竟吃得大苦，太行及东北深山掘洞，建国防工程，苦寒塞外地底挖煤，屡经电击塌顶，微笑承受。无论"抱风枪"或推"煤溜子"，他从破"四旧"的火堆中捡出《辞海》苦读，靠井巷倚煤堆，用头顶的矿灯映光读书，不认命、不懈怠、不放弃，浸苦没有迷失，矢志不渝，"多读书，读书总是好的"，"像一只饿极的羊狼，见什么草只管猛啃"……他以十年的淬炼苦读，打造自我的坚忍勇毅、丰裕厚实。

在那个求新求变的时代，社会大众思想观念仍受束缚，先生苦思冥索人天之道，以峻绝之姿，站在时代高度，于冰凌尚未消融中探感春风，在船头瞭望极远，胆壮心雄，敢为人先，虽然身在中原边城，却能放眼京都紫禁，坚持唯物史观，积蓄开拓前进的勇气和力量，增强预见性创造性，拨开历史迷雾，审视岁月过往，肯定和正面叙述康熙大帝，惊天逆转为雍正翻案，继而鼎力为乾隆作传，如椽大笔著雄文，"落霞"三部天下叹。鸿篇巨制创中原文学纪录，为全国历史小说创作巅峰，开国内清宫戏先河，成后来星火燎原之势。

"唯皇史观""颂扬帝王""放弃为人民而歌的创作方向""跪舔愚忠思想"……承受着个别评论者的无端污蔑攻讦，先生定力十足，"浊浪排空君莫怕，老夫惯看海潮生"。"上班时间带孩子""用公家稿纸写小说""整天钻故纸堆的憨货""妄想出名成家"……单位领导的批评，同人的鄙视，他稳坐钓鱼台，哪管风浪起，按时上下班，做好分内事。"三睡三起""烟炙腕""肘生茧""顶斑秃"，呕心沥血焚膏继晷码字为生，宵衣旰食胼手胝足卓苦读写，他吃得苦中苦，孜孜矻矻，负重前行，自带给养装备，没有后勤保障，孤身穿越了十三个"撒哈拉沙漠"（十三本著作）。"即便是愈来愈强烈地意识到，命中注定是必死在沙漠里。'知其不可而为之''义之所在唯命是听耳'……"

"凡有柳井处，皆读二月河。"作为中原文化名片、河南作家旗手、南阳形象大使，先生视"那纸糊的名号和荣耀算什么"！走出书斋，深入民间，但笑佳禾，忧乐与共，想群众所想，替万民代言，向高层陈情农村苦农业难，为农民免"皇粮"、除国税而呼吁。心贴弱势，体谅读书难，宽恕盗版。怜悯寒儒，倡议给作家去负减税。苦难历过报以甘甜，心中唯留空灵天真。先生芒鞋襄衣任平生，曾结绳织草鞋，衬衫破了缝缝补补，十几年舍不得扔。五毛钱的大蒲扇，摇来摇去十余夏。至逝仍住公寓，一生无私产。透支健康以致数患中风等多种疾病，每分钱都浸透血汗来之不易，却不声不响捐款达二百万元之巨，且不让报道。捐工资设奖学金，资助师生数百名。先生登峰至巅，追求卓越，达作品、更达人品的卓越。

怀念是珍视，更为了追随和承继。矢志不渝、敢为人先、负重前行、追求卓越的二月河文学精神，历久弥香，让后人视为至珍，宣传弘扬光大。先生卓苦钟萃，汲古忘疲，学贯古今，岳峙渊渟，成为蕴奇纳珍的玉矿金藏，让我辈不竭挖掘。当下，先生不讳，身体终结，大家力促二月河"学"开拓前行，方是不息的、深切的、最实际、最有意义和价值的纪念。

那年我彻夜守灵，陪伴"皇叔"的最后时刻，与兄妹们聊天，检讨与先生的关系，幸甚至哉，情若父子，严比师生，交往知己，工作同人，作文同道，言语忘年……有这许多纷萦藤缠的福缘，鲁钊深知肩负的责任和使命，是以，怀念没有停息，对先生的学习承继和倡明弘扬不敢停息。大河澄碧，我感恩涓滴洇润，得以不断收获文学的、人生的营养和启迪。

先生的一生大气磅礴，经历曲折繁杂，岂能薄册一本所能涵盖。鲁钊虽长期追踪、搜集和研究，终是学识谫陋，面对大河，有取一瓢的满足与局限，只看到河滩上的雪泥鸿爪，当然缺乏了宽度、深度与高度，做不到鞭辟入里又高屋建瓴地剖析，难免疏漏与讹误，恳请师长与"河风"惠以纠谬，自会接续不已学习改正。

鲁钊深知，前人拓荒修路，汗血筑起鹳雀楼，后者才能迤迤然来到河边，更上一层楼，远眺大河万里的辽远丰饶。拙作同样获益于贤长师友们的研究，得以汲取借鉴，精粹撮要，心中铭记。衷心感谢郑州大学出版社编辑暴晓楠的辛勤付出，大刀阔斧调整，心细如发删改，我们不乏争执，却是努力，是热望，是为改稿和提高书本质量，我享受这种纯粹的珍贵的交往。"中原鹤尹"、书画家尹先敦先生饱含深情的肖像画作，美术史论家、书法家李一先生挥毫题名，均为本书增光添彩，谨致诚挚谢忱。

这些年，我努力做一点实在的事，虽无妙智，力所不逮，却一直在路上，不敢懈怠，祛羁绊，无挂碍，跋涉，求索，守心执念奋力。一滴水折射太阳的光辉，我想，事虽小，做实了，就为南阳文学、中原文化乃至世界华文文学做出了些微贡献。

鲁钊

于"皇叔"辞世三周年前夕　河边居